HISTOIRE DE LA CIVILISATION FRANÇAISE
Moyen Age-XVIe siècle

法国文明史 I

从中世纪到 16 世纪

[法] 乔治·杜比　罗贝尔·芒德鲁 - 著　　傅先俊 - 译

东方出版中心

图书在版编目（CIP）数据

法国文明史：全2册 /（法）乔治·杜比，（法）罗贝尔·芒德鲁著；傅先俊译. —上海：东方出版中心，2019.4（2021.11重印）
ISBN 978-7-5473-1404-3

Ⅰ.①法… Ⅱ.①乔… ②罗… ③傅… Ⅲ.①文化史－法国 Ⅳ.①K565.03

中国版本图书馆CIP数据核字（2018）第295399号

上海市版权局著作权合同登记：图字09-2018-442

Originally published in France as:
Histoire de la civilisation française: Moyen Age—16e siècle Volume 1
Histoire de la civilisation française: 17e—20e siècle Volume 2
by Georges Duby & Robert Mandrou
© Armand Colin, Paris, 1958
ARMAND COLIN is a trademark of DUNOD Editeur-11, rue Paul Bert-92240 MALAKOFF.
Simplified Chinese language translation rights arranged through Divas International, Paris 巴黎迪法国际版权代理（www.divas-books.com）

法国文明史

著　者	［法］乔治·杜比　［法］罗贝尔·芒德鲁
译　者	傅先俊
责任编辑	曹雪敏
封面设计	今亮后声 HOPESOUND pankouyugu@163.com

出版发行	东方出版中心
地　址	上海市仙霞路345号
邮政编码	200336
电　话	021-62417400
印刷者	山东韵杰文化科技有限公司
开　本	890mm×1240mm　1/32
印　张	28.875
字　数	721千字
版　次	2019年4月第1版
印　次	2021年11月第4次印刷
定　价	108.00元

版权所有　侵权必究
如图书有印装质量问题，请寄回本社出版部调换或电话021-62597596联系。

目　录

出版前言 / 1
译序 / 1

第一部：	第一章　公元1000年　/ 3
中世纪 / 1	1. 土地、农民和领主　/ 6
	一种城市文明的痕迹／土地的占有／农耕制度／土地财富的分配／土地领主制的结构／货币／贸易／国王／权力的解体

2. 教士和文人文化 ／ 19

主教／教堂堂区／修士／教会掌握在世俗人士手中／宗教修行及态度／古代文化的残留／学校／艺术／文化地域

3. 地区差异 ／ 35

语言分界／政治分界——法国的北方和南方

第二章 封建社会（11 世纪） ／ 41

1. 城堡和权力 ／ 43

城堡／领主老爷／领主管治权／奴隶制的终结／骑士身份／顺从的农民

2. 骑士 ／ 53

骑士身份的世袭化／生活方式和意识形态／兵法／骑士比武／封臣制度／封地／封建制度及其秩序的维持／司法惯例／家庭关系／上帝的和平

3. 文化的归宿 ／ 71

教会和封建制度／克吕尼修道院／学校文化的衰退

第三章 大进步的世纪（1070—1180） / 77
1. 农耕技术的进步 / 79
　　物质生产的增长／封建领地的转变／拓荒及人口增长
2. 旅行、商业和货币 / 88
　　流通／职业商人／城市的扩张／货币的流动／市民阶层的产生／城市自由的获得
3. 服务上帝和认识上帝 / 100
　　教会的净化／司铎和修士／罗曼式建筑／绘画和雕塑／卢瓦尔河以北地区的艺术／絮热院长和圣德尼修道院／哥特式艺术的绽放／教育中心的涌现／12世纪的"文艺复兴"／逻辑学家／神学家／教会的焦虑／西都修道会／异教加答尔和伏德派
4. 世俗文化的出现 / 130
　　骑士和金钱／十字军东征／新趣味和新需求／意识的进步／尚武歌和爱情诗／女性地位的提高／彬彬有礼的骑士风尚／罗曼传奇

第四章 卡佩王朝的统一（1180—1270） / 145
1. 城市的繁荣 / 147

市场的扩大／手工业的集中，货币和信贷／
香槟地区的集市贸易／城市的特性／行会／
资本寡头／农民和商业／乡村贵族的困境

2. 法国王室 ／ 161
金钱和权势／王室尊严／卡佩王朝的成功／
国王的官吏／安全和统一的进步

3. 大巴黎地区综述 ／ 172
巴黎／大学／巴黎文化／骑士意识的革新／
哥特式古典主义／理性的进步／批判精神／
巴黎风尚的传播

第五章 中世纪末（14—15世纪） ／ 191
基督教思想的转折／哲学思辨的新领域／行政
机器／战争和税收／至高无上的国王和等级会
议／经济氛围的变化

1. 贫困时期 ／ 201
饥荒／战争中的新技术／战争的破坏／结队
沿途行劫／财政混乱／鼠疫／农村萧条／商业
停滞／城市活动的衰落／财富的普遍消融／
暴发户／意识恐慌／王权危机和众亲王

2. 哥特式艺术遗产 / 224
《玫瑰传奇》和傅华萨的《编年史》/封建制的生命力/哥特式艺术的威力/宫廷的文明及其范畴/"新艺术"/1400年巴黎的繁荣
3. 缓和 / 237
商业复苏/巴黎的隐没和大学的僵化/封建领主制的消亡/说教和戏剧/宗教情感的新格调/资助文艺的亲王/火焰式哥特艺术和伟大的绘画/人文主义的先声

第二部：从现代法国到当代法国 / 259

现代法国 / 257

第六章 15世纪末至18世纪初的乡村环境和意识 / 263

1. 物质的不确定性 / 265
自足经济和小农经营/技术和习俗/负担和税赋/饥荒和饥馑
2. 社会不安全 / 275
城堡领主/本堂神父/兵痞和盗匪/遥远的城市
3. 信仰和观念 / 282
恐惧感/信仰和迷信/节日和保护者国王

4. 新因素 / 289

乡村的技术进步／信仰的增强／城市和平原

第七章　贯穿16世纪的城市繁荣（1500—1640）／295

1. 城里人—乡下人 / 298

乡村面貌的城市和城内住房／餐桌／饥馑和传染病／激情和暴力

2. 城市社会、行业和社会团体 / 305

礼仪／商品和长袍／商人和手工匠／法律界人士

3. 16世纪的知识膨胀：书籍 / 317

城市的知识生活／心智程度／城市堂区和学校／书籍和阅读

4. 16世纪的经济繁荣：美洲的宝藏 / 328

西班牙的黄金和白银／物价飞涨：受害者和受益者

第八章　从创新者到狂热者：16世纪的面貌 / 337

1. 意大利的影响 / 341
   查理八世和弗朗索瓦一世的征战／意大利作坊和城堡
2. 大胆的人文主义者 / 350
   学者和文献学家／改革者还是无神论者？／科学／谨慎／人文主义的传播
3. 宗教的大胆：从加尔文到罗耀拉 / 364
   路德派／加尔文／《圣经》和称义／日内瓦和加尔文教信徒／罗耀拉和再征服
4. 狂热时代 / 375
   战争／政治／王国／《南特敕令》

图表目录

图 1　公元 1000 年时的法国疆界/ 14
图 2　公元 1000 年时法国教会的分布/ 23
图 3　12 世纪一个城堡领主的管辖区（索恩-卢瓦尔省的布朗西翁）/ 47
图 4　克吕尼派修道院的分布/ 73
图 5　一个拓荒的地区——朗布依埃森林/ 85
图 6　12 世纪的城市扩展：贝桑松老城和城厢/ 93
图 7　法国罗曼式艺术的分布/ 106
图 8　12、13 世纪的法国哥特式艺术的分布/ 113
图 9　13 世纪中叶法国贸易分布图/ 146
图 10　国王圣路易统治末期的法兰西王国/ 163
图 11　国王菲利普·奥古斯特时代的巴黎市简图/ 173
图 12　1420 至 1430 年间法国的分裂状况/ 206

图13　15世纪下半叶法国的文化中心／254
图14　16世纪人们旅行的节奏／300
图15　16世纪末法国的工业分布图／307
图16　16世纪法国的进口／310
图17　1550至1620年间，从大西洋彼岸运来的黄金、白银在法国经济中所占的比重／333
图18　文艺复兴时期法国的古堡分布图／343
图19　1560年之前新教在法国的传播／368

出版前言

《法国文明史》法文版自 1958 年出版以来，在国外引起巨大反响：先后被译成英文、西班牙文、意大利文、波兰文、匈牙利文和日文，业已成为法国史方面的经典之作。

该书历次再版，内容均有所更新。本书为其第十一版，除对参考书目表作了更新和补充，下册还增添了"回顾当代法国"一章，由巴黎南泰尔大学讲师让-弗朗索瓦·西里内利执笔，述及 1939 至 1981 年间的法国文明史，从而将下限推进到最近年代。

译　序

　　当历史著作成为描述重大历史事件、记录帝王宫廷生活和政府间政治、外交、军事活动的故事书时，发掘经济、社会演变的深层次原因，关注普通民众的日常生活及其思想意识形成的"新史学"便应运而生。法国的"年鉴学派"就是新史学的一个主流。作为法国"年鉴学派"第二代的著名学者，乔治·杜比（Georges DUBY, 1919—1996）是中世纪史专家、法兰西学术院终身院士，罗贝尔·芒德鲁（Robert MANDROU, 1921—1984）是现代史（16、17世纪）专家，法国社会科学高等研究院教授。他俩合著的本书《法国文明史》（*Histoire de la civilisation française*）自1958年出版以来，再版十余次，被译成英文、西班牙文、意大利文、波兰文、匈牙利文和日文等多种语言，在国际学界有较大影响，成为"年鉴学派"无可争辩的经典之作。今天东方出版中心出版了该书的中文版，可谓填补了一个空白。

　　在谈到本书的写作计划时，作者曾谦逊地表示，"这本关于法国文明的历史小书是为对法国语言和文化感兴趣的外国人和希望对法国文明有总体认识的广大读者而写的"；然而一进入阅读，读者很快会被一种新的历史视角所吸引，它展示了千余年来真正的法国文明演进的轨迹，以及数世纪来塑造了法兰西和法兰西民族特质的诸多文化因素间的内在关系。翻阅一下本书的目录,即可看出本书的两个基本特点:对纷繁的历史事实的高度概括艺术,以及"新史学"的独特视野。高度概括艺术如:全书800余页的篇幅涵盖了法兰西民族的千余年历史,包括经济、社会、文化等各个方面。独特视野如:与其绘声绘色地叙述历史事件,作者转而从全新角度来观察历史事件,特别是对历史事件发生的环境及其影响进行鞭辟入里的分析。

为什么只讲"千余年的"历史,难道生活在法兰西这片土地上的人民只有千余年的文明史吗?当然不是。从本书目录可知,作者选择的时间跨度,从公元10世纪即法国封建社会形成之初的卡佩王朝开始,直至20世纪"辉煌的30年"为止。为什么把公元10世纪作为法国文明史的起点呢?从公元前6世纪起已居住在这片土地上的高卢人,曾多次遭受异族入侵。入侵的异族,有的短期骚扰劫掠,有的则长期统治部分地区,乃至定居下来与高卢民族融为一体。这种频繁的、足以改变一个民族生存条件的异族入侵直至公元10世纪中叶才得以告终。从此,以高卢人为祖先的法兰西民族的历史发展再也没因外族入侵而中断,民族意识也正是在这一时期开始觉醒。因此选择公元1000年作为法国文明史的起点是合乎逻辑的。

《法国文明史》(上、下册)全书约60万字,分三部18章:第一部"中世纪"五章(杜比撰写),从公元1000年至15世纪,包括法国乡村社会的特征、天主教教会的扎根和影响、封建制组织及其意识形态、农耕技术的进步、哥特式艺术及其遗产、卡佩王朝的统一、14世纪的王权危机及经济萧条等等;第二部"现代法国"七章(第二、三部均由芒德鲁撰写),从15世纪至18世纪的启蒙运动为止,综述从信仰危机到宗教狂热、城市文化和市民社会的兴起、天主教改革和宗教冲突的开始、古典主义的"路易十四的世纪"、18世纪经济革命和人口增长、启蒙运动的哲学精神、巴黎上流社会的沙龙文化等;第三部"当代法国"六章，从法国大革命至20世纪七八十年代，包括对法国大革命的评价及其历史遗产、拿破仑帝国、浪漫主义的反叛、近代社会思潮及1848年革命、实证主义的法国、科学文明的曙光、20世纪抽象艺术和新哲学的诞生、两次世界大战的痛定思痛、战后的"辉煌30年"和中产阶级的崛起，以及当今法国政坛格局的由来及现状。总之，《法国文明史》详细而完整地阐述了法兰西文明和文化的历史演变，容纳了历史、政治、经济、文化、文学、哲学、宗教、艺术和科学技术等所有领域，堪称了解法国社会古今和法国人思想意识来龙去脉的小百科全书。人们常说，了解过去才能更好地认识现在。这也是我选择翻译这部著作的初衷，即有助于国内学界尤其是年轻研究者和大学生，以及对法国文化和文明感兴趣的广大读者更准确地理解法国社会和法国人。

20世纪90年代，商务印书馆曾移译出版了法国另一位历史学家基佐的《法国文明史》，那是一部值得推介的好书，可是为什么我还要去翻译一部新的《法国文明史》呢？我愿在此发表一些粗浅的意见。弗朗索瓦·基佐（1787—1874）是19世纪法国政治家、有名的历史学家。他是带有保皇倾向的资产阶级自由派，主张第三等级即中产阶级夺权，但反对暴力，故鼓吹君主立宪。作为历史学家，基佐是法学出身，学识渊博，熟谙罗马法、罗马行政体制和典章制度，以及中世纪各国法规和宗教史。他的《法国文明史》（四卷）是其主要著作之一。这部著作是以基佐在巴黎大学当历史教授时（1828—1830）的讲稿为基础写成的，全书共49章。它的特点是每章一个专题，从公元四至五世纪罗马帝国衰败开始讲到14世纪卡佩王朝最后几个君王为止。各章之间跳跃较大，虽有联系但不严密。因为它毕竟不是一部历史专著，须循着一条思想主线一贯到底。其次从断代上说，该书从罗马帝国败落后高卢这块土地上的各部落开始论起，其间经历日耳曼等蛮族入侵，形成法兰克、勃艮第和西哥特等王国，最后法兰克征服其他王国，在10世纪左右成为现代法兰西王国的正统。所以严格地说，10世纪前的历史并非真正的法国文明。这一点基佐在第二卷开始时也有说明。当然，他这样做也没有错，因为后代是前代历史的延续。但如果要说"法国文明史"，则从10世纪左右起比较严谨，这也是杜比先生选择从公元10世纪开始其《法国文明史》论著的原因。再从内容上说，基佐先生是法学专家，所以他的论述基本上取材于罗马法典、王室编年史、国王敕令汇编、主教会议档案和各国法规汇编等官方文献。他所描述的也局限于国王、诸侯和主教等"社会精英"的生活和历史大事件。这正是"传统史学"和"年鉴派史学"的鸿沟所在。杜比和芒德鲁的《法国文明史》主要论述历史进程中的社会生活，很少写"精英"，也很少描述历史大事件，连18世纪法国大革命也只写了两个章节的"评价"。杜比明白地说，他和他同事写的历史"把对事件的叙述搁在一边，厌恶讲故事，相反专注于提出问题和解决问题；忽略那些表面的震荡，而致力于以中、长期的眼光来观察经济、社会和文明的演进"（《布汶的星期天》前言）。暂且不论孰优孰劣，以鄙之见，两者可兼收并蓄。尤其对我国学人直接接触外国中世纪文献机会较少的现状，像基佐先生这样的著作相当有用，因为书中关于古罗马宫廷组织和中央政府机构、罗马社会等级头衔表、高卢政治年表、高卢教会历史大事记、高卢文学史大事记等等资料实属难能可贵。最后，我还想说，基佐的《法国文明史》写到14世纪，即写到法国中世纪结束，而对进入现代*以后的法国文明，如15至18世纪的法国社会演变和意识进化，城市化和资本主义兴起，16世纪宗教改革，路易十四治下的古典时期，18世纪经济革命和人口增长，

---

* 注：按法国史学界的划期，从中世纪结束到1789年大革命发生之前为现代。

启蒙运动，法国大革命的评价，浪漫主义思潮，实证时代，法国近代的科学、艺术、技术文明，以及当代法国社会现象等等一系列重大课题均未论及，这些内容正可补充基佐《法国文明史》的遗缺。综上所述，我以为两部《法国文明史》相辅相成，可以互补。以上是本人的一些粗陋之见，不妥之处，还望读者指正。

最后，我要向我的内人邓曼莉表示感谢，她是本书的第一个读者，没有她的帮助和鼓励，我恐怕没有勇气完成这项工作；同时我还要感谢出版社的编辑，他们的大量细致的审订工作使本书有了今天的面目，书末所附的"法汉译名对照表"对需要查阅的读者会有所帮助。

傅先俊

识于 2018 年 10 月

巴黎南郊舍维伊拉吕

第一部:
中世纪

第一章　公元 1000 年

　　法国文明史显然不是从某个确定的时间点开始的，但为了给本书定一个起点，总得作一个人为的选择。将 10 世纪末定为起点有以下几方面的理由。首先，异族入侵的时代至此告一段落。最后几波的劫掠和征服，遍及 10 世纪中叶以前的法国各地。丹麦人、从北非和地中海一些岛屿来的海盗——被当时人称为"撒拉逊人"（Sarrasins），还有来自大草原的骑士们，他们长驱直入至法国西南部的阿基坦地区（Aquitaine），最后在匈牙利定居下来。此后，在某些边境地带还有过若干骚扰（如南部普罗旺斯沿海地区，特别是罗讷河三角洲，在相当长时间遭受蛮族入侵的威胁），不过这些只是短暂的、很局部的扰乱而已。不再有那些发生在整个中世纪上半期对西欧文明和文化造成了深层震撼的大规模颠覆，也不再有长期来来往往的民族迁徙。它们破坏了很多，但也带来了新的因素。从此，西方历史的发展不再因异族入侵而遭受突然的中断。这是一个重要的阶段：公元 1000 年之前的若干年是一个物质和精神进步的漫长进程的开端。

　　其次，对研究古代史的专家来说十分重要的是，孜孜以求的 10 世纪前的资料极为稀少，而从这一时期开始，信息来源变得不那么令人失望：那是"黑暗时代"的终结。史实相对清晰。然而在很长一段时间内，只有文明的某些方面比较清楚，而它们并非是最重要的，甚至也不是最具共性的现象：人们对富人和文人的历史了解得多些，它们是个别例外者的历史；但是对社会存在的日常生活，对多数人群思维和反应的普遍方式则知之甚少。不过，至少从那时起，历史见证开始变得更密集，这是选择这一时代作为起点的另一个原因。

最后，10世纪末以前，人们还很难谈论真正的法国文明。事实上，直到那个时代，法国的某些省份尚未明确划分，它们掺杂在一些范围更大的地域里，这也就是人们所称的法兰克王国、高卢和罗马帝国。然而从那时起，各地的个性逐渐显现，物质生活的条件和思维表达的方式开始具有了某些特殊性。虽然表征还相当微弱或者忽隐忽显，却是一个文明社会的真正端倪，人们可正当地追溯其历史。

那么当时法国的地域范围又是如何呢？这就提出了另一个新的界定问题，需要作新的选择。如果我们参照"法兰西"（France）这个词——这看来是个好办法——在10世纪时最具思维能力的人头脑中所想象的画面，那么人们将看到这些画面相当模糊。法兰西最初只是一个被夹在马恩河和瓦兹河之间、在巴黎和桑利斯两地之内的森林和乡村小国。而它在当时的语言中已是一个公国（duché），这个强大的军事集团前不久刚吞并了卢瓦尔河以北，与诺曼底、勃艮第和洛林等地接邻的所有省份。但它还不是那个由公元843年《凡尔登条约》所定的，北起埃斯科河（l'Escaut）、南至加泰罗尼亚（Catalogne）边界，"以四河为界"的王国，其疆土远远扩展到埃斯科河、默兹河（la Meuse）、索恩河（la Saône）和罗讷河（le Rhône）的四河流域。这些地区无一与法国文明的真正延伸区相吻合。因为，法国的文明事实上是围绕着几个中心缓慢形成，然后沿着几个方向发展传播的。况且，这些中心和方向亦非一成不变。我们正需要通过本部历史书，明确地界定那些凝结点，找出传播的方向和界限。对过去的调查是为了更好地认识今天，本书的目的在于更好地认识构成当今法国的所有地区。我们在这一伸缩较大的范围内，将公元 1000 年时文明的主要侧面作为本书的开端。

1. 土地、农民和领主

一种城市文明的痕迹

文明完全是乡村的,因此十分粗糙。事实上,并非到处只有粗俗质朴的乡土味。另一种生活环境也留下了遗迹,它们是历史上罗马帝国的征服者和最进化的原住民的生活痕迹,穿越田野和荆棘丛的坚实道路至今基本无损。它们通往一些古代的城市,法国南部这类城市多些。城市保存完好,半圆形的古罗马露天剧场、温泉浴池、廊柱等建筑遗迹时有所见,它们是帝国时代完全按另一种生活方式来建造的。然而,那些长长的"铁路",传说是由凯撒大帝、古代奥斯特拉吉王国国王后布吕纳奥,或者某个当地英雄所造,现今都已废弃了。道路因年久失修而阻断,有些路段被激流损蚀或变得坑洼。有的城市几乎完全荒废了:只剩下几十家葡萄种植户、放牧人和神父,他们聚居在当时为防御日耳曼人最初入侵而建造的狭窄城郭里,住得还挺宽敞。也有人几户一群地散居在城内各处,围绕着小教堂或某个古建筑废墟而居,这些废墟后来变成了碉堡或躲避野兽的藏身之处。这就是罗马帝国在这片土地上所留下的:一幅到处是荒芜和荆棘蔓延的破败景象。此后,因蛮族入侵的骚乱、商道沿途的日渐凋敝,富人们相继遗弃了城内住宅,迁往乡间农庄。历经两三代人,其子孙完全忘记了城市文化及生活方式,所有人都变成了农民,尚未被完全降服的乡村大自然成了他们的全部生活环境。

贫困的生活条件令他们不敌严寒和黑夜。他们风餐露宿,因为住房极其简陋,没有壁炉,也没有窗户,席地而卧,生活节奏全随季节而定。冬季日照短,加上没有照明,人们睡眠长。人和牲畜相偎而处,保存热量,也节约粮食;中央架起圣诞篝火,放着猪肉祭品和大盘腌肉。春天来临,农民似乎得到了解救,5月是短暂的农耕季节,个个兴高采烈,富人们则开始了征伐,这个季节体现了中世纪的全部生活。接踵而来的是夏天的激奋,所有人奋力工作,疲劳不堪。这样一种生活,价值变化无定,时间无法衡量,人类的生存服从于宇宙的循环,人们过着一种非常动物性的生活。

土地的占有

当时人口稀少,尤其是分布极不均匀。在有人居住的地带,人口密度看来与18世纪几乎相仿(在这方面,由于缺乏任何评估材料和数据,历史学家们十分谨慎),但从当时的农耕技术水平来说,似乎估计过高。人口居住点十分稀疏,一处处犹如孤岛:广袤的荒地包围着村庄,将它与其他村落完全隔离。到处都是一望无涯的森林和沼泽地,渺无人烟。人们在此发现了那个时代文明的一个基本特征:隔绝。在人群和人群之间,沟通十分困难;基本上不存在有效的联络工具。这些乡下人已知道轮子,但因缺乏牵引牲畜,更不存在驿站,所以本地以外的马车运输属特殊冒险。人们还在河上划木船,或者牵着驮重牲畜徒步出行;走在荒野小路上,距离是不计的,在没有驿站而行程又无法一天到达的情况下,旅行者极少,社会被分隔为各自封闭的无数小单位。过路者、"外乡人",都是形迹可疑者,人人以为可以抢劫其财物而不受处罚。由此,社会便失去了异地交流的习惯。

人口密集而与外界隔绝,因此公元1000年时的农民是挨饿瘦削的。从墨洛温王朝(mérovingien)古墓发掘出的人体尸骨,可以看出当时的人长期食物不足:因长期嚼食植物而刮磨的牙齿,佝偻病,年轻早逝的数量超高。居民的身体状况从7世纪起可能有所改善,但从出土的大量夭折幼儿来看，人的平均寿命依然相当短。生活必需品的长年匮乏，加上周期性的饥荒，整年甚至连续两年的严重饥馑，编年史家得意又不无夸张地描述过这类离奇而吓人的场面：饥民们啃食泥巴，贩卖人肉。如果说人们活得食不果腹，如果说大批孩童在成年前就被疾病夺去了生命，而广袤的可耕土地却荒废着，那原因就是向土地索粮的农耕工具太原始，效率太低。当时的农具不是或者几乎不是金属制的，因为铁太稀缺，都被有钱人用去打造武器了。两三把长柄镰刀、一把锹、一柄斧子，这就是当时装备最好的修道院大面积耕地的全部农具了，靠它们要养殖牲畜栏里的数百头牛。大多数农具是木制的，步犁的质地很轻，锄头仅尖头淬火硬化，使用它们只能在土质疏松的田里耕作，勉强翻地。这说明为何当时耕地面积如此狭窄，农民的技能低下，只能向原始大自然讨取微薄生活的主要来源。

农耕制度

一眼望去都是森林。茂密的森林退化为不同的形态，有矮林，有荆棘，还有欧石南丛生地，在最后一种森林里，人们每隔一二十年放火烧一次，以便在烧荒地里获得一两季微不足道的收成。森林是真正的养育之母。许多隐士、牧人和樵夫就完全靠它生活。然而，森林还给所有人提供生存必需的木材，人们用来造城堡、房屋、围墙，用来制作盆、碗和各种工具；森林还给人们提供蜂蜜、蜡和浆果等多种采摘物（因为人工种植的果树还相当少），植物被人们埋在地下或焚烧了来肥地，森林里还有各种野生的猎物；最后，它还是放养牲畜的牧场，这是森林的一个主要功能：它是牛马的自然牧场，母羊和山羊也终年在此吃草。羊奶可供人们饮用和制作奶酪，半野生的黑毛猪是人们肉食的来源，其肉被烟熏或腌制后可常年保存。

在原始森林里的一片空地上，人们勤奋劳作以生产粮食。独家偏居是少见的现象。紧挨着的一户户封闭小农舍被称为"农庄"（manses），内有人住的木板屋、牲畜棚和谷仓，有大麻田和小块良田，人们用人畜肥料施肥，每天精心耕作，"后花园"（courtil）种蔬菜。这些小农庄往往围绕着一个领主的"庄园"，领主庄园内的木屋更多更大，于是组成了一个村落。村庄周围是管辖区的耕地，朝向最好的几块地种葡萄，葡萄园周围有围栏。葡萄种植遍布各地，即使在气候条件较差的瓦兹河畔和诺曼底地区，人们也种植葡萄，因为喝酒已进入了有钱人家的日常生活，更因为交通运输的不便，人们千方百计在当地自己酿葡萄酒。在较潮湿地带，沿小溪两岸是草料场，收割牛、马等大牲畜的过冬饲料。饲养大牲畜不是为食肉，而是作为贵族坐骑、套车，或耕地用。牲畜也因饲料不足而十分瘦瘠，熬过了一冬显得衰弱不堪。大部分的耕地是种粮食，粮食常用来熬粥喝，这是人们的基本食物。冬麦包括气温较高地区产的小麦、黑麦和晚熟地区的黍；在夏天热暑气候来得较迟缓的地区，人们还在四旬斋①前后再插种一些麦类：主要是大麦，极少种燕麦。这种农耕制度带有部分的游牧性质：在荒地边缘偶尔被火烧过的地带随处撒种，在耕地上无规则地轮种各种作物，土地有时长期不出产，因为土地无法深耕，厩肥又施得少——耕畜少，而且在畜棚内待的时间短，因此畜肥收集得少——土地需要较长的轮休期；大部分耕地闲置，用作牲畜的放牧场，在收割结束和新麦出土期间，拆除所有围栏，任凭牛羊在整片地里自由活动。然而，在撒了种的农地上，出产率令人沮丧地低：正常的年份，农民的收获量仅为播种量的三倍。因此，耕地范围需要相当大。

---

① 译注：四旬斋（carême）为天主教的一个节期，指从行圣灰礼的星期三至复活节之间的 40 天。

在这种原始的农耕制度下，不光耕作范围大，人力消耗也巨大。水力磨坊已逐渐推广，它们是由领主建造。磨坊碾麦节约了人工在石头上碾压的时间和劳力，但并非所有农户都能受益。在领主的磨坊磨麦是要缴付一部分面粉的，最贫苦的农民原本口粮不足，往往放弃机磨的便利。总之，由于农具的落后，农民需为耕地付出最大劳力。根据用牲畜套犁耕或完全以膂力用锄耕的不同耕地方式，农民被分为两大社会类别："耕农"和"短工"。公元1000年时农业社会已出现的深刻分化，至今仍未完全消失。

土地财富的分配

在这片土地上，人们付出辛勤劳动却只得到极其微薄的回报，且回报的分配亦是不平等的。不论农户家里是否有耕牛，许多家庭是靠自己的农庄独立生存的，农庄属于家族，可以不受控制地世代相传。但是，在这些小自由地所有者之上，压着一个庞大的土地贵族，他们掌握着几乎所有的未开垦地和大部分耕地。这些"富人"，即在当时的文字记载中所称的"贵族"，首先是在地方上被看作国王代表的土地贵族，他们手中掌握的大批王室领土，作为向王室提供各项服务的薪俸；其次还有教会的各种机构，如主教府、大教堂教务会议和修道院，以及遍布各地的大大小小的教堂，掌握着大量领地；最后是分支繁多的大家族，他们财力雄厚，财富来历往往不明，其产业或聚集一处或分散各地，权倾一方。这些占有绝大部分耕地的贵族，也掌握着乡村社会。因为，就像罗马帝国统治下的高卢，就像日耳曼人的原始部落，公元1000年时的法国是"奴隶制社会"。奴隶，即当时地方方言所称的"农奴"（serfs），是农民中的少数，他们像牲畜一样被领主买卖，生活在几乎与古代奴隶相仿的人身依附境况下，他们是"生来"的"奴隶"，奴隶的印记自娘胎里带来，世代相传，女奴隶生下的小奴隶也是属于领主的私有财产。农奴得服从领主的任何命令,任主人随意责骂,毫无申诉权利,而主人对其奴隶则无任何义务。也许因为基督教教义的传播,在不触动奴役制度原则的前提下,承认了农奴的家庭权利;然而,农奴所拥有的一切都属于其领主,当农奴去世时,其主人是第一继承人;农奴结婚须得到领主的同意,一个农奴想进入教堂,须先由领主郑重宣告其获得了人身自由。

农奴的存在相当普遍,一般富裕农户家里就可能有一两个农奴,然而,大部分农奴则集中掌握在富人手中。富人家里一般都有二三十个农奴,男、女农奴吃住在主人家,衣着亦由主人分配,没有工资,没有个人积蓄,也没有一切个人的家庭生活。他们担负着领主家的一切家务劳作,制作所有工具和衣物,在领主的一部分耕田里劳动。注意是一部分耕田。如要耕作领主的所有耕田,那么这二三十个农奴还不够,而领主不想扩大农奴人数:因为领主得管农奴的吃住,农奴数目过大,是浪费,且他们的劳动生产率又相当低。因此,领主的"领地",只是由他们自己直接经营的土地,加上全部荒地,并非主人的全部土地。它们仅是最好的耕地而已,是辖区上大块的良田;而其余的土地则分租给佃农们。佃农通常是自由农民,他们的祖先没有或者只有少量的自由地,因此租种别人的土地;佃农通常亦是农奴出生,其祖上是领主家的家仆,被主人安置在一块独立经营的土地上,但他们还得为主人服徭役,不过吃住在自己包租的土地上,在此繁衍后代。佃农不论祖上是否是农奴,在领主转让的土地上有自由经营权,如有盈余则自己留存,其子女有权继承父辈的经营权,他们只需每年向地主缴纳地租,并在每年的固定期限纳税:几个铜板(数目也许不多,但税项的存在说明佃农的经营不完全是封闭的,在正常年份他们有余粮拿到集市出售)。此外,佃农还会将家庭生产的某些手工业品,如木器或织物在市场上出售;尤其是农产品、谷物和酒的量器、鸡和鸡蛋，往往还有一只羊或一头猪。此外，佃农每年要为主人服一定天数的劳役，家里有耕畜的还得自带耕畜；主人家搞土木工程、农耕繁忙季节、草料收割、庄稼收割、打谷归仓、葡萄收获和出车运输等等，家里仆人人手不够时，佃农亦要出工出力。

土地领主制的结构

领主的土地极少覆盖整个村庄；多数领主的土地分布在几片领地上，小块土地分散在不同地带，与农民小块自由地和附近领主的领地交织在一起。领主家几十口农奴的终年劳作、几十户佃农的劳役以及在每年圣诞节、复活节和圣马丁节向"朝廷"所纳的贡税便是领主的进项。他们在地方上拥有绝大多数的耕地，靠租税过着养尊处优的生活，不光是他们本人和家人，还有其宾客都衣食无忧；过路的朋友得到丰盛的招待。领主家的各间库房总是盈满有余，猪油、豌豆、蚕豆和足以接上下一季收获的充足谷物。贵族的最大特权就是从不知何为饥饿，土地分配的不平等造成在普遍物质匮乏的环境中若干饕餮者的孤岛。那也是享乐者的孤岛：当庄稼汉奋力刨地时，闲适的"贵族"却无所事事，终日游手好闲。事实上，古老的观念一直延续至今：真正的自由人不屑体力劳动，高雅者远离生产活动。最后，领主土地制将很少的流通货币集中到少数人手中，借此他们能去购买本农庄或佃农家生产不出的来自远方的稀少物品。

货币

事实上，即便在缺乏道路和城市生活的乡村社会中，商业也从未完全停止过。甚至在一些遗迹中还留有当政治制度崩溃时商业活动持续的痕迹。大多数村庄每周有定时定点的集市。各地都有一些"码头"，所谓"码头"并非船运的卸货点，而是商人聚集的固定地点。

经国王准许，定期在一些交通枢纽举办集市，而且还打造货币。实际上，这些货币的用途极其有限。稀有金属的储备量不少，但主要被用来打制首饰和金银器具，闪亮的装饰和耀眼的首饰对古代人极具吸引力，领主们在家中最隐蔽地方所珍藏的宝贝，不是钱币而是手镯和金、银器皿。当时铸造的钱币尺寸很小，而且极薄，用银和铅合金打造，成色不佳，很容易磨损。黑乎乎的钱币——币值最大的是德尼埃（denier），相当于十二分之一苏（sou）——物以稀为贵，相当值钱（二十来个苏可买一头牛）。货币仅为交换工具，人们只在物物交换无法进行时才使用它；然而，在一些地区性大集市周边，总有造币作坊常年打造钱币。普通小农户靠着在集市上出售的微薄收益，每年好歹都能攒上一二十个钱币，而大量的货币则流向领主们的钱袋。靠了这种局部的、断断续续的货币流通，在几乎完全自给自足的乡村经济的边缘地带，货币的影响范围极小，然而，靠它却能在这个闭塞的世界里维持着珍稀物品的长途贩运。

贸易

被人们用于治疗和调味的外国的辛香作料——香料；色彩鲜艳的各种织物：包括家庭作坊生产的羊毛粗呢和麻类织物，以及被富人用来制作炫富的长衫的织物。"贵族"穿着这种长衫以显示与众不同，高人一等。（人们很难想象华丽的服饰在当时人的行为和关注上所占的重要性：仅看日耳曼人路易[①]的勇士们即可理解——事情发生在公元9世纪中叶的日耳曼，但与10世纪时法国的情况相仿——这些勇士被禁止在开赴战场时穿丝绸和绣花的衣服，以免在战场上忘了杀

[①] 日耳曼人路易（Louis le Germanique，806—876），巴伐利亚公爵和东法兰克国王，是虔诚者路易的第三个儿子，也是查理曼大帝的孙子。

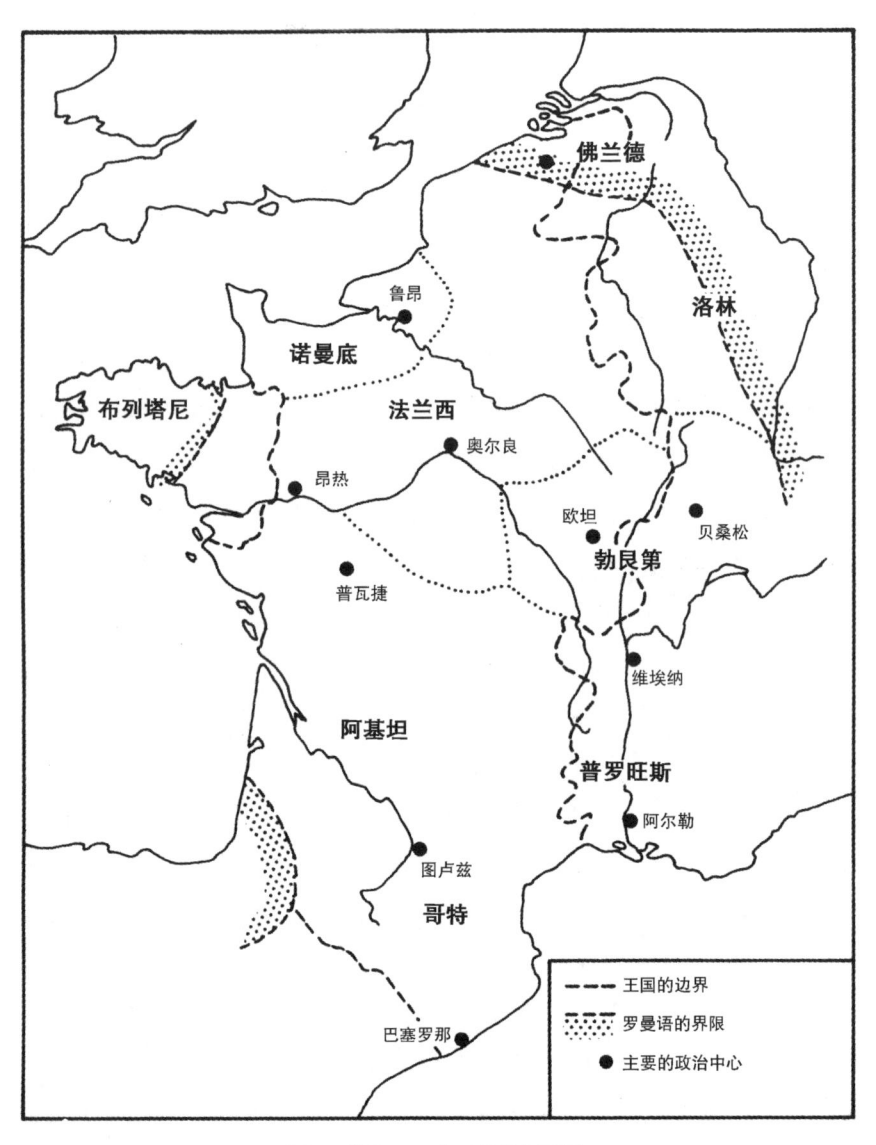

图1 公元1000年时的法国疆界

敌,却相互争抢他人身上镶饰有闪光物的衣服。)香料、织物,还有佳酿(如果当地不产酒的话)等轻巧而贵重的物品,于是成为商人不辞艰辛长途贩运的主要商品。有些是从遥远的近东地区,穿过意大利北部或西班牙穆斯林地区,几经周折运来的;有些则经过更长路途,从波罗的海和北海漂洋渡海而运至法国。但从流通角度来说,少数富人享用的这些物品销量很有限。与其说是商品更不如说是富人用作馈赠的礼品。当时十分重视馈赠,贵族讲究给朋友送礼。尤其是大领主的慷慨施舍更显示出他们的声望和威信。于是,胡椒粉和红呢绒便到达小乡绅们的手中。当然,也不乏商业买卖的部分,但这种交易很少通过职业批发商。据文献记载,存在少数专事贩运的商贩,譬如凡尔登的一些商人,他们跟西班牙穆斯林商人有贸易关系,但这一社会阶层人数颇少。最通常的情况是,某个大户需要一批异国物品,他会派自己家人远赴一个可以找到这种商品的大集市去直接采购。

尽管社会普遍靠土地生活,但等级十分森严。每片林中空地上,在群居的农民中总会产生一门富户,他们的生活靠所有人的劳动来供养。拥有数十农奴的富人家里,妻妾成群,穿金戴银,身着五色缤纷的华丽服饰,出行有专为他们预备的好马——这是显贵的又一标志,向所有人炫耀自己的财富。这些"权贵",或人们所称的"显赫者",高高在上地统治着乡野村夫。虽然并非所有农民都是他们的农奴或佃农,但村里的教堂掌握在他们手中,生活在穷困和危险境地中的农民首先向他们寻求庇护。在地处偏远而与外界隔绝的村庄里,他们事实上的权力是稳固的。

国王

统治权力的结构是与乡村社会形态相适应的,这种社会形态的特征是闭塞和土地集中在少数人手中。当然,卡洛林王朝的几朝君主在

8世纪末企图恢复王室权力的努力并未完全销声匿迹。王室权力至高无上的威望还活在人们的记忆中。在最偏远的森林深处的农民都知道，有一个"人民"选出的、像主教一样被抹过圣油的神圣国王是上帝授权的，他代表着上帝的权力，在王国的全部疆域维护和平和正义。但是，国王的权力实际上已无法实施。因为在一个人员流通困难，接受教育只是极少数人的特权（这一点我们以后还会再谈到），无法对抽象概念加以认识和记录的社会，国王不可能远距离地实行统治，光凭国王至尊至上的概念不足以使全体国民都服从于他。当他出现时，所有人服从他；即便他马不停蹄地到处巡视，品尝各地王室领地的物产和享受子民的热情款待，在这里或那里现身以显现王室权威，也都是徒劳的：国土如此广大，国王不可能同时在各地现身。自从公元987年推选于格·卡佩为一国之尊的国王以来，国王作为法国古代各公爵的继承者，实际控制的只是巴黎和奥尔良之间的祖传领地而已。而在日常生活中，国王发号施令的权力（人们称之为"ban"）很分散，行使权力的范围十分有限，一"国"有一个地方首领，即伯爵（平均范围很小，譬如在塞纳河、瓦兹河和索姆河三流域范围内就有十来个"国"存在）。理论上这些地方首领由国王任命，是国王在各地区的代表。尽管他们不时对国王表达效忠，但事实上是独立于国王的。他们的职位及封地的年俸是世袭的。某些省份的地方军阀，趁内乱和10世纪时蛮族入侵实行权力归并，表面上对势力更强的公爵或伯爵俯首称臣，而实际上丝毫不影响他们充分享有完全自治的特权。有些特权甚至是国王特有的：譬如，集合自由民去征战，主持法庭和执行判决等权力。通常，伯爵只对领地内的土地贵族，对"富人""上层人士"才行使权力；普通自由民的管治则由下属官吏去实施，如通过法官或"百人长"（centeniers）管治司法，通过城堡卫队长以伯爵的名义征集百姓打仗，伯爵本人会时而出巡监督。

权力的解体

事实上,权力进一步地解体。因为伯爵管治权的实际行使范围非常狭窄。它的狭窄首先表现在空间上:教会的庞大领地因从历代国王那里得到了各种特权,这些特权便沿袭下来,以至扩展到国家的很大范围,教会完全不受王室、地方伯爵及其下属官吏的管辖,逐渐形成了若干自治实体,一种"豁免区"。其次,地方伯爵只能管治民众中的小部分人:按照惯例伯爵只能管治自由身份的富人;而所有农奴则隶属于他们主人的管辖范围,而且普通农民对富人的经济依赖性越来越强,他们忘记了自己与生俱来的"自由"。最后,地方伯爵的治权亦因一些特殊情况而被削弱:既然允许一个受侵犯的自由人用武器来自行报复,允许绝大部分的民间纠纷不通过伯爵的仲裁法庭而是由双方的共同朋友居中调停,所有的社会日常活动都在伯爵治权之外进行,人们便不认为国家公共权力有权征收直接税,有权对家庭生活进行监督,连司法和战争都脱离了公权力的范围。因此,在各种政治关系的官方体系下,繁衍着种种私人关系,它们非常有效,并且活跃得多,更适应经济生活现实和社会联系中自然分割的现状。于是,管理人们日常行为的真正权力,在一个范围狭小得多的空间内组织运行。在老人掌控的族亲关系内,解决祖传地产及其利益的分配,利益受到威胁的个人首先想到的最好的庇护所是族亲关系;邻里关系,住在同村的邻里因耕地劳作的需要得服从某些集体性的制约,出于经营共同牧场的需要必须共同遵守收割日期,一起决定何时筑栏对草场和耕地进行临时围场;土地领主制度,是指在领主的经济势力控制下,在庄园管理人的更直接、更严厉的监督下的劳动集体;门客制度,即在大土地主身边集合着一批出身中等贵族世家的"朋友";最后是祖祖辈辈依附于类似奴隶制的贫穷农民阶层,他们为了得到土地保护人的救助或得到供奉在教堂内的神明保佑，甘心依附于他们的领主。

　　极端隔绝最能体现10世纪时法国文明物质基础的特征。在完全封闭而落后的一个个小村落里，简陋原始的农耕技术仅能维持十分低下的生存水平，只有那些享受特权的人才可能脱离贫困。唯独他们拥有些微余资出行、会友，让家庭手工匠人制作不太粗糙的首饰，购买由行商从遥远国度贩运来的、价格不菲的五颜六色的物品。其实，这些乡村土财主刚从最野蛮的粗俗中摆脱出来，比普通农民只略高一点。几个世纪以来，全法国——尤其在北方——城市已不再是土地贵族偶尔前来参加高雅文化活动的上流社会中心。文化领域长期以来已为极少数人所垄断，他们是教会的少数显贵和一些隐修院的修士。

2. 教士和文人文化

教会根深蒂固地渗透各地。经过无数教士的布道，通过各地乡村教堂内供奉的圣人（如圣马丁、圣热尔曼、圣阿芒、圣内克泰或圣瓦莱昂）的影响，以及数不清的无名的福音传道者的努力——这种努力长达七个多世纪，而且从未间断——法国各地已完全融入基督教的框架之内。乡村中最后几个异教势力较大的地区，如西南部巴斯克地区、年代较近的由来自斯堪的纳维亚半岛的移民殖民化而形成的诺曼底地区，至公元 1000 年时才皈依天主教。法国仅剩的信奉异教的"孤岛"范围很小：譬如，在古代城市内定居已久的犹太人小社团，以及在罗马帝国晚期黎凡特（Levant）商人移居法国后的聚居点。

主教

当时，虽然罗马主教的精神威望如日中天，但对高卢教会却不能实施教规监管，9 世纪时几任教皇都曾致力于此目的，却终未如愿。因此，法国教会的主要执掌人是主教，在罗马帝国治下的每个古代城市都有主教（南部省份的城市化程度较高，因此那里主教的数量亦相对多一些）。主教拥有大片土地，因享有豁免特权而掌握了相当部分的国王治权，在城市里往往还拥有伯爵的全部管治权。主教是整个主教辖区的牧师，德高望重。他是辖区内所有教士都尊敬的首领，是他教导和培养了教区的教士，把他们从平民信徒中选拔出来，授予他们从初级到高级的神职，最终成为神父；圣职授任礼的仪式将神父对主教的依附关系变为最牢固的门生关系。在世俗层面，主教的权力亦不可忽视：他是裁定重罪的法官，还是上层贵族的教区神父；他是教会各种慈善活动的组织者，通过慈善活动把大批虔诚的贫穷信徒团结在教会周围。主教甚至还能在生时或去世后制造"奇迹"，使病患者痊愈，令行恶者遭到天罚；他手中还有更可怕的武器，即有权将某人逐出教门，即从宗教社会——当时人类活动最重要的范畴之一——开除某人，把罪恶的灵魂置于最危险的境地中。

教堂堂区

然而，主教不再像早期教会那样，是教区内的唯一神父。在城市中，围绕着主教堂已组成一个由严格教规来管理的教士团体：主教堂教务会，其成员为议事司铎，他们在隐修院（cloître）内过着一种半集体的生活。隐修院的开支与主教区的拨款分开，由专项的地产收入供给；司铎们是主教的贴身助手，分别负责各项教务：有的负责教士队伍的知识培训，指导礼拜的集体仪式；有的则负责监管乡村教士。因为在法兰克时期，小教堂遍布乡村，它们绝大多数是由贵族家庭在乡村庄园内私人建造的小礼拜堂，然后经过主教祝圣，派遣一名神父在此主持弥撒和日常圣事。如此，在每个居民点建立起一个圣事活动点；至10世纪末，教会已在纵深的森林环境中勾勒出各教堂堂区的界线。从此，堂区便成为乡村生活的基本框架。凡在堂区范围内的收获，教会以不同比例征税，作为教堂的开支费用，这就是"什一税"；所有居民（除了贵族家人，他们在领主的私人小教堂做弥撒）都得定期按一定税率缴纳奉献，教堂负责每周组织礼拜，人们在教堂举行各种宗教仪式，以规范信徒的行为，教堂还是为死者举行葬礼的场所和对穷人的赈济中心。因此，在这个以乡村为主体的社会里，最初发源于城市的基督教逐渐乡村化。农民在住所附近再也不会找不到一个神父，神职人员作为上帝的使者，服务于众信徒，他们靠教会丰厚的土地财富供养，人数急剧膨胀，但神职人员之间的物质生活条件差别很大。和世俗社会一样，教士中亦存在着相当大的社会差距：主教、司铎的生活如同贵族，两者是近亲；下层的乡村教士靠一份特别的采地过活，常常还得自己耕作，其生活状况如同一般自由农。被领主释放而获得自由的前农奴，其儿子也有当乡村教士而管理本村小教堂的，他们的物质条件甚至精神境界，与继续留在领主家当马夫的兄弟相比并无显著差别。

修士

修士亦是教会中人，他们削发为僧，断绝尘念，同样终生献身于上帝的事业；但与神父不同，他们并不负责拯救灵魂：他们远离尘世只为自己灵魂得救，得到永福。有的修士选择孤独，他们是住在森林深处的隐士，以采摘野果和信徒的施舍为生，这些隐士便是后来流行于11世纪的一个教派之先驱。不过，大部分修士则过一种与世隔绝的社团生活——这个团体里几乎只有男修士，因为在妇女地位极其低下的社会里，宗教生活首先是男人的事。从5世纪初，最早几个宗教团体在南部普罗旺斯沿海推行埃及聚居苦修的修道方式以来，高卢各地便逐渐布满修道院。临近公元1000年时，在古城城郊一带，尤其是乡间，修道院已遍布法国。修道院与农耕经营相结合，往往十分兴旺。民众笃信宗教，特别敬仰祈祷灵修之地；有钱人上了年岁后自愿隐居修道院，有的将一个儿子从小就送进修道院，让他为全家祷告祈福；许多人愿意隐姓埋名地生活于此。所有这一切为修士团体带来了大量的供奉。自从卡洛林王朝以后，原则上所有修道院都遵循圣本笃的教规。修道院生活与世隔绝，修士长住修道院，宣誓服从修道院院长的权威，把后者当作精神父亲；修士们终身不娶，但也不刻意清苦，他们个人没有任何财产，但修道院却可能很富；修士必须从事体力劳动，但这条规矩后来放松了。附近农民租种修道院的田地，大多数修士靠当地出产过着领主般的生活。

教会掌握在世俗人士手中

如此庞大的教会组织无处不在，但它的精神影响力究竟如何呢？为了更好地衡量教会的影响力，需要着重分析这一群人的基本特征。法国教会在法兰克时代已经形成，它是福音传教极其成功的产物：宗教灵修和现世生活密切融合，教士和信徒融为一体。卡洛林王朝时期教会领袖曾刻意塑造的圣职人员特殊尊荣的概念已经消失了。在一个万事以土地来衡量的社会里，教会亦变得土地味十足，它在其他各种土地势力中间亦争得一席之地，人们开始把主教领地和伯爵领地相提并论，他们获取的利益相仿，教区神父采地的经营方式和自由农租地相同。个人之间不再有任何真正的区分；除了在主持宗教仪式时，本堂神父与农夫有所区别，平时日常生活中，主教作为领地主管、法官、门生众多的长老和战争时的头领，与其他"首领"相比，不也是掌握一部分王权的人吗？他们穿同样的服装，吃同样的食物，有同样的习俗。这种相互融合并非没有好处，它有利于神父与他的信徒的直接接触。这说明当时的文明，从社会最底层的侧面和最基本的行为上来看，渗透了源自基督教教会的理念，或者至少带有来自基督教的某些形式。这种烙印是深刻而持久的。然而，精神亦因与物质如此紧密地混合而贬值。由于宗教的职能与土地所得的享受紧密相连，营利色彩过浓，导致人们对教会的特殊尊严不再重视，所以当各种世俗势力无法直接行使教会职权时，他们就设法利用教会、支配教会。世俗势力操纵录用神职人员的现象十分普遍。堂区教堂被富人们视为其私人财产，因为教堂原本是贵族祖上出资建造而为其家族所用的，教堂被富人当作其领地上一项最赢利的产业来经营，犹如村里的磨坊和榨油、榨葡萄的压榨机一样。他们把征得的什一税和各种税款截留归

第一章 公元 1000 年

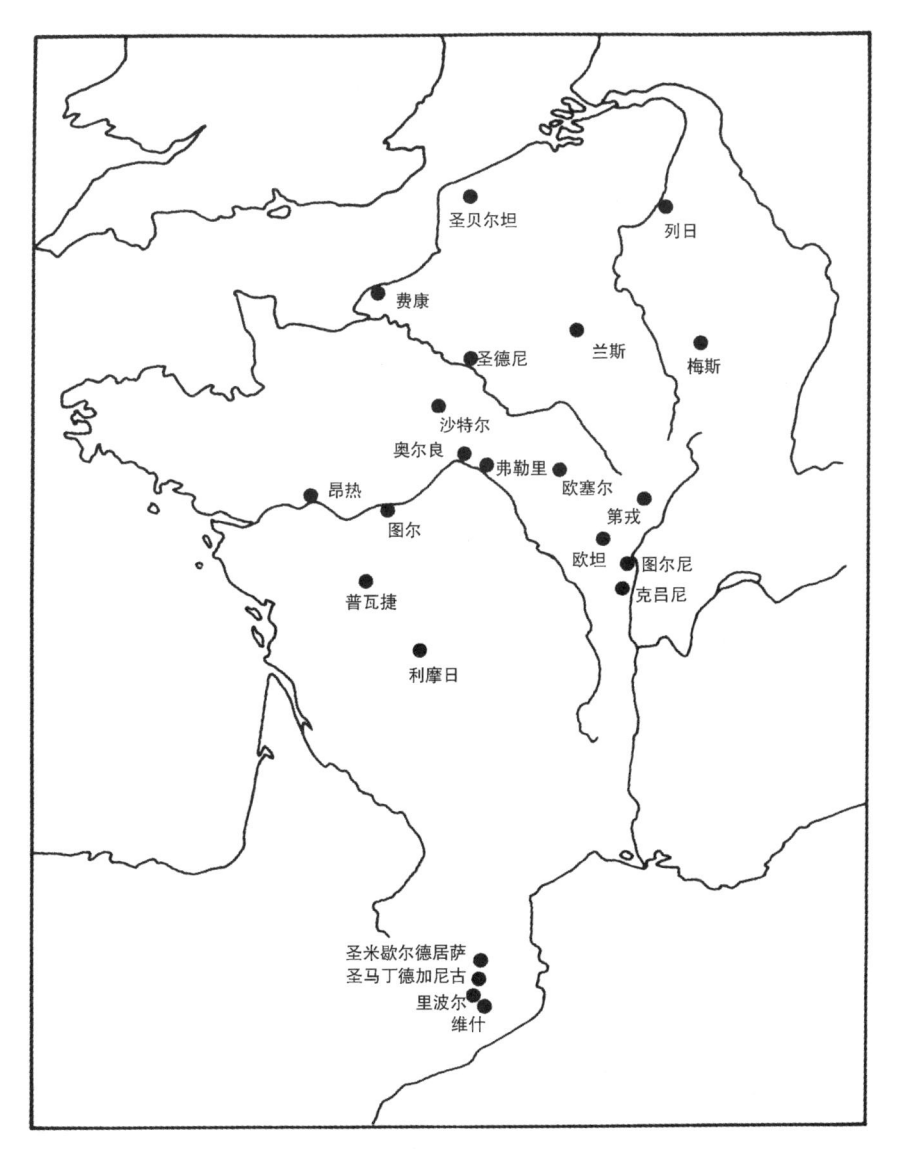

图 2 公元 1000 年时法国教会的分布

己，把信徒们的奉献和缴纳的入葬税等教堂收入窃为己有。以承担教堂礼拜仪式的费用作为交换，随心所欲地指定本堂神父人选；为了保证本堂神父对自己忠心耿耿以及降低管理成本，他们挑选培养最卑微的家仆充当本堂神父。因此乡村教士都是些穷苦人，过得跟农民没有区别，与城里的上层高级教士没有经常联系，很快便忘记了所学的神学知识，因其出身和赖以活命的小块采地，完全依附于堂区的领主。在农民聚居的每一块林中空地，宗教职能都掌握在本村的权贵手中。

上层贵族甚至闯入了教会的高层。修道院也是私人基金捐助的，纳入某大家族的财富中，修士们按照基金掌管者的意志来推选修道院院长，于是基金会指定自己的代言人为修道院院长，往往他们身在尘世而本人直接充当修道院的显职，以便随意攫取修道院的利益。同样，主教区的每个大家族在主教堂教务会中都保留一席位，以便安插自己的亲信，把这个受俸神职传给某个侄儿。至于主教职位，原则上应由教士团和教徒共同推选的，按法兰克时代沿袭下来的传统，主教由国王任命，也就是说，国王钦定一些重要城市的主教，其余地方则由地方权贵独揽国王的这一权力了。因此，所有的神职均由土地贵族来指派；他们的任命都会——至少间歇是这样——有特殊的考虑。有时会选出最称职的人（在10世纪末教会中不乏称职的道德高尚者），但是这些人抵挡不住世俗权贵们的贪婪，常常选出对后者最有利的候选人，譬如，选某个富翁的小儿子以保障教会的利益，选某个朋友以报偿其对教会的热诚，甚至选某人是因为他送了大礼。因此许多身居要职的教会人士是出于利益而被选上的，他们无德无能，亦未经特别培训。教士与世俗社会交织得如此紧密，以至他们不认为需要改变其生活方式，摈弃尘世生活的习惯。事实上，从行为和道德态度上来说，教会的大部分神职是由世俗人士占据着的。

确实，有些人深感对教会进行改革的必要。一个希望在任命修道院院长和主教时摆脱世俗势力的运动,从与主教团关系密切的洛林地区某些修道院和克吕尼修道院(Cluny)开始蔓延。公元910年勃艮第地区克吕尼修道院的创建人,出于保障正常的宗教生活考虑,规定修道院院长的选举应按照本笃教规,排除一切外界势力的介入。这是个值得庆幸的改革:克吕尼成为灵修严谨的典范,在10世纪的运动过程中,其他修道院相继邀请克吕尼的修士前去,按照克吕尼的同样原则来改革他们的修道院。然而,反应仅局限于修道院领域,它还只刚刚开始。总体来说,教会仍在世俗势力的操控之下。神职人员的道德状况,因时因地差别很大:有的教士粗暴,缺乏文化教养且懈怠;有的则学问高深,纯粹而敬业。因此,各地教堂及其周边的宗教生活氛围也有很大差别。

宗教修行及态度

这方面很难确定,所存文献只反映了外表的情况和某些精英的修行。不过,人们从最上层的宗教活动至少可以窥见,对最好的教士和修士来说,他们的基督教情感主要来自对《圣经·旧约》的某些篇章,特别是《新约》中"启示录"的沉思,而不是从《福音书》中来。因此,它是一种超验性的宗教,而非化身的宗教。上帝的形象是遥远的、威力巨大和可怕的,他责罚活人,审判死者,根据他们的所行,或保佑他们去极乐世界,或惩罚他们永受苦难。但是最终的审判在何时?较底层的普通民众必定持续生活在世界末日即将来临的信仰中,这种信仰与原始的基督教教义掺合在一起。如果说,今天人们知道在公元1000年时并未出现如浪漫主义者所想象的那种集体大恐慌的话,至少可以肯定当时社会,甚至包括教会上层教士在内,存在着世界末日和等待最后审判的焦虑不安。正是这类纯粹心理上的景象促使那些懵懂的教士和凡夫俗子笃信了宗教。拯救自己的灵魂,与可怕的神明和解是每个人的第一忧虑。或许人们并未以所知不多的福音道德准则来约束自己的行为，而是更多地祈求上帝宽恕自己刚犯下的罪过，恳求圣人在上帝面前替自己求饶。这些看不见数不清的众多圣人，各司其职，专门保佑某一教堂或某一圣地。随着基督教化的逐渐深入，基督教圣人在人们的集体意识中逐渐取代了乡村诸神和村庄的守护神。

人们靠圣人在上帝的审判庭上替自己的灵魂辩护，而上帝的宽恕尤其要靠平时的奉献来赎买，"奉献可以洗涤罪恶，如同水能熄灭火一样"。信徒在世时要付出与所犯罪孽严格相应的奉献，奉献要利用一切机会，在最适当的祈祷场所捐出，这便是信徒的主要宗教行为——以至于在交通十分闭塞的乡村，信徒们的虔诚奉献成了经济流通中最活跃的因素。灵魂得救还可以通过准点和多次的礼拜仪式来获得，祈祷能使虔诚心得到升华；在当时缺乏抽象能力的年代，主要靠行动和具体动作来表达。在各种礼拜仪式中，敬仰和触摸圣物最受信徒的恭敬，因为它符合神奇感和奇迹性，10 世纪时的宗教情感中憧憬神奇和奇迹的气氛浓厚。圣人的圣骨和遗体一部分作为神奇力量的具体象征，浸润了某种特别有效的拯救力；人们渴望触摸它，高价征购它，甚至毫不犹豫地将其窃为己有。于是，教会倡导的圣物崇拜便错综复杂地与迷信和巫术妖法混杂在一起，这种迷信和巫术先于基督教而存在，在人们心目中是根深蒂固的。或许乡村教士们也无法将迷信和宗教仪式相区别，所以 10 世纪末主教会议发布教谕，禁止——也许是徒劳——乡村教士宣扬魔术和占卜术。这就是当时基督教的状况：对所有人来说，宗教并没那么多的愉悦和兄弟友爱，只有负罪感和恐惧感。在大多数人眼中，宗教是镶在十分原始信仰的粗糙背景上的一整套礼拜仪式和态度，它保护信徒脱离魔鬼缠身，使其获得心灵平静，它祭祀亡灵，人们对灵魂不死是深信不疑的。入葬时不再在死者坟墓里放入武器和食物还是年代不久的事。然而，围绕着普遍盛行的粗糙的宗教仪式，产生了一系列文学和艺术的创作活动。

这些至少是我们能了解的情况。人们不能否认还存在着一种世俗和民众的文化，但是除了极少数难以确定的和间接的痕迹外，世俗文化没留下任何作品，因为它们是一些十分容易消失的东西，吟唱的诗歌还没用文字记录下来。或者是一些极个别的例外，诸如耶稣受难故事、圣莱热颂歌等，它们能流传下来是因其为"乡村叙事歌谣"，是信徒们吟唱的类礼拜诗。此外，还有刻在易损的木材和陶器上、印在织物上的一些图案。人们对不打算入教会服务的富家世俗子弟所受的教育及其趣味一无所知。相反，颂扬上帝的文学和艺术作品则被牢固地保存了下来：它们被写在羊皮书上，刻在象牙和砖石上。

古代文化的残留

文化的一些上层侧面，尽管经历了若干变形，仍保存着罗马传统的许多残余。由罗马帝国带给高卢社会上层的知识装备和审美概念，因日耳曼人入侵而遭到严重破坏，城市衰落，大批贵族家庭移居乡间领地，导致学校消亡——过去贵族子弟曾在那里接受非宗教的教育。入侵者引入了一种与高卢罗马文人文化完全不同的艺术，如在小物件上所刻的游牧民艺术，铁匠和首饰匠的工艺，以及在几何图案中加入动物题材的草原游牧民的非形象艺术等。然而，这种持续至公元7世纪的古典文化退化——在高卢北部特别明显——并不彻底。学校还存在着，但是经过改造，变成专门培养教士和修士的严格的教会学校。因为基督教是一种"书本的宗教"，建立在一定数量的文本经书上，神职人员至少得读懂和理解经书。这些经书——以4世纪末圣杰罗姆翻译的《圣经》为中心——在西方国家是以古拉丁文写成的。正是出于文字书写这一基本要素，教会必须把学习拉丁文的古代学校——它以世俗作家的作品为教材，一向是异教的阵地——纳入其体系，并逐渐使之成为教会不可分割的组成部分。然后，随着通俗语言的讹用，也随着福音传道扩展到拉丁文以外地区，经书的语言（即古拉丁文）才不再是人数不断增加的教士的必用语言。此外，古典艺术的形式也继续存在着。在高卢地区，人们继续按照罗马人的技术兴造石头建筑，这类建筑越来越偏向宗教用途，工匠们亦把罗马人的技术代代相传。因蛮族审美观的传播而遭到摈弃的形象艺术和古希腊、古罗马风格的装饰，亦获得重新发展，譬如出现在6世纪末巴黎地区以金银纹饰镶边的腰带饰环，以及大巴黎地区儒阿尔教堂地下墓室内石棺侧面的石灰质装饰图案，尤其是圣人故事书中的大量插图。不过，古典文化的决定性回归及其在基督教教会内的再现还是在公元800年前后，亦即"卡洛林王朝文艺复兴"时期。为提高教士的文化水平，借鉴在意大利北部和英国修道院内保存较好的罗马帝国晚期文化遗产来革新教堂装饰，教会中两代人和国王作了执着的努力。10世纪时法国的艺术和精神生活直接受到了这一文艺复兴的影响。

学校

教会学校是教育的基础（上层贵族的年轻子弟上学而不准备当神父或修士的例子是屈指可数的：在中世纪的绝大部分年代里，世俗这个词即是文盲的同义词）。曾辅佐查理曼大帝恢复教育的阿勒盖和其他学者，为修道院和主教堂教务会办的学校制定了一套沿袭古代罗马教育的课程，即被称为"七项自由艺术"的一整套七门课程。它们分为两个阶段。第一阶段叫"三艺"，培养表达能力。首先是"语法"，即拉丁语的语言科学（当时还没人掌握希腊语），通过阅读讲评若干世俗诗人（如维吉尔、斯塔提乌斯、朱韦纳尔、戴朗斯、吕坎）的作品，特别是对多纳和普利西安的批注作抽象研究，讲授拉丁语语法；其次是"修辞"，即文学写作的技巧，通过阅读凯蒂里安的《雄辩法则》和西塞罗的《论演说》，学生模仿《讽刺诗》《链环术》或蒂托·李维的演讲词进行写作；最后是"逻辑"，即培养逻辑推理能力，主要是研究一些拉丁语哲学家的论文及其普及者，如波埃斯、波菲尔等的作品，他们对亚里士多德和柏拉图哲学作了一些十分苍白又歪曲的诠释。第二阶段叫"四艺"，旨在向学生传授世界的百科全书知识，其实各科知识介绍并不深入。通过"地理"和"算术"两科，启迪学生对数的神秘价值产生兴趣，这与当时的魔术不无关系，符合中世纪对灵魂的深入探究，亦寻求数的对应和类比对换，引导学生通过练习，熟练掌握对罗马数字的运用；"天文"在当时还是一门相当初级的简单技术，用于"日历推算法"，计算复活节日期，这是宗教历法中的关键，或者用于星相占卜；最后即"音乐"，即学习圣乐和唱赞美诗。

  这些便是学校的全部课程。但是，不要以为各科之间的教学是循序渐进的，年龄参差不齐的一群学生围绕着唯一的教师，而教师还要主持其他宗教仪式。教师读一段课文，讲解一段，正式授课、经验传授和静思默祷，一切都混在一起进行。此外，当时的教育重点放在第一阶段"三艺"上，而"三艺"的重点又落在"语法"上——这完全符合卡洛林王朝的传统：教育就是学习拉丁文。教学方法很笨拙，主要让学生反复咀嚼誊抄下来的课本范文，不过如此方式使上过学的人都会两种语言。事实上，由于学校的教育方向，知识分子的语言，即教会、科学和艺术的语言同大众化的语言完全割裂开来。语言不应该是死的，应是有生命的、灵活的，应能包含思想和书面表达中一切微妙的差别。此外，文学相当贫乏，完全是教科书一类的作品，图书馆（馆藏图书都是在卡洛林时期收集的）、经书誊抄和文学写作室（scriptorium）是学校的附属机构。文学作品只有若干祈祷诗，还有书信。正因生活在物质上阻隔的时代，有文化的人分散在各地教会身居要职，彼此相距遥远，只能靠通信与同一层次的人进行交流。只有一个领域繁荣：历史。在一些重要的教会机构，都有专人负责撰写年鉴，各地教会的年鉴详略不一，年鉴资料或多或少会向外界开放。这一时期权威的作品就是由里歇尔编纂的兰斯教会学校自公元 991 年至 995 年的历史汇编，其写法完全模仿古代作家——特别是萨吕斯特——的作品。

艺术

与学校同样，当时的艺术亦受卡洛林文艺复兴的影响，主要为教会服务：用来营造礼拜仪式的庄重气氛。首先是给宗教仪式配以音乐。在这一领域，10 世纪末正是上一世纪的技术革新在法国各地扎根和弘扬的时代。最初尝试的复调音乐，采用纽玛记谱法——事实上传播范围十分有限——最早以图表代表旋律线，从此仅靠记忆的旋律可以被固定下来；尤其是圣歌中加词法的运用，它能在宗教圣乐上配以自由创作的新词，从而革新格里高利（grégorien）素歌，亦由此促进了宗教抒情音乐的发展，催生了宗教剧的最初形式：公元 970 年的复活节早晨，卢瓦尔河畔弗勒里修道院的修士们，唱着填词的圣曲，模仿信徒惊喜地"发现"耶稣复活的一幕。

教堂内部装饰也起到赞美上帝荣耀的作用，在这方面，从 8 世纪末至 9 世纪复兴的古代传统最具生命力：这就是如同往昔罗马的石雕艺术和人体造型艺术。石雕艺术采用于教堂建造中。几乎所有罗马式的矩形大教堂，出于宗教仪式的需要，特别是圣物崇拜的发展，都采用石头材料进行了改造，这是建筑技术变革的先声。这一教堂建筑变革主要体现在以下两方面：教堂的入口——用于接待朝圣者的入口门廊和二楼廊台被扩大了，大有成为辅助小教堂的规模，顶上架两座塔楼和一个钟楼；主祭台的后部——有入口可进入位于祭台下面的地下墓室，墓室中央供奉圣骨和圣物，围绕着祭台后部半圆形的回廊，呈辐射状地分布着几个小礼拜堂。在一些大教堂的建造中，采用了新的建筑技术，如以传统长方形大厅的大圆柱代替支柱，以拱顶代替构架。至于人体造型艺术，它在教堂祭台的装饰中占了显著地位。耶稣像、耶稣的使徒像还有众多圣人像尊卑有序地一一排列，但耶稣像总在群像的中央，居突出地位。圣像之间隔着绲带饰、抽象的装饰图案和从首饰匠制作工艺借鉴来的花案，这种首饰花案则是日耳曼人入侵后遗留在罗马文化圈的美学遗产，它表现为杂色斑斓和几何图案的非形象艺术。人像以浅浮雕刻在象牙和木板上，涂上稀贵的金银箔，做成装饰屏；也有做成法国南部教堂里的偶像，赢得朝圣者的惊叹和赞美，或做成人体形的圣物盒——南方孔克市圣佛瓦教堂里的圣物盒就是最显著的例子，做工精雕细刻，乃是雕刻艺术的滥觞。此外，在圣贤书中也有画了圣人像的插页。手抄本经书上的圣像绘画技术是卡洛林王朝时期最重要的艺术，它们出现在若干最活跃的修道院里，如圣贝坦修道院、弗勒里修道院，欧塞尔市的圣日耳曼修道院和利摩日市的圣玛蒂亚修道院等，圣人像被放大，画到壁毯上。

文化地域

追根溯源，教士文化、文人文化是与罗马相联系的。但是，其基本框架、表达和传授方式最终是由卡洛林王朝几代国王的辅臣们所奠定的，并扎根于一种特殊的政治结构内。这中间反映了卡洛林王朝文化的某些特征。首先是它的同一性。尽管屈指可数的几个精神和艺术生活中心彼此地理距离遥远，各自湮没在乡村环境中，但是从高卢的一端至另一端，在受过教育的文化人小圈子里，人们的思想方式和趣味爱好却是一致的。事实上，上述各地都处于查理曼大帝所创建的帝国内，在两三代人的决定性时期，真正的文艺复兴艺术家，几个主要修道院的院长和9世纪上半叶的大主教们都是名门之后，且在宫廷内受过相同的教育，他们之间通过定期的教会高层会议，通过旅行互访和书信往来，保持着密切联系，彼此有着共同的精神生活。因此，尽管极端隔绝，他们的艺术创造和思想的范畴仍十分相近。

虽然具同一性但创造相对贫乏。在文人文化领域中，与拉丁基督教的其他地区相比，法国在创造性方面相对落后。首先，法国在卡洛林王朝下所建立的文化设施解体得比帝国其他地区更早更深刻，因为外族的入侵在此更深入，王权的衰退更严重：学校和修道院经书誊抄室遭到比其他地区更严重的破坏。在破坏程度上，法国不仅比保存卡洛林传统较完整的德意志地区严重，甚至还超过基督教文化圈边缘的某些国家，它们因接触其他文明而丰富了自己的文化：譬如意大利伦巴第地区，当地通过亚得里亚海深处的门户向拜占庭开放，保存着世俗教育的痕迹，那里的建筑工匠征服了欧洲各地；特别是西班牙基督教地区，如坎塔布里亚边界地带和加泰罗尼亚，与伊斯兰的财富、精细风格和科学等有密切的联系。

即使在法国内部，文化地域也体现出卡洛林文化留下的不同程度印记。在真正的法兰克地区这种印记更为深刻，如纳斯特里（Neustrie）和奥斯特拉吉（Austrasie），也就是说在卢瓦尔河以北地区。但是在这一区域中，最早的修道院遭到诺曼底人入侵的破坏。整个西部地区在遭受劫掠后，开始了一个漫长的衰败过程，后来，靠强劲的北海船运业和与英国日趋活跃的贸易，西部地区又重新振作起来，出现了图尔、圣德尼和弗勒里等复兴城市，在弗勒里修道院内供奉着德高望重的西方修士的鼻祖——圣本笃的圣骨，不久又出现了沙特尔。不过，更活跃的文化活动还在东部地区，如勃艮第，它未曾遭受入侵浩劫，曾是有钱人的避难地，凡能逃离不安全地区的人蜂拥而至，整个教徒团体带着圣物和圣书逃难至此；边境地带如兰斯等地可感受到来自默兹河和莱茵河上游的一些重要文化中心的有益影响。相反，在高卢南部，如个性倔强的阿基坦地区（Aquitaine），从未被法兰克人真正统治过，仅极其浮浅地受到了卡洛林王朝几任国王的辅臣们推行复兴艺术和研究的影响。不过，南部这一地区却受到另一方面的积极影响。古罗马帝国的遗产在此更丰富，保存得更完整，而且不像塞纳河流域受教会活动影响和日耳曼习俗的传染：在普瓦捷、图卢兹和阿尔勒之间的地区，古罗马（真正的罗马，而非被基督教同化而吸纳的那个罗马文化的特殊侧面）的影响，通过历史建筑物和居民的心理态度，表现得非常强烈。这一地区还受到另一种文化力量的影响，即来自西班牙边境地区的摩萨拉布（mozarabe）文明。

因此，法国以东北部和南部分为两极，两极的文化带有不完全相同的色彩，但同样具有生命力。看来两种地域文化的结合能产生更丰硕的果实，即在卡洛林传统土壤里植入更忠实于拉丁文化，同时渗透了更多伊斯兰信息的南方种子。举一个例子：当时最有学问的教士热尔贝（Gerbert）在教皇任上过世的，称作西尔韦斯特二世，后世把他尊为有神奇力量的魔术师。他是南部阿基坦人，在欧里亚克修道院接受古典文学教育。欧里亚克地处奥弗涅地区边缘，当地未遭受过外族的入侵和统治，对古罗马的记忆特别鲜活。公元 967 至 972 年，他生活在加泰罗尼亚。在这个已阿拉伯化的法西边境地区，各种贸易在此进行，包括香料和贩奴等，各种知识和艺术工艺在此交流，尤其对数学的研究相当深入。热尔贝在此接触并掌握了较深奥的计算技能，特别是掌握了一种被称为"算盘"（abaque）的计算器。从公元 972 至 982 年间，作为兰斯神学院教授，他教授"三艺"课程（以古典文学研究者的身份引入优秀作家，与他有书信往来的学生里歇尔的文学造诣即是证明），与此同时，他还发展了其他学科，如同当时另一位学者阿邦在卢瓦尔河畔弗勒里修道院所做的一样。热尔贝更启迪学生对天文学这门研究世界和谐一体的基础课程的兴趣，他还教授音乐的深奥理论,"以单弦弹出不同的音,将它们的同韵和协和音分为全音、半音、大三度音和高半音,有规则地将音调分配为乐音,令学生深刻体验到其中不同"[1],逐步掌握听觉上的色调变化,将它们巧妙地分门别类,更严格地理解节奏和时间。在热尔贝的推动下,兰斯神学院成了法兰西王国最杰出的教育中心,以此为起点,更丰富了学术研究。他的弟子中不仅包括国王于格·卡佩的儿子、未来的国王罗贝尔二世,还有福尔贝,后者在担任沙特尔教区主教后,将他老师的一套教学带到了沙特尔。

---

[1] 里歇尔(Richer):《法国史》(*Histoire de France*),第二卷,第49页,拉图什(Latouche)出版。

3. 地区差异

热尔贝的活动及其影响证明，知识分子之间的地理距离并不重要，各教育中心之间，人物、经书和思想是流通的，也正是这种交流减少了文化层面的地区性差异。不过，由于环境的严重限制，总体来说，公元 1000 年时的文明表现为空间上的明显不同。因为法国各地地域广，我们得重复这一点，法国的疆域比今天一些帝国要相对大得多，原因是联络技术的落后和社会流通相当少。各地农民以小群体形式分散在孤独的环境里，风俗习惯和日常生活方式在封闭小范围内各为一体，自主发展。卡洛林王朝的解体和国王治权的分化，事实上是政治结构对人类环境自然分割状态的一种正常适应。再者，某些地区的对立是历史的遗传。高卢各省份并无共同的历史，我们在前面已论述过，各种文明对文化遗产的形成所带来的影响程度不同。自从古代社会结束以来，民族的迁徙、劫掠者所到之处造成的不同程度破坏、外族入侵占领程度的不同，亦使罗马帝国之前已存在的地区差别变得更为明显。有些地方的分界是明确的，有些则是模糊的宽阔地带，是差异逐渐减小的过渡区，这便是当时的法国。在结束本章之前，有必要对之加以说明。

语言分界

首先，语言的分界是十分明确且相当稳定的。法语范围以说其他语言的周边地区为界限，在那边其他语言取代了拉丁语，因为那里的拉丁文化色彩本来就较肤浅。在东部默兹河和孚日山脉以东的日耳曼语地区，入侵者完全抹掉了拉丁文化的痕迹，如同北部弗拉芒平原以北地区，这个曾经被海水淹没、荒无人烟的地区，因海运和内河船运等航运业而兴起，其日后的繁荣在当时已有所显现。在西部阿尔莫里克半岛的西半部是凯尔特语地区，海岛上的布列塔尼人在6世纪时移民到陆地上来，他们一直拒绝臣服于卡洛林王朝：这是一种独特的文化和社会结构，与爱尔兰和威尔士有亲缘关系，他们围绕着一个小氏族而组织起来，移居到布列塔尼地区后仍与法国文明保持着一定距离，在整个中世纪他们跟随法国文明，但有几代人的差距。最后，西南部波尔多以南的巴斯克方言区，也是一个排外性极强的地方。但由当地君主自治的加斯科涅地区，经历了长期与外界几乎隔绝的未开化状态后，与西班牙东北地区有了越来越多的交流，刚开始基督教化的进程。然而，上述的语言特殊化地区范围很有限，往往被限制在法国文明所扩张的地域边缘。在法国文明的整体范围内，人们所用的是罗曼语族的各种方言，当时它们之间尚不存在11和12世纪起形成的明确差异。这些差异是随着奥克语文学语言的形成以及各地俗拉丁语文学的繁荣而产生的；或许此前已有某些深刻的不同，表现在南、北方语言中拉丁语词根的差别，但是南、北方拉丁语的过渡难以察觉：只不过每个村的居民有不同的口音而已。我们现代人在此所感觉到的界限属于另一层次，即政治分裂，其中有些是历史更为悠久的种族界限的延续。

政治分界——法国的北方和南方

按公元843年《凡尔登条约》划定的王国东部界限以西地域，便是人们习惯所称的法国了。沿埃斯科河入海口向上游推溯，穿过阿戈纳丘陵地带接上默兹河，沿河西岸一段距离往上游走，跨河的左岸或右岸，接上索恩河，然后绕过福雷兹平原，划入沃莱地区，最后接上罗讷河三角洲上游的小支流沿河而下。边界是明确的，住在附近的所有居民都知道，特别是那些订立条约的专家们更能精确地划出边界线在哪里。但是，它与日常生活的现实却毫无关系，边界上既无关卡也无驻军，人们不知不觉、毫无顾忌地穿越了边境；边界线穿过领主领地，穿过人口、居住点和村镇管辖区，而从未将它们分割开来。边界那边的洛林地区，在一个世纪前已归并于日耳曼王国，融入辉煌的奥托曼文化，因早期的宗教改革和默兹河沿线商贸大动脉的繁荣，该地变得富有活力。相反，从孚日山脉南端起的"阿尔勒王国"——由勃艮第和普罗旺斯两个王国联合而成，其疆土辽阔，从巴塞尔直至马赛，但住在维埃纳或罗讷河上游的国王却极其无能。该地由一些势力强大的自治领地所组成，有盘山道路通往意大利。东南部一些地区更罗马化、更城市化，但南部地区却严重遭受撒拉逊人的劫掠，直到10世纪末前不久才被有效扼制。以至于南部地中海沿海一带的海上航运业萎缩为近海驳运。格勒诺布尔教区主教和普罗旺斯地方伯爵致力在被严重破坏的领地上增加人口，将大批空旷土地分赏给亲信门徒去管理。

  法兰西王国远非完全统一。在10世纪初被斯堪的纳维亚人占领的地区刚刚收复，塞纳河下游流域，包括贝桑和科唐坦半岛在内的"诺曼底地区"在维京人（Vikings）统治下变成一个很特别的君主国，它的政治取向完全独立于法国。但是，北方民族的殖民仅局限于几个郡，由于实行允许海盗就地扎根的安抚政策，毁坏的痕迹很快消除了，先前文明的某些重要因素，如基督教、拉丁文化及其民间衍生文化和领主制度等又重新出现，而且因外国人带来的贡献而变得更加丰富和坚实。在理论上的法兰克国王（rex francorum）势力范围内，存在着三个不同区域，三个公爵领地，人们按残留的模糊记忆有时将它们称为三个王国，三地的居民相信自己组成了不同的"民族"，那是由于日耳曼人大迁徙、不同的入侵族群割据而成，而卡洛林王朝统治者未能将它们重新统一起来。三个地域中个性最不明显的是勃艮第，它是勃艮第古国留下的小块土地，勃艮第古国的大部分领地在法国范围之外。相反，另两个地区则是剧烈对抗的双方。一边是真正的法兰西，即克洛维国王及其儿子传下的领地，以巴黎、奥尔良和图尔三地为中心，是古代纳斯特里国的延续，国王的祖先即是上述公国的几个公爵。另一边是面积广大的阿基坦，自从西哥特人（wisigoths）入侵并占领当地以来，长期与企图征服自己的法兰克人对抗，阿基坦领地有两个中心：普瓦捷和图卢兹，前者保存罗马帝国的传统，是公国的权力中心；后者为毗邻西班牙边境地带的重镇，也曾是卡洛林王朝为防止从东比利牛斯山过来的阿拉伯人进犯而设置的军事防卫缓冲区。法兰西与阿基坦两区域之间，形成了从卢瓦尔河下游至索恩河畔沙隆市的分界，这种分界是深刻而又现实的，它不但划分了两个敌对的政治统治区域，更区分出两地居民在生活方式、衣着习惯、打麦盖屋、情感和世界观等方面的完全对立。至于双方的相互不理解和彼此敌视，我在这里引述克吕尼修士拉乌尔的一段文字，他在公元1000年前后目睹了护送国王罗贝尔的新王后的随行车队："从奥弗涅和阿基坦来的一群人开始进入了法兰西和勃艮第，只见到一些神情十分张狂的人，他们的衣着和习俗很古怪可笑，他们的武器和马具鞍辔杂乱无章，前半脑壳的头发剃得很短，胡子刮得像小丑，脚上穿着极不得体的靴子，完全是一批不守信、无法立誓结盟的人。"[1]

　　差异来自隔绝，这一概念必须再次重申。到处是同样的粗俗，同样不确定的生存条件；在每个稀少又脆弱的避难地都保存着文人文化，同样的经书和同样的美学倾向。但是在围绕着一个交通枢纽、一个大教堂或一个防御据点而形成的各小村落之间，联系却极为稀少，

---

[1]　拉乌尔·格拉贝（Raoul Glaber）：《历史》（*Histoire*），第三和第九卷，第40页。

空间距离的阻隔令人望而生畏，外乡人会遭到蔑视，这一切都成为阻碍人们交流的屏障。这就是公元1000年时的法国。然而，时代不会倒退，若干年来，自从最后几波大劫掠的平息，人们的生存条件已经改变；各地农民利用效力更高的农具开荒拓土，道路上旅行者越来越多，他们中更有挑担的商贩；人们意识中的世界末日的惶恐已逐渐变得淡漠，但人心骚动，预示不久后的大变动的到来。人类的新时代，一种新的社会关系、新意识和新习俗组成的社会形态，渐渐地开始出现，这就是人们所称的封建制社会。

第二章　封建社会（11世纪）

封建，这个词是可以商榷的。其实，封地只是人与人之间新关系中的一个并非最重要的组成部分，而人们习惯于用"封建"这个词，那么就保留它并分析其确切含义。在11世纪过程中，社会关系的表现形式发生了变化。一个十分重要的变化是：从此开始，并在长达几个世纪内，法国文明的演变在一个新的框架内进行，即使当这框架不再是社会的活的骨架时，它依然持久地影响着人们的思维习惯。"贵族""骑士""荣誉""臣服效忠"，这些新结构的关键词的反响是如此之大，以至直到今天它们的影响仍未完全消失。但是，社会的变革并非突然革命，它是由长期以来不易察觉的深层变化做准备的。在公元1020年前后的几十年中，人们开始集体意识到这种变化，社会从法理上加以认可，并明确和固定了这种新型的社会关系，而在过去只存在于模糊的本能反应上。封建制社会最终迟缓地适应于某种特定环境而诞生，这种特定环境就是居民群居点之间的相互隔绝、封闭的经济和作为10世纪标志的乡村生活。

封建社会有两个基本特征。首先，权力分散为自治独立的小实体：以往框定政治关系的抽象概念彻底消失了，或许思考力较强的某些教士是例外。王权和公共机构等概念不再有任何意义，指挥人和惩罚人变为个人的权力，它与生俱来，并且可以像土地一样买卖交易，那些有幸获得这种权力的人可以任意行使，不需对任何人负责。此外，这种权威只有在现实的具体环境中才会被承认：谁也不服从一个不见其形、不闻其声的主人，主人必须在现场，他的权力只能管辖眼皮底下的小群体。第二个特征，社会从此将小部分出身优越而被赋予特权的等级集团与普通民众隔离开来。这也只是一种社会意识的觉醒而已：其实贵族阶层的形成由来已久，但从此他们的权力得到了公认，这就是爵位。事实上，10世纪末人们已普遍认为基督教社会分为不同"等级"，也就是说，界限分明的层级，上帝指派给某些人特别的使命，他们神职在身而有权获得特殊待遇。长期以来在教会的教育体系内已形成了博学者的概念，他们首先是教士和修士，这些人与一般世俗的人已区分开来，但现在又将世俗的人分为两大类。少部分人是富人、领主和非体力劳动者，为了回报上帝给予的优渥物质享受，他们必须全身心投入戎马生涯，以武器保护其他社会阶层。另一部分则是广大的平民、穷人、乡下人所组成的劳力者"等级"，按天意他们得靠体力维持生计，换取前两种人的精神和现世的保护，教士负责祈祷，骑士负责打仗。

1. 城堡和权力

城堡

新型的社会结构在很大程度上是围绕着军事建筑即城堡来构建的。11世纪时，城堡建筑极其简单，一座长方形或梯形的两层建筑而已。底层为食品贮藏室，上层开一扇门通过活动梯子与外界地面相连，既是起居室又是藏身地，必要时在此进行抵抗。除了在缺乏坚实木材的地中海沿海地区，城墙一般用木材建造。木材容易找也容易加工，但易着火，这是缺陷。首先，不能生火取暖，煮饭得在露天，隔得远远的。尤其对进攻者来说，火攻最为有效。战事发生时，防御方在外墙的最薄弱处要包上刚剥下的兽皮。抵御外敌的能力相当弱，有财力的大领主们不惜工本建造砖砌的城楼，如安茹伯爵在10世纪末所造的朗热碉楼和图赖讷地区的蒙巴松碉楼。但是以石头取代木材的建筑，造价相当昂贵（需要雇佣石匠和专业泥工），所以在当时很少，直到12世纪下半叶才逐渐普及。因此，在封建社会形成初期，正如当时所有人的住宅一样，城堡十分简陋和不坚固。城堡防御的有效性和力量在于其地理位置：一般碉楼建在一个难以接近的高地上，如果没有自然的陡坡，便人工堆造一个"小土岗"（la motte），周围挖掘一圈很深的壕沟，然后在离防御中心一定距离外的坡地上筑一道篱笆，这是御敌的第一道防线，附近村民在需要时可以进入第一道防线内藏身。所以，城堡或"要塞"亦有集体防御的形象，是统领附近所有村庄的军事指挥权的象征和基础。

当时，城堡数量并不很多，11世纪时的贵族们并非都住在城堡内。城堡的建筑视地理情况而异，在交通干道沿线和地区统治集团存在冲突的边缘地带，城堡数量较多，而在森林繁密的地方则相对稀少。当时城堡的密集程度相当于今天法国的县（canton）政府所在地，即平均二三十个村庄有一个堡垒要塞。此外，当时建造的防御工事大多是在原有的古建筑上加固而成。卡洛林王朝时代，帝国分裂为敌对的小王国，随后为了对付斯堪的纳维亚人、匈牙利人和撒拉逊人越来越频繁的入侵，各王国或公国必须将军事防御体系扩展至全境范围，在各地构筑防守中心，所以这些城堡几乎都是在国王或公爵的控制下建造的。当然，也有个别军事冒险家利用混乱和不安稳局面，自己出资建造的城堡。私自"僭造"城堡是件冒险的事，必须麻痹民众首领的警觉性同时说服反对的农民。总之，"僭造"的非法城堡是极个别的例外。大多数的城堡要塞最初并在很长时间里都是国王拥有而由其地方代表管理的。正因如此，公元1000年前后，当掌握了国王统治权的各统治阶层之间的最后维系中断时，当所有权力都变成私有和个人的时候，附着了国王统治的最后记忆的城堡也变成守城贵族的世袭财产，而围绕着城堡则形成了新型的权力结构。

11世纪时，还存在一个统领管辖几处城堡的现象，统领在各城堡之间分别住上一段时间，平时则由其下属的守城官或亲信驻守城堡。这种由几个防御点组成的联防网，成为类似公国的骨架，譬如安茹伯爵领地或佛兰德公国便属此类。但大多数情况下，一个城堡是单独统领的驻地，不服从于外界的任何控制。这在法国南部是普遍现象，在北部也经常如此。在国王权力尚未丧失殆尽的小地区，如在巴黎和奥尔良之间，像蒙莱里领主和皮塞领主这样的城堡主基本上是独立的，他们拥有与城堡相关的权力，这种权力还扩展到附近地区。即使在手中掌握了几处城堡的伯爵所在的地区，他们的权力并非来自爵位，而是来自作为守城领主对要塞周边范围的领主管治权。统治权被分散到各军事据点首领的手中，这或许就是封建制度的一个基本侧面。

领主老爷

各地土木结构的堡垒属于当地最富的人，他手中拥有附近的大片森林和成片土地。但是，比财富更重要的是他在城堡中的地位。身边簇拥着一群武装的家仆——所谓"军士"，主人被拥戴为高高凌驾于其他邻近土地领主的首领。城堡主实际上是跟伯爵和主教一样的贵族，只有他们才能在正式文书上被称作"领主""老爷"。他的权力性质和国王一样，事实上是来自国王的，即维护本地区和平及司法。抵御外敌入侵的使命：在遇到危险时，城堡主发出警报，如人们所说的，发出"城堡呼救"，动员战斗，从这一刻起所有战斗者必须服从严格的纪律。这一权力在民众面临劫掠而处于恐慌时显得尤为重要，也正是在这种权力之下，10世纪时城堡主这些光宗耀祖的壮举，使他能够霸占城堡，并在附近民众的支持下逐渐摆脱一切监督管辖。对内维持司法的使命：城堡主如同古代国王一样，是民间纠纷的调解者；他有权惩处最严重的罪行，处罚破坏和平、扰乱社会的人，如谋杀、诱拐、通奸等罪行，他召集民众，宣判罪犯并执行他的判决；为防止发生纠纷，他负责制订规则并加以监督执行。原本属于国王的权力，现在却变为领主老爷的个人资源。他的权力由世袭而得，他可以为所欲为，在其下属的帮衬下，他可以任意经营他的权力，如同经营他的磨坊和教堂一样。对领主来说，领主管治权是一个生财之道，他可以任意开罚，对百姓强取豪夺。民众对他毫无申诉途径，因此他更加变本加厉。然而，领主老爷的权力扩张却有一个限制，那就是"习俗"，亦即民众集体记忆中的惯例。约定俗成的惯例并不可靠，因为它未用文字记录下来，只能问村里年纪最大的人；不过它对所有人都有不可触犯的立法作用。事实上，领主特权也正是在"惯例"的名义下被确认的。

领主管治权

来自木头碉楼及其围墙的这一权力，是种种残暴的源头，它的范围辐射到附近地区。这种权力被称为"领主管治权"，或者"裁判管辖区"，领主有权强制民众服从，因为民众在他的保护之下。领主管辖区的范围是有限的——一个人徒步从城堡出发能当天往返的最长单程距离——其边界最初不确定且在变动中，渐渐与邻近领主的边界相衔接，最后明确并固定下来。由此形成了整个中世纪的基本政治单位，即"领主辖地"。在该辖区内居住的所有人都隶属于领主管辖，包括司法权和保护权，所有"居民"（manants，这个词的意思是居住民）都得服从领主的权力。当然，按与领主及城堡的关系，这一权力不会对所有人一视同仁，它形成于公元 1000 年以后，产生了一种新的社会阶级。

奴隶制的终结

奴隶制不复存在，这是第一个变化。在 10 世纪的社会中，法律上最明确的区别是从古罗马和古日耳曼继承来的奴隶制，即在民众中把"自由民"、生来自由人与没有任何法律地位的奴隶区别开来。其实，这种社会分类到了 11 世纪已仅仅留存在人们的语言和思维习惯上，不再符合真实的条件。在穷人中，自由民和奴隶因多种原因已变得很接近：首先，基督教义的渗透，授予非自由民一种新的尊严，他们一旦受洗礼，便成为教区一名教徒，不能再被当作一件物品。其次，依附人群数量的扩大，越来越多的自由民沦落于绝对的从属地位，并且延续到他们的子孙，使他们依附于一个与奴隶主同样严厉的封建主。最后，在私人管治制度下公众团体概念的消失，将一部分人

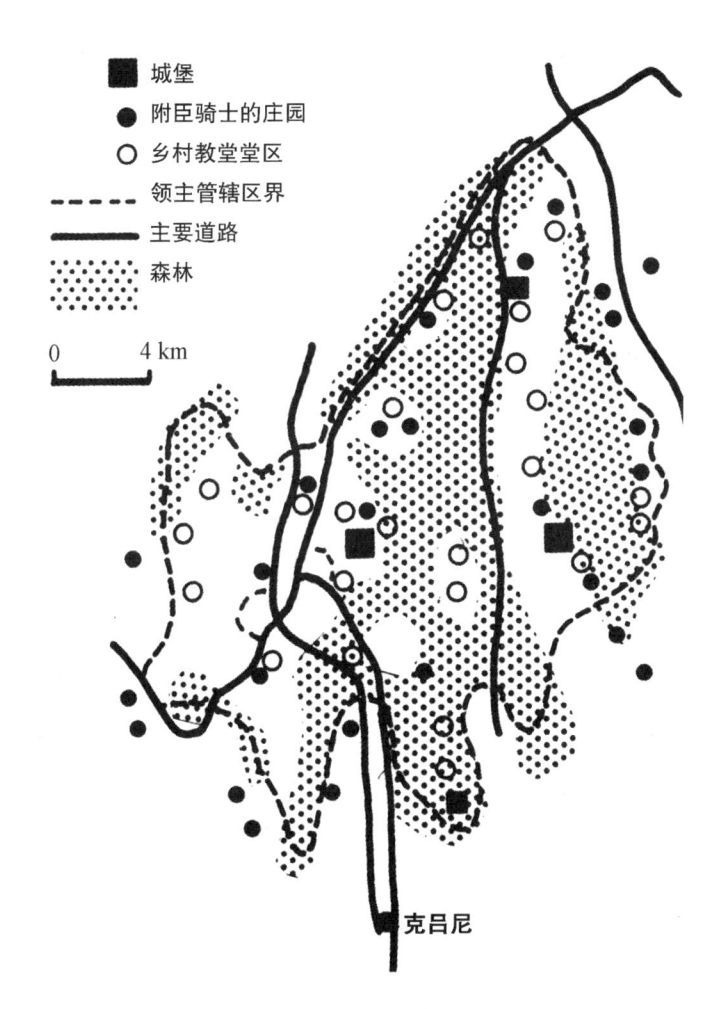

图 3　12 世纪一个城堡领主的管辖区（索恩-卢瓦尔省的布朗西翁）

如图所示，在领主管辖区内有两座城堡、两处碉堡，以及零星分布的教会豁免区（乡村教区），管辖区基本以森林和道路为界，附臣骑士的庄园处于边界附近的界外。

排除在外。事实上在公元1000年后，除了北部沿海和海峡地区仍有人口贩卖活动，以及整个中世纪海盗在南部沿海与阿拉伯人进行非基督徒奴隶的贩卖之外，中世纪的法国已不再存在古代那种将人视为家养动物的奴役制度。当然在很长时间内，还有人数众多的家仆仍生活在极其卑微的社会条件下，他们基本上没有任何权利，没有家庭生活，也没有任何个人意愿可言。某些思维习惯和某些用词会延续下来，但语言本身会逐渐适应。如在罗马传统较浓厚的省份，人们对拉丁词的法律含义更注重。在普罗旺斯，人们从10世纪起已停止在契据中使用"奴隶"（servus，拉丁文）这个词，因为它包含的依附含义更重，人身从属程度更甚，与当时现实已不再相符。这个词在勃艮第地区的契据中是在11世纪末消失的。在许多地区的方言中，"农奴"一词仍经常使用。但从那时起，"农奴"的意思已与过去奴隶一词很不同，人们用它来指某人的"手下人"。因为，过去奴隶制的人身依附关系已被新的人际从属概念所取代。新的概念渐渐扩展和加强，成为新的社会阶级关系中的主轴之一，代表着人与人之间一种完全不同的关系，特别是人与人之间一种交换和互相给予的关系，最卑微的从属者有权得到他隶属的主人的帮助。从社会阶级的划分界限来说，新关系表现在一种更高的水平上，它是根据新的标准而确立的。

骑士身份

骑士身份是11世纪时，在戎马行伍者与其他人之间的一大区别。身佩武器是老式的自由特权之一（从卡洛林王朝起，正是这种自由特权促使许多穷人不惜在农耕季节荒废田地而随国王出征，宁可接受军旅生涯的人身限制，以换取免除徭役），或许它也是行伍者最明显的标志。在影响中世纪上半期政治行为的日耳曼传统构想里，"自由民"

首先是勇士，自由人的首要公共义务是入伍打仗，只有当军队集合开赴战场时，自由人的人民集体意识才得到最明显的张扬。然而，随着 10 世纪时的蛮族入侵，战争方式发生了变化：在武装的人群中，装备最好的少数骑士在军中地位最高，他们能免于长途跋涉的辛苦，在战斗中发挥重要作用；而大多数步兵的作用逐渐淡化，变得几乎微不足道，往往不再征召，最后被完全忽略，除非地方上遇到严重的战况。至 11 世纪初，军人的全部荣耀和重要性都归于骑士的特权，只有骑士才是真正的勇士。在拉丁语文书中开始用"战士"（miles）这个词，将骑士与其他人相区分。方言中更说明问题："miles"是骑兵的意思，在法国北方称之为"骑士"。于是，当战斗只是自由人的专门任务这一概念根深蒂固时，完全的自由便只有少数行伍精英才配享受了。

所谓行伍精英还必须是财富的精英。因为，要成为一名骑士，必须是有钱人。在中世纪上半叶，骑士得完全靠自己来装备，当局不给予任何资助。大多数人买不起武器，只能扛着最原始的家伙上战场，所以卡洛林王朝曾特别发布敕令，称战士仅带短粗木棍上战场是不够的。而且，在那个大牲畜都喂不饱的年代，一匹马——一匹能负载骑士及其盔甲的战马——是极其稀罕的装备，更何况马得吃料，主人须备足饲料，可见只有家财万贯的人才能当骑士。此外，平时需要时间操练武艺，每年春夏季节要随军出征，也就是说，在农田最需要劳力时得出发去打仗；为保证城堡内的驻防，亦需要足够的人手看家护院、经营产业、照料家小。总之，11 世纪时，戎马行伍是少数人的特权，他们靠圣明"恩施"，但更多是靠遗产，拥有大片封建领地，足够的人力财力，取得必要的食物和改进装备的财力。在"骑士阶层"跟"农民"和"平民"（从不外出的村民）之间日益加深的鸿沟，就是自古以来区分劳动者与少数吃得脑满肠肥、终日无所事事的乡绅地主的界线。在法国西北部行会传统更浓的一些省份中，当地的大军头成日被一群武装家仆簇拥着，他们根本没有土地，生活在城堡里，靠城堡主养活，他们与城堡主的关系如同家人。但是，大多数的骑士乃是土地贵族。法国的大多数省份的行伍骑士，在11世纪渐渐与土地贵族融合在一起。

驻扎在领主管辖区内的骑士，与农民一样得服从城堡主的权威。人们可以明显感觉到，这些骑士通常被称为"城堡骑士"（milites castri），因为堡垒是他们的集合点，是他们军事活动的重要据点。然而，城堡主对他们的权威带有另一种性质：因为城堡主本人也是骑士，所以他对城堡骑士的态度是一种对合作者的态度。他们是他的"人"，这是一种建立在荣誉基础上的依赖关系，是一种个人的、自由的依托。它不是盲目的从属，而是那种生死与共的手足之情。城堡骑士不受上下属关系的约束。对他们而言，不存在领主特权所表现的那种人对人的剥削关系和"惯例"约束。事实上，正是在这种情况下，产生了一种有深远影响和后果的情感，即尚武军人享有的特殊豁免权，他们冒着生命危险流了血，就有权得到某些豁免权。

顺从的农民

相反，领主权力的全部重担都压在了非武装的平民身上。对他们而言，处于人身依附地位，从属于某人，即意味着服从他的一切命令，掉入了严厉的甚至是世袭的隶属关系，他们再也不可能从中摆脱出来。封建领主剥削的正是他们，领主通过地方官吏、森林看护人和任何身份极低微的手下人行使特权，这些代理人为虎作伥，滥用权力而很快发了财：他们成了农民的真正暴君。在十分危急的时刻，往往是这些庄稼汉被征去打仗，或者作为被人蔑视的脚夫，手执最微不足道的农具当武器，去为由骑士面对的真正战斗做准备。在平时，农民还要为协同防务做一些被认为是有损体面的劳作，譬如向城堡驻防人员运送给养，特别是运送喂马的饲料和燕麦，或者为堡垒的定期加固而承担劳役，还常会变相地被派去领主的耕田劳动。领主对农民行使极其严厉而草率的司法权，因为它有利可图：任意罚款，罚金按过去蛮族的法律确定，绝无通融（不管何种情况，打人一拳罚七个苏；打人流了血，不管伤势严重程度，一律罚六十苏）。农民攒下的血汗钱就这样流进了领主老爷的金库或地方官吏的钱包。如果当事人付不出罚金，就会被监禁，监禁不是服刑，而是逼人缴罚金的手段。至于更严重的罪行，犯人则由领主老爷任意发落：没收犯人的全部家产，任意施行体罚，将罪犯的作案之手剁下，或者处死。示众架、"绞刑架"则是威权的另一类象征。最后，农民获得领主的保护是有代价的，他们接受如此野蛮的"保护"必须向领主偿付物质"资助"。领主过往，农民得提供食宿，倘若领主难得亲自到农家的茅屋来喝家常面糊，可以让城堡骑士、门客，甚至猎犬群来享用免费餐，对一个庄稼汉家庭可怜的口粮贮备而言，如此可怕的定期盘剥之苦可想而知。幸而还有惯例可循——大多数情况下这种盘剥受到惯例的限制。相反，领主征收的"人头税"（taille）则专横得多，也就是说，领主有权任意取用农家的任何东西。

因此，11世纪压在农民身上的领主剥削是一种更沉重的封建特权。对租地耕种的佃农来说，领主特权是向地主提供徭役服务之外的额外负担。对教区的所有教徒来说，它是除什一税和其他教会税外的苛捐杂税。正是这种沉重的压迫促使村民们聚集起来更有效地进行自卫，在教区范围内将几个村落合为一个更紧密的团体，维护"惯例"。村民们在作为避难地的教堂周围聚集，集体抵抗封建领主的统治，于是形成了法国乡村的另一个基本单位——村公所——它是今天地方行政区"市"（commune）的萌芽。另一方面，封建领主特权靠巧取豪夺积累了贵族财富，农民微薄积蓄的大部分被转移到领主手中，出现了经济分化的不同层次：它进一步提高了城堡主相对于其他人的地位，尤其是将少数骑士精英与广大村民隔离开来。

2. 骑　　士

骑士身份的世袭化

我们对当时农民的生活状况几乎一无所知，只能根据他们受领主盘剥的方式，即通过旁人的见证略知一二。相反，有关骑士集团的生活却有大量的记载。骑士阶层是一个封闭的团体。事实上，当时的一切条件都有利于将骑士身份和特权变成父传子承的世袭制度，将这部分人数有限的富人、武士精英变成一个世袭者的社会团体：在极端狭窄的经济条件下，除非极个别的例外，个人财富一般不可能大起大落，各家族财富之间的差距代代相传维持不变；领主老爷对佃农的残暴剥削更为农民积累财富设置了新的障碍；血缘关系的加强和家族成员间的互助，使得富家子弟即便在父亲去世后也不会失去昔日曾享有过的尊严；在人口流动性不大的社会里，人们相互知根知底，门当户对的家族联姻增加，给靠欺瞒而获得社会升迁的机会添置了有效的屏障；阶级意识过早形成，对出身不同的人企图进入某一社会充满蔑视；最后，少数掌权者心存警觉，从切身利益出发，维护其特权和"惯例"豁免权不被更多人分享。在法国，用"骑士"（ritter）的头衔来称呼比贵族低一等的体面人的历史比其他国家早得多，与贵族有明显区别的骑士，在 11 世纪成为正式的世袭阶层。贵族内部存在不同成分，它的顶层由少数拥有城堡和军事指挥权的"有权有势者""大财主"控制，他们因祖上与王室有某种血缘关系而感到自豪，自我感觉比城堡骑士和邻近的小附庸要"显贵"得多。然而在法国，战斗中结成的手足情谊、联姻、军人的相互尊重，以及享受同样的特权和相同的行为方式，已把贵族的古老概念扩展到全体骑士阶层，遂形成法国封建社会中结构最紧密一致的阶层。

成为骑士必须经过一个很张扬的授礼仪式，即"骑士礼"（adoubement）。骑士的儿子一出童稚年龄，经过一个骑士习武阶段，也就是说，大约在18岁左右时便可进入骑士团。在骑士授礼仪式上，一个前辈，譬如父亲、伯父或城堡领主，庄严地向年轻骑士授予骑士肩带和作为骑士身份象征的佩剑；然后，在他脸上猛击一掌，即所谓"掌击"，这可能是古代测试膂力和自制力的淡化形式；接下来，新骑士得在骑士团前展现其体力，进行骑士战斗的操演。

> 他收到一副漂亮的护甲，
> 头戴绿色尖顶头盔，
> 纪尧姆将长剑佩在其左侧；
> 手执大盾牌的他，
> 跨上一匹世上最好的骏马。①

就其基本形式来看，骑士礼仪式乃是完全世俗和军事性的。人们知道10世纪时佩剑的宗教降福仪式，但宗教掺和于骑士礼仪式的演变漫长，其过程不很清楚。不过宗教礼仪确已掺和到骑士礼内，如同它已存在于生活中其他主要仪式上。

生活方式和意识形态

除了准备当神父或进修道院当修士，所有的骑士子弟都将接受骑士礼，通过这一仪式向社会彰显骑士阶层的崇高和优越感。然而，骑士的生活与普通农民的生活紧密地联系在一起，只是骑士身份使他比

---

① 《纪尧姆之歌》(*Chanson de Guillaume*)，第1075—1079行诗句。

教区里的其他弟兄显得更光彩。骑士的住宅包括牲畜棚和谷仓，规模和面积比普通农民的木屋大，家里有不少仆人，村里有些农民还是"他的"手下人。他负责仲裁所辖的二三十份领主转让采地上发生的民事纠纷。教堂往往归他所有，因此什一税的大部分流入他的腰包。上述种种权力，加上他本人田庄内的出产和佃农缴纳的贡赋，足以让他过得衣食无忧，但他却没有多少钱。因此，他的权威和财富都受到限制。而拥有城堡的骑士则不参与田间生活，又能够大把大把地捞钱生财。但不管哪种骑士，他们的生活都过得相当简陋。他们基本上也无法抵抗黑夜、疾病和寒冷（壁炉的使用是从 12 世纪建造砖房才开始逐渐普及的），或许当时富人的神经构造与当今人有很大不同，他们更能抵抗肉体的痛苦，但缺乏想象力和控制感情冲动的自制力。面对大自然的无能为力亦说明他们为何特别迷信，相信与超自然力量的经常沟通。它也迫使人们过群居的生活：城堡里唯一的起居室——"大厅"里总是挤满了人，领主和他的手下人肩并肩地围坐在一起，吃总管从很远的厨房端来的菜。晚上，所有人围着领主的卧榻席地而睡。在 11 世纪时，一个人独处是绝无仅有的，总是一群人在一起。孤独是禁欲生活中最难熬、最令人敬佩的修炼。

　　面临自然的威胁，骑士和农民一样显得无力抗争，但有一点与农民有着根本区别：他们不劳动。事实上，体力劳动是与出身高贵者身份不符的苦力。真正自由者靠他人的劳累而生活。骑士什么也不做，但也不留恋财富：当骑士意识到自己的身份，一个必需美德就是后来宫廷作家所颂扬的"慷慨"、无私，或更确切地说是奢侈癖。除了头衔和法律地位，骑士与"劳动者"的最大区别是，他们不仅不生产，还比别人更多地消费、浪费和糟蹋。此外，他们的存在完全是为了打仗。

　　首先是对野兽开战：从国王到底层官吏，狩猎是最日常的消遣。

人们知道当时有大量未开垦地,这大片原始土地都归富人所有,他们辟出一小部分作为农民的牧场,其余大部分则是他们的狩猎场。这片狩猎场即人们所称的"森林"。骑士们带了猎犬群在森林里用长矛追逐野兽,城堡主的猎犬群由手下人照料。出征狩猎的条件艰苦且充满危险,其本身也是作战训练——从武器和策略上说跟打仗相仿——而且野味还可补充食物。当时除了放牧,狩猎还是补充肉食的途径。骑士是食肉者,这是他的又一特征。犬猎,即用猎犬狩猎的一整套方法和规则,狩猎者必须适应与原始自然的紧密接触,这些——在几个世纪内——都是骑士意识形态的基本要素。然而,骑士生活的中心还是真正定义骑士的活动:作战。

兵法

骑士装备中首先是战马,它必不可少,也是骑士社会地位的最明显的标志。其次是十分昂贵的个人装备(一身装备差不多等于一个富有农户的全部财产),正因如此,只有富人才有资格当骑士。战马和装备两者缺一不可,在11世纪,这两者的关系变得越来越紧密和有效。公元1000年时,武器还相当简单:凭一柄短矛就能上战场。短矛当标枪使,骑士远远地将短矛投向敌手,犹如1080年制作的巴约挂毯上所展现的诺曼底公爵、征服者纪尧姆的作战场面;短兵相接时采用的武器是剑,剑很长很重——英雄叙事诗中描写的与战马同样重要的武器。打造剑要有高超的技能,这是从中世纪前期的打铁匠遗传下来的。至于防身,则用金属头罩,即尖顶的头盔;还有护甲,它是长过膝盖的皮革护身,上面附着许多金属的鳞片;最后是圆形或三角形的皮革盾牌。这副装备的重量相对较轻,骑士戴上之后有较大的行动自由。随着炼铁技术——这方面人们知之甚少,但对这一时期至关重要——的推广,防御性武器不断完善。一块与头盔相连的金属板,即护鼻，保护脸部；一件锁子甲把全身从上至下罩起来，代替了原来的皮革护甲，锁子甲或用铁环相扣或用铁网制成。新式盔甲几乎可以保护骑士刀枪不入，标枪和小弓射出的箭等投掷武器都伤不到他，遂扼制了长距离攻击的威胁，将战斗胜负限制在决定性的短兵相接。但是新装备亦使骑士身上的负荷更重，运载更困难——其行动受到更大限制。因此要求马匹适应新的作战条件。过去，马匹的作用是行军，以突然出现在敌阵之前实施恐吓、骚扰和追击；但双方交战时，一般弃马徒步，以剑相搏。渐渐地骑士们习惯于骑马作战：借助马镫和大马鞍，骑士在马鞍上更有力更稳固；同时靠改进饲料来改良马的品种，使战马更壮实，能驮着穿戴新式盔甲的骑士而跳跃得更敏捷。因此，军事对抗到了11世纪末已成为骑术较量，成为马上比武。从此，进攻武器就是长矛。骑士在作战中，扛长矛靠髋部发力，策马疾行，以长矛挑敌手落马，对方不幸被挑中落马后，裹身在沉重的护甲里动弹不得，只得听凭胜方处置；"宽恕！"（miséricorde）——该词后来有一个引申义：锋利短剑。得胜者遂拔出藏在护胸甲内的短剑，结果敌手的性命。

> 当罗兰听到他的声音（天哪！他是那么痛苦）
> 使劲用马刺策马，纵马飞驰，
> 奋力朝伯爵身上砍去。[①]

这是一个根本性的改变。它扩大了骑士和步兵的距离，从此步兵的作用变得无足轻重。它也改变了战斗者的心态。有效防止了远距离的攻击，迫使他们短兵相接，作面对面的决斗。同时也允许翻身落马

[①] 《罗兰之歌》(*Chanson de Roland*)，第 1196—1198 行诗句。

者与决胜方有一个对话的机会，一个讨价还价的余地，减少了战斗的屠杀性质。获得赦免的战败方得发誓向胜方付一笔赎金，由此赎金概念便进入了军事对抗的范畴，明显改变了战争的行为方式。最后，战场也改变了面貌。在12世纪初，敌对双方先开骂一阵，然后双方各派一骑队冲向对方示威，马上再折返回来，集结在本方的步兵阵后面，由步兵们手执长矛打冲锋。而新的战法则需要在开战前作某些准备，特别是双方约定战场地点，它应是一片适宜骑士纵马交战的平坦开阔地。于是便产生了军中传令官，令今天的人们感到有些惊讶的这一军职贯穿了整个中世纪，传令官作为交战双方的使者约定开战日期与战场地点。由于装备的完善，战争遂变为一种艺术，一种斗智的运动。当然，打仗仍有危险。赎金的诱惑不足以完全扼制人们的屠杀欲，也无法控制他们的狂躁，其性格已在长期对付猛兽的狩猎中变得残暴无情。正如中世纪颂扬武功的史诗所描写的战场，遍地是被割下的人头和洒得一地的脑浆。但是，战争毕竟有了该遵循的规则。光明磊落，不得背信弃义，玩弄"花招"，于是便形成骑士道德的一大准则：守信。

骑士比武

然而，打仗带来的快感是一时性的。漫长的冬季对习惯于戎马征战的尚武骑士来说犹如死亡季节，再者无战事的日子也比人们所想得更多更长。平时太平无事的日子，骑士也不完全空闲在农庄里，他得去附近城堡驻防；离开自己的土地一两个月，在城堡与别的骑士一起练武协防——当时称作"见习"，吃住由城堡主负担。此外，还有跟打仗一样刺激的比武大会。12世纪骑士比武大会最盛行，组织者为此广泛宣传，经过长时间的准备，骑士们有的从遥远的地方赶来。比武大会有悠久的传统，本意是召集各路英雄豪杰在一起，以便骑士们相互切磋武艺。但当时比武大会已变得跟打仗一样暴烈：在一片开阔地上，双方骑士拉开阵势，奋勇厮杀，目的是俘获对方，然后索取赎金。有时下手太狠，结果了对方性命。"每个人奋力防身的同时还援助同伴，相互掩护，协力打击对方并捕获俘虏……下午三时比武结束后，骑士们并不离开，因为还有事要做。有的四处寻找在比武中被俘的同伴，有的搜寻丢失的马鞍，还有人向对方打听自己亲戚、朋友的消息，而当了俘虏的人则要求朋友替自己垫付赎金和押金。"① 这是一次很成功的比武大会气氛的真实写照。这位写纪尧姆元帅生平的无名氏作者还写到这位英雄发誓以"头贴铁砧"的决心，固执地要求铁匠修复他那顶被打烂的头盔（这是 13 世纪初的事，所以时间上晚了一些）。由于比武过于贴近真实，后来教会和几任国王出于维护公共治安的考虑，禁止骑士比武和私人械斗。由此可见，尚武已成为贵族生活的最高境界，出色的军事才能决定贵族的全部行为和精神体系。贵族把不适宜打仗的弟子安排到修道院去，他们崇尚威武体格和无畏气概，英雄壮举和骁勇顽强是他们的真正"价值观"。

封臣制度

信守誓言、忠于发过誓的结盟者是骑士道德的另一大支柱，因为骑士这一社会等级不受掌握公权力的地方行政的任何约束，也摆脱了城堡主对农民的各种惩处权，它是一个有严格定义的封建阶级。在这个阶级中，由人与人之间的道德关系而确立的政治关系，是建立在封臣制和采邑基础上的。

无论在贵族社会还是在平民百姓中，建立对主子个人忠诚的"臣服"关系是由来已久的习惯。围绕着一个有权有势的领主，自然而然

---

① 《纪尧姆元帅一生》(*Vie de Guillaume le Maréchal*)，第 2981—2996 行诗句。

地形成一个效忠的门客群体。从9世纪起卡洛林王朝的国王们就试图将这一私人行为规范化。他们自己就用这种方法来巩固对王国的统治。为了直接控制最有影响的地方诸侯，以授予王权的省级代理权来换取他们更全面的服从。在卢瓦尔河至莱茵河的范围内，这一统治方法是最为根深蒂固的。此后，它又逐渐蔓延至南方各地区，随着王权的逐步衰落而变得更为流行。与此同时，随着骑士"等级"与农民的进一步分离，这种人与人的关系被赋予特殊的形式。在11世纪初，当一个城堡领主对他的家奴或"见习"骑士讲话时，通常都把他们两者称为"我的人"（尽管对依附贵族的骑士有一个专门名字"附臣"），但是领主期许于两者的服务和态度，以及他对两者的感情却是根本不同的。用词上的区别已赫然不同：对于家仆，领主就是"主人"；而对骑士，领主是长者，也是"前辈"。骑士尊重城堡领主，不是因为他手中掌握的权力，而仅因为他是道德上的尊长，犹如家族中的长辈。从附臣与领主的结拜仪式能更清楚地看出两者关系的性质。

仪式分两步进行。首先是"臣从礼"。投靠者不戴头盔，不带武器，跪在领主前，摆出完全臣服，全身心交付的姿势，将紧握的双手交到领主的手中，领主接受了投靠者的双手意味着接受投靠，并成为后者的领主。这一刻真正体现了附臣的从属地位，附臣不再属于他自身，他得完全服从别人的命令。但是，附臣并不停留在这个屈服的姿势上，领主会马上把附臣扶起来，并跟他行口吻礼。行口吻礼即明确表示两人今后又重新处于同一地位上，他们刚结的关系不是屈从关系，而是友谊的结盟。然后，起身的附臣马上向领主宣誓效忠，"作为依附人向领主表达忠心，不存丝毫异念"。这是仪式的第二步，即"发誓"。立誓原是宗教行为，或许是后来才添加的内容，这是基督教行为逐渐渗入社会关系的又一个佐证。但是，宣誓也表明依附称臣是一项个人的自由的行为，它不是在外力约束下进行的。

依附称臣是一个终身的约定：臣属将紧握的双手交到领主手中，并信誓旦旦地立誓这一切是不能收回的。领主和附臣的结盟关系是一辈子的。然而，附臣对领主的依附与农民不同，它不传代，只是严格的个人行为。此外，在正当理由下，譬如一方不履行其义务，另一方可以通过与"臣从礼"相反的仪式——"挑战"或其他特殊行为（譬如折断一根木棍，扔在地上）来解除双方关系。因为，臣属关系约束双方必须履行各自的义务。那么这种义务的性质及范围如何确定呢？在一个法律模糊不清，仅存在于人们集体记忆中的时代，一般人只看重外部形式，由臣服立誓而结成的双方义务并不确定也无明细的规范。不过，11世纪初人们曾试图把这种义务明确化。当阿基坦公爵提出类似问题时，德高望重的沙特尔主教福尔贝——他善于作法律思考，出身贵族世家且身为主教，因而对领主阶层意识形态和反应方式有深入了解——在1020年给出了关于义务的最好诠释。福尔贝首先精确地定义了忠诚的基本义务，即为了避免被人所称的"叛逆罪"而应当刻意履行的义务是：不做可能会对领主的身体、财产以及"名誉"造成损害的任何事。因此，臣属关系总是而且首先是双方之间的一种信赖，一种安全的担保。

然而，仅从排除法来定义义务还不够，"因为不做坏事还不够"，沙特尔主教接着说，"还必须做好事"。不过，沙特尔主教提出的正面要求仅两个词——"帮助"和"建议"，似乎太过笼统。每个人都相信，依附者应当"帮助"其领主，亦就是说，当领主有困难时，附臣应当出手相助，而且全力以赴：譬如当领主生老病死时，附臣应当负责替他经营产业；当领主有官司时，附臣应为他作证；后来在12世纪，当金钱变得更重要时，附臣还要为领主付赎金、嫁女或筹划接纳他儿子成骑士并为其购置装备。但是，在完全按打仗需要来组织的环境里，帮助显然是指军事上的辅佐，附臣主要是拿武器来协助领主，臣属关系原则上就成了战斗的同盟关系。"建议"的义务则为了另一种需要。在人们习惯于过群居生活的时代，很难想象一个有权势的领主孤独生活，特别是他会单独一个人做出某项重要的决定，而不征求附臣们的"建议"。因此，附臣们有义务经常去访问领主，在他身边组成一个"朝廷"，这种人脉交情是必不可少的。附臣定期造访领主，在领主家一住几天，其间兄弟伙伴吃同锅睡同榻，于是就形成了另一个结果，即紧密地维系臣属关系，否则彼此之间会逐渐疏远，而疏远在那个时代会使首领失去权威。

这一切义务都是相互的。沙特尔主教福尔贝还指出："在所有方面，领主应当同样地对待他的附臣。"他不能做伤害附臣的事，而且在武器、建议方面，甚至必要时在金钱上帮助附臣。不过在附臣方面，义务的约束性更大些。对依附者来说，还要尽"服务"义务，当我们用这个词时就想到了奴隶。不过这种服务是自发的，主仆双方关系越紧密，服务的范围就越广。双方的这种情结往往起始于孩提时代，因为习惯上附臣的孩子年幼时多半会在领主家待几年，在那里学习武艺，跟领主家孩子一起照料猎犬群，日后孩子们之间自然延续了臣属关系。经过双方的商讨，往往会在忠诚誓言里明确"服务"的性质。但是，服务在正常情况下是有偿的，所以福尔贝特别指出：附臣应当对领主提供帮助和建议，由此他才"配获得封地"。总之，对附臣的服务，领主应回报以"好处"。

封地

对领主来说，最重要的是慷慨，因为宽宏大度能使他赢得附臣们的友谊。附臣们于他期待很多，盼望获得武器、马匹、金钱，尤其是当时那么值钱的首饰。实际上在领主保护的原始概念里，附臣的生活完全由领主负担，他们像家仆一样在领主家吃住。在11世纪的许多城堡里，常有一两个骑士一生都住在领主城堡内，他们已完全融入了领主家庭。"你们向我要封地，我没法给予，"绰号"长剑"的诺曼底公爵纪尧姆对他手下人说，"但是我愿意将我的全部家产都给你们，我的手镯、肩带、头盔、护腿铠甲、马匹、斧头，还有非常漂亮的镶金长剑，都给你们；你们可以在我家里永远分享我的友谊和享受服务的荣耀。"① 然而，附臣们宁可希望得到一块封地，这在当时是真正的财富，唯有它才能避免总在一起用餐的麻烦。事实上，11 世纪初，当一个附臣来投靠，领主通常会赏他一块封地，也就是土地的"终身用益权"，或者通常所称的"封地"。封地大小不等，一座教堂、什一税的一份所得、某项经营权或某农庄的耕植权、一家磨坊的管理权或一片田地的种植权等等。名义上领主还是这类产业的业主，但通过一项仪式，将某产业的用益权授予附臣，后者拥有产业的经营权。只要他履行附臣义务，就可以一直经营下去，亦即说，只要不叛逆，他可以经营到死。经营产业的收益即是他对领主效忠的回报。

在确立臣属关系中，封建的采邑转让成为一个主要内容。在一个任何利益都要看得到摸得着的时代，这是不言而喻的：从 11 世纪下半叶起，人们普遍认为向领主效忠"就是为了获得封地"。封建这个词便包含了土地关系中至关重要的新内容，即人与人的关系是靠某块土地来维系的。由此，人际关系发生了明显变化。一方面，它加强了封建领主的权力，因为有封地的转让和与此相关的一切，附臣得听命于领主；附臣若违背其誓言，领主拥有了对他惩处的手段，可以在征求其他附臣的意见后，没收那个背信附臣的封地。另一方面，既然臣属关系是双方以友谊来生死相托的，领主如何能从附臣继承者的手中

---

① 圣康坦的都恩（Doon de Saint-Quentin, 960?—1043），11 世纪诺曼底的编年史家，作品《诺曼底最初几位公爵的业绩和风俗》（*De moribus et actis primorum Normanniae ducum*），亦称《诺曼底史》，第三卷，第 44 页。

收回封地呢？再者，已被附臣经营了一生的封地早已跟他们家族的土地融合在一起。于是通常情况下，领主只得让附臣的后代继续经营封地，并与后者保持臣属关系——往往出于不得已，即使领主对附臣后人的忠诚存疑或者对其服务不满意。此外，既然允许附臣将封地传与后人，他们认为也可以将封地赠送或出售。当然，买卖封地必须先征得领主的同意，同时作为购买封地的买方，如果有意获得一份领主原本当礼物赠与的封地，也必须先对领主行效忠礼。尽管如此，封地的流动使忠心变得不那么牢靠，尤其是双方对忠诚缺乏深入的体验：领主会看到一个并非由他选择的附臣后人或购入方进入了他的附臣圈子，而附臣也觉得是被迫而非自觉自愿地对领主效忠服务，他被迫服务无非是为了获得封地的收益。甚至也有作为残疾人、寡妇或女儿的继承人，他们无力履行军事义务。更糟糕的情况是，由于封地的自由转卖，一个人可能同时拥有几个领主的封地，这个附臣得效忠几个领主。那么他得为哪个领主服务，尤其当领主之间发生冲突时，他得替哪个领主效力呢？这种情况下，附臣的个人忠诚便大打折扣——按忠诚的初衷，它应是毫无保留的，但夹在几个领主中间，必然存在矛盾，最终附臣只能保持谨慎的中立。尽管忠诚观念削弱了，臣属意识还是当时骑士精神的主要支柱之一，它浸润了包括贵族意识在内的全部时代道德。这些义务和禁忌规范了尚武骑士们的政治行为，那么它们是否对充满冲动和贪婪的骑士们起到了一定的约束作用呢？

封建制度及其秩序的维持

老实说，分封及效忠的社会结构并不严密。它不可能在11世纪构成一个自下而上的等级金字塔，把全法国所有骑士的忠诚层层叠叠地汇聚到国王一个人身上。因不断的继承和转让而变得十分复杂的多重效忠关系在每一社会阶层都存在，从而形成了无数互相隔绝的小群体，它们凝聚在各地权贵周围。因此在各省表现出彼此不连贯、严密程度不同的结构。在法国的整个南部地区，封建制度出现较晚，它叠加在其他社会结构之上，因此显得不十分坚固。特别是在整个中世纪过程中，许多封地都已经摆脱了所有的义务。而且附庸关系的有效性在很大程度上取决于领主与附臣的真正亲密程度，以及两者之间社会等级的实际距离。臣属关系使村里的普通骑士——半农民身份——服从于城堡主，住得靠城堡越近的附臣对城堡领主的依附越深。人数不多的骑士和猎手小团体围绕着领主组成一个"家族"、一个内部团结的"宗派"，彼此之间存在真正的互助——时间可长达数世纪之久。靠共同生活和家族联姻而加强友谊，集体服从一个首领的决定。这样的领主能调解手下人相互间的矛盾纠纷，当他率领众人出征打仗时，他的权威不会受到挑战。相反，当同样的臣服仪式把两个势均力敌但彼此间平时往来不多的领主联结在一起——譬如将佛兰德伯爵与国王联结在一起的那种臣属关系——它仅是一种单纯和不完备的安全协约，双方之间不存在真正的从属关系。最后，即使双方的关系十分接近，仅靠封建关系还不足以约束附臣的所有行为，原因是骑士只会因他得到封地（采邑面积相对于其本人的财富往往无足轻重，他还有更多无须纳税的自由地和良田）但不尽忠诚的义务而受到领主的处罚。一个附臣可以干出种种坏事，只要他不直接损害领主的利益，领主一般不会干预：领主在未得到其他附臣同意——这是必不可少的——的情况下，不可能处罚他的附臣。因此，只要遵守义务，骑士基本上可以自由决定自己的行动，并且享有土地的独立性。何以见得？只消综观一下当时贵族是如何依据惯例来执法的。

司法惯例

当一个粗野的人勃然大怒时犯下了一桩罪行，或者一个骑士遭到另一个骑士的"污辱",也就是说,另一个人的某项举动触犯他的权利时,怎么办?受害者及其亲友的第一个反应,不是起诉——有哪个司法当局是有效的?——而是自己直接伸张正义。私人复仇行为在农民中受到城堡主执法权力的限制,但在贵族社会里却大行其道——这也往往是大多数武装冲突的起因,以至于"战争"这个词本意专指公诉讨伐,后来渐渐广泛应用于一切军事对抗。由此,一切暴力都会带来长远的影响。因为它不只是两个人之间的个人对抗,而是两个集团间的对抗。冲突的每一方都会向其亲人、附臣或领主,向他的所有朋友求助,他的报复不光针对犯事者一个,而且针对对方的所有人。因此,残暴行为冤冤相报,连锁反应。编年史上对这样长期延续并不断扩大的仇恨有所记载,一个省的无数贵族遭到残杀。然而到了某个时候,双方的大多数人都希望结束争端,双方朋友中的某些人在两个阵营里都有熟人,于是他们居中调停,主要当事人也渐渐地愿意实现和解了。这时还需要消除仇恨,登记各方所受的损失,估计实现"和解"的金额,对死伤者给予抚恤,对物质损失加以赔偿:因此有必要做出仲裁。至于仲裁,人们极少求助于地方当局如某伯爵或领主老爷等。地方当局对裁定平民百姓的官司十分热心,因为可以判处罚款,却懒于充当贵族间调解人的角色,因为事件棘手且无利可图。所以,解决的办法往往是双方举行圆桌会议,各方派数量相等的代表与会。对于裁定各方错误,不需要做任何调查,只相信无形的力量就够了:上帝在上代表良心,双方决定由神意裁判。最通常最适合尚武习俗的是双方决斗——古老的神意裁判带有更多异教色彩,即以沸水或火在被告身上验定其是否有罪,这种神意裁判当时在法国已废止了。通过决斗来判定双方谁对谁错,当事人若不适合决斗,可以请"决斗者"代替。在教会影响之下,根据对方及其朋友的要求,双方当事人得先发誓。因深信立伪誓必将遭天罚,天庭震怒的威力如此可怕,所以当事人若不确信自己有理便不敢赌咒发誓。仲裁者通过观察这一系列过程,明了是非曲直,做出裁定。裁定极少不偏不倚,但会分摊责任,尽量满足双方要求。最后,还得使双方接受裁判,经过必不可少的双方互相原谅的一系列仪式,再通过双方协商和宣誓后,才算真正达成和平。

调停过程漫长而不完善,因为它不可能弥补所有损失;而且耗费巨大,因为要向中间调解人、仲裁者、代理决斗人和宣誓人送礼。总之,骑士社会的调解方式的效果特别差,往往双方宁可不如此调解。于是11世纪的骑士习俗里便有了一整套方法来调解矛盾。当一个骑士订立一个协议,他必须首先以其灵魂发誓,此外为了更保险起见,他得有一些人为他的行为负连带责任,这些人也要发誓,才能成为当事人的"担保人"(pleiges),担保人在道德上保证协议的履行,如果协议被撕毁,担保人即是对方手中的人质,他们得尽一切力量来恢复和平。在这种担保人制度中,人们押上了骑士社会最有道德约束力的两股力量:一是团体的凝聚力,对团体的每一成员加以管束;二是信守誓言,发誓是宗教行为,是人们手碰圣物或《福音书》而宣誓的"圣事",直接祈求上帝的帮助。因此,不守誓言必然会遭受最严重的精神损失。这两股力量已体现在臣服关系的全部价值里,它们也并行地作用在封建社会的组织中,很大程度上纠正了它的不足。

家庭关系

任何团体的凝聚力都不及血缘关系结成的家庭族群。从10世纪起,贵族阶层的家族血缘关系似乎大大加强了,首先是最上层的有王室血统的亲王,其次是大封建领主,最后在乡绅小贵族地主阶层里。父传子,子传孙,代代相传的家族体系在祖上留下的财富基础上扎根繁衍,靠发家经营史和"贵族荣誉感",其后代显得无比尊贵。11世纪骑士阶层流行在名字中加上祖先的名号，这通常是他们家族世袭封地的名称，以表示血统传承关系。地区当局权力的削弱而带来的不安全感，迫使家族寻求联合有亲缘关系的人，使得血缘关系逐步扩大，正如通过臣服关系来壮大势力一样。另一方面，经济制约的因素也使家族成员更加团结，领主土地制度成为一切财富的基础。

20人、30人，甚至更多的人，包括已婚儿子及其子女、孙儿辈——因为年满14岁即成年了，人们结婚早，隔代之间的年龄差距很小——都集合在一起，组成一个大家族。彼此肩并肩地围着同一炉火，吃一锅饭，晚间常常拥挤在唯一的房间里休息。一家人在最年长者的统领下一起经营无法分割的家族产业。这就是当时的贵族之家。人们生活在严格的相互依存中：任何人都没有个人积蓄，无法过一种自己想要的生活。于是便产生了骑士意识，渴望远方的冒险，渴望浪迹天涯去劫掠去寻找利益。家族中父亲如果长寿便会与儿子——急于替代父亲成为当家人——发生冲突，以至儿子投奔对方领主寻求庇护。这一切都可以从家族产业不可分割的现状得到解释。相反，正是家族产业的不可分割成为内部凝聚力的最强因素。它使人们养成了守纪律的习惯，封地的世袭和骑士头衔的世袭都是家族共同经营习惯的必然结果。它亦使家族关系成为最牢固的防御体系：当危险来临，当为了报复或者为了捍卫权利而面临打仗，当需要以捐献或赎罪仪式来拯救灵魂时，人们首先求助的对象是有亲缘关系的人。家族集团的意志比个人意志强得多——从根本上说，封臣制度只是亲缘关系的外延，"臣服效忠"仪式是在两个人之间人为建立家族联系的一种手段。一个骑士很少在没有同伴的情况下单独行动，他身后有血亲关系的同伴作为掩护，但是他也必须听从同伴的意见，服从团体的意志来克制个人冲动。在这一点上，家族结构起到了有效防止社会混乱的扼制作用。

上帝的和平

此外还有一些只通过发誓来实现和平的联盟。随着卡洛林王朝的崩溃，法兰克社会在维护秩序的机制上出现了空缺，于是教会出面担负起国王不再能履行的使命：在人世间实现上帝的和平。10世纪末的最后几年，在王权瓦解得最为彻底的阿基坦地区，集合了地区权贵的主教会议内产生了一种普遍做法，它又在教会的控制下很快蔓延至卢瓦尔河以北社会组织更为紧密的各公国，最后罗马教廷在1095年实际控制了这一运动，把它推广至更大的范围。这项运动的目的是明确界定诉诸武力的范围。这也仅是对暴力加以限制而已，不可能予以杜绝，不可能解除一个社会集团、一个"社会等级"的武装——因为它本身就是为打仗需要而组织起来的，也不可能对私人报复的权利提出异议。但是，在上帝本身的"和平"下，首先能特别保护一些地方，如教堂及其周围地带；其次在某些时间能给民众以庇护，如每周做祈祷或忏悔的日子，在礼拜仪式中或在封斋节期间；最后对某些特殊人群提供保护，如教士、"穷人"、一切手无寸铁的不会造成危害和容易受到伤害的人——譬如贵族妇女、商人，主要是大批农民。这就对私人战争的范围作了规范，即私人战争不得扩展到骑士集团之外，同时规定了休战期及庇护所。这个法规还明确了对违反者的处罚，首先是精神上的惩罚：革出教门、开除教籍。这种处罚十分有效，因为人们特别害怕遭到上帝的惩罚。以此收敛尚武者的极端挑衅，扼制他们的嗜斗性和破坏欲，迫使他们遵守一切禁例，至少令他们对自己的过错感到后悔并尽快对受害者做出赔偿。尤其是这种和平的承诺是以真正赌咒方式发誓的：骑士们在主教召唤下来到主教会议前，一个接一个手按圣物发誓遵守条约，所有骑士承诺将与肇事者断绝友谊并群起而攻之。

这种集体自律的秩序一直有效地维持到 12 世纪中期，它建立在对灵魂救赎的担忧和遵守誓言的基础上，对促进骑士阶层的团结和向其他社会层次的人宣扬骑士道德的某些价值起到了决定性的作用。当然，它不可能完全杜绝骑士的暴力。封建时代乃是一个野蛮时期，战争绵延不绝，烽火连天，大火烧毁作物和农舍，杀戮、奸淫和造成肢体伤残的暴行无所不有，甚至发生在宗教圣殿内，发生在象征上帝最神圣威力的教堂主祭台前，连最脆弱的人都不能幸免。暴力甚至会爆发在关系最密切的社团内部，如在家族内部或领主与附臣的关系中。于是，宗教追求和平的努力还通过其他的平行途径，如通过对武器的降福仪式，在骑士授礼中引入宗教仪式，使尚武风俗渐渐基督教化，潜移默化地将骑士道德转化成为上帝效力的虔诚。加上贵族阶层的所有人对附臣关系和连带担保的各种誓言，以及家族亲缘的自然联系，这一切在当时财富以土地为主、人际交往较少的停滞环境下，把骑士阶层网罗在一个由互助和义务织成的社会关系网里，常常能遏制其过分的破坏性。虽然有纪律但不愿受约束，崇尚戎马生涯的骑士们的这一显著特性相比他们游手好闲、挥霍成性等其他特点，更决定了他们既服从又自由，人生只为荣誉和信义的生活态度。

3. 文化的归宿

教会和封建制度

在世俗社会中，只有骑士阶级有话语权。他们的下一代在教会里身居显职。因此骑士风俗及其行为方式决定了11世纪时的文明乃至精神领域的特质。

事实上，封建制度渗透到掌握文人文化的教会内部。由于豁免特权的扩大，教会变成了独立的领主阶层，他们对掌控下的佃农颐指气使，任意加以审判和惩罚，处处袒护教士和修士。每个主教、每个修道院院长都有自己的骑士和附庸，后者通过效忠获得土地分封，这种现象甚至在下层的教堂堂区也屡见不鲜。当骑士附臣效忠而带来"帮助"和"建议"时，也往往把战火引到教堂、隐修院内来。但是骑士风俗对教会的传染还有更深刻的：主教和修道院院长通过与世俗领主同样的分封手段，笼络人心，使自己获得当选，获得象征主教和修道院院长权力的权杖。在世俗封建制度的仪式中，附臣向领主发誓效忠后获得的封地是与他对领主的义务不可分离的，那么这一理念也渐渐影响到教会内部，即把传教的使命也看作一种分封，获得传教使命等于附臣，他也应当为主教本人服务：圣职危险地掺和到世俗权力体系中来。此外，主教、修道院院长和司铎原本都出身豪门贵族，他们没有与家族割断现世联系，他们中许多人依仗教会显职也过起世俗领主的生活。他们住城堡，身边簇拥着附臣武士和家仆骑士、见习属臣；他们组织讨伐，对蔑视教会权力、杀戮教会辖区农奴和抢劫教会马厩的人实行报复。在粗暴的氛围中，他们的行为和意识不由自主地回复到童年状态。当时的教会高层亦喜好打仗和狩猎，更不用说对女色的嗜癖——封建社会对性放荡很少克制,男人身边只有妻子一个女人是极稀罕的事。在任何城堡里,总有轻浮放荡的女人让过路客人唾手可得。

克吕尼修道院

反对教会堕落腐化的运动日益壮大,11世纪出现的克吕尼修道院改革很快取得了极大成功。在佛兰德南部和中部、在普罗旺斯地区,继而在洛林地区,一个个本笃会修道院纷纷仿效克吕尼修道院修士们严格遵循教规戒律的榜样实行改革。为了使这一纯净教会的运动持续下去,教会改革者们和已成功实现改革的教堂保持密切关系,从此推行改革的各修道院只认定克吕尼修道院院长为共同院长,到11世纪末全法国数百所修道院组成为一个宗教团体,它是修道院系统内的一个特别团体,也是第一个宗教修会。在那里,修士们的生活方式不受封建等级社会的影响:克吕尼修道院是道德严谨的纯粹的隐修地。然而,即便在这样的修道院里——其内部凝聚力来自不受世俗权势影响的独立性,修士们生活方式的某些方面仍带有骑士意识的痕迹。譬如,克吕尼修士们违背了圣本笃教规的初衷,在日常活动中排斥体力劳动,这是与贵族理念中的劳动不体面有密切联系的。修道院生活完全迎合了封建领主制度和世俗社会的等级制度,修士们像骑士一样终日无所事事。日常琐事由身边仆人代劳,靠附属农民的劳动和服务来维持其优渥的生活,一日三餐由人服侍,还有专人为其调酒更衣,修道院显贵出门还备有亲王用的华丽座驾。这就是教会内的贵族观念的体现,他们认为上帝的仆人理应吃上等面包,穿着比一般劳动者更奢华,出门坐更好的马车。

然而,贵族的生活方式、思想和行为方式的影响不只局限于教会结构的表面。事实上,在现世生活和宗教之间的相互渗透中,随着封

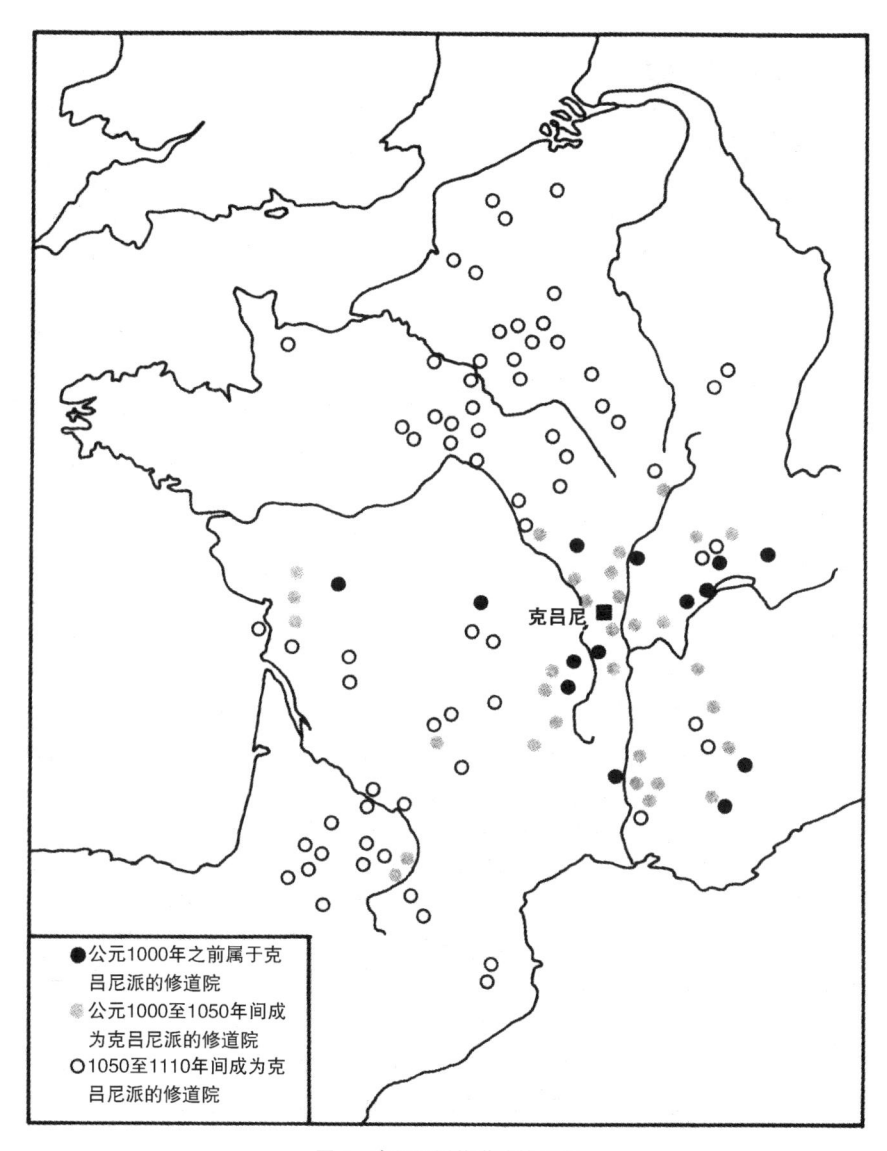

图 4　克吕尼派修道院的分布

- ● 公元1000年之前属于克吕尼派的修道院
- ▨ 公元1000至1050年间成为克吕尼派的修道院
- ○ 1050至1110年间成为克吕尼派的修道院

（摘自 S. 贝特利埃［S. Bertelier］的文章，《考古期刊》［*Revue archéologique*］，第 11 卷，1938 年，第 320—321 页；以及多姆·P. 库赞［Dom P. Cousin］所著《在克吕尼》［*A Cluny*］一书，1950 年，第 188 页）

建效忠仪式、骑士授礼和军事上道德守则的基督教化逐步加深，骑士意识也深深地渗入到宗教在教徒心目中的形象。由此，信徒与上帝的关系表现为家庭形式的主仆关系。11世纪初，信徒祈祷时的姿势，由古代基督教祈祷像中双臂张开仰天的姿势已变为免冠紧握双手的跪姿，这样的姿势犹如附臣向领主行效忠礼。在人的举止是重要表征的时代，祈祷姿势的变化不只是简单的共鸣现象："信徒"（这个词本身就是附臣的一个同义词）以如此姿势祈祷时意识到在向上帝祈求保佑，作为回报即意味着为上帝服务的义务，保佑和服务是相互的。尤其是当时还流行着一种几乎军事化的灵修生活概念。基督徒就是战士，他必须通过上帝而战，为上帝服务，同敌对力量作斗争，来赢得灵魂的拯救。11世纪中叶阿基坦地区出现的配有人像的《启示录》中绘有"敌人"的最早画像就是一个证明。同期克吕尼修道院撰写编年史的修士拉乌尔也十分精确地描绘了"魔鬼"，称魔鬼常住在修道院的宿舍里。一旦宗教生活变成心灵搏斗，力量和意志等优点便得到特别推崇：当时的圣洁就是指禁欲，作为能控制自己肉体的英雄，修士和骑士一样需要勇气，禁欲的勇气比书本知识更为必要。

学校文化的衰退

11世纪初，学校里的文化活动出现衰退。世俗生活中的文化衰退现象亦十分明显。以往在南部一些省份讲究由法律专业人士拟写书面文书的习惯很快消失了。书面立据被看作缺乏信任，凡事都以口头承诺或实际行动来决定。这种文化衰退的现象在教会最有文化的圈子内也相当常见。当然，福尔贝主教在他创办的沙特尔教会学校内推行他老师热尔贝制定的一整套教学方法，至11世纪末普及到法国北方最发达的地区并取得了很大成功。但是在宗教气氛最浓的地方，在克吕尼派的各修道院内，却有反对书本教育的倾向。11世纪初，最忠实于圣本笃传统的克吕尼修道院院长奥迪隆，根据圣本笃制定的路线，抨击修士从阅读拉丁语古典文学作品中寻找乐趣，认为这是追求一种凶险的感官快乐。当年圣本笃就曾在卡洛林王朝文艺复兴的鼎盛时期，反其道而行之，禁止在隐修院内阅读人文主义的古典文学作品。奥迪隆院长认为，修道院生活的目的不是通过知识追求来加深信仰，而是在集体祈祷中赞美上帝的荣耀。

正是这一政策取向，使克吕尼修道院成为西方基督教最奢华的礼拜圣地。在音乐方面：围绕弥撒和每天各时段的祈祷，都有圣乐相伴，唱经班融入了一切礼拜活动，占据修士的全部生活。在雕刻方面：装饰教堂巨细无遗，建造一座教堂本身就是一种祈祷和对上帝的敬仰，所以从建筑到装饰的一切都要尽善尽美。在这些方面，克吕尼修道院对文明的发展作出了贡献，它激励音乐家、建筑工匠和绘画师去努力创造。同样，通过表达和实现某一宗教理想，克吕尼又表现出与骑士行为某些倾向的迎合，譬如偏好集体礼拜的形式、追求豪华排场、不惜铺张挥霍等。为了装饰刚建成的教堂主祭台，圣奥迪隆动用了骑士们从征服撒拉逊人获得的劫掠品中所奉献的银锭，命人打造祭台上用的金银器烛台和圣杯，这些圣器与骑士的军事装饰有明显的吻合之处。另外，在圣徒传记文学、以俗拉丁语抒发痛苦和牺牲精神的吟颂诗篇（如在1040年前后诺曼底地区出现的吟颂诗《圣亚历克西斯的一生》）和未用文字记录的战争歌谣、深受骑士喜爱的叙事故事以及某些教士遵领主所嘱而写的叙事诗（如1020年左右诺曼底公爵的臣仆都恩用拉丁文写的作品）之间，宗教情感与骑士意识的关联亦十分明显。在11世纪最后30年中，社会两大精英阶层——负责祈祷的教士阶层和从事打仗的骑士阶层——的思想汇合，促成了所有创造领域的突飞猛进的发展，而这种发展都得益于农民辛勤劳动换取的经济发展成果。

第三章　大进步的世纪
（1070—1180）

从 11 世纪中期起突然出现了社会经济大发展的各种迹象（法国各地的情况不一，发展节奏亦不一致，有的地区这种迹象出现得早些，有的地区则晚些。譬如，布列塔尼或热沃当①的历史进程比塞纳河下游、洛拉盖②的公路枢纽以及勃艮第走廊地带至少要晚一个世纪）。从那时起法国进入了一个加速发展期，其间发展最快的阶段在 1080 年至 1120 年，其发展态势可与 1750 年后的情况相比。1750 年的社会发展一直影响到我们当今的社会。当时的知识分子已明确意识到社会在发展进步，他们不再像前人那样生活，把目光停留在过去的辉煌上，焦虑不安地窥探着世界末日的预兆，而是生活得更有保障，对自身充满自信，相信自己比前人看得更清、更远。一切事物都在发酵，处处呈现出萌生的迹象，富于创造性的大胆，这就是 12 世纪的基调。我所说的 12 世纪是从 1070 年起至 1180 年，即以卡昂修道院

---

① 译注：热沃当（Gévaudan），法国古地名，在现在奥弗涅地区（Auvergne）东南部，朗格多克（Languedoc）的北部。
② 译注：洛拉盖（Lauraguais），法国南方一地名，邻接中央高原，在阿基坦地区的东南部。

三一大教堂的落成为起点,到巴黎圣母院的祭台建成为止;抑或从文字版《罗兰之歌》的作者开始成名到特鲁瓦的克雷蒂安①之死、阿西斯的弗朗索瓦②之生的一百年;抑或是阿贝拉尔③和克莱尔沃的圣贝尔纳④的世纪,总之,12世纪是整个中世纪最富有成就的世纪。它的成就发生在封建社会不完善的环境下,奇迹般地丰富了当时的社会环境。

---

① 译注:克雷蒂安(Chrétien de Troyes,1135?—1183?),法国中世纪诗人,骑士叙事诗作者,著有《兰斯洛特》(*Lancelot*)等作品。
② 译注:弗朗索瓦(François d'Assise,1181—1226)意大利教士,方济各兄弟会创始人。他出身富商家庭,成年后与家庭决裂,过着清苦的隐居生活,他的苦修方式吸引了大批追随者。
③ 译注:阿贝拉尔(Abélard,1079—1142),法国中世纪有名的哲学家和神学家。
④ 译注:圣贝尔纳(saint Bernard de Clairvaux,1091—1153),曾是西都修道院修士,1115年创立克莱尔沃修道院并任首任院长,西方天主教的重要人物。

1. 农耕技术的进步

物质生产的增长

这一增长是以长期有利的经济发展趋势为前提的。从公元 1000 年前异族最后入侵结束以来，西方社会出现了经济持续发展的趋势，这一趋势对社会发展的促进作用在 1075 年后变得愈发明显。财富迅速增长，首先在农民中，农村变得富庶起来。事实上，11 至 12 世纪是农耕技术革新十分踊跃的时期。这一运动的铺展面十分广泛，但由于完全缺失任何农具的遗迹，当时的绘画和雕刻缺乏精确的细节，只能看到平庸艺术家的歪曲描绘，当时的文字资料对日常生活中最平凡的农耕活动的细微变化未作任何记载，因此人们很难追溯农耕技术进步的细节及其方式。不过整个农业生产技术确实出现过一个大革新，它在新石器时代至现代"农业革命"之间，改变了法国的农村面貌。由于这一农耕技术的进步并非靠若干发明，也不是——除个别例外——靠引进当时西方不知晓的某些方法，而是靠推广在某些地区（如卡洛林王朝时期卢瓦尔河和莱茵河之间某些修道院领地）和局部分散的乡村已实行很久的耕作方法来实现的，我们需要对它做出评估，因为这是文明的一个基本领域；而历史研究又面临了无法逾越的信息困难，人们只能在极少数令人信服的迹象基础上进行假设。总之，大面积推广农具的改良以及某些农耕技术，尤其是同时采纳多项零星的技术改良，这就是推动整个文明进步的深层次动力。

12 世纪中期，农民的"装备"肯定比 10 世纪时所用的更复杂更有效。首先是磨坊，在溪流上转动的磨坊数量更多了，连最小的领主也在流经本村的河段和河闸上造起了磨坊，甚至在大河流上建设水坝和浮桥，如图卢兹的巴扎格勒水坝同时使十来座叶轮磨坊运转，这是最早的叶轮。其次，农民家家户户都有了石磨盘，有些地区的领主规定农户必须采用磨盘。习惯成自然，农民不再使用捣槌和手工研磨，这是劳动力的明显解放，也是食物的革命。因为面包取代面糊，制作面包的小麦取代了黍、稷。各地出现了在磨坊的转轴上再增加其他设备，如洗被单的棒槌机和捣麻机等。别的革新之路也打开了，出现了打铁用的水力锤和其他工业机械。从13世纪末起，在发展最快的地区的乡村里，在商人和城市包工头的带动下，出现了许多新兴行业，在祖祖辈辈土地耕作之外，还增加了手工制作业。人们还开始利用风力：在12世纪的最后几年里，诺曼底地区出现了最早的风车。

与此同时，农具也有了长足进步。1150年的农村里，铁已不再那么稀缺。铁的应用使人们有了征服自然的更有效的工具：砍伐用的大斧头，还有带犁刀和犁铧的重型犁。这种重型的犁得用四头、六头甚至八头牛来拖——人们用铁质牛轭同时套几头牛，用这种重犁翻地至少有一大好处，即可以深翻黏性大的土壤，而且可以深耕，使土地变得更加肥沃。这种犁的价格昂贵，开始只在领主领地上耕作，渐渐地村民们合起来使用，最后便应用在所有耕地上。领主家的铁匠也为村民们提供打铁服务，逐渐在每个村都有了铁匠铺——铁匠（le fèvre, le fabre）这个词（纯属偶然地）最早在1080年前后出现在安茹地区（Anjou），1140年正式在马孔地区（Mâcon）使用。这是当时唯一的专业工匠，直到今天在有些地方还没被机器匠这一名称取代。

农耕制度也终于因引入了更好的轮作制而得到改进。三年一个周期，在同一块土地上，先种冬麦，即小麦和黑麦，再种春粮，即燕麦和大麦，接着是轮休，以此交替。其间还采用原始的烧荒、随地撒种和不规则的轮种。整个改良进程十分缓慢，从中世纪上半叶开始直到13世纪末尚未结束。改良一般都从中央地带开始逐渐往杂乱的偏远地区延伸，从领主的大片耕田向逃避在荒地附近的穷苦农民的零星小块土地推进。在全法国范围内，先进农耕制度的改良从大巴黎盆地和洛林地区开始，逐渐向南部推广，只要气候条件允许都会采用改良技术，对南方春季热得过早、不利于三月份播种春麦的地区，则采用罗马帝国时代的两年轮种制。新制度只让耕地在三年中轮休一年，增加了粮食生产，同时推广了燕麦的种植，或许也因此而改良了马匹的养殖。如果说封建社会的文明基本上是骑士文明的话，可能与农耕结构的改善不无关系。骑士的战马，还有农民的耕马：法国东北部农村以跑得更快的耕马代替耕牛，这又是全面革新田间作业的一个方面。

当然，这一农业改良运动并不完善。首先，它只局限于法国的部分地区，真正实行改良的只在中央高原以北的地区。南北农耕技术的不平衡是南部文明相对落后的一大原因。由于土质和气候等自然原因，南方停留在两年轮作制和摆杆步犁的水平，尽管地中海沿岸引进了若干新的农作物，但相对于实行农耕技术革新的北方，南方农业处于一种较低级的水平。其次，即使在农耕技术革新较领先的省份，革新也局限在经济实力雄厚和富庶的地区，因为新式农耕装备较昂贵：在12世纪的乡村，贫困农民和土地贫瘠地带的农民还在用摆杆步犁、淬火木锄，还停留在手工碾谷、游牧耕种，单独耕种小块土地，靠偶尔收获来维持生计的原始农耕生活。总之，在相当长的时间内，革新后的农耕制度并未严格实行，多种耕作方式并存。直到中世纪末耕田尚未全部实行定期轮作，也就是说全村农户组成一个紧密的共同体，农户们同步耕作而接受一定的集体约束。最后，这种农业革新是不全面的。它没有解决肥料和耕田定期深耕的问题。饲料和厩肥缺乏，大牲口不足，耕田长时间轮休，土地出产率仍十分低下。12世纪在位于农耕革新中心的克吕尼修道院的领地上，上好耕田的产量为撒种量的六倍，而较差耕田的产量仅为两倍。尽管如此，农耕技术有了根本性的革新，它改变了人们的全部生活方式。从此，农民能在小片耕田上，花较少的劳动力和较少的时间，收获更多的粮食。

封建领地的转变

粮食增产的第一个结果是农村家庭有了更多更稳定的食物。农民的孩子有更多机会长大成人，人口繁殖不再受到幼儿夭折率高的致命局限。农民抵抗疾病的能力增强了，农户生活更容易，因此人口数量也增加了。然而，尽管农户家庭扩大，耕田并未增加，农业人口密度增加了。事实上，中世纪早期的大"庄园"在10至12世纪中期已经瓦解，产生了面积相对较小的"区""分成制租地""继承地"。这类土地单位有利于人口繁殖。由此带来的第一个根本变化是在1150年左右，老的耕田上的人口密度明显增加。村里的劳动力增加了。

另一方面，土地领主变得不像过去那么苛刻了，因为领主的实物收入增加比农民更多。领主既作为磨坊主在农民的谷物中抽成，又作为教区什一税的收税人按农民收成征税。什一税增加，领主是第一个受益人。领主不用管别的事，只要留意农田的出产，反正产量增加了，什一税的进项也增加，领主的谷仓会自动填满。领主乐得省心不去追逐额外利益，于是减少了对自己领地的经营。不过领主没有成为纯粹的土地食利者，直到中世纪末他们的领地跟国王或有权势的大贵族的领地一样，都有一些附属的农副业，庄园内有放牛和把犁的家仆，还有自己的葡萄园、草场和几块耕田。庄园的规模一般不大，农具又十分先进，因此不需要很多劳力——家仆们足够打理本庄农活，除非在特别紧急的情况下，一年至多几天需要增添几个额外劳力。因此，10世纪前将佃农紧紧捆在领主庄园内的徭役现象消失了。何必墨守成规一周三天要佃户派人到领主庄园来听使唤，而领主又没有太多活指派他们去做，反而要管他们的饭？倒不如给他们想要的自由，要他们以金钱抵偿劳役。佃农现在挣钱的机会多了，也拿得出几个钱，领主亦可以更多地去消费。开始时佃农只以实物代劳役，渐渐地他们付现金，于是佃农租种的领主采地逐渐变为自主经营地了。

随之，村里的社会气氛也发生了显著变化。领主的大庄园不再是集体劳动场所，租种领主土地的可怜佃户们过去几乎每天在领主庄园上集体耕作的场面不见了。村民和骑士领主之间的人际关系也明显缓和了。过去，他们的男性祖辈被迫于最好的时间段在领主的耕田上服劳役，他们的女性祖辈得在领主家的作坊内纺线织布；12世纪的农民则感觉他们是在为自己拉犁、播种和收割。偶尔佃农被指派几天的劳役，按领主要求去收割草料、把犁或耕田的话，也不必亲自去，只要派一个家里最无劳力的人去就可以。他唯一的义务是定期给领主家送谷物、酒或肉。领主征收的租税肯定比过去更重，但农户的耕田出产也多了，所以负担并未加重。总之，现在农民能完全独立地经营其产业。佃户的境况与自由农几乎差不多了，自由农所种的地是祖传的自由地，不属于领主的采邑；但对农户来说负担最重的是什一税，是各项"例税"和城堡领主以保护为名征收的人头税，这些税是全村所有农户都得缴纳的。在乡村中，现时真正的社会差别是佣工和农家（不管是佃农还是自由农）的区别。佣工是一无所有的穷苦人，他们没有一块可自主耕作的田地，纯粹是劳力，"从头到脚"是主人的财产，主人对他可以任意责罚。当时佣工的人数极多，各种社会等级的家庭只要有钱就可以雇佣工，主人管佣工的吃住，佣工得无条件地为主人服务。至于各种农户之间的差别，过去是自由农有耕地的犁等农具，而佃户只能靠臂力用木锄耕地，现在佃农受到领主的剥削减少了，各农户之间的差别只在于谁家有更先进的农具。

拓荒及人口增长

农业技术进步的另一个结果是耕田面积的扩大，大规模的拓荒运动可能是法国中世纪历史上最重要的事件。事实上，农具的改进向农民提供了伐树、挖树根、尤其是深翻土地的更有效的手段。以往人们不注意深耕土地，不是因为土地不够肥沃，而是不可能这么做。此外，农耕制度革新的直接结果是提高了人类的劳动生产率，也间接地减轻了领主对佃农的徭役要求，解放了劳动力，使人们有余暇向耕田以外的空间发展。最后，劳动生产率的提高增加了粮食出产，鼓励了人口增长，促使人们在人口密度较大的土地范围之外寻求发展。

向荒地进军的最早记载出现在10世纪中期，至1050年以后各地都开荒，从那时起开始了长达两个世纪之久的大规模拓荒运动。伐树、开垦荒地、整平沼泽地等等。最不起眼也最常见的是森林中村庄的面积逐步扩展。现在农民有更多时间和更好的农具，他们在原有耕田边缘向外推进，向过去已烧过荒的荆棘丛延伸，以前这里是树龄达百年以上的乔木林。过去的放牧地和偶尔散种的边角地被并入了农民的耕田，它们仅保留了过去的名称，如"荆棘地""人造地""新地"等等。然后，人们砍伐大树，向森林的潮湿深处进一步推进。把新开垦的森林荒地先变成牧场，再引流灌溉将采伐地变为麦田和葡萄园，然后再向前拓荒。就这样森林和牧场被推向教区的边缘地带，有时退缩成耕田边缘的一些"孤岛"，常常变得过于狭小，使得共同牧场带给农耕体系必不可少的辅助作用显得不足了。当农民在耕田边缘向外拓展开荒时，领主往往给予合作，如在实现引流灌溉等较困难的工程时，领主制定所有人都必须遵守的规定。但一般来说，农民拓荒是个人行为，有时甚至是偷偷摸摸地干，瞒着护林人侵占了领主的保留地。

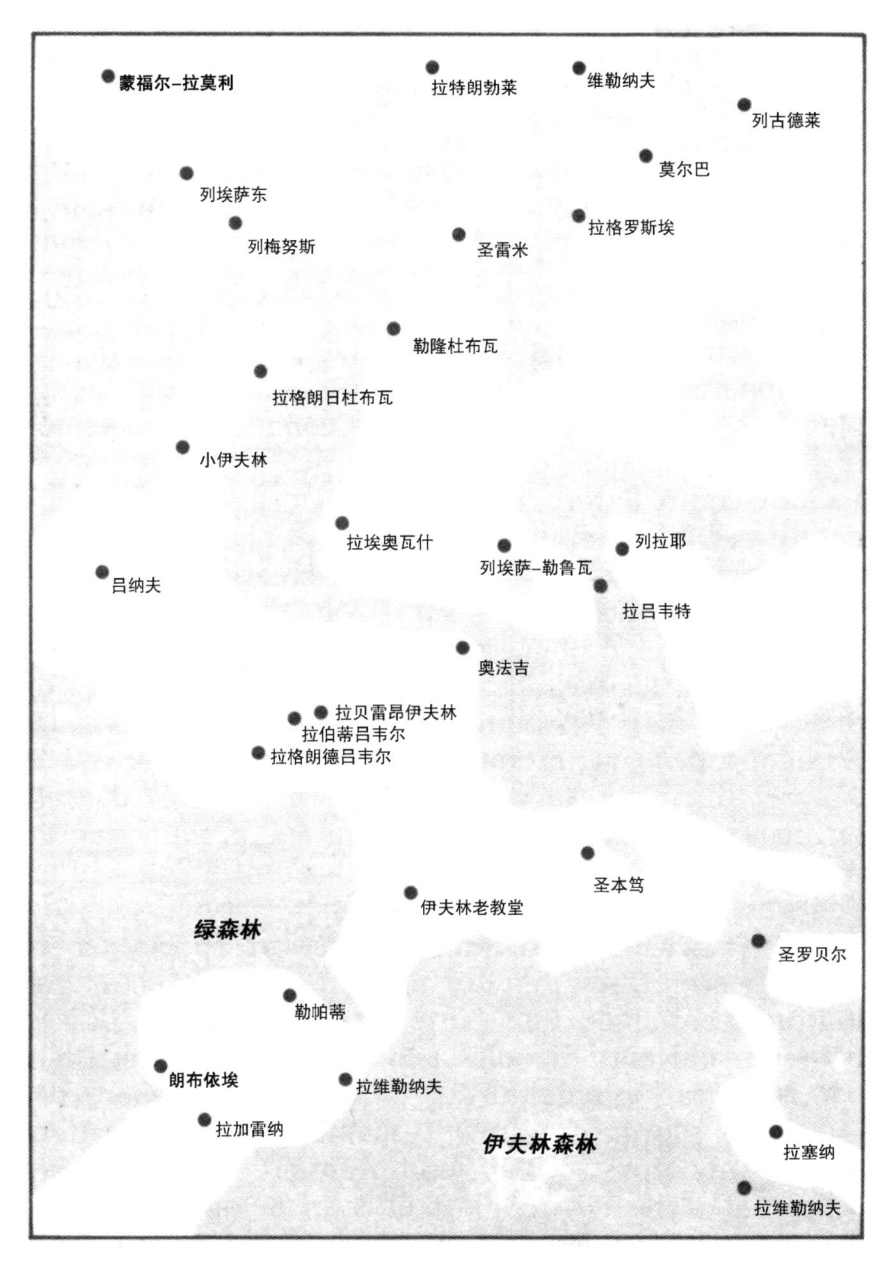

第三章 大进步的世纪（1070—1180） 85

蒙福尔-拉莫利
拉特朗勃莱
维勒纳夫
列古德莱
列埃萨东
莫尔巴
列梅努斯
圣雷米
拉格罗斯埃
勒隆杜布瓦
拉格朗日杜布瓦
小伊夫林
吕纳夫
拉埃奥瓦什
列埃萨-勒鲁瓦
列拉耶
拉吕韦特
奥法吉
拉贝雷昂伊夫林
拉伯蒂吕韦尔
拉格朗德吕韦尔
圣本笃
绿森林
伊夫林老教堂
圣罗贝尔
勒帕蒂
朗布依埃
拉维勒纳夫
拉加雷纳
伊夫林森林
拉塞纳
拉维勒纳夫

图 5　一个拓荒的地区——朗布依埃森林

与此完全不同的是在"荒漠"中开辟一个新的辖区，这种拓荒必须由领主、修道院院长或城堡主发起。他们的领地中有大片森林，他们愿意接纳自愿开拓者，吸引农民从人口密集的村庄移居处女地，知道变森林为耕地对自己有利。临近12世纪时，在法国各地森林中这样的自愿拓荒者人数相当多。领主们订立移民契据，以优惠条件吸引新拓荒者，诸如低廉的土地租金、免除劳役、免征人头税、减轻兵役和司法罚款等。领主将新移民引向最适合于垦殖的森林地带，把移民组织成团体，往往还提供基本的农具，承诺放弃狩猎权，给每家每户分配土地，还及时建造教堂以满足移民的灵魂需求。于是诞生了一种协调的村庄——它们常常被称为"新村""新市""林中村"，它们位于林中小路旁或新开垦的良田附近，周围都是农田，一家挨着一户，屋后是自家的长条形耕田，渐渐延伸至森林边缘。这些新开垦的耕田将大片处女地分割为小块狭长地，逐步相互靠近。早先村民在一起拓荒，到了13世纪通常变为农户单独经营。难道是因为有了更先进的农具？或许出于不再厌恶孤独？抑或期望摆脱领主的约束？在各地都出现了一种新的居住方式：人们分开建造房屋，每家每户周围都有一小片空地，在耕田四周植树或种灌木丛以防止家畜或森林野兽的闯入。这是另一幅分割和零星的景象：树木围栏的田地与大片"平原"形成对比。

因此，在10世纪至13世纪中期，几代拓荒者的无数斧劈锄耕、开渠引灌、防洪筑堤、烧荒拓田和开辟新葡萄园等奇迹般的努力，给法国农村带来了一番全新的、我们至今仍可看到的面貌。首先，居住人口相对稳定，流动性不再像过去那么大，土地分割更加明确，森林和畜牧场边缘更清晰固定。其次，村落居民聚居地与老的领主领地完全分开。最后，各地乡村面貌的差别更加明显。法国北方的农村十分开阔，村落聚集在大片田地的阡陌纵横之中，极目远望毫无阻挡——

在长期抗拒外来殖民的地区，庄稼作物和树林混杂在一起；南部地区的乡村景象则是大小不等的小片田地与灌木丛生的石灰质荒地相交替。拓荒者通过在处女地（许多处女地相当肥沃）上的辛勤劳动，大量增加了食粮和饲料：这说明了人口增加的原因。许多迹象表明人口增加的幅度相当大，但因缺乏任何数字资料，无法进行估计，哪怕是粗略的估算也不可能。不过参照保存了若干统计数字的英国，人们可以想象在两个世纪中法国人口至少增加了三倍。消费人口增加了，生产者也增加了，因此经济得以持续增长。长期以来缓慢增长的财富也随着人口的增加而迅速增长。最后，因空地上居住人数增加，沼泽地逐渐缩小干涸，大河谷变窄了，村落之间的距离也缩短了，居民之间的交流和交通变得更方便更频繁，从而改变了10世纪时法国乡村闭塞和隔绝的局面。12世纪的这一大变化是法国文明进程中的一个大跃进，它是农业发展带来的结果。

2. 旅行、商业和货币

其实，人们的生活方式并未马上发生根本变化。关于农民大众的生活方式，我们知之甚少，因为文字记载都是有关富人的，极少涉及那些手臂长满毛、黑不溜秋、满口土话的泥腿子，可以说农民的生活方式没有任何变化。但有一点可以肯定，就是乡下人不再挨饿了。虽说农民靠天吃饭，粮食产量各年份之间仍有很大差异；不过从1050年左右起，农民不再有中世纪上半叶经常遭遇的那种可怕的饥馑。自那时起，法国农村的几代人享受了基本的幸福，那就是食品安全。

流通

相反，对封建领主来说，不管是世俗领主还是教会领主，生活却有了更快更明显的变化。富人一向吃用不愁，过去他们的生活跟土地贴得很近，但现在完全脱离了土地。首先，领主庄园的丰厚收入决定了贵族家庭生活圈子的扩大，形成了当时人所称的"小朝廷"，也就是簇拥在出身高贵的人身边的附臣和食客群。贵族家里的仆人数量也多了，且家仆之间有了专业的分工，仆人中有了总管；尤其是显贵的宾客人数增多了，因为12世纪时人们出行访友变得更为方便。物质的进步容许人们更多地外出旅行。旅行成为当时人们摆脱乡村的无聊和家庭拥挤的唯一消遣方式，还可以让人丰富见识、增加阅历——也是实现自我的唯一方式。因此尽管旅途漫长、劳顿甚至危险，它还是最刺激最必要的娱乐。于是人们开始外出，个别出行或结队旅行。读书人去寻求新书或其他教育，修士们尽管受修道院的约束和教会改革派的批评，仍以朝圣等各种名义出行，呼吸外界的自由空气。由于旅行条件的改善，到著名的宗教圣地朝圣成为 11 世纪以后最受追捧的虔诚活动，也被认为是洗刷罪孽、接近圣人的最有效方法。无论贫富，出门旅行都不必顾虑路途遥远，各地修道院设有收容站，居民会热情施舍。人们沿着崎岖小路步行几个月甚至几年，不愿错过任何一处存有圣人圣物的圣地，涌向基督教最著名的三方圣地：罗马、圣地亚哥-德孔波斯特拉和耶路撒冷。旅途出行人数的增加是 12 世纪初社会经济大发展的一个基本标志，也许还是当时人最感新鲜的现象之一。

　　旅途的热闹也促进了交流。随着农耕技术进步而带来的生活富裕，首饰、装饰品和一切舶来品都不再像过去那样对骑士和农民可望而不可即了。这些物品与平时家庭作坊生产的土里土气的东西不同，与众不同的东西就值钱——高档物品的贸易经久不衰。从远方运来的贵重食料、香料，还有华丽织物，十分走俏；顾主人数明显增多，趣味亦不一而足，购买力增加了，商业活动更趋活跃。从欧洲整体来说，由于匈牙利、斯堪的纳维亚以海洋为生的部落，以及北方大平原的半野蛮斯拉夫人逐步融入拉丁语基督教世界，由于西班牙边境地带及意大利半岛南部与阿拉伯人的贸易关系不断扩大、亚得里亚海深处与拜占庭人的贸易发展，也由于第勒尼安诸海岛和西西里岛的军事征服这一决定性事实，地中海东、西两海域之间基督教徒的交往变得更加安全可靠。西欧开始逐步摆脱孤立和停滞，并穿过法国的一些地区形成了尚处于萌芽期的商品流通体系。这一体系以三极为支撑点：第一极围绕佛兰德沿海、瓦兹河河谷和塞纳河下游地区形成；这里既是优质呢绒生产中心，也是色彩鲜艳的印染中心，越来越多的贵族家庭成为这类产品的买主，而且这里出产的好酒销往英伦诸岛和北方各地。第二极在西班牙边境的非基督教地区，基督徒商人来此以武器和奴隶换取摩萨拉布人的贵重商品。第三极是意大利，它是从近东地区运来的香料等贵重商品的集散地。以上三个商贸中心经由法国乡村的内河航运和陆路交通相联系，使越来越多的商品物资流往无数目的地。

职业商人

从11世纪二三十年代至70年代中期，人们看到一个新的社会阶层诞生并不断扩大：这些人既不种地又非领主，既非乞丐又非盗匪——或许偶尔为之，但他们照样赚钱过日子，他们是职业商人，或称之为行商。因为那些商人不是在商店里等客人，而是上门推销。他们到城堡里去向领主及其身边的附臣、食客展示物品，他们在朝圣地教堂门口设摊等候教徒们，有盛大节日吸引贵族们到来时，他们也会在那里等候客人，鼓动人们买他们的货。这又是一个新现象：过去是富人派遣仆人去远处采购异国物品，采办过程复杂，路途充满风险；现在相反，行商们送货上门满足富人的需求，怂恿富人消费。富人们受了诱惑，为购买商人展示的物品，他们花费平时积攒起来的金银，而过去他们只知道用这些金银打制粗糙又乏味的首饰。于是在11世纪，行商和买家之间建立的新型供求关系，使教堂和领主家贮存的金钱部分地流通起来，市面上金银又重新开始流通了。本来西方社会的金银并非完全枯竭，只是中世纪上半期的商业瘫痪才使金银凝固在富人家里。到了12世纪货币变得更加充足了。人们熔化了银杯、银首饰和银制的祭台饰品来打造新的钱币，此外，货币不再是唯一通货，人们以袋装胡椒粉和片状的黄金作为交易手段。货币流通加速。货币多了便不那么值钱：在11世纪最后几年，出现了生活必需品价格的上涨（物价上涨的情况需要作评估），上涨呈持续趋势。人们开始发现造币作坊打造的货币数量太多了——因为在经济极度萎缩的年代，每个稍具规模的市场旁都建立了一个造币作坊。现在货币流通如此频繁，加上各种货币不尽一致，因此出现了一个新概念，即货币价值；

也出现了一个新行业，即货币兑换，出现了过磅人、造币人、（货币）削边人，最后还产生了借贷人。

12世纪的商人是挑着货担满街兜售的小商贩，有时他们走得很远，如受到教皇保护的意大利商人，长途跋涉把货贩到法国，但从菲利普一世起，法国王室设关卡限制，当意大利商人进入巴黎地区时会受到王室的勒索，按行商背囊里的货物或更经常是按马驮的货物数量来征税。商贩一路劳顿，和朝圣教徒一样"满身灰尘"，当时被从诺曼底到马孔沿途的居民称为"外邦人"、陌生人。行商经常受到当地人的怀疑和不信，是遭非议的对象：认为他们毫不费力地赚钱，背离上帝的意旨搜刮钱财，违背行善的箴言，把生活必需品倒卖给兄弟赚钱；但最终他们还是被人羡慕，因为他们背后鼓鼓的行囊里装着乡下人从未见过的各色物品和钱币。从10世纪起外来过路人、行商和旅行者逐渐有了些地位。道路经过修筑，法国最古老桥梁的桥基大部分建造于11世纪，其养护也被当作一件善事来做，如同人们盖教堂一样。在同一年代，一座座教堂沿大路矗立起来，给过路者提供庇护；行善者组成教会社团为他们提供接待、食宿和医护照料。安全也得到了加强。商人们通常结队出行，他们的车辆配备了武器，行动井然有序。每当商队出发的好季节，住在同一城市的同路商人便结伴出发，声势如同当年军队出征。但如此组织的出行在十分偏僻的地区仍会遇到各种不测，当地权贵对外乡过路者拥有一切权力，所以商人们结队旅行，集体捍卫权益。如朗格勒地区的商人每年夏天都前往克吕尼修道院所在的大集市做生意，1075年左右被当地领主狠狠地勒索了一笔。当然，上帝的和平条款特别提到保护商人，但真正保护商人及商品还得靠另一新制度，即"护运"：当进入封建领主辖地范围后，商人们便处于领主的保护之下，直到被护送离境为止；但作为交换商队得付领主一笔税费，担保不遭抢劫和免征"买路费"。此外，集市和大规模交易的安全也需要领主提供保护,从当时的流通过程来说,这种保护也是必不可少的,它使得本地商贩能定期来集市与外来行商洽谈,一方面补充货源,购买远方运来的商品,另一方面也向行商推销本地产品。自中世纪上半期以来,各地形成了许多集市。有些集市在一些势力强大又深谋远虑的大领主,如香槟地区伯爵、佛兰德伯爵或圣德尼修道院院长等的推动下,为商人们提供了有效的保护。这些地区在12世纪形成了定期的、时间长达数天的贸易市场,成为新型商业中最活跃的集市。

城市的扩张

交通和商品流通的加速决定了城市生活的发展。事实上,在道路交叉的十字路口,在供奉圣物的教堂外,在航运河道的终点,在山口山脚下,在大河桥头,在平原上,在步行道的站点,都需要有固定驿站供小商贩和朝圣者们歇脚用餐,这些驿站上有装卸、船运、客栈和食肆等必要设施。对商人来说,在冬天闲季也需要有一些可以长住的固定地点。12世纪时,长年在外贩卖的行商们归来时定居在某个城市,他们依附于当地领主,在路卡与人发生争执时便搬出领主头衔。夏天靠来来往往的旅行者,冬季靠定居在当地的商人们,城市渐渐热闹起来。自11世纪中期起,法国的一些交通要道上便出现了强劲的早期城市化趋势,催生出新的住宅区,设立新的教区。在罗马时期遗留下来的每个古城附近,在大领主城堡和朝圣者众多的著名修道院近旁,出现了被称为"乡镇"(bourg)的新区。围绕着集市广场四周和沿着通往乡村的大路旁,盖起了成排的简易棚屋,形成一个个极其简陋的居民点,它们如同附着在旧城外的赘生物,与老城的石头建筑相比显得十分贫穷脆弱。老城雄踞一方,遇到危急情形时加固防御,向居民提供庇护;而乡镇新区则是商贩们从事商贸活动的中心。

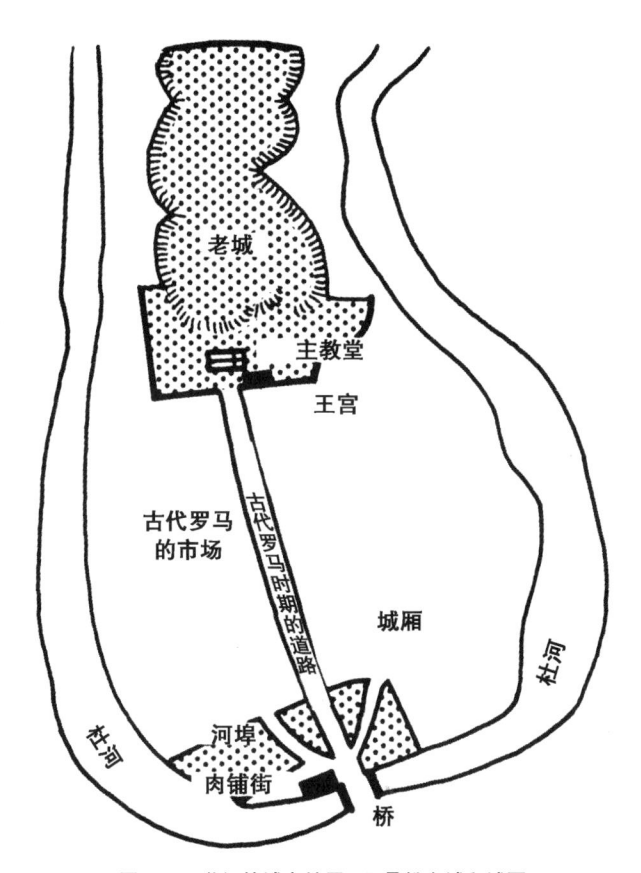

图 6　12 世纪的城市扩展：贝桑松老城和城厢

（摘自 F. 贝耶尔［F. Beyerle］著《关于城市结构的类型问题》［*Zur Typenfrage in der Stadtverfassung*］,《萨维尼法学史基金会会刊》［*Zeitschrift der Savigny-Stiftung für Rechtsgeschichte*］, 第 50 卷, 第 22 页, 1930 年）

其实，12世纪的城市规模都很小——居民人数仅数百，特别繁华的城市也不过四五千而已，但却是农产品可贵的消费市场，对无法靠自己生产食品的所有过路人来说是栖身驿站。因此在每个城镇周围，在乡村交通驿站附近，会出现若干销售生活必需品的商铺。于是，商贩们采购农产品的数量更大了，酒、羊毛或染料植物等成为销量更大的商品。农民的点滴劳动卷入到商贸活动中来，直到被贩运至拓荒者开垦的森林空地，人人都习惯于使用不再稀罕的远方物品，人人都参与了财富的快速流通。

货币的流动

在12世纪，大面积土地经营也有了更灵活的机制。货币经济的渗透使金钱部分取代了陈旧的劳役制度或实物地租，这一变化大大松懈了佃农和土地领主的关系。此外，农业佣工制度的发展，在富人和村里最贫困农民之间形成一种全新的雇佣关系。富人有了更多的现金收入，宁可雇佣短工更好地完成指定的农活；而村里的穷苦农民也乐于打短工赚些钱，现金到处用得上。地处城市中心的封建领主也适应了货币流通加快的现状，当他嗅到农户积累起一些钱财时，即增税"刮地皮"；既然市民承担的各项苛捐杂税已减轻为定期纳税，人与人之间的关系最终也缓和了。

但是经济转型的最明显后果是产生了一个与农业社会完全不同的新的社会阶层，自11世纪末以来，人们就试图用一个特别的词来概括他们：城里人（les gens du bourg），即"市民"（bourgeois）。事实上，当时的城镇与乡村环境并无任何区别。城镇还没有城墙，田地和葡萄园延伸至房屋之间，小块田地还属于租地，佃农还得向领主缴租和服劳役、收割草料。城镇居民大多数是本地农民和被运输业的好处吸引而从邻村迁来的农民，他们照样还在住宅前后种地放牧、种植葡萄园、收割谷物；从外地迁来的农民甚至还获得了土地租赁权；犹太人小社团的成员往往聚居在每个城镇的某一条街上。所有人都跟村里农民一样服从城内领主的管辖权,接受封建领主的司法仲裁并缴税纳赋。他们中大多数人都是领主手下的人,依附于其主人,不得主人许可不准结婚。他们的生活方式、饮食穿着和思想意识跟乡下人没有区别,他们也是十足的土包子。

市民阶层的产生

然而,城里人的职业使其区别于乡下人。市民家庭的一家之长差不多都有一门"职业"。"职业"这个词在当时是指一种特别的经济行当,区别于普通的种地。这些职业最初通常起源于为主人提供的服务:事实上,城市兴起时最早的"生意人"就是城内某领主的一个代理人,他替主人家去远方采办货物,为主人管理磨坊、酒肆或面包烘房,替主人征收过路费,等等。后来他们逐渐扩大了业务。附近有些农民也仿效他们,渐渐荒疏了农业劳动。最大胆的完全摆脱了仆人身份,全身心地投入到利润越来越大的行业中,或者不顾土地领主的责难彻底放弃了种地。许多人自己开客栈、烘面包,为过路旅客提供服务;也有许多人开起了肉铺,也就是说,兼营养殖牲畜、供销肉类、处理皮革和转卖食盐(在所有中世纪城市中,经营肉铺的人最多,是最早有组织的行业,常常也是最富的行业);还有人开杂货铺,经营从异国他乡贩运来的各种物品,上门兜售给富人。这些脱离了农业劳动的职业能直接带来现金收入,因此市民阶层的另一特征是有钱。有钱是指有金银条、各种货币和金银碎料,这些通货是农民手上极为罕见的。城里人的财富更加隐蔽,它们可以藏匿,与农民的牲畜、谷堆和腌肉相比,更容易躲避领主的勒索。而且市民阶层的财富更加个人化,它不像祖传的土地属于家族共同财产,由此城里人的互助意识薄弱得多:个人相对于他的兄弟和子女来说更具有独立性,这就是商人的生活方式，因为经常出外经商，久而久之更强化了个性主义的倾向。尤其是他们的财富流动性更大。城镇是人们能靠其职业谋求快速致富的唯一地方，因此城里人的意识中会有利益、利润和积累等概念，这些是乡下人——不管是领主还是农民——完全没有的。或许他们心中还有某种不祥的念头：担心暴发致富太快，因不行善事而遭到天罚，所以他们会在临终前把大批财产捐赠给教会，捐赠给本地的教堂，后者也因此间接地得益于城市的繁荣。从12世纪中叶起，城市教堂比单靠土地财富的乡村教会拥有更多的财力。由此可见，城里人的财富积累跟它的消融一样迅速。只是在1150年以后，有些城市富人才开始将个人财富的一部分用于投资，减少了财富的流动性：他们斥资建造象征舒适生活的石头住宅，法国南部至今还保存着当年兴建的这类住房。

另一个大的区别：新兴城镇居民因其现金财富而获得更大自由，他们更能保护自己免受封建领主的巧取豪夺。早在11世纪中期，佛兰德地区的圣奥梅尔和瓦朗谢讷等市的商人们就联合本地商人，组织旅行车队一致对付外来客人和供货商。这种商贾的互助团体往往带有宗教色彩，他们尊奉一个保护神，举行集体祈祷和仪式，把声势扩大到城镇全体居民，以集体宣誓方式将整个城市紧密团结起来。"友谊"，这一真正的祈求，与上帝的和平所主张的互助宗旨非常贴近，其目的在于维持居民的秩序，加强城市安全；因为当时城市向外界开放，外地人和陌生人混杂其中，任何人想窃取财富太容易了。"一切忠于城市友谊的人以信仰和宣誓确认：人人像兄弟一样相互提供有用和适当的援助……如有人因家中失火或被俘须付赎金而陷于困境时，每个人都将以金钱帮助这个可怜的'朋友'。"[1] 写在利斯河畔艾尔市

---

[1] 法国国王敕令汇编（*Ordonnances des rois de France*），第12卷，第563—564页。

宪章上的这番话清楚地表明：正是这种博爱为全体居民提供安全保障，他们中许多人是离乡背井的外来落户者，互助精神自然地团结了同胞兄弟。

城市自由的获得

民众的互助保护社团被当时人称为"公社"（commune），它自然而然地向城镇首领，如修道院院长、主教或伯爵，提出要求废除封建领主的某些权力，废除在城镇化发展前的农村环境下尚能容忍而现今对经商者来说特别令人反感的税赋负担，诸如各种苛捐杂税，令过路者望而却步的沉重的过路税，原始的不适应经商活动的法律程序，以及在集市旺季和商业繁忙季节因军事征用对道路交通实施封锁，等等。某些城镇的市民团体——特别在法国南部，住在城内的骑士们势力强大，控制了城镇大权的地方——甚至提出管理市镇某些利益的要求。根据现存文献不十分翔实的记载，这种抗议最早出现在1070年的勒芒市，此后陆续发生在瓦兹河河谷、佛兰德地区和图卢兹等地，以后逐渐蔓延至各交通要道沿线（有的城市为获得与其他地方的同等权利进行了抗争：如索恩河畔的图尔尼市市民在1170年与当地领主发生激烈冲突，原因是过路商人拿他们当笑料，嘲讽他们还在向领主缴纳其他地方早已废止的某一税项，尽管税额很少）。双方的交涉多数是和平进行的，因为经商的市民们手中掌握着大量金钱，对封建领主有很大诱惑力。结果往往是市民们向领主捐纳一笔巨款，还同意定期缴纳经营税，作为交换领主同意"免征"某些税，但税赋从未完全取消过，领主答应限制某些权力，尤其是废止了征税的任意性。然而在有些城市，市民阶层的要求遭到领主的拒绝，这些领主主要是教会中人，他们觉得领主特权不属于自己，自己只是管理者而已，真正的特权所有者是教堂的守护神；而且教会不缺钱使，它拥有市民阶层信徒的奉献款，还有经商收入。市民阶层和封建领主的对抗与冲突有时十分激烈，如1116年拉昂市造反的市民把当地的主教杀死了。各地市民阶层的抗争取得了不同程度的胜利，但在相当长的时间里教会人士对市民阶层提出的要求很不满意："市民社团这个新词可憎可恨，既然现在所有纳个人税的人一年纳税一次，不再受徭役的惯例约束，那么他们犯了罪就得罚款，再说领主对一般农奴的其他权力已经给他们免了。"① 但是潮流是抵挡不住的：12世纪中叶，卢瓦尔河以北的若干城市里，司法已经由市长和代表商人社团的助理市长掌管了；除南部城市的执政长官仍由地方自治贵族的小集团掌控外，法国其他所有省份的较大城市里，市民阶层开始出资兴建城墙，城内的自由空气更加强烈了。这便是城市和乡村之间政治分化的开端，这种分化将在古老的法国社会持续相当长的时间。不过从同一时代起，某些乡村的村民社团也取得了一些豁免权，也跟城市里一样以宪章形式确定下来。但这是土地领主主动提出的，目的在于吸引移民迁居到领地上来，这又是经济发展的一个直接后果。

然而，如果说绝大多数的社会约束现在都已松懈的话，多数人的生活水平并未显著提高。宗教虔诚以及相信奉献是赎罪的有效方式，使农民和城里人把新近创造的大部分财富都奉献给上帝和圣人，也就是说，送给了上帝的仆人——教士和修士。尤其是农业进步和商业发展相结合，使领主的税项大大增加。佃农们自愿将金钱上缴给领主，以免除劳役和谷物酒类等实物纳贡，使大量金钱流入领主手中；另一方面，城镇商人为取得更大的经商自由，也乐于让城市领主在自己的利润中抽取更多分成。到了12世纪，农民吃得更好了，抗病能力也更强，更容易养活子女；他们使用的农具也更先进，有能力去城

---

① 教士吉贝尔·德·诺让（Guibert de Nogent）：《自传》（De vita sua），第三卷。

市购买食盐和木屐，购买村里铁匠铺打造的铁犁和铁斧。但是他们的住房始终还是那么简陋，除了几个锅盆一无长物，炉火依旧是三脚支撑的；身上穿的仍是兽皮或屋后圈棚里养的绵羊或山羊的皮；他们还没有消费习惯。有钱的城里人也强不到哪里去，他们虽然有钱，可是生活得仍跟农民一样。新的财富最终汇聚到祈祷者和打仗者这两大精英阶层手中。全部货币最终都流向教会上层人士和骑士的手中，仅仅改善了他们的生活条件和文化水准。

3. 服务上帝和认识上帝

教会的净化

12世纪上半期是圣贝尔纳、德高望重的皮埃尔[①]和絮热[②]的时代，法国教会发生了显著变化。11世纪中叶后教皇加强了对教会的控制，经过漫长的"格雷古瓦改革"，法国教会变得更富有、更重学问，也更独立，很大程度上脱离了封建社会生活。但是这种摆脱十分困难，因为从国王到最小的乡绅所组成的整个封建领主社会紧紧掌握着教会各级机构大大小小的权力，相对于卡洛林帝国瓦解后产生的其他国家，法国虽然没发生激烈的翻天覆地的冲突，但教会与世俗势力的斗争却更执着更深入人心——无数半神职半世俗的人士的鼓吹游说深入到封建体制的心脏，企图剥离教会与世俗社会的共生联体，结果适得其反。这场改革是在教会高层人士的积极推动下进行的，如教皇特使、里昂大主教于格·德·迪，以及曾在克吕尼修道院当修士后来成为教皇的乌尔班二世，后者在1095年对法国中部的巡视访问被视为这场宗教改革的决定性举措。

当时，城堡主和乡村骑士纷纷放弃了几乎全部乡村教堂的所有权，其后人也有不甘就此丧失祖产而反悔的，或表示保持沉默的。封建领主感到威胁、担心被逐出教门，所以才把财产捐给了上帝，多数是捐给修道院，以求灵魂得救。当然，他们经常会截留什一税的税款，因为农耕技术的进步增加了土地收益，什一税收入更多了；同时

[①] 译注：德高望重的皮埃尔（Pierre le Vénérable, 1092—1156），曾任克吕尼修道院院长（1122—1156）。

[②] 译注：絮热（Suger, 1081—1151），法国修士和政治家，曾任圣德尼修道院院长。

还保留对本堂神父任命的话语权。但是"祭台"已不再控制在他们手中，信徒的丧葬费和定期奉献已不再落入他们的腰包，神职已脱离了领主的经营范围。这种分离的后果是：教堂堂区组织得更加严密。森林中耕地面积的扩大，未耕种的边缘地带向森林纵深推进，使堂区范围勾勒得更明确。信徒们在这一范围内从事一切宗教活动，受到教堂新主人的监视，信徒不得到别处去听弥撒或领圣体，尤其不能隐瞒或带走奉献款。如此堂区组织在居住分散的乡村，把偏僻小村落的信徒凝聚起来。最终，围绕着虔诚的宗教社团和负责修护教堂、发放赈济的信徒组织形成了村民集体。不过把乡村教堂转变为宗教团体资产并未使乡村教士的素质有所提高：事实上，修士们并不亲自主持堂区传教，他们把传教托付给自己仆人的儿子，后者成为乡村本堂神父。乡村教士依然是穷人，几乎都会结婚生子，没有文化，很少受到监督，人瘦得皮包骨头，他们也想利用罩在自己神职外衣上的光环从教徒身上得到些什么。他们不懂布道，或者布道很差；只是定期召集信徒在教堂聚会唱经，自己却对经文一知半解，胡乱做驱魔的宗教仪式，或者照本宣科、老生常谈。因此，信徒的宗教生活相当贫乏。乡村教士素质不足的现象持续到中世纪结束以后的很长时间，使基督教义未能真正地融入农民社会。耶稣基督对12世纪的农民究竟意味着什么？农民在福音传道中得到了什么启示？带有种种禁忌的农民的精神世界又是如何组织的？这一系列问题从未得到过解答。

司铎和修士

但是改革的成功在教会上层带来很大变化。在12世纪法国所有的修道院里，修士们都按教规生活，自由地选举修道院院长。在社会演变和宗教改革的影响下，几乎所有修士都是从骑士子弟中选拔的（事实上，长期以来形成了这样的惯例，即农家出身的修士，所谓

"杂务修士",被列为低级教士,只能被委以事务性的差使),骑士出身的修士越来越多地进入神父、司铎的职位。在大教堂教务会议中,教规现在得到更严格的遵守,回归到某种庄严朴素的氛围中来。大教堂中的领俸神职也都保留给贵族子弟,富裕市民的子弟须等到12世纪末才能得到领俸的神职。最后,主教也由教务会的司铎们选举产生;国王和亲王们若推荐主教须做得更隐蔽,主教们比他们的历任前辈更加称职,更有学问,精力更充沛,也往往更为清廉。总之,在修道院上层显贵和教会高级神职人士中,不称职的和作风粗鲁的人越来越少。现在所有高级神职人员对自己的使命都无可争辩地有更高更清醒的认识。他们特别意识到有必要运用教会的资源装饰教堂、鼓励建校办学和促进文化研究,总之更好地服务于上帝。教会的财富比过去更多,不仅因为教会领地收入增加了,而且收入不再被世俗领主分享,也减少了经营不善造成的挥霍和浪费。可以说"格雷古瓦改革"催生了第一个独特的思想体系,同时产生了法国文明中第一个也是唯一的伟大宗教艺术。

罗曼式建筑

新积累的财富首先用来建造克吕尼式的雄伟的礼拜圣殿。直至1109年担任克吕尼修道院院长的圣于格高调声称,贵重金属不应再压箱底,应当用来装饰上帝之家。于是在克吕尼修道院的影响之下,艺术之风在法国最受克吕尼影响的省份——法国南方各省掀起。然而,在普瓦捷、图卢兹、克莱蒙、欧坦、里昂、维埃纳和阿尔勒等原本古罗马文明扎根最深的南方城市,罗马遗迹最多,保存得最完好。长期以来,当地居民在古罗马建筑前经过却熟视无睹,只是从公元1000年起才重新开始欣赏它们,以赞叹的目光注视它们并把它们当作灵感的源泉。克吕尼修道院风格吸收了古罗马的建筑技术,以豪华排场（从圣乐到雕塑）来弘扬上帝荣耀，形成了新的艺术。罗曼式艺术从 10 世纪末起已在各地教堂建造中分散地开始探索，到了 12 世纪初终于在卢瓦尔河以南和勃艮第高地的教堂杰作中绽放出灿烂的奇葩。

这种艺术的唯一目的是：教堂。全部艺术匠心围绕着一个中心，即按照古罗马建筑风格用石材建造漂亮的尺寸匀称的教堂，教堂的大厅能让礼拜圣乐的歌声有响彻云霄的感受。某地兴建教堂是艺术复兴的最明显的象征，也是乡村环境中最大规模的经济项目。建筑的艺术是耗资巨大的艺术，罗曼式教堂不是光靠信徒们的自发和志愿的服务便能凭空而起的，也不是靠教士的神职工作和佃农们的无偿劳役能建成的；它是专业工匠们的巨作，包括采石匠、石匠、泥水匠和搬运工（因为好材料不一定都能就近找到）等等。工匠们有组织地在各地巡回施工，他们要领工资。这种工程队无疑是首支专业工匠队伍。由此，人们可以理解，经过如此长期准备的建堂计划——罗曼式建筑诞生，令当时人赞叹不已的许多白色教堂拔地而起——只有在经济充分发展、货币渗透到生活各方面、金银从箱底取出并在市面上广泛流通、城市复兴、关卡设立和货物充足的特定历史时期才可能实现。人们同时也可以理解，只有当财源充足并且不断补充时，大教堂这样巨大的艺术工程才可能如此快速完成。如克吕尼第三大教堂从 1088 年开工，至 1118 年就几乎竣工了，如此大的工程过去往往会无限拖延，长期中断，哪怕教会多次组织募捐，并不断发布获得新圣物或出现了新奇迹等新闻；即便有朝一日大教堂建成了，在建筑美学和技术方法等方面也常会与设计初衷大相径庭，显得不太协调。

法国南部的罗曼式教堂，建筑材料完全采用石头，不光是厚重的墙体，连教堂顶也采用石材。这一构思并非出于安全防火考虑（大火确实烧毁了不少教堂），而是出于一种建筑美学的新构想。事实上，圆拱顶是教堂极其美观的重要组成部分，它的基本目的是在祭台四周创造一个相对封闭的与信徒保持一定距离的内部空间，营造出一种特殊的崇高气氛，它是礼拜仪式的汇聚中心，又是让圣乐在其中萦绕回荡的共鸣箱，它的结构统一符合教堂象征的神的独一无二。至于古老大教堂的大厅顶部，新艺术在两侧采用一长列廊柱和拱孔结构，支撑起半圆形或棱肋形的拱顶。这种拱顶在卡洛林时期已被建筑工匠用来建造老教堂的扩建部分、地下墓室或钟塔门厅。但是限于当时的建筑技术，出于平衡的原因，教堂的墙体必须造得很厚而且不能太高，窗户也不能太大。于是教堂内显得比较昏暗——但在这种半明半暗的光线中，教堂的烛光显得特别神圣，烛光在当时的礼拜和宗教仪式中占有重要地位，教堂内半明半暗正符合信徒们围绕圣物进行集体祈祷的神圣气氛。教堂外形显得矮墩，因为建造者更多考虑的是建筑物结构的平衡匀称，而非高度和内部宽敞。和谐、平衡和节奏——通过最大限度符合算术比例的尺寸达到空间和时间的合理安排（因为不能把建造者的追求与乐师的追求隔绝开来），这就是罗曼式建筑的美之所在。罗曼式教堂的外形与内部比例正是古典时代留下的最后建筑的特征。

12世纪造的教堂彼此差别很大，因为那个时代尽管交通有所发展，但实际距离仍很远；从建造教堂的热忱到形成最初方案的构思上，各地教堂的设计独立进行。尚且不存在我们今天所说的建筑设计这一概念：某个教会首领决定要建造一座教堂，他根据自己历次旅行中对所见教堂的回忆，常常亲自赶赴定为范本的教堂进行实地测量，再融合他自己的亲身体验，独自构思计划（由此可见实行宗教改革和教会上层遴选制度改革，净化教会高级神职人员，以及教会学校推广数学知识对艺术革新的巨大作用）。出于这一原因，同一地区的各教堂之间有某种亲缘性，因为这些教堂靠得较近，人们经常路过看见，建造者的思想受到了影响，所以教堂外形就更相近些。然而，同省的教堂类同不是绝对的，因为邻近相仿还受到其他因素的制约：精神联系可以把两个相距很远的修道院联结在一起，因为观点相近，远隔两地但经常走动的两个主教会建造同一风格的教堂以示友谊。相反，邻近教区的两个主教会背道而驰：12世纪初，欧坦主教在建造主教堂的附属新教堂时，就不采纳近在咫尺但观点不同的克吕尼教士推荐的方案，而选择了另一种不同的建筑风格。教堂风格多种多样，风姿多彩：在卡奥尔、佩里格、昂古莱姆等地的教堂大厅以一长列穹顶覆盖，这种风格延续到索利尼亚克、普瓦捷和丰特夫罗；而图尔尼市的圣菲利贝尔教堂又是大胆的例外，在白色和玫瑰色砖墙的和谐统一中，正厅内两列高耸的圆柱顶上横向排列着一列半圆形拱顶；一些供朝圣的主教座堂的设计更有重大发展，为方便朝圣者的人流移动，教堂正厅两侧连着侧厅，沿着主祭台后面半圆形围廊建有若干呈辐射状排列的小祈祷厅，如图卢兹的圣塞宁教堂和孔克的圣佛瓦教堂，还有利摩日的圣玛夏尔教堂和图尔的圣马丁教堂都是这一风格；但是勒皮的五色缤纷的圣母堂又是奇特的例外；布里奥奈地区的罗曼式教堂则更敞亮，因为大厅的高窗开在两边侧厅棱肋形拱顶的上方，这种风格的教堂为后来的韦兹莱市教堂提供了范式；欧坦大教堂内带凹槽的壁柱和普罗旺斯地区十分简单的小教堂正门两侧圆柱的考林坦式柱头上方顶着三角楣，这些都是严格按照罗马建筑风格来建造的。

绘画和雕塑

新造的教堂里都有装饰，或许法国南部的美学革新主要还在这里：将教堂的局部装饰融合到建筑中，根据建筑需要把原来只局限于祭台周边小范围的装饰——如《福音书》插图内容、圣人书封面的木

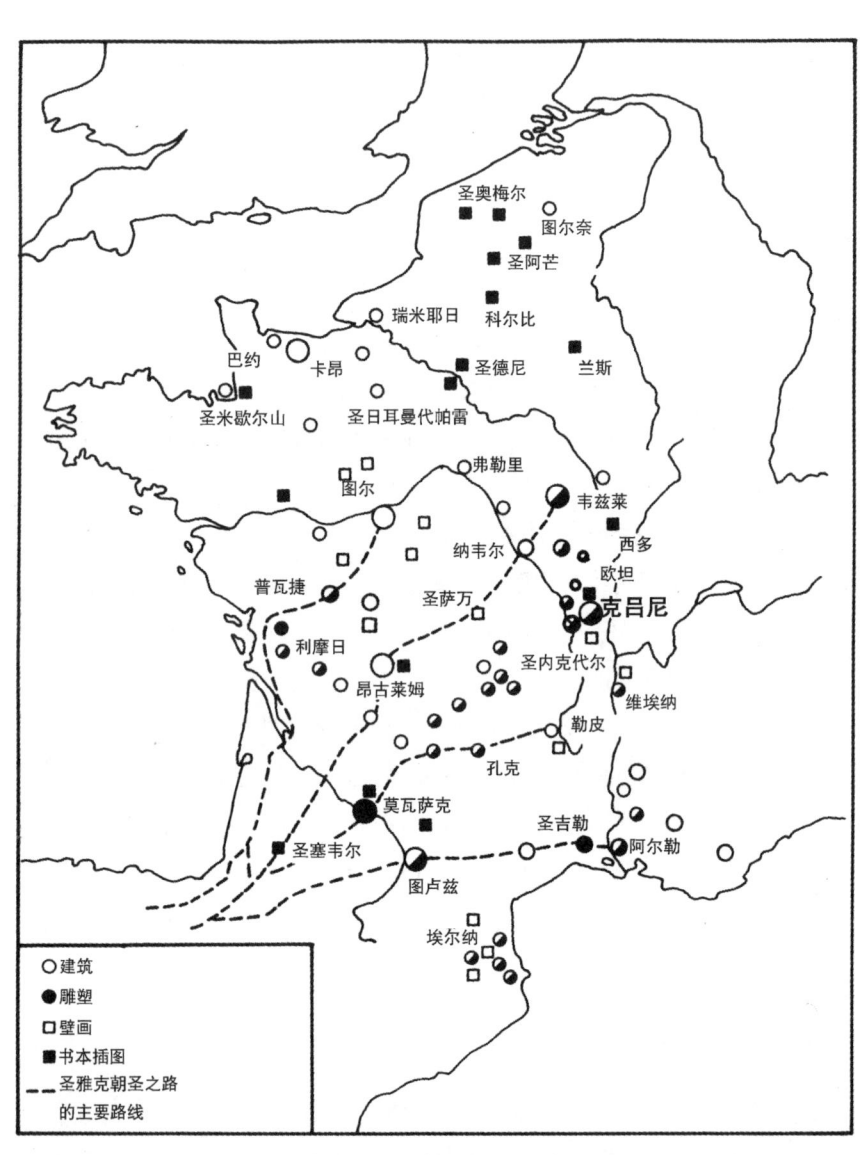

图 7　法国罗曼式艺术的分布

雕和象牙雕、刻在祭台的质地不硬的石板上的装饰花纹等——搬移到整个教堂。在 11 世纪，阿基坦和勃艮第等地修道院中誊抄室和彩色字母着色室的艺术家，从摩萨拉布人或意大利拜占庭人的大型绘画中汲取灵感，绘制《圣经·启示录》的插图；接触过最早瓷器上的釉工的利摩日艺术家用金、红、蓝三种绚丽色彩，以哀矜悲怆和易感动人的风格来绘制《圣礼书》的插图；比利牛斯山采石场的石刻匠们原来凿刻石棺面，后来渐渐把工作转移到了教堂建筑工地。因此教堂内巨幅画面多了起来。在 12 世纪，所有教堂祭台后的半圆形空间和很少有窗户的教堂墙上都绘制了壁画，如普瓦图和卢瓦尔河畔的教堂内金黄和谐色调的壁画，鲁西永地区的小教堂和勒皮市大教堂鲜亮色彩的壁画，以及贝尔赞城的克吕尼派教堂内幽暗墙面上的壁画都属于这一类。有的甚至采用新技术，把壁画绘在教堂大厅的拱顶上，如加唐普河畔圣萨万教堂为放置新布置的壁画而特意改建了拱顶；有的教堂的昏暗内墙上绘着一长列圣人像。形象化的人像更具有叙述性——如维克市教堂的热情奔放的人像、布利内市教堂的虔诚默祷的人像和塔旺市教堂的近乎狂热的人像——相比于只有少数人能看懂的《圣经》，绘画能向更多的信徒提供经文的形象画面。不过实事求是地说，罗曼艺术在这一领域的繁荣是在整个文明的发展和相当古老传统的有利影响下产生的，它得到了主教会议的鼓励和普遍舆论的支持，当时的舆论认为，一个没有壁画的教堂是未竣工的教堂。

与此相反，全新雕塑的出现则是革命性的。当时的雕塑已不再是抽象和几何图形的，或者仅仅是绶带饰或花卉图案，雕塑已变得更有说明性和代表性。这一艺术的诞生并非简单地因为重新发现已消失的技术；它标志着趣味的某种深刻变化，同样也首先产生于南部的省份。实际上，雕塑"是古代的习俗和古老的方式，在奥弗涅、鲁埃格和图卢兹及其毗邻地区，为树立自己的守护神，按其财力以金、银或其他金属雕塑一具圣像，圣像的头部或身体的某个最重要部分是精心雕刻的"[1]。自10世纪以来，这一习俗，这种以雕像塑造圣人的需要逐渐在卢瓦尔河以南各省蔓延，最终运用于建筑的装饰上。于是浮雕开始出现在教堂内壁上，从鲁西永山区小礼拜堂正门过梁上笨拙的最初雕刻到昂古莱姆大教堂外墙有戏剧效果的复杂浮雕群。但实事求是地说，直至12世纪初，雕塑还处于较低级的艺术水平。它还只是建筑中的附属品，雕塑本身尚未成为一门艺术。雕塑附着在墙上，稍稍有些凸出，雕塑上着了色，这是建筑内个别地方着色装饰的发端。沿袭罗马传统的建筑包工头交代给雕刻匠的任务仅是古代神庙的浮雕装饰：一是圆柱的柱顶，先在螺旋状叶片装饰之间镶入人物和怪兽雕塑，最后它们完全取代了过去的植物装饰；另一是面积大得多的外墙，往往整堵墙用作装饰，如普瓦捷的圣母大教堂，但通常雕塑仅局限于门框的周围，如西部圣通日地区和普瓦捷的一些教堂正门拱形装饰上简单的圣女像或代表宗教七美德的天使，在正门上方半圆形门楣内雕刻的复杂浮雕等。至少在这里，教会人士有意让信徒甫入教堂即能瞻仰圣人雕像，与此同时，在图卢兹和勃艮第等地区的一些克吕尼派修士更打开了一条通往最完美的基督教艺术之路。图卢兹圣塞宁大教堂的墙基磐石上所刻的浮雕十分贴近世俗生活，贴近罗马雕塑；而孔克市教堂的雕塑《最后的审判》向大批朝圣者展示出小丑般指手画脚的魔鬼和在天堂面露幸福喜悦的得救信徒，显得太大众化，太土气，迎合了庸俗趣味。事实上，浮雕艺术在以下几幅大作品中最完美地体现了教士的宗教情感：莫瓦萨克修道院的雕塑显示了世界末日的景象中，上帝高不可及，身边围绕着一群年迈的乐师；欧坦大教堂正门上方半圆形门楣的浮雕以最大胆的自由的尘世风格雕成，雕刻匠通

---

[1] 《圣佛瓦奇迹书》（*Liber miraculorum sancte Fidis*），第一卷。

过细长状人物的脸部表现出当时人尚带有若干恐惧的虔诚；韦兹莱教堂的雕刻呈现出基督教世界所能想象的全能上帝的最庄严的形象，整个教会都沉浸在圣灵降临节的感悟之中。

这就是法国的罗曼艺术。它首先是修道院的艺术，宗教礼拜的艺术，是运用"四艺"中数学技巧的计算艺术。这种宣扬上帝超群杰出的艺术，配合赞美诗、先知者的预言，使一切都沉浸在中世纪上半期赋予西方基督教义的关于世纪末日的遐想之中。圣乐作曲家的艺术是以谐音形式构思的宇宙，它是与人类的智慧活动和精神灵感相协调的各种音调，也是与宇宙间的四季节奏相一致的，这正是克吕尼修道院院长圣于格愿听到的、萦绕在大教堂主祭台周围令人赞叹的圆柱群上空的庄严圣乐。罗曼艺术的鼎盛期在 1100 年左右，从 12 世纪 30 年代起开始逐渐衰退。勃艮第雕刻匠们在夏尔吕和容吉的圣于连两处的教堂雕塑中单纯追求技巧，精湛的雕塑艺术退化为巴洛克风格的花哨别致。只有普罗旺斯一处例外，40 年后在圣吉勒教堂正门的奇特雕塑上，罗曼艺术绽放出最后的奇葩，它是多种艺术流派的汇合：原始的罗讷河流域雕刻中的雄狮和以伦巴第画匠技法处理的罗马皱叶菊苣装饰相并存。这一法国最罗马化地区呈现的顽强的艺术暂留现象，最后一次展示了法国南部雕塑中体现的罗曼艺术与往昔罗马帝国传来的地中海传统美学的紧密结合。

卢瓦尔河以北地区的艺术

12 世纪初，在卢瓦尔河以北、卡洛林王朝印记较深刻的省份，审美情趣有很大的不同。人们对书本的装潢十分讲究：来自佛兰德和阿图瓦两地修道院誊抄室的配有插图的手抄本是当时最精美的手稿，它们受到来自英国温切斯特修道院和默兹河流域印书作坊的双重影响。但是，这里的人们对大的圣人雕像却很不习惯：11 世纪初昂热教会学校的一名教师从阿基坦旅行回来，对在那里看到的"偶像"，看到的那些被浮雕表现得过于具体的圣人像很不以为然，他从雕像里看到了"过去祭神礼仪的延续或者甚至是魔鬼崇拜"。他说："对我来说，一切都是陌生的，事物十分不正常，完全违背基督教教规。当我第一次看到摆在祭台上的圣热罗雕像时……他的脸酷肖普通人的脸，似乎以一种敏锐的目光注视着对他默祷的众多农民，而从他眼睛反射出来的光似乎在和善地答谢人们的祈祷。"① 此外，卢瓦尔河以北的高级神职人员在建造教堂时尚未刻意追求和谐完美，那种由石砌拱顶带来的内部氛围；他们仍忠于查理曼大帝及其儿子奠定的帝国传统，偏爱教堂的巨大规模、宽敞明亮、不带神秘感、高耸的钟塔、高墙尖顶，和以木结构来支撑的高大敞亮的大厅。

然而，在北方因斯堪的纳维亚人入侵而遭到严重破坏且尚未恢复的地区，长期处于文化衰退的状况。自11世纪中叶起，也出现了艺术追求的热诚，这一倾向尤其得益于经济的快速发展和教会的早期革新。首先在诺曼底这个最繁荣、最辽阔的地区，1060至1100年之间，在科唐坦半岛和塞纳河流域之间，在卡昂、瑞米耶日、贝尔奈、巴约等地，一座座大教堂和修道院教堂耸立起来，高耸的钟塔矗立在高高的外墙上，直冲云霄，教堂内部有几层，楼上也有信徒席，有连拱廊和高窗。早期教堂没有拱顶，但12世纪初，有些大教堂开始采用各地罗曼式教堂的拱顶技术，不过其用意仅在装饰，建筑工匠们无意去解决拱顶的各种问题，去发掘拱顶结构的种种可能性：他们建造出一种交叉的尖形穹窿，通过弓弧框架把石砌穹窿的重量压在墙角柱上，这样可以把尖形穹窿架在更高更薄的墙体上。此后，1120至1140年间，这类尖形穹窿普遍运用到诺曼底的博韦西、皮卡第和大

---

① 《圣佛瓦奇迹书》(*Liber miraculorum sancte Fidis*)，第一卷。

巴黎地区的小教堂，然后再推广到与勃艮第毗邻的更大规模的教堂，如桑斯、卢瓦尔河畔拉沙里泰和朗格勒的大教堂。但是须等到1132至1144年间絮热主教主持建造圣德尼修道院教堂这一典范建筑时，上述方法才真正成为一种建筑新美学的关键成分。

絮热院长和圣德尼修道院

令人肃然起敬的圣德尼修道院早在墨洛温王朝时就已收到众多信徒的奉献，那里藏有耶稣受难时的著名圣物，从7世纪起历代君主的遗体都埋葬在这里，它保存着王室的徽章、国王军队的旗帜和王室方形王旗，它是所有修道院中王室色彩最浓的一个，在12世纪初法兰西圣德尼便成为英雄传奇史诗中所颂扬的"伟大的修道院"。圣德尼修道院之所以如此出名有多种因素：首先，它的财力雄厚跟塞纳河和瓦兹河上内河航运繁荣而带来的朗迪集市的发展有关；其次，1127年的宗教改革恢复了宗教的正规化活动，有关圣德尼的传说在传播中变得越来越神奇；最后，尤其得益于修道院院长絮热的个人魅力。絮热院长是国王路易六世和路易七世的挚友，当1147年国王带兵远征去收复圣地期间，絮热院长曾摄政管理王国，他是12世纪上半叶身兼多职的最重要的教会人士。他当过王国的行政首脑，是替上帝和圣人管理尘世财富的杰出经营者。在去卢瓦尔河以南各地旅行途中，他对宏伟的建筑产生了兴趣，并决意要改建圣德尼修道院教堂，使它成为名副其实的祈祷圣殿。他赞同克吕尼派教士对盛大礼拜仪式的偏重，用他本人的话："要以真正敬神的方式来赞美神圣的奥义。"这就是他的第一个目的。然而，他还在建筑上添加了两个设想，使他的作品更具新意。其一是采光，他把光明作为世人与上帝之间的默契联系，作为传递祈祷和恩惠的载体，通过穿越视觉可及的外表、达到心灵的现实。当他在宝石的熠熠光泽下陷入沉思——此时"物质已转化为非物质"——"犹如现实中处身于宇宙的某个陌生地方，它既不完全存在于尘世的污泥中也非在天堂的纯净里"；他要在新教堂的入口刻上这样两句诗——"没有光明的心灵穿越物质在真理中升起，在光明中从过去的湮没里复活"；他要在所有门上重复他的意愿，即看到他的教堂"照亮信徒的心灵并使其在真实的阳光下通往真正的光明，耶稣基督便是通往光明的大门"。这种关于光的神秘构思并非絮热院长的个人创造，它直接来自伪托"雅典刑事法官"德尼的新柏拉图主义神学。圣德尼修道院的修士们把葬在修道院地下墓室的殉道者德尼当作古希腊雅典法庭的法官德尼，并在卡洛林王朝时把这位伪托者的带有宗教幻象的神学著作从希腊文翻译成拉丁文。但有关光的概念过去仅停留在沉思幻想或抒情表达层面上，至少是絮热院长使它成为一种新建筑艺术的基础——教堂建筑不再追求营造由许多烛光带来的半明半暗的内部氛围，而是追求上帝住屋的光明启迪："哥特式艺术"是寻求光明的诗篇。其二，与装饰罗曼式教堂不同的新意在于，絮热院长寻求以象征性画面来体现《旧约》和《新约》的和谐一致。因为在12世纪初，在法国北部最激进的宗教人士中产生了一种《圣经》中所述世界末日的灵感，默想神明的超群非凡，虔诚于福音救世，相信上帝即将降临人世，由此更注重人的感觉及其自然环境。于是在圣德尼修道院内形成一种新的肖像艺术：在绘画和雕塑中首次出现基督奥义中人的形象，取代了过去的可怕怪兽和享天福的圣像。

在改造老教堂时不能把它拆除，因为人们认为教堂是耶稣自己建造的，于是絮热在老教堂门外加造了一个新门，大门的宏伟建筑和诺曼底的一些大教堂正门一样，使信徒在进入教堂的一刻有一种升天的感觉，但圣德尼大教堂的重大创新之处在于它的第一座哥特式的教堂正门：两座高耸的钟塔完全融合于建筑中，两座钟塔之间的上层小教堂上方开了一个巨大的圆花窗，以及圆花窗周边的雕饰。圣德尼大教

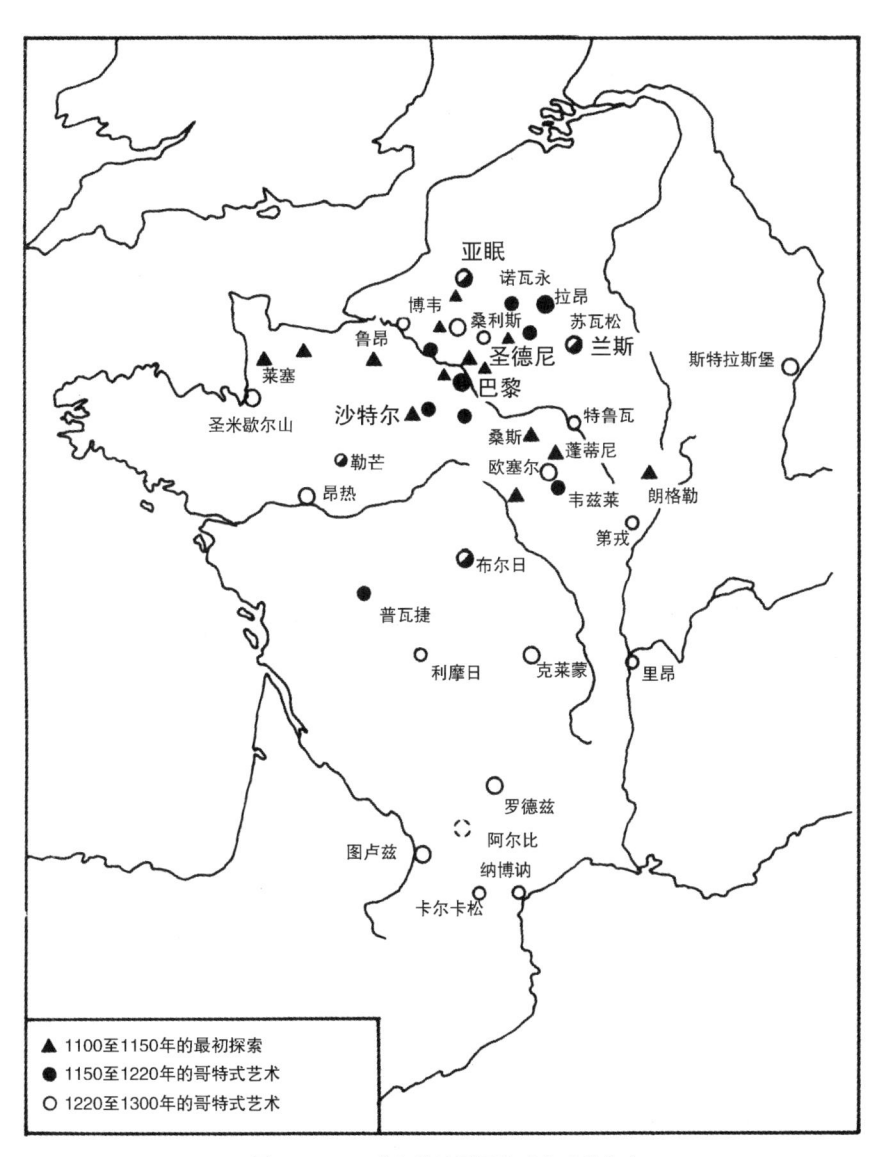

第三章 大进步的世纪（1070—1180） 113

▲ 1100至1150年的最初探索
● 1150至1220年的哥特式艺术
○ 1220至1300年的哥特式艺术

图8　12、13世纪的法国哥特式艺术的分布

堂正门采纳勃艮第、图卢兹等地教堂正门有《圣经》人像装饰的半圆形门楣，同时融合了普瓦图地区教堂的拱形饰框，下面由雕了历代国王和王后像的石柱支撑——这是絮热的天才发明之一。雕刻匠或许是从南方大作坊聘来的，他们在此创造出全新的雕塑，把圣母放在最后审判图中耶稣的使徒们中间，连絮热本人也出现在向上帝奉献的信徒中，这两个人物出现在上帝威权和正义的庄严画面中代表了乐意助人的母性和人类的软弱。然后，为了使新教堂内充满阳光，为了"让整个教堂透过更明亮的窗户，在永不熄灭的奇妙光明中闪耀生辉"，絮热建造了带唱经班的大祭台，充分利用交叉的尖形穹窿结构的长处。祭台后面呈辐射形排列的各个小礼拜堂之间不再有隔墙；精致的细石柱，宽阔的窗洞，大块的花窗玻璃，而过去花玻璃只作为点缀装饰用。

哥特式艺术的绽放

絮热未能在去世前完成大祭台前的围廊，但他改造的圣德尼大教堂毕竟开创了新艺术的先河。因为圣德尼地处塞纳河流域各大交通要道的枢纽，这一地区得益于内河航运物资交流，沿河经济带动乡村财富快速增长，已超越了原先较富庶的南部罗马帝国的旧行省。絮热的杰作在建筑工匠施工、雕塑绘画和花窗玻璃等方面为这一地区的主教们提供了最具魅力的榜样，各地主教因城市繁荣带来商人信徒的大量捐献而囊中有了钱。圣德尼修道院大教堂遂引领了王室领地内一系列大教堂的建造：1145年诺瓦永大教堂开工建造，1153年桑利斯主教在国王路易七世的帮助下开始重建教堂，1155年拉昂市大教堂破土动工，1163年巴黎圣母院的主祭台竣工，教堂大厅在1180年完成，同年苏瓦松市大教堂落成。在这些大教堂的建造过程中，技术不断得到改进，最重要的革新是巴黎圣母院以外墙拱扶垛支托教堂大厅，由此完全摆脱了罗曼式教堂结构的局限，可以把教堂正殿造到难以置信的 32 米高度。教堂建筑创造的垂直高度，空薄的外墙，透过更大的花窗玻璃射入的充足光线，哥特式建筑至此奠定了自己的风格。与此同时，从圣德尼大教堂开始的装饰新风格也形成了。在沙特尔大教堂建造时，为了以雕塑装饰正门，由絮热集合起来的雕刻工匠们在 1145 年后移师当地，发挥了主要作用。通过石柱上雕刻得栩栩如生的人物塑像，通过对人物脸部与以往截然不同的处理手法（眉睫朝下一些，眼睑带些皱纹，使罗曼式人物的眼变为哥特式人物的眼神；嘴巴更生动些，使罗曼式雕刻的画面特征渐渐地体现出尘世味），尤其通过崭新的题材——耶稣诞生塑像，表达了神的化身最平易近人的一面，耶稣基督在画面上是一个脆弱的婴儿，首次把圣母放在一幅半圆门楣雕塑的中央位置。这幅雕塑很快被完整地复制到勒芒、圣鲁德诺、布尔日和埃唐普等地的教堂，其影响甚至还达到阿尔勒市圣特罗菲姆教堂门廊的罗曼式人物雕塑上。然而，新雕塑艺术最动人的特征在 12 世纪最后几年才真正显露出来，即把上帝明确塑造成人类的兄弟形象，上帝也像普通人一样从娘胎里出来，同样受着痛苦：在拉昂大教堂里的最后审判图雕塑上，基督耶稣张开双臂，表现出内心痛苦的神情；桑利斯圣母院正门雕塑颂扬圣母的荣耀，在一扇半圆门楣上，神情快活的圣母和耶稣在一起，耶稣正在给圣母授冠。

在 1120 至 1180 年之间，大巴黎地区迎头赶上，吸收南部各地的艺术之长化为己用，并创造了自己的风格。哥特式艺术的诞生伴随着复调音乐的惊人繁荣，它也从利摩日的圣玛夏尔教堂移植至塞纳河两岸（在 12 世纪末，佩罗坦大师为巴黎圣母院的正厅落成而创作了多声部拉丁文歌、四和声复调乐曲，他的四和声圣乐被视为中世纪最美妙的乐曲之一）。神圣的艺术配合了宗教情感的演变和思维工具的进步，从恐惧和胡思乱想中解放出来——耶稣以圣母为中介接近人世，成为世人的兄弟，处身于和解的自然中心。城市化的基督教艺术适应新的经济条件：自公元 7 世纪以来在文人文化中占最活跃地位的乡村修道院从此被城市大教堂和城镇教务会所取代。大巴黎地区的大教堂和城市内大教堂的重要性更表现在教育的复兴上。

教育中心的涌现

进入 12 世纪后，修士对知识传播的戒心有所加强：阅读古代罗马的世俗著作被认为是追求快感的犯罪；世人接近上帝不是靠思索，而是靠真挚的感情，让灵魂随着圣乐的旋律升天，靠禁欲来抑制凡人的肉欲。在修道院里不再阅读古典著作。但是在俗的教会领袖却持相反态度，他们认为教士的使命是学习，然后可以去教育民众，虔诚心应得到科学的滋养，因此在隐修院之外学校开始发展起来。传统上，由教会的一位司铎或者一名教区督学（écolâtre）来负责学校授课，学校遂成为教会的附属机构。学校只有一个教师，学生年龄参差不齐，基本上都是本教区的教士，个别教士为追求新知识从别处转来，学生中也有极个别的领主豪门子弟。教学往往平庸乏味，内容仅局限于教士神职培训，诸如礼拜仪式和唱经，然而倘若教师本人学识渊博，学校书柜内有几本有价值的手抄本时，教学就会相当出色。总之，11 世纪的教会学校在时间和空间上很不一致。从 1080 年起某些教会学校开始出名，它们都在卢瓦尔河以北。如图尔奈、拉昂的学校繁荣了几年；昂热、图尔、奥尔良等地学校注重研习和诠释古代诗人作品，办得更有特色；沙特尔的古老学校在伊夫主教的主持下焕发了青春，学校以研究数字和受柏拉图影响的哲学流派为特点，教学取得了极大成功，一直延续至 1150 年左右；最后，巴黎的教会学校从 12 世纪起开始繁荣起来。这些教学中心吸引了大批学生。做学问和求学的人向某些中心集中是经济转型的结果：事实上，货币的流通允许读书人和其他人一样能比较方便地出行，远离本乡本土，走出本教区本修道院去到另一个城市。在 12 世纪的学校教育中金钱已必不可少，昂热和奥尔良两地学生向家里要钱的家信即可证明这一点。此外，学校的结构也发生了变化。学生人数增多，一个教师显得不够。于是教会当局通过"资格"授权（教师资格授权是免费的，只需要通过一项能力测试）来委派助理教师协助督学。学校机构变得复杂起来：学校内有多名教师，课程扩大了，学习年限也延长了。教师各有专长，学生按专业选择教师。原来在大教堂隐修院内授课，所有学生在一起上大课。现在学生分成小班，彼此程度更整齐划一，他们跟随一个教师学习几年，从而形成真正的研习集体（连日常生活也在一起，因为教师常常还兼管食宿），因此师生之间结成了牢固的友谊。学生们往往追捧导师，同时也激励导师不断地探究新知识。这样的求知方式在当时特别活跃，但物质条件却相当简陋，教师常常露天授课，在大街上或在教堂门廊下，有时在城郊某幢新盖的楼内租一个铺面就作为教室了，不少学生们蹲着听课，膝上放一块板就是课桌。学生们早上做练习，下午听导师阅读讲解做笔记，这样一直持续到晚上再一起集体祈祷默思。渐渐地读书人集中到几所有名的学校，出现了专靠授课为生的专职教师，各个教学团体有不同的研习方向，无疑促进了知识的丰富和发展，使教学手段不断完善。

12 世纪的"文艺复兴"

学习古典拉丁文化的运动起初声势并不大，还称不上"文艺复兴"。但是在卡洛林王朝"文艺复兴"（人们继承了西塞罗、维吉尔和圣杰罗姆的纯粹拉丁语，形成一种区别于大众化语言的文人语言）与 14 世纪意大利人文主义者和 15 世纪法国、莱茵河畔人文主义者的文艺复兴之间，人们确实能把 1130 年前后这段时间定为一个热烈追捧和学习古代罗马思想和写作模式的时期。当时出现了一批按照奥尔良和卢瓦尔河流域学校一再强调的方法，用标准的拉丁文写的散文和诗歌：譬如让·德·萨利斯布里的《政治权力》一书惊人地以古代罗马人的写作风格来阐述其哲学思想，他出生在英伦但跟不少英国人一样在沙特尔和巴黎接受教育；又如卢瓦尔河畔出现的一批抒情诗，包括在格里高利圣乐续唱基础上写成的宗教颂歌和诙谐的爱情诗，它们是卢瓦尔河畔的一些高级教士，如昂热的马尔波德、布尔格伊修道院院长和勒芒的主教等所写；还有若干游方僧写的饮酒歌和讽刺诗。精湛的形式技巧甚至可以在激烈反对这一倾向的圣贝尔纳的著作中看到，在德高望重的克吕尼修道院院长皮埃尔的精巧诗作中达到了典雅高尚。皮埃尔时常在离修道院不远的森林里组织文艺小社团活动以自娱，他自己也写诗作为消遣。这是修辞学家和激情奔放的诗人——音乐诗人的世纪，因为诗歌的兴起往往伴随着音乐的发展，我们对这一时期的音乐了解太少，但是这些音乐或许是中世纪文明中最重要的创造。这也是人文主义者的世纪，因为 12 世纪最好的教士用拉丁语写作，他们都是思想的大师。西塞罗、苏埃东和塞内克为他们开拓了通往全新道德世界的前景，传递给他们一种关于个人价值、努力以及他们称之为友谊（amicitia）的感情关系的新理念。甚至在最纯粹的神秘基督徒身上都可看到古代思想大师的影响，人们在西都修道会修士圣蒂埃里的纪尧姆的《论自然和爱》中读到作者对奥维德《爱的艺术》的回忆。12 世纪初人们在情感上快速变得高雅起来，很大程度上与阅读熟悉古典作品有关，正如人们更关注罗马废墟中的艺术一样，正如从浮雕上透出的新雕塑艺术气息一样。从最早的哥特式雕塑上表达出来的更人性化的宗教倾向，与教会上层人士受到人文主义的影响不无关系。

逻辑学家

但是，受古典作家影响而得到充实的不只是文学，它涉及一切思想领域。事实上，12世纪初法国的知识界已开始了一场最终改变了欧洲思想结构的大规模运动。直至那个时代，人们的主要认知活动是本能的。每个人眼中看到的是一个可感觉的世界，在这个受局限的世界里看到的是人生和上帝的模糊形象，人们靠逐步破解不同符号来艰难地发现其深刻含义。为了认识更深奥的科学，上帝的科学，必须解读象征，寻找对应物，把握和谐的事物。在此我们可以理解为何当时人把音乐和数的研究列为基本学科。出于这样的热情，整个中世纪的人如此热衷于寓意，热衷于对古代文本作类比评论。不过书本只是许多符号中的一种，相对于逻辑研究，更富有成效的态度仍是凝神沉思和静寂中清心寡欲的默想。

然而，读书人的新圈子里渐渐形成了另一种知识概念。人们不再满足于感觉和猜度，而是靠理性推断来理解事物。"intelligere"（这个拉丁词的意思）即定义、归类和观察。由此逐步提高到更高层次的理解力。这种变化首先在学校知识分子的小圈子里形成，然后注定不断蔓延至更大范围，以至最后影响了几代人。在科学领域，或者更确切地说，在学校传授自由七艺第一阶段的认知技巧方面，包括辩证法和推理艺术。当时的教育相当初级，在最好的学校里也只是泛泛阅读以蹩脚的拉丁文翻译的哲学普及读本，它们只传递了关于希腊哲学思想伟大体系的十分模糊的诠释。但是11世纪初在沙特尔已出现最初的进步——那是因为学校比其他教育中心的简单传授更深入了一步：人们在该校的初级读本中看到关于共相问题，即关于一般概念存在与否的讨论内容。对于学界讨论的这个问题，法国北部的思想界人士不久便分化为两派。一派是否认概念实在的"唯名论"，另一派是持相反观点的"实在论"。这种无谓的思想操练尤其能使人更好地认识理性，认识"人的荣誉"以及"上帝本身的形象"，这是图尔教区督学贝朗热自豪声称的。他是在1050年前率先对基督教教义中的晦涩模糊领域作理性思考的第一人。最初的搅动，最初的丑闻——主教会议马上开会研究推理者提出的论点，并作出最早的谴责。但是思想运动从此开始了。至11世纪末辩证法在许多教会人士看来已成为教士培养中的基本科目，因为它提供了领会神的真理的最可靠方法。从此信仰不再是盲目的，它应当深化，受理智光芒的照耀。圣安瑟伦当年所阐述的这层意思，在今天已得到了所有人的喝彩，这位伦巴第人在诺曼底贝克主持一所修道院学校，1109年在坎特伯雷大主教任上去世，因他在理性探索中懂得不偏离正统路线，所以他能名正言顺地借助理性思考来解决信仰问题。

当理性上升到灵魂活动的最高层面时，便开始了12世纪的大征服。在形成重要教育中心的同时，人们发现了新的古典著作，精神材料的突然丰富无疑促进了教育的发展。直到那时为止，西方思想仅靠垂死的罗马帝国留下的极少量古代作品滋养，罗马帝国对逻辑和理性准确并不关心，信奉基督教的大师们所关心的是形式和语法，很少去努力充实自己可怜的知识宝库。随着物质繁荣、流通更加便利和军事扩张，从1100年起以拜占庭人和阿拉伯人为中介，一些过去不知道的希腊哲学和科学文献，从西西里岛，特别是从西班牙，传到了卢瓦尔河和塞纳河畔的学校，尤其传到了沙特尔的学校的教师们手中。他们的学生——英国巴斯的阿达拉尔在1115至1140年间的几次中东旅行归来时，也带回了一些希腊作品，其中包括欧几里德著作的一个译本。在比萨、巴勒莫，特别是在被天主教国王重新征服的托莱多，一批翻译者渐渐发现了柏拉图的《斐多篇》，托勒密、希波克拉底、盖伦等人的著作，通过这些学者的著作又发现了更令人着迷的亚里士多德的思想。《工具论》《逻辑学》《尼各马可伦理学》的若干片段,所有这些便是当时学校知识分子以极大热情在两代人时间内发现的学问——也就是他们寻找的思想方法,这种以单纯知识结构所呈现的思想方法来自他们对世界的认识,但与基督教世界公然抵触,因此不可能被(当局)接纳。

这是一个决定性的进步。但是它真正的开花结果,是在1100至1180年间新建学校内学习方法的改进。直至那时学校的基本方法还仅是阅读某"作者"、某"权威"的著作,这种在教师解释下的阅读只能是循规蹈矩。渐渐地在奥尔良出现了若干教师对拉丁诗所作的一些权威评论、"诠释",在沙特尔和巴黎出现教师撰写的一些辩证法的范文,这些诠释和范文影响极广;大师们的诠释和范文,让学生们抄写模仿;诠释与范文自成一体,又被后人再加以诠释——于是这类诠释成为独特的著作和真正的创作。此外,在阅读评论过程中产生了解释的困难,到了12世纪初人们已习惯于清晰地表述意见,提出人们所称的"问题",而刚从亚里士多德著作中学到的逻辑推理方法正好用来解决这类明确提出的问题。这种对古典作品更积极主动和富有成效的学习态度是10、11世纪的教区督学们所缺乏的,他们不敢对古典作品进行讨论,出于敬重反而陷于僵化。

神学家

这种诠释的自由甚至也运用在对权威著作最忠实的阅读中,诸如《圣经问答》① 《圣经·福音书》及教会圣师们的著作。从1110年起,注释性阅读成为专业大师的职业,它们又成为后人研习的对

---

① 译注:《圣经问答》(*Divina Pagina*)为默伦的罗贝尔(Robert de Melun, 1095?—1167)的著作,作者是经院哲学家、神学家,生于英国,在法国传教。主张理性高于权威,被认为是以提问方式研究神学的创始人之一。

象，成为学校教授自由艺术的最高成果。为了更清晰易懂，拉昂的昂塞尔姆和在巴黎办学的伦巴第人皮埃尔致力于将宗教教义归类成一系列简单明白的"警句"。或许太简明了，各警句之间反而出现了前后矛盾，暴露出要解决的"问题"。这时便出现了一个名叫阿贝拉尔①的学生，他太优秀了，因而对大师们的诠释感到不满。后来他回到巴黎的学校授课，成为巴黎最具吸引力的教师，同时他对教师的职业非常热心。巴黎的学校因此兴起研究辩证法并在这方面超越了沙特尔的学校。学生们追随他催促他把研究更往前推进，"他们要求人类理性和哲学论证，不但需要确认，更需要明白的解释；他们说如果不对自己的话作出解释，再说也无用，人们只有理解了才会真正相信"（人们在这里看到逻辑思维的进步），学生们认为"把连自己都没搞懂的东西传授给别人是可笑的"。首先是逻辑学家的阿贝拉尔从解决模糊的共相问题入手，于1135年前后在他的《是与否》中汇集了警句、格言的所有矛盾，以洞察入微的推论建立起"神学的推理方法"（"神学"一词也正是在这一时期开始用来指研究《圣经》的新科学）。阿贝拉尔的思想毫无否定宗教的意思，把他排斥在教会之外是莫大的误解，正如他在给爱洛伊丝的信中写道："我不想做亚里士多德的弟子，倘若这样做会把我与基督分开……令你担忧、使你的心灵变得如此不安，你知道我把自己的思想建立在基督建造他教会的基石之上……"他和爱洛伊丝之间的通信极其真诚，是他们心灵深处的表白，它们见证了最好的人文主义情感，是那个时代教会文化最美好的成果之一。我们知道1140年主教评议会对他的谴责粉碎了他的灵魂。但是，自从出现了巴黎大师阿贝拉尔，宗教不再只是对付一切敌视超自然力量的有效武器，也不再仅

---

① 译注：阿贝拉尔（Abélard，1079—1142），法国中世纪有名的哲学家和神学家。

仅是感情的抒发，它成为一种逻辑思想体系的基础：经院哲学——成为所有学者的态度，同时也是西方的第一哲学。

教会的焦虑

这种追求心智的激情，这种运用三段论推理的热忱——从1150年起在来自越来越多的社会面和不同层次的巴黎各学校学生中发酵蔓延——受到教会上层的重视，正如教会对复调音乐、对教堂建筑线条的和谐与奔放、对大型浮雕和附插图的手稿一样。经过改革的教会摆脱了世俗权势的控制，教堂往往处于商贸的十字路口，又拥有最好的良田，因此相当富裕。然而，由于教会的改革和积累的财富，特别是短短几年内取得的文化上的惊人进步，教会高级教士、议事司铎、克吕尼派修士，以及教学大师及其学生等组成的社会少部分人——全法国总共不过数千人——越来越脱离了低级教士和普通信徒。对后者来说，高级的圣乐、辩证法、建筑杰作、《圣经》文化，甚至教堂内过于高深的象征性装饰都是高不可及的。一切事物的更新会在民众和部分教士中产生某种宗教情感，它们与克吕尼派修道院活动和主教堂教务会议给人的印象不总是那么协调一致。因此产生了某种不安和对立，首先是对所谓异端邪说的不满情绪；另有一些进步的迹象和因素，不过它们的表现仍处于早期的萌芽状态。

这些精神追求的潮流存在于两种非常不同的环境中。在远离文人文化、地位低微的社会阶层里出现了某些涌动（最早在公元1000年左右被教会认定为邪教追随者的是香槟地区的农民和1025年受到追究的阿拉斯市市民），他们的信仰只以《福音书》为准绳，批评教会上层的行为与其使命不符，同时认为需要有道德规范，认为救世不但靠礼拜仪式更要靠苦行禁欲。因此，他们要模仿基督耶稣过一种真正的宗教生活。与这种流传较广而通常不明确表达的信仰（我们只偶尔在教会当局的镇压法令中有所了解）相应的是，在教会内部相当高层次中也出现的类似倾向。曾参与格雷古瓦宗教改革的教士和修士中，许多人认为宗教改革不应以摆脱世俗权势为唯一目的，改革应当促成整个教会的真正转化，应当与世俗社会完全割裂，回归原始基督教的精神状态（从卡洛林王朝起，教会就令人遗憾地与世俗社会掺和在一起），回归到当时人所称的"使徒生活"。这一概念也是从《福音书》的默祷中获取滋养，它主张抛弃现世一切，战胜肉体邪念而使灵魂得到解脱，以苦行禁欲的名义越来越反对讲究隆重礼拜仪式的克吕尼式的基督教主义，反对教区督学提倡的知识和推理的基督教教义。凡认同这种观点的教士也远离了官方教会。他们是生活在森林里过隐士生活的独居者，通过与现世外界的完全隔绝来实现自己的修道理念；还包括在十字路口宣讲福音的游方僧——传道本是使徒的基本使命——他们通过讲道来满足小民百姓的精神需求。11世纪末大批民众信徒受到宣道者的感召：成千上万民众跟随隐士皮埃尔①走上奔赴耶路撒冷的征程，在安茹的大批女信徒也在阿尔贝赛勒的罗贝尔②的激励下聚集起来。骑士、亲王的妻女和以玛德莱娜③为榜样的从良妓女们一起，开始敬仰玛德莱娜的圣物，对神父的前情妇讲述玛德莱娜的故事，而神父本人也洗心革面许愿终生独身。

不过，纯洁教会的愿望主要出现在基层的宗教新社团里。许多隐士和民众首领聚集了一些追随者，过着与世隔绝的生活。一些教会司铎们以圣奥古斯丁的清规戒律自律，汇集在前教师尚波的纪尧姆周

---

① 译注：隐士皮埃尔（Pierre l'Ermite，1050？—1115），传道鼓吹第一次十字军东征并率领民众十字军东征耶路撒冷。

② 译注：阿尔贝赛勒的罗贝尔（Robert d'Arbrissel，1045—1116），布列塔尼修士出身，1099年在丰特夫罗创立第一所女修道院。

③ 译注：玛德莱娜（Madeleine），在基督教传统中，她是处女，耶稣的母亲。

围，组成巴黎的圣维克多教派①；普雷蒙特莱的修士们聚集在圣诺贝尔②身边。一些修士以米雷的艾蒂安③为榜样，从 1074 年起在利摩日的格朗蒙修道院内各自生活在一个单独的小棚屋里，终日沉思静修，仅靠信徒们的施舍度日，过极清苦的生活。兰斯教区前督学圣布鲁诺④于 1084 年在深山老林里建立修道院，修士们过着清贫苦修的隐居生活，每周只有数小时可以打破沉寂气氛，走出与世隔绝的修道室。上述每个祈祷和苦修会分散于各地，其分支形成了若干新的宗教团体，它们在精神上与克吕尼派本笃会相对立。

西都修道会

宗教团体如此迅速的繁衍说明存在着对一种新的宗教生活方式的深刻需要，它也说明 1075 至 1120 年间人口的大量增加。在所有的宗教新社团中，西都修道会是最成功的。它由隐士罗贝尔·德·莫莱姆创立，1078 年他隐遁到索姆河河谷的一个多沼泽的森林深处，当时森林还未经砍伐，修道会的诞生也是公然反对克吕尼修道制度的产物。但是它本身也属于本笃会，其宗旨在于要不折不扣地恢复圣本笃的教规。西都修会的弘扬光大靠圣贝尔纳⑤这个人，1112 年他带了骑士子弟、家人和朋友等 30 余人来到修会修道，他的到来使精疲力竭的宗教小团体一下子盘活了，修道会日益壮大，还开设了分支修道

---

① 译注：巴黎圣维克多教派由尚波的纪尧姆创立，主张神秘的灵性生活，同时重视世俗文化。
② 译注：圣诺贝尔（saint Norbert, 1080—1134），神父，云游四方宣道，在 1120 年创立普雷蒙特莱修道院。
③ 译注：米雷的艾蒂安（Étienne de Muret, 1046—1124），利摩日隐士，宗教圣人，于 1074 年创立格朗蒙修道院。
④ 译注：圣布鲁诺（Saint Bruno, 1030? —1101），出生在科隆，后在法国兰斯教会学校求学。1084 年在格勒诺布尔附近的沙particular斯创立第一所修道院。
⑤ 译注：圣贝尔纳（saint Bernard de Clairvaux, 1091—1153），曾是西都修道院修士，1115 年创立克莱尔沃修道院并任首任院长，西方天主教的重要人物。

院，贝尔纳本人成为克莱尔沃修道分院院长，成为西都修道会的灵魂。尽管长期过清苦生活身体很虚弱，他仍凭顽强意志坚持到各地旅行传道。作为天才雄辩家、激烈反对经院哲学的思想家、十字军东征的组织者和教皇的良师益友，贝尔纳在1130至1150年间真正严谨地引领了整个基督教的道德。在西都修道会的教规中，寻求教会革新和回归使徒生活等各种倾向得到了平衡。为寻求静寂，西都修会把修道院建在"荒漠"中，远离村落人烟，但是忠实于圣本笃的旨意，西都修会的修士们在一起过团体生活。修士们清贫得一无所有：每人每天一磅黑面包，少量不加任何调料的蔬菜，喝掺入少量红葡萄酒的水，睡草垫，穿破烂不堪的粗呢长衫，对个人卫生不屑一顾，认为讲究卫生是追求肉体享受。西都修会的教堂内没有任何装饰（我们知道贝尔纳曾对克吕尼艺术大加鞭挞，认为克吕尼派的奢华和精心浮雕转移了人们对上帝的追求），教堂内无任何浮雕装饰，只有灰暗的窗玻璃。丰特奈和多罗纳两所修道院的那种特殊的美感来自建筑的线条简洁明快、结构的匀称和谐、砖石的质量——修道院一无所有，但掌握着精心保存的契据以保证丰厚的地产，它们是维持团体生活必不可少的支持。西都修会重视体力劳动，这或许是西都修会的一大创新，它遵循民众福音主义路线，既摈弃克吕尼悠闲的礼拜仪式，又排斥格朗蒙空洞的静修。西都修会谴责领主般的生活方式："因为从圣本笃的教规及其生活中，他们未看到大师曾拥有祭台和教堂、受过信徒的奉献和葬礼费、征收过什一税，也没有面包烤房，没有磨坊、村庄和农民，所以他们就摈弃这一切东西"①，因此西都修会修士强迫自己靠双手种地，但是他们并没有完全抛弃教会职务上的贵族理念：事实上，如同在一切新的宗教团体内部一样，西都修会修士也分为两类，一类属

---

① 《小开端》(*Exordium parvum*)，西都修会的原始文献汇编。

上等修士，他们都出身于教士和骑士家庭；另一类修士则是农家子弟，在修道院从事粗重的农活。"杂务修士和雇工干谷仓重活……"① 西都修会修士开拓荒地的数量远比人们所说的少，他们主要从事放牧业，生产羊毛皮革以及奶酪肉类，生产随着 12 世纪中叶城市扩展后市场亟需的一切生活必需品。西都修会的领地很快与商业流通渠道建立了联系，靠着大量热忱而不斤斤计较的劳动力，在经济市场上占有重要地位，不久西都修会便变得极其富有。修士们不改其清苦的生活习惯，不过，人们看到修士离开修道院后只是去经商。待圣贝尔纳去世后，各种批评西都修会修士的声音已经十分强烈，人们指责西都修会太过热衷于捍卫自己的法律权利，太过迅速地收购因庄稼歉收而陷于困境的农户的土地，收购急需现金的骑士土地，尤其是批评他们远离民众生活，对穷人的精神需求麻木不仁。

异教加答尔和伏德派

事实上，一切以使徒精神来革新修道院生活的企图都是为了逃避现实。但基督教社会无法全部都隐遁到荒漠里去，留在现实生活里的信徒被最称职的神父所抛弃，负责照顾他们的是一些极其无知或学究气太重，抑或太富有或不够"纯粹"的牧师，信徒们的精神需求无法得到满足。因此他们四顾张望——尤其在对新成员态度开放的社团、在新建市镇和在骑士社会里，这些信徒对游僧们的说教深感兴趣。因受到教会高层的打压，游僧们云游四方，人数越来越多。他们笃信上帝，深信自己比谴责自己的教会人士更"完美"，因此坚持传播福音，宣扬抛弃财富、改革习俗，在正统教会外团结了一拨又一拨极其热诚的信徒，遍布在法国各省。在如此持续发酵的环境中，于 1140 至

---

① 1134 年章程（Statuts de 1134），第八条。

1150年间出现了一种略有不同的宗教态度。这种教派最早在中央高原和南部比利牛斯山等地扎根，至1167年后有了自己的组织和教务会议，形成与正统教会相抗衡的成型的教会。人们一时不知如何称呼他们，权以希腊名"加答尔"称呼之，因为这一运动通过意大利北部与巴尔干地区的拜占庭人——最"纯粹"的信徒有联系。实际上就是再次向往净化灵魂。异教加答尔以极严格的形式出现（或许很少人能理解，它极少以明白的方式表达），它与基督教风马牛不相及。从教义上说，它表现为很简单的二元论：宇宙（和人类本身）表现为两个本原的冲突，一是精神，另一是物质。应当趋善避恶，放弃物质，放弃尘世享乐，甘心清贫，保守贞洁——由此达到完善，也就是灵魂得救；纵使不然，灵魂通过几番转世赋有新的肉体，直至达到极纯粹境界，也能获得解脱。这一教义掩盖了其在说词和象征上完全取自基督教（如耶稣的形象和《福音书》），在民众信徒看来是排除种种太深奥仪式的更简单的基督教，宣道的人与官方神父形成鲜明对照，他们身体力行真正体现了福音美德。因此加答尔教在阿基坦南部迅速扩大。在邪教势力尚未形成气候时，1145年在圣贝尔纳领导下弘扬正统教会的运动就无功告终，1177年，图卢兹伯爵再次发出警报：教堂内已空无一人，在阿尔比教区的教务会议上，主教成了光杆司令，再无一人在精神上服从于他，所有人在教会外发现了另一种活的宗教，真正来自耶稣使徒的宗教。

在西都修会的隐修院外，在南部阿尔比一带分庭抗礼的加答尔教外，另有一些教徒也在热心地追寻《福音书》倡导的生活，他们希望过福音生活而不与神父决裂——这一现象尤其出现在正统教会势力较弱的城市，许多人暴富起来，他们更关心贫困和灵魂得救的问题。里昂富商皮埃尔·德·伏德便是一例。他以自己的行为来实现福音理念，在1176年变卖了所有个人财产，将所得的钱都分给穷人，以苦行赎罪，在身边团结了大批自愿在精神和物质上"清贫"的信徒。他极力留在教会内，但最终受到教会谴责，因不服而离开教会，自信是受到了神的启示才如此作为，于是带领信徒加入异教。人们把他们称为"伏德派"，并将其与加答尔邪教相提并论。这些宗教异端引导成千上万信徒走入森林过孤独的隐士生活，面临刚显露的理性神学，他们提倡纯粹爱和道德操守的异教，使商人们更关注福音世界的前景，使许多人成为仅靠信徒施舍过活的隐士，成为终年背着挎包奔波在大路上的传道者。这种现象发生在社会实现大进步的时代，其实是宗教情感在世俗社会里精炼升华的结果。在有些地方，异教渗入了最有教养的阶层（加答尔信徒和异教传道的听众不少是骑士和资产阶级中最富裕者；寻求清贫者当然是富人，绝对不会是真正的穷人），世俗社会实际已从农民的半巫术意识中脱离出来，渐渐开始意识到平时在一些新建教堂正门门楣浮雕上看到的福音救世，并非靠礼拜仪式来获得，而是要靠自己的生活方式去实现。这种显然不那么粗野的概念只是精神普遍转变的一个侧面，因为在当时世俗阶层的精英中，出现了普遍的意识觉醒，一切的认知能力都在进步中。

4. 世俗文化的出现

骑士和金钱

人口增长和财富增加使修道院和教会变得富裕，同时亦使骑士阶层受益。骑士生活得更富庶，豢养更多的马匹、家犬，雇佣更多的仆人使女，招待宾客更加阔绰。物质生活的充裕是骑士社会地位优越的基本表征。自11世纪末以来，骑士们变得更有钱。人们看到金钱的流通最终大部分都流入他们手中。农民们很少消费，靠平时在城里和路边出售一些余粮积攒不了几个钱；他们尚不能指望这些微薄收入，口粮、农畜和土地在他们眼中比这重要得多。因此他们把余钱攒起来，用来向领主交租，替代劳役和实物进贡；倘若有余则用来向城堡主缴纳人头税，这是公共安全的保护费。至于城里人，从手工作坊和商贸经营中得来的利润则会在他们手中积攒得更久些，但他们会将其中一部分奉献给教会，其余用来付路费，付集市摊位费，还要向城市领主购买昂贵的特许经营权。若有积蓄，现金碎银、金条或难得的一撮纯金，人们将它们与首饰一起藏在卧房的一角。这就是骑士阶级新的经济状况。

当然这种状况并不包括所有人。对手中拥有指挥权、征收各种税项、负责更大领域安全的城堡主来说，他们掌握的金银财宝数量更多——尤其是那些掌控大集市的，或者掌管繁荣市镇，不时可从辖区内经商的犹太居民身上榨出更多油水的大领主们，他们聚敛的财富就更不计其数了。但是金钱收入上不平等的后果并非如人们想象得那么大。因为领主们的第一义务是把本阶级最大多数人集结在他的财富周围。他敛财越多身边宾客人数亦越多越显要。而且领主没有积蓄习惯，贵族社会素以出手阔绰为炫耀，钱越多越要挥霍。一过严冬，狩猎者和勇士们便集队出发去旅行，他们常常露天活动，饕餮盛宴，锻炼体魄，但也渐渐习惯于武功以外的其他娱乐，女人在他们眼中已不再是取乐对象或者合法妻子——侍奉他们的第一仆人，他们的个人"小朝廷"就是一个社会环境，12世纪中世纪文明的最大进步就发生在这样的环境里。

十字军东征

显然，贵族们如有余钱必先用来改善武器装备，这方面的进步体现在骑士社会的兵器、坐骑和护甲的改良上。越来越多的财富允许他们更经常地离开城堡或村庄外出旅行。宗教旅行——在朝圣者中最多的肯定是贵族——但也包括军事出征。从11世纪中叶起在诺曼底等政治动荡特别厉害的一些公国，由于调整安全机制、加强镇压力量，避免了战争的频发。那个时代还没有大规模的骑士比武活动。贵族家庭的众多儿子因受到父权的压抑，许多还未成婚，原因是家族不愿拆分家产，不希望有太多的财产继承人。所以许多贵族子弟渴望摆脱过于紧密的家族互助关系，由此也往往在家族内部产生互不容忍的敌意。出路就在脚下。已有贵族子弟离家出走，听说他们在外地发了财。出生率高、解除了阻碍交通的一切羁绊，加上军事装备的优势，这一切保证了法国相当部分的骑士在远征冒险中战胜在装备上较落后的对手。1066年诺曼底公爵纪尧姆率领从法国各地来的大批冒险者，征服英国就是最令人注目的事件。这支跨海远征部队吸引了从佛兰德地区至布列塔尼的无数梦想建立武功并掠夺财富的勇士。同时亦应该提到从11世纪初起，许多诺曼底骑士聚亲带友，远征意大利南部，最初是作为雇佣兵替希腊各城邦或伦巴第领主打仗，后来成为纯粹的征服者、王国奠基人，从阿拉伯人手中夺取了西西里岛。还有勃艮和香槟地区的骑士们，他们熟悉圣雅克朝圣之路，联合西班牙基督徒共同向非基督徒开战，把他们赶至卡斯蒂利亚以南，建立了葡萄牙王国。

在西西里岛，在西班牙，对手都是基督教的敌人，正是在针对撒拉逊人的幸运战斗中形成了全新的圣战概念，它结合了朝圣和武功的双重意义，保证所有参战者在获得征战乐趣的同时也能得到上帝的赦罪，阵亡勇士能冠以牺牲者的桂冠，其他人都能得到胜利的好处。从这一事实出发，耶路撒冷的朝圣，不管阿拉伯人的容忍态度是否改变，最终都将被赋予由骑士率领的一些小部队的武力征战形式。后来教皇在1095年发起十字军东征，使征战变为"行善"。在持续一个世纪的时间里，十字军东征激励了法国各省的无数骑士勇士，他们坚信应解放圣地，在圣地上竖起十字架（人们在重新关注耶稣走过的道路时，见证并重新发现了基督教曾经完成的福音救世之道），十字军东征遂成为吉贝尔·德·诺让①所称的实现上帝意志的工具。从1097年十字军出发东征到首次遭受挫折并派出救援的第二次十字军东征之间的整整30年里，一切迹象使人相信至少有一半的法国骑士以小部队开往黎凡特和比利牛斯山脉冒险。有的去了几个月，大多数一去好几年（许多人死在路上、战场上或搭乘简陋的大帆船遇到海难而葬身大海，尤其还有许多人因在当地水土不服而死亡，极少人是抱着去当地扎根的信念出发的），这些暂时移居西班牙边境或出征耶路撒冷圣地的骑士们对法国骑士文化的演变产生了相当深刻的影响。

主要是显著改变了的军事习俗。骑士们带着军事作战的进攻性和

---

① 译注：吉贝尔·德·诺让（Guibert de Nogent, 1055—1125），法国编年史家、神学家。

以武装朝圣确保上帝和平的意志出征反对非基督徒。在教会人士看来这是好事。1095 年在奥弗涅地区的克莱蒙，教皇于尔班发出十字军东征的号召，同时以教皇的权威发布平息基督教骑士间冲突的和平教谕：基督徒勇士在共同的征战中必须停止一切相互敌对的行为。事实上，骑士中最好斗分子的出征立即使家族内部或敌对领主之间的紧张关系缓和下来。而且，当注意力都集中在十字军东征上时，源于教权主义的"基督教卫队"、骑士献身服务上帝、只参与反对异教徒和邪恶者的正义战争等概念得到传播和加强。在最初几次十字军为圣战出征的同时，出现了骑士团被逐渐神圣化的迹象。神父的作用在骑士授受礼上加强了，原来只对骑士的佩剑祝福，现在还对将被授衔的骑士作道德辅导。在以英勇和忠诚为基础的封建军事道德中，开始渗入了基督徒的某些美德：虔诚、勇于纠错的正直、保护弱者，以及圣贝尔纳热烈颂扬的"新卫士"精神，骑士团渐渐带有宗教团体的色彩。从这一理想出发，不久便有了见证：在 12 世纪初被征服的耶路撒冷城出现了僧侣—士兵兄弟会，负责朝圣者的安全，尤其是常年保卫圣城。该组织不久便遍布全法国，无法随军出征的信徒以奉献给予资助。骑士团骑士献身于圣战，得到很好的饮食照顾，他们珍惜武器，免于过分的礼拜仪式，生活清廉，放弃狩猎和奢华的生活方式（马具上既无装饰又无鞍褥），并保持一定的谦卑（避免夸耀自己的武功）。圣殿骑士团（Templiers）和仁爱骑士团（Hospitaliers）便是这种新一代骑士的典型代表。

新趣味和新需求

骑士们典当自己的土地以换取若干金银，集合少数邻居和本家兄弟一起出发。他们打着本地领主的旗号，越过比利牛斯山，或绕道热那亚、威尼斯，稍后在马赛上船，开始探索新世界的征程。对文人文化来说，基督徒重新征服的意义深远，它给闭塞的西方带来了摩萨拉布人的艺术工艺，以及拜占庭人、阿拉伯人的书本科学。对骑士文明来说，东征骑士们在萨拉戈萨、君士坦丁堡和安提约等地发现了另一种开化得多的生活方式。在地中海沿岸一些国家生活期间，他们对当地的装饰、五颜六色的服装（与自己身上穿的、由自家仆人编织的羊毛和麻布做的灰褐色衣服形成鲜明对照）、水果香料的滋味和香气、闪亮的首饰等看得眼花缭乱。当然在公元1000年时人们已知道东方国家的华丽服饰和香料，少数人曾去过那里朝圣，但对大多数人来说那只是对教堂陈列的珍稀物品若干记忆的梦。骑士们返乡时带回了鲜活的印象，甚至把那里的习俗带给了从未出过门的乡亲。他们对家里的俭朴生活感到厌烦，更喜爱货币流通带来的越来越多的商品。人们对当时最主要的奢华——装饰的要求更加精细，服饰是当时社会生活的一大兴趣点，是人们最大的消费，这可以从12世纪骑士文学作品中对首饰的大段描写得到证明。1100年前后，服装潮流变了，贵族男女的服装变得更长："长衫"长至脚踝，外面罩一件长袖的"长袍"，拖地的大衣，如死于1106年的诺曼底公爵罗贝尔在西西里岛习惯于穿的那种"拖地扫灰"式的罩袍。这种拖地长袍与平民的短衫形成鲜明对照，说明着衣人无须多动，生活悠然闲适，不必从事体力劳动；而且这种宽松的服装穿着更舒服。尤其是长袍的衣料不再是家庭作坊生产的那种粗布。丝绸在当时十分稀少，大领主家用的丝绸都从小亚细亚进口，而由专业工匠自制染色的五花八门的织物在骑士阶层里的需求越来越广泛，要求也越来越高。贵族阶级的财富增长以及他们的品味提高促使在1075至1180年之间诞生了最初的手工业大作坊，如佛兰德、阿图瓦和皮卡第等地的工场，同时也刺激了若干手工艺的发展，如12世纪中叶利摩日的上釉工匠已不再专为教堂烧瓷，也开始为"王亲国戚"服务。

意识的进步

与此同时，骑士的精神世界也丰富起来。原来十分原始的宗教信仰、打仗和狩猎的技巧以及封建社会和家族的行为准则占据了骑士们的全部思想，现在他们的知识面更广。从12世纪起，贵族子弟在学校里接受的知识教育开始反映到他们的社会生活中来。某个并非出身于大贵族家庭的普通教士，家族成员中亦无人在教务会当司铎，他受过教育，读过几本书，熟悉书写，习惯于作周密的逻辑推理；他又与家族成员保持密切的联系而且经常访问家人，选择了一个侄子继承自己，对侄子进行辅导。仅靠与家族成员的这层联系，教会文化便在骑士阶层里产生了很大的反响。此外，人们可以想象在骑士环境中，教会学校的教育与培养未来骑士并不冲突，骑士家庭即使不打算让孩子将来进入教会，也会出于某种考虑送他去念教会学校，如阿贝拉尔神父，他在年轻时就接受了这样的教育，他希望他的子弟也得到同样的教育。出于对知识新价值的关注，许多贵族子弟作为自由学子进入了修道院学校或世俗学校：圣贝尔纳五岁时进入塞纳河畔沙蒂永的由司铎们办的学校时，并未刻意要将来当教士。也有许多教师——曾经是学生，但为了挣钱而中断学业来到城堡当家庭教师——和教士终身从事新的教育事业。

事实上，越来越多献身服务上帝的人在接受了学校教育之后，靠知识赚钱，在教会之外找到了谋生之路。这也是当时教会学校学生人数激增的原因之一。他们为领主服务，负责处理文书，担任一切需要一定逻辑思维的工作。他们被委任拟订契约，同时也越来越多地参与文艺以娱乐城堡主——城堡主及其家人也不再那么愚昧，开始对这类娱乐产生兴趣。文人思想和表达方式逐渐渗进骑士意识中，作为上流社会中心的大领主"朝廷"发挥了重要作用，那里既吸引了本省的骑士阶层，又与受过良好教育的僧侣保持着密切联系。在上流社会的文化圈里，卡佩王朝国王的朝廷反而显得逊色，因为作为代表上帝的国王，其加冕犹如主教的圣职授任，他感觉应当清廉，将财富用来装饰教堂和礼拜仪式。而最显赫的"朝廷"在法国南部，如在普瓦捷的阿基坦公爵家，在纳博讷，在尼姆，在罗讷河畔圣吉勒的图卢兹伯爵家；卢瓦尔河以北，则在诺曼底公爵家和安茹伯爵家（不久诺曼底和安茹两地被并入阿基坦，归属金雀花王朝统治）。稍后在12世纪下半叶，香槟伯爵和佛兰德伯爵家也成为有名的文人社交圈。参加这类聚会的骑士经常变化，在这一场合服装的新潮流层出不穷；新鲜织物和香料推销商觅到了最好最稳定的顾主群；一些新的智力游戏如国际象棋成为时髦（值得关注的是国际象棋中最重要的棋子是皇后）；已经有好几代的修士和教士受雇于领主，用拉丁文为社团写编年史或娱乐性文艺作品，如博德里·德·布尔盖伊或伊尔德贝·德·拉瓦尔丹题献给诺曼底公主的模仿奥维德风格的爱情诗——直到11世纪末爱情诗才被首次认可并能在骑士们面前朗读。这些作品常常是教会人士的作品，也有的是领主家御用文人或游荡各处卖弄才华的文人所写，然后由专业朗诵者、专为贵族提供乐趣的演艺人和行吟诗人当众朗诵。在阿基坦地区最活跃的贵族社会里，有些爱情诗是骑士本人所写，他们在这种文字和音乐游戏中找到了新乐趣，尤其是抱着炫耀个人才能和成就的动机，这又是一个新现象。这些作品以罗曼语写成——它不是因地而异的日常白话，而是那种近乎矫揉造作的文人语言，它是各色人等聚会上文人之间通用的，在行吟诗人朗诵时各地骑士们都能听懂。这一事实相当重要，因为它意味着需要听众在欣赏时作移情调动，这种精神活动具有开发智力的作用。社会分化出现了新因素：骑士能理解和使用一种区别于平时对马夫所说的语言，就是在上流社会和精神活动中所用的高雅语言。

尚武歌和爱情诗

这是两个主要的创作领域，分别采用两种不同的文学语言，从两个不同环境吸取灵感——因为其读者对象的思维习惯是不同的。在 11 世纪末的最后几年里，人们看到在诺曼底、卢瓦尔河谷和大巴黎地区出现了一些英雄叙事诗，其形式和题材在人们口头传诵中经过缓慢的演变，最终成为尚武歌。或许最早用文字记录下来的是一个传世杰作，它是由谙熟维吉尔和吕坎①作品的一位天才诗人写的，作品问世即获得巨大成功，那便是《罗兰之歌》。长篇的叠韵诗句，在高声诵读时配以早期的音乐，诗篇用意于娱乐封建时代热衷于征战的骑士，其精神生活很大部分围绕着君臣关系的忠诚和献身精神，也为娱乐那些曾参加或梦想参加十字军东征的勇士。他们的英雄生活在卡洛林时代，因为那个时代基督教势力最早向阿拉伯国家扩张，所有亲历圣雅克朝圣之路者都熟悉当年征战的路线，这一时期也是封建贵族形成的孕育期，每个亲王和城堡领主家族开始在祖传领地上扎下家族的根。叙事诗主人公的内心世界充满着个人建功立业、贪婪渴望、对家族的义务以及君臣之间忠诚关系等种种矛盾；他们面临战斗的各个阶段都被不厌其烦地详尽刻画出来；其中大多数人最终都参与圣战献身上帝，成为基督教英雄的典范；他们的敌人撒拉逊人是基督的敌人，也是东征十字军和西班牙武装朝圣者的敌人；诗篇描写马上比武、策马疾驰、立誓信仰与过激行为之间的矛盾冲突，以松树、橄榄树和橙树为背景，故事发生地被安排在奥朗日、阿尔勒附近的古罗马墓场、比利牛斯山区海港和君士坦丁堡等地。

---

① 译注：维吉尔（Virgile，前 70—前 19），古罗马诗人，著有史诗《埃内伊德》(l'Énéide)；吕坎（Lucain, 39—65），拉丁诗人，著有《法萨尔》(Pharsale)。

与此同时，在普瓦捷和利摩日之间出现了用奥克语写的最早的文学作品，其风格截然不同。它们是短小诗歌，用通俗的语言配以礼拜圣乐改编的较复杂的旋律，利摩日圣玛夏教堂成为多产的创作中心之一。作品的主导题材是爱情关系；第一位知名的作者是一个大领主——阿基坦公爵纪尧姆九世。这类爱情诗的独特性来自卢瓦尔河以南地区骑士文化的独特性。这里的封建臣属关系并不构成贵族社会的主要框架，而且贵族骑士社会本身亦非专注于军事征战，他们更文明；处身于城市文明传统自中世纪上半期以来从未戛然中断的地区，他们更习惯于司法庭审和组织战斗集体以外的别种聚会。他们与南部西班牙摩萨拉布人和阿拉伯人控制地区的关系更为密切，或许从那里传来了吟唱通俗歌的激情；社会生活并不那么发达，教士们接受的教育兼有拉丁文化和基督教文明的内容，人数也远非北方那么多；这一地区受克吕尼精神的熏陶更为深刻，尤其在音乐和教堂装潢方面。最后，也许这块土地更早地接受了一个极重要的社会变革，即妇女地位在骑士世界里的上升。

女性地位的提高

直至那个时代，贵族妇女也因循骑士风俗，热衷于狩猎，发怒时可以将自己的使女打死，欣赏自己的强健体魄，欣赏多子多产和精力旺盛，也甘居低下的社会地位。因不携带武器打仗，所以她们低人一等，被排斥在封建等级之外；婚前完全从属于她们的父亲，其后由两个家族的男人背地进行交易，最后落到依附于丈夫的地位；丈夫去世，她便跟从儿子或封地领主，领主把她再嫁给一个他选择的男人。在宗教领域里妇女处境不比以前好，因为教会里大多数人将她们看作罪恶之源，软弱之根；她们没有自己的宗教生活，在上帝面前是丈夫和父亲替她们负责。然而在11世纪的最后几年里，一切都改变了。

在宗教生活中，人们的注意力开始转移到女性身上，转移到女圣徒身上，譬如玛德莱娜，人们争相得到玛德莱娜的圣物——到处都有圣母圣像，圣母总是出现在耶稣身旁，成了人和上帝之间沟通的不可缺少的中介。虔诚不再是男性教徒专有的宗教情感。许多游方僧人专门对女教徒说教传道，女修道院开办起来了，其中最出名的是丰特夫罗修道院，它是修道总会，12世纪初所有贵族妇女都梦想在那里了其终生。那个修道院地处昂热和普瓦捷之间，当地的文人们争相传抄拉丁文爱情诗，于是出现了最早的爱情歌曲。与此同时，妇女权利也得到了肯定。11世纪习以为常的休妻现象（当丈夫对自己妻子厌倦了，只要赔偿女方家庭的损失或找到愿意娶她的人即可打发女方）渐渐受到教会的限制。在一些地方只要领主不太厉害，教会也会谨慎地主动出面保护被遗弃的妇女。渐渐地人们接受了女主人在丈夫出门不在家期间打理领主庄园的现实，这种新风尚是因为领主越来越多地外出或长期离家参加十字军东征而产生的。不久女领主也可向所属领主效忠而接受封邑。当然，尚武骑士的妻子总是被丈夫粗暴对待，像家仆一样受到责骂；妻子也会与丈夫的姘妇及其非婚生子女一起拥挤在一个大厅里。然而，她们在骑士生活中占有较少拘束的地位。尊重女性（当然是指贵族妇女，对平民妇女则另当别论）已成为骑士道德的守则之一。尤其在战斗和狩猎之余，在宫廷里，在空间较小的房间——"小客厅"里，从1100年前后起在一些最摩登城堡的大厅堂旁专门为贵妇们聊天布置的闺房里，贵妇们的私下聊天成为贵族生活的一大乐趣。到11世纪末，在最时髦的贵族社会里，人们看到了向贵妇献殷勤的骑士。在《罗兰之歌》里，人们可从作者对撒拉逊人、塞维利亚的马加利的描写中隐约地感觉到这种骑士风范：

面对女友的美貌，

从未见过他如此心花怒放。①

同一时期，在普瓦图、利穆赞和朗格多克等的上流社会，贵妇们的意见受到更多的重视。

彬彬有礼的骑士风尚

1100至1140年，在贵族男女关系中出现了一种新概念。这一概念在阿基坦公爵纪尧姆的作品中已浮现过两三次，它大体上是赞美肉体快感，以博取男士听众的开怀大笑。后来行吟诗人再加以发挥升华，使之成为人们所称的骑士爱情。这种情感或许来自人文主义者从西塞罗作品中发现的"友情"（amicitia），可能更与安达卢西亚阿拉伯人的爱情哲学有关——从某些方面来说，它表达了某种宗教式的爱慕和附臣般的献身精神（从封建语言中借来的"服务、效忠和英勇行为"等词就很说明问题），然而这种情感有其独特性。它是基督教婚姻范畴以外的一种爱情游戏——心仪的女子通常是别人的妻子——当然它不是一种纯粹的精神恋爱，与人们通常所想的相反，其最终目的还是肉体结合；不过爱情游戏规则得到尊重，在肉欲和满足之间留有一定空间，并尽量用精神快感来填充它——这就是进化，它表明感觉的细腻化。

随着卢瓦尔河南、北地区的人员交流日益频繁，商贸活动的持续增加，一些年来用奥克语写的爱情诗中所表达的南部骑士社会的爱情礼节，在12世纪中叶传入法国北方的骑士生活。风气的转变更因偶尔的政治环境变化得以加速：1137年路易七世迎娶了阿基坦公爵的女儿，同时也是爵位继承人的阿丽埃诺公主，作为王后的她及其身边随

---

① 诗句957—958。

从在婚后 15 年里竭力把普瓦捷宫廷的风气融入北方大巴黎地区卡佩王朝的宫廷中，然而南部上流社会的风俗与卡佩王朝的朴质严肃的氛围相去太远，国王和王后最终离异。阿丽埃诺公主的离婚事件正说明北方卡佩王朝宫廷与南方普瓦捷地区在生活和思维方式上的巨大差异。相反，阿基坦跟安茹公国和诺曼底公国之间的融入则容易得多，两公国从此归属于金雀花王朝君主亨利的统治下，其中阿丽埃诺的两个女儿（一个嫁给布卢瓦伯爵，另一个嫁给香槟伯爵）的个人影响力亦起相当作用。当然英雄史诗在卢瓦尔河以北地区的流传并未削弱，纯战争题材的诗歌继续传播，情形犹如今天的美国西部片，故事情节围绕着成功的人物展开。然而在贵族人士出入最多的上流社会里，人们的兴趣关注点已转移至别处。当人文主义者重新发现奥维德①时，文人墨客用奥维德笔法描写上流人士的爱情态度和生活方式，孕育了一部阐述爱情新方式的传世之作，其影响波及其后一代代作家：1184 年香槟伯爵夫人玛丽的私人教堂神父安德烈用拉丁文写了一篇题为《论崇高的爱情艺术》的论文，并将它题献给这位出众的贵妇，作者在该论文中用经院哲学的方法，将骑士爱情上升到理论高度，行文措词不无卖弄学问的意图。与此同时，另一种新的文学样式正在发展壮大，它就是罗曼传奇。

罗曼传奇

罗曼传奇在形式上不同于尚武的英雄史诗：它摆脱了吟唱的形式，诗句更短，两句两句押韵，便于高声朗诵，其听众范围更狭小。这说明世俗上流社会的发展，也说明朗诵习惯和听众能力的形成。然

---

① 译注：奥维德（Ovide，前 43—公元 17），古罗马诗人，以爱情诗出名，著有《变形记》《爱的艺术》《爱情三论》。

而更大的区别还在于它的精神：它是一种逃离现实和理性的消遣文学，通过在梦幻世界里旅行和"寻觅"，把一系列传奇经历、爱情故事和战争冒险串连起来。这类传奇首先建立在古典文学的框架上（说明教士和文人对世俗文化形成的巨大影响），如1150年左右用韵文写成的《底比斯传奇》，然后在埃涅阿斯故事，又在《特洛伊传奇》中，人们看到一种新的文学样式逐渐从英雄叙事诗中分离出来，它大量描写基督教勇士与异教徒冲突的重大题材，栩栩如生地展现宫廷生活场景，越来越细致入微地分析爱情阴谋，这些方面都是以往史诗作品所没有的。1170年产生的"布列塔尼题材"，完全是想象的而且充满了凯尔特寓言的各种象征，从英国康沃尔和威尔士传入诺曼底和阿基坦，最后在金雀花家族的周围人士中扎根繁衍，金雀花家族为炫耀其家族声望，或许也故意用这种新诗境界跟"法兰西题材"，跟从卡洛林王朝获取灵感的颂扬法兰西、圣德尼的史诗相抗衡，从而挑战卡佩王室的权威。关于特里斯坦、圣杯和完美体现骑士精神的亚瑟王及其圆桌骑士等传说，都是法兰西的玛丽（即香槟伯爵夫人）、城堡主家庭出身后来成为法国北部第一个贵族诗人的阿拉斯的戈蒂埃，以及最著名的诗人和教士、特鲁瓦的克雷蒂安的作品题材。后者的古典文化造诣极高，是香槟伯爵和佛兰德伯爵的御用文人。人们至今保存着香槟公爵夫人的遗墨，她是法国现存作品年代最早的女作家。在克雷蒂安写的最后一部作品《佩瑟瓦尔》（亦称《圣杯传奇》，写于1174至1180年间）中，传奇文学出现了新的变化，即开始带有神秘感：骑士爱情得到升华，作者颂扬贞洁和纯净——新一代"骑士风尚"的美德，带有明显的宗教色彩。

以上便是大进步世纪里领主们意识形态演变的大致线索。显然，只有诺曼底、香槟和普瓦捷等地骑士社会最开放圈子内的少数优秀文人和社会精英，真正参与了意识的迅速演变，以新价值观取代了粗鲁的武夫意识。对绝大多数仅听说过骑士风尚的骑士来说,这只是一种难以理解的态度。在此后很长时期内,他们仍然是缺乏教养的、无法抑制自己贪欲的粗暴军头,行事凭基本的宗教意识反射。在某些闭塞的省份,他们依旧滥杀无辜,披着狐皮打家劫舍,残害修士,洗劫商人和强抢民女。国家范围如此之大,交通设施仍然十分原始,即便在同一社会阶层内,各地的习俗和意识的演变都存在巨大差异。但至少对骑士阶级的多数人来说,决定性变革的时代已经来临。

最后,文学创作史如同宗教艺术和思想学术史一样,显露出一种新倾向:1150年左右在大巴黎地区方言的基础上发展形成了一种新的文学语言,它很快蔓延至其他地区。这一现象说明法国的文化正逐渐向塞纳河流域集中,在1100年还如此纷繁的各种文化已被容纳吸收。到12世纪中叶前后,在沙特尔、香槟地区的一些商业城市,在巴黎等地,已在准备文化的融合;而在围绕着卡佩王室领地的省份,一种政治的统合也已初显端倪。

第四章　卡佩王朝的统一
（1180—1270）

在法国的中世纪，13世纪是一个普遍繁荣的时代。当然，在一个以乡村土地为主、所有人的生产活动仍与土地密切相关的国家里，繁荣首先是农村的繁荣。村落富裕起来了，尽管当时的农耕技术无法进一步提高，改良农业生产的一切方法都已用尽，尽管除了西南部省份外，开发荒地的步伐已放慢了节奏，农业产量还在不停地增加。三年轮作制已向纵深推广，家畜品种的改良也在逐步进行中。尤其是人口在持续不断的增长，它是促进繁荣的最积极因素：13世纪末法国农村的居民密度已达到18世纪人口大爆炸前的最高水平。粮仓和库房满坑满谷，人们对饥馑的记忆已经消失。

从1180年起又出现了一个新特征，即交通和物资交流的不断发展，同时城市出现了繁荣景象。事实上经过几代人的经营，城市已处于商业大发展和商品繁荣时期。但总体而言，法国文明仍是深深浸润在乡村自然环境里的农业文明。不过从发展最快的某些现象看，这种文明已带有另一种来自城市的不同特质。

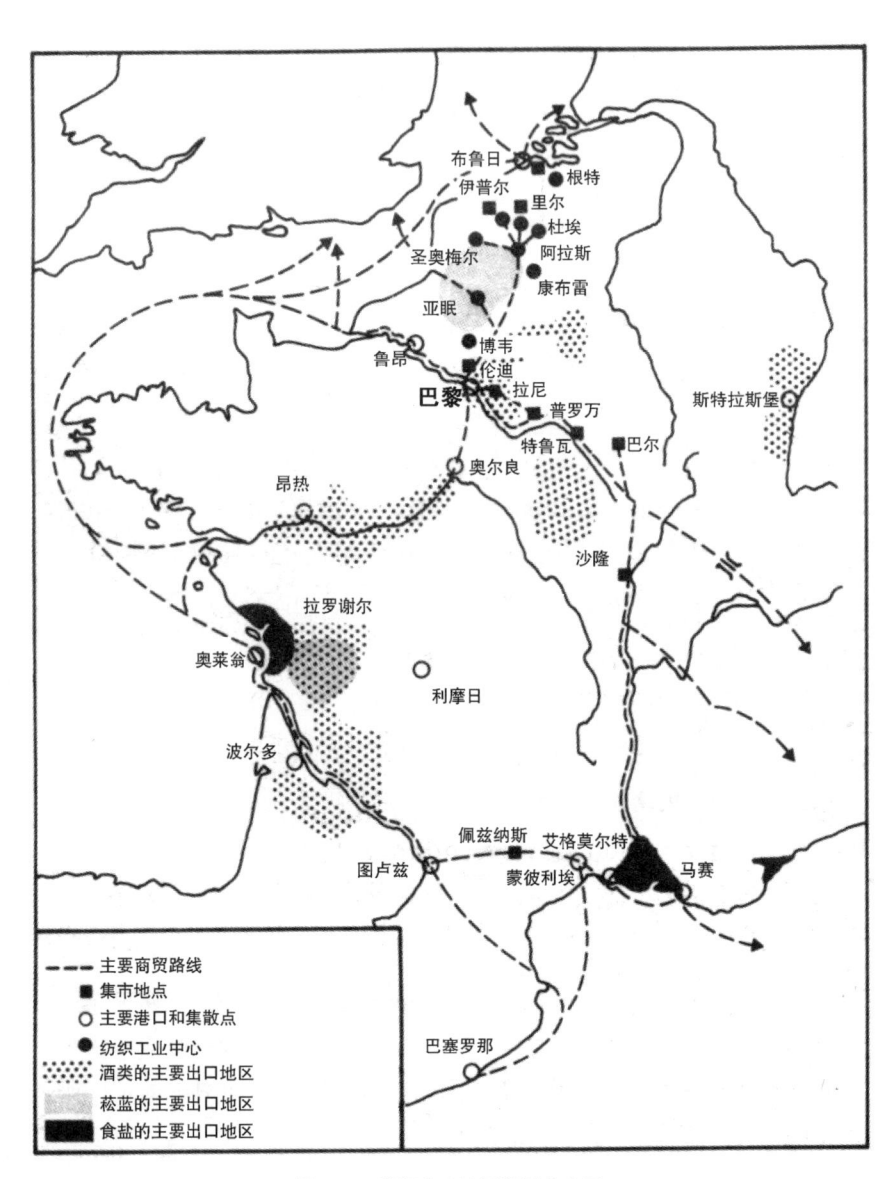

图 9　13 世纪中叶法国贸易分布图

1. 城市的繁荣

市场的扩大

从 12 世纪中期起，法国各地受惠于欧洲各国贸易的兴起而得到发展，它与 100 多年前欧洲人的征服有直接关系：墨西拿海峡因对西西里岛的征服而被打通，意大利港口城市海运业发展，为运送去圣地的东征十字军而建立的大型船队有能力运输大量货物；加上北方国家的贸易经济逐渐纳入欧洲大陆贸易的大循环，英国逐渐摆脱原始野蛮，德意志农民和大宗批发商殖民开发波罗的海沿岸等因素。法国——尤其是勃艮第、香槟、大巴黎和阿图瓦等地区——成为商品流通网络的巨大集散中心。商业网络的北方中心在比利时的布鲁日，南方的意大利热那亚、比萨、威尼斯以及波河平原城市则是从近东各国运来货物的中转站，其前哨港口是与其他各国商人的接洽点，如俄罗斯的诺夫哥罗德、埃及的亚历山大港，以及叙利亚和黑海之滨的一些商旅必经之地。

上述国际贸易的繁荣必须从对非本地生产的奢侈品的需求不断增加来解释，这类商品已进入人们的日常生活。由于农村生产的增加，人们生活变得更宽裕，越来越广泛的社会阶层开始对许多新商品有了需求。除了最贫困的家庭外，一般家庭已不再是树枝和泥巴糊的简陋巢穴，住家内已有砖砌的烟囱，改善了简陋与不舒适的状况。人们已习惯于与黑夜作斗争，用上了过去只在教堂里用的照明手段（人们战胜了黑暗，不久以固定的时间概念取代了以往随季节而变的不固定时间，从此时间被固定下来，完全独立于日照长短。这一进步与乐师们制定的时间新概念不无关系）。居民住宅内出现了最初的家具——装铰链、能上锁的带盖木箱，有的还以铁条加固，四壁挂织物，既是墙饰又可挡风，还有床等，这些物品在遗嘱里都一一详细列明。至13世纪，在一些富裕农民家里除了木制或陶器容器外，还有了金属的盆罐。饮食也讲究起来，不再像过去暴饮暴食：城堡主的餐桌上，包括一些骑士家庭或城内定期宴请各种行会成员的宴会上，人们越来越习惯于饮酒，哪怕在葡萄不易生长的地方也是这样，人们更看重酒的质量。肉类的消费增加了，封斋期内人们改吃鱼。香料也用得多了，一方面作为治病的药材，另一方面作为各种调味。当时人们还不习惯异国风味，酒还很少用来做作料。最大的奢侈还是服饰。"你要穿得好一些"，国王圣路易对儒安维尔这样说，"你穿得好，你太太会更爱你，手下人会更听从你"。每年春天国王和大领主会把上好的羊毛衣料赏赐给手下军官和仆人。"鲜红色、绛红色、紫红色、蓝绿色和黑褐色"，所有这些色彩鲜艳的织物是富人用的。这是一个喜欢闪烁和花花绿绿的时代，广大民众在重大节日、国王加冕和庄重仪式时，穿着五颜六色的鲜艳服装，耀眼夺目。厚衣料往往配上毛皮里子，制成上衣和罩袍。妇女穿胸前系带的紧身长裤，装饰开始与男性服装有别（"女子穿紧身长裤比穿短上衣显得更娇小可爱"）。至13世纪末，妇女服饰还增加了"长袖紧身裙"和"长袍"。她们衣橱内的服装多了起来。当时的骑士夫人通常得备有三套服装：一套用来出席大场面，一套周日穿着去教堂，还有一套是平时穿的。1279年，国王勇敢者菲利普颁布法令，对不同社会阶层的男子每年购置长袍数量加以限制：大领主可购带夹长袍五件，贵族和宫廷侍从每年可购长袍两至四件，城市资产阶级拥有财产超过1 000利弗尔者才可购买一件长袍，其太太可购置两件。

手工业的集中，货币和信贷

为满足人数日益增加、要求越来越高的消费者，形成了一些大的生产中心。交通手段的不断改进（改进的不是道路——除了行人谁也不会关心道路的维护,但是运输设备的确有了进步,还出现了专门押运某线路的运输队,驮马改良了,航运的船只更新,还建立了驿站,海运技术也进步了),有利于生产集中和专业分工。在塞纳河流域、卢瓦尔河下游,以及拉罗谢尔和波尔多等沿水路一带,开辟了专门面向出口的葡萄酒生产基地。出现了一些手工艺品生产中心,其中有两地到13世纪末远远超过了其他城市:一个是巴黎,生产所有的工艺品;另一个是阿图瓦和佛兰德地区,主要生产优良的纺织品。在阿拉斯、杜埃、伊普尔,以及稍后的根特等地,逐渐形成厚呢绒料的生产中心,当地印染的织物色彩鲜艳,颇受人喜爱。纺织业的各种工艺,如打样制板、织布、鞣革、印染和剪毛等各自完成生产过程的一道工序。它们由无数家庭作坊独立完成,但集中在几个主要城市里。这些家庭作坊使用的工具依然相当原始,技术由市镇当局控制,作坊不得擅自更改。庞大的生产者行会受商人的监控,工匠们的一切努力只在改进质量,但商品的经销则由商人决定:大量原材料如羊毛越来越依赖于从英国进口,明矾从小亚细亚地区进口,印染原料多数在附近农村购买,如茜草,尤其是菘蓝,它们是印染蓝、绿为底的各种颜色都要用的原料。贩卖印染原料的最大商家集中在亚眠市,但有些染料如靛青则需要通过意大利商人从更远的近东国家贩入。

由于商贸的持续发展,货币工具也得到改进。原来在各地小市场由当地小领主打造的那种黑乎乎的形状不规则、币值不一的钱币,只能在附近农村的小范围内使用,大宗批发商只收由大造币作坊打造的成色不变、价值固定的流通货币。13世纪在商贸不发达年代形成的货币不统一局面渐渐结束了。人们长期习惯于以某些地区的大货币,如索恩河和罗讷河河谷地区流行的"维恩币"[①] 来折算价格,后来国

---

① 译注:维恩币(le viennois),中世纪法国东南部流通的一种货币。

王的货币——"图尔币"① 和"巴黎币"②——在全法国各地迅速通用。1266 年出现一种模仿由意大利商人引进并使用的货币而打造的价值较大的银币，即"大币"（les gros），币值相当于旧币的 12 倍。最后打造了金币，原来墨洛温王朝曾使用过金币，但后来随着古代商业消亡，金币也被废止。直到国王圣路易时代，意大利金币在王国越来越流行，遂重新推行金币。在整个 13 世纪，农产品价格的缓慢攀升，刺激了生产的发展，货币流通亦随之持续增长。

然而流通货币仍然不足，因为稀有金属的储量并没有太多增加，所以信贷便开始得以迅速推广。当时信贷大多数是消费信贷，形式极其原始，通常以土地作为抵押——土地是唯一的真正的财富：高利贷以一周计算，更长期的贷款则须以城内或乡下的不动产作为抵押，或出让和收购以地产、房屋和其他收益作为抵押的终身年金。放贷人是犹太人、商人或小城市的僧侣，在商业较繁华的大城市渐渐地出现了职业钱庄，钱庄主是外国人和南方人，人们最早称其为"卡奥尔人"（Cahorsins），后来称之为"伦巴第人"——这仅是个称呼而已——因为大多数债主确是从意大利伦巴第来的。债主们遭负债人妒恨——觉得被债主勒索得过紧而不公平。所有人都对债主恨之入骨，因为人们知道他们富得走油，而且住在别处。债主们聚集而居，通常住同一条街，出于防范他们需付昂贵的保护费以得到领主的保护。13 世纪中叶以后，各亲王府和生意大户过手的信贷数目更大了。放贷人往往是当地金融家——阿拉斯市的情况就是一例——但更多的是某些意大利公司的代表，有锡耶纳人、卢卡人或皮亚琴察人。即使在发展迅速（又很局限）的信贷行业，资金运作方法仍相当原始，会计制度的缺

---

① 译注：图尔币（le tournois），一种在图尔打造的王室货币，中世纪时流通极广。
② 译注：巴黎币（le parisis），国王菲利普·奥古斯特打造的货币，取代了图尔币。

乏致使资金无法直接转账，汇票还不存在。要把资金从一地调往另一地，为避免运送现金，最有效的方法是通过圣殿骑士团在各地的分支机构汇钱。圣殿骑士团的分支机构遍布各地，主要是征集十字军东征所需援款并运往圣地：国王拨款走这条线，其他许多人也使用这一汇款方法，不信任钱庄的民众要汇款也求助于圣殿骑士团。资金调拨方式的进步促使了最原始的沿途行商形式的改变，出现了大集市。定期组织集市更是商业集中的体现，每年好的季节在同一地区举办一系列的集市，形成各种商人固定的聚会行商制度。从佛兰德到伊普尔、里尔、墨西拿、布鲁日和托尔豪特等地都有集市，促进了优质纺织品生产集中在这一地区。这类大型集市中尤其出名的是香槟地区的集市。

香槟地区的集市贸易

具有悠久历史的香槟地区的集市，进入12世纪后因对行商提供有效的保护，吸引了大批过路的外国客商，形成了每年固定的大集市，到13世纪成为整个西方有名的贸易市场和重要的商品集散地。集市从开春到入冬为止每年举办六次，在特鲁瓦、普罗万、拉尼和奥布河畔巴尔等四镇开市接纳四方客商，短短数周大批商品源源不断地运抵当地货栈。来自整个巴黎盆地、佛兰德地区、莱茵河沿岸各地的批发商跟法国南方和意大利来的商贩在此洽谈生意（1278年，在拉尼镇上有23家代理行，代表来自意大利热那亚、威尼斯、皮亚琴察、米兰、博洛尼亚、卢卡、阿斯蒂、锡耶纳、佛罗伦萨和罗马等地的商人）。每个集市定期进行交易。头八天是"入巷"，商人们安顿开箱、互访议价，接着开市：先买卖布匹，后是"科尔多瓦"[①]，即一切皮革制品，然后是食品，以分量计算，商人习惯称此为"过磅"。商人用

[①] 译注：科尔多瓦为意大利一地名，因产细羊皮出名，遂用以代称一切毛皮产品。

"香料"一词指所有从黎凡特和意大利运来的香料和染料。根据各集市的不同情况，经过一段时间的交易，最后是收市，货币兑换者收摊，各商家开始"出货"。这时货物被装箱，商人们结算后货银两讫。

香槟地区的集市具有两方面的重要作用。首先是商业：直至1260年意大利某些商人都绕过香槟地区直接前往荷兰做生意，香槟地区的集市是连接欧洲的两大商贸网络，即阿尔卑斯另一边意大利的香料进口商以及北方阿图瓦和佛兰德地区的纺织品商人的主要集散地。从一个数字可以看出当时的交易规模：1280年仅普罗万镇的集市上就交易了5.5万匹布匹，占佛兰德运来的布匹总数的一半。其次，金融方面的作用更重要更持久，一直持续至1300年以后。既然在这里进行着西方世界最大宗的商贸活动，香槟地区的集市便成为一个货银结算中心——尤其是商人们一般在每季集市最后的"出货"时进行结算，在整个集市过程中商人之间运转着一个巨大的信贷补偿贸易体系。也就是说商人在此购入或出售的货价要比实际流通现金的数量大得多：集市因此弥补了当时欧洲经济面临的稀有金属短缺。总之，香槟集市出现在法国繁荣的经济中心（它们的地理位置清楚说明何以法国北方的经济水平远高于南方，尽管南部有马赛的冒险家活动，有艾格莫尔特海港①、佩兹纳斯集市、里昂商贸枢纽的缓慢复兴，图卢兹和波尔多经济的迅速发展，南部经济还是萎靡不振），再加上集市的自然延伸——巴黎作为大城市常年有集市，又因与香槟集市近在咫尺，水陆交通便利而形成的后续市场——其突出的经济作用在不断扩大。

城市的特性

在12世纪过程中，各地城市规模不断扩大，城市人口在圣路易

---

① 译注：艾格莫尔特（Aigues-Mortes），南部地中海沿岸古老港口，建于古罗马时代，查理曼大帝和圣路易国王都曾在那里建立防御工事，是中世纪南部的重要海港。

时代已达到相当大的数量。巴黎市人口至少已达 8 万，甚至 15 万，成为全法国乃至整个拉丁语基督教世界的一个大城市，当然意大利的城市是例外。而地区中心图卢兹和工业中心阿拉斯等城市的人口也已达三四万，连主教府或大修道院所在的城市都有几千居民。因此，城市不再是与乡村难以分割的单纯的居民聚居区，它已形成自己的特性。或许富裕市民聚居的城区依然可见种种农村景象：城内有许多空地和菜园，甚至田地和牧场；街道和乡村小路一样泥泞不堪，到处堆肥料，鸡鸭成群，家畜满街乱跑；对城里人来说收割庄稼和摘收葡萄的季节同样十分重要；他们在住宅周边也开垦种植，特别是保留着小块葡萄园，所有中世纪城镇都还保留着葡萄植株。但是，根本的区别在于，城市已完全封闭起来，四周筑有高高的城墙，城门有阍者把守，入夜后城门关闭。乡村与城市截然不同，是完全开放、毫无防御的"平地"。城市是另一世界，住房更加坚固，而且越造越高，住房格局与村舍不一样，城里人的生活和饮食习惯都与乡下人不同，生活节奏也不一样。

行会

农村人口不断涌向城市，致使城市人口迅速膨胀，随着城市经济生活趋于多样化，城市的社会结构也不再千篇一律。以商人为例，自从商业复兴，商人联合组成季节性商队以来，专门从事贩卖的商人、各种手工匠人或经销商纷纷聚合起来，组成各种"行会"。行会首先是宗教团体，会员们供奉同一守护神，为死去的同行举行集体祈祷，对生活有困难者行善互助，行会就是垄断某一职业活动的封闭社团。但是它必须履行市镇当局制订并监督的行规，防止竞争，制定价格和监督质量以保护消费者。至于家仆佣人、流浪汉乞丐、泼皮无赖则另当别论，他们被严加看管。城里所有获得经营权、被称作资产阶级的市民都在各种行会内从事职业活动。

结成行会或许是社会平等的一个因素。行会内无大作坊和小店铺之分，同行都在同一条街营业，白天店门敞开——因不能在烛光下开工——在众目睽睽之下操简陋的工具干活。一个师傅带一两个伙计，还有一两个学徒，通常伙计和学徒就是师傅的儿子，他们一起干活，吃一锅饭，外加未成年的孩子和家仆，极有乡村里的家族氛围。如此一个劳动团体等同一个家庭，由家长出面在行会内作为代表，所有成员的需求在行会内得到满足，从不存在经济上的对抗竞争。然而行会之间有大小之分，行业内部有尊卑之别。这一切在大的集体节庆时从排序先后上特别彰明。在所有行业里人们不可能一夜暴富，生活水平参差不一。这种差别在大规模商队必须经过的、生产远销重洋紧俏商品的大城市里尤其明显。如阿拉斯、杜埃和里尔等地，呢绒生产商如同其他行业也有行会，但小作坊主从原料到产品销售完全依赖于大经销商，后者往往还提供贷款，甚至还是生产工具的所有者，其实就是老板，居高临下地榨取小作坊主的血汗。小作坊主是真正的打工受薪者，他们从事的行业被卷入一个庞大的贸易循环，其商品流通遇到再小的障碍都会导致破产失业，陷入贫困。他们手下的佣工则更加困难，一周只被雇佣几天，甚至一天，生活在更无保障的状况中。气氛十分紧张，情绪激愤的无产阶级和商业贵族之间严重对立，为获得自主经营权的行业斗争时有发生，这就是罢工。最早的罢工发生在1245年的杜埃市。坦率地说，这是极个别的例外。但是除了行业的尖锐矛盾外，13世纪所有城市都出现了一些富裕家族，他们过着一种越来越脱离"普通人"的生活。

资本寡头

资产阶级暴富起来后把大部分钱投资在乡下地产上，如里昂人称之为"打地洞者"。他们住在城内跟教堂和城堡一样漂亮的石砌建筑里,室内摆设着上等家具。他们拥有许多房产,还有出租的店铺和商摊。在乡下他们是领主,大部分财产都在肥沃的田地里,耕地租赁给佃农,佃农向他们缴租纳粮,他们自己什么也不用做;在城里经营着缝纫用品店、布庄或香料食品店、兑换铺等,他们的祖上就是靠这些行业发家的。这些人游手好闲,但是对市镇管理大权则死抓不放。在北方叫市政长官,在南部叫行政官。他们从自己的最大利益出发来管理城市的商业和手工业,哄抬自己出售的酒和谷物价格,压低自己收购的其他食品价格,然后再将它们销往外地。他们管理市镇公共财政如经营私家生意,向上谎报税收以谋取私利,出贷公帑牟取利息。资本寡头的地位牢固——只要生意兴隆还会有新富豪加入进来——直到13世纪末出现最初的市民骚乱,才使他们感到了威胁。这是一批新的文化精英。他们的根基里有在商业经营中形成的实用文化成分,拥有对现实世界和事物的直接经验,偶尔也追求艺术和精神的享受。最有钱的一些资产阶级拿出一部分财富来装饰教堂;行会给新建教堂捐款购置玻璃花窗;亚眠大教堂内的所有装饰都是该市生意兴隆的出口菘蓝染料的商家捐赠的。在一些较小的城市里,有钱人不断斥资创造宗教艺术,如马孔市一个不算太富的资产者去世前(1250年前)捐给该市主教堂一批金银制作的圣杯,出资在教堂主祭台上方,为古老的罗曼式拱顶添加了一个交叉穹顶,还为其家族造了一座小礼拜堂。资产阶级成为艺术家们的新主顾,成为作家们的新读者。因适应于富有、享乐和受贵族生活方式的吸引,资产阶级养成了过去骑士特有的某些习惯和趣味。纺织和金融业巨头聚集的阿拉斯市在13世纪初成为文学创作的一大中心,180多位职业或业余诗人生活在该市,诗人们创作出各种形式和种类的诗歌,还组织起一种半宗教半文学性的团体,成为一种文学协会：勒皮伊（le Puy）①。

农民和商业

商业流通的发展必然逐步影响到城墙以外的乡村，沿着赶车的羊肠小道延伸至新建的村落和森林边缘的偏僻小屋。事实上乡村的农产品卖得越来越好，销往城市的农产品数量更多，价格也更贵：因为城市的人口密集，加上城里人有自己的职业，靠门前屋后自家菜园出产的农产品已不够消费。于是大量农产品从乡下运往城里，从诺曼底或勃艮第的莫万丘陵源源不断地将家畜运往巴黎的屠宰场，制作印染原料的植物也出口到英国，法国葡萄酒甚至远销至波罗的海沿岸各地。乡村经济究竟是通过什么中介进入商业渠道的呢？人们不得而知。但是种种迹象表明农民已开始重视经商。从各地农村签订的自由契约可以看出，农民迫使领主允许自家备有度量衡器具，应允他们组织每周集市，举办季节性的大集市。

然而，在经营产业和与卖方洽谈生意中，并非所有人都那么机敏灵巧，所有人都是幸运儿。随着市场经济逐步深入农民阶层，社会不平等亦在加剧。耕农与佃农之间始终是一对矛盾。仅靠体力的佃户中有些人更穷些，遇上灾难不测只能举债度日，典出地产收益，逾期还不上则折成现金偿债。沉重的负担破灭了家庭重振的一切希望，迫使其再次借贷，甚至抵押家产而进一步沦入依附于人的境地：家里的自由地变为租地，人身沦为世代从属地位。这种情况在某些省份便产生了财富等级社会里最底层的新一代农奴：耕地农奴、贫穷农奴。农奴一旦有了钱可赎回身份，但是他们被贫困压垮，永不得翻身。这种奴

---

① 译注：勒皮伊（le Puy），13、14世纪出现于法国北方某些城市的一种文学协会，早期宗教色彩较深厚，作品赞美圣母，后来文学性强于宗教意识。

役形式在各地世代延续，直到法国大革命才被废止。由于人口持续增长，而许多地方已停止伐林垦荒，因此农村到处都有无耕地的农民，为了生存他们只得租种富人的田地，或逃荒到城市郊区。反之，有些富裕农民的地位则攀升，凭借与富家联姻，或比普通人工作更勤奋，或机灵地藏匿积蓄而巧妙地躲过领主征税吏的眼睛。不过平民百姓发财致富的"正道"还是巴结领主，在其辖地混个官差。村里官差的肥缺首先是司法官吏，能有个管森林的代理人或其他的领主代理人职务也可以。总之，这些胥吏可享受免税，还能截留执法征收罚款的一部分作为薪俸，又能以领主名义执法判罪得到好处。他们是乡巴佬们的真正主人，可以任意鱼肉平民，收纳贿金和敲诈勒索。此外，他们受领主之托在市场上销售纳税人缴纳的多余物品，包括堆在什一税征税吏仓库的谷物和酒类。他们以最优惠的条件包租领主辖地的最好耕地，搜刮村里贫苦农民仅剩的活命口粮，总之是开放农村商业渠道的第一个受益者。富裕农过着领主般的生活，终日游手好闲，土地由佃农耕种，他们霸占最贫困农民的家产坐享收益。他们宁可不收嫁妆地迎娶骑士女儿，送儿子去读书深造，以便将来谋个体面的教会职务。他们收购贵族家的田地，有些人成为封地领主，拥有司法裁判权，入住破产乡绅留下的小城堡。平民暴发户的赤裸裸行径令人作呕，但毕竟取代了旧贵族的地位。这类题材在13世纪骑士文学中屡见不鲜，见证了一出出身高贵的血统贵族让位于靠金钱发迹的平民暴发户的丑剧。

乡村贵族的困境

金钱的作用改变了土地财富的分配，长期以来土地财富的稳定性在社会各阶层之间造成了不可逾越的等级，在城市抑或农村里，香料商人或乡巴佬摇身一变成了债主或领主女婿（常常是继承人）；土地财富的再分配导致骑士的优越性，甚至贵族概念的动摇。事实上对大多数贵族而言，新时代令他们因财政拮据而感到窘迫不堪。贵族们自孩提时代起已习惯于蔑视挣钱，极少关心如何增加从父辈继承下来的财富（在当时的法国，关注改进农耕技术，圈地窃据共同牧场，改良耕畜和扩大葡萄园种植面积的地主不是骑士——这一点与英国不同——而是庄园主或大资产阶级。他们刚购得土地，经营土地如同做生意；贵族们从来不读经营发家的书）。法国贵族不懂也不愿去利用更好条件以获得更多收益。他们首先想到的是有稳定收益，自由自在，不受任何监督束缚，压根儿就没想过由自己直接出售谷物、酒类和菘蓝染料以获取更大利益，他们习惯于通过代管人出租土地，而这些土地曾经是他们祖辈亲自经营、指使家仆耕种的；他们允许佃户们以几个钱币取代实物缴租，而实物是可以再运到市场上去卖好价钱的。

现金收租的数额是固定的，倘若加上物价上涨的因素，还在不断地贬值。而贵族在收入减少的同时，需求却在不断增加。现在一切都要现金支付：嫁女儿要用钱，风俗变了——女儿出嫁时得带现金陪嫁；拯救灵魂得用钱，人死了给教会的奉献得花钱，建立基金得用大量的钱，平时和每年忌日做弥撒都得花钱——既然地产奉献已被白花花的现银取代了。缴给教会的地租所得捐款按家产总值计算，这笔支出永远是财产继承人的沉重负担，而且会不断地加重压在一代一代的继承者身上。总之，为保持贵族领主的体面地位得花费比以前更多的钱：服装和首饰更昂贵了，军事装备不断完善更得花钱。在一些偏僻的省份，原始的兵器不得不弃置，须添置新式的锁子甲——它在发展快速的地区已成为做工很讲究的兵服，加上配套的护腕和护脚，价格十分昂贵。至于头盔，已经发展成完全封闭的罩子，把整个头部保护起来（骑士得剃光胡子剪短头发，彼此看不清对方的面目，因此需要靠一些符号、图形象征向对方表明自己身份，这便是纹章和一切纹章技术的起源。从 1300 年起，纹章学成为贵族教育的主要内容之一）。此外，骑士的住宅也变化了，它已成为带护沟、碉塔的"堡垒式"建筑，宛如城堡的缩影——如此改造住所或许并非出于安全考虑，因为时代已变得太平得多，主要是显示骑士已相对地独立于城堡主，骑士需要在外表上体现其身份，体现出他与附近平民的不同，因为他在财富上与平民的差别已不再那么悬殊了。所有这一切都得花钱。当骑士的坐骑在打仗或比武时死了，或者当他为儿子举行骑士授任礼需要招待四方宾客时，他上哪儿去筹钱？老办法，只有去借。在上一世纪人们缺几个钱，可以容易地从表兄弟或领主那儿借得，但是现在缺口那么大，贷方条件又苛刻，谁都想尽量获取更大更安全的利益，再者出贷谋利不再怕受到教会谴责。举债，抵押部分地产，从此土地出产成了债主的收益——不消说这笔债是永远无法偿还的：再遇到困难，只得贱卖地产，而得到的解脱也只是暂时的，因为领地收益入不敷出，再陷困境。最终家产瓦解，开始时小块土地出售，后来只能成片割让，于是土地流向赢家，落入暴发户手中。不知不觉地在贵族意识中有了地位不保的感觉，他们眼睁睁地看着资产阶级、领主的前管家、自己祖上的农奴侄孙或某个退役雇佣兵闯入自己的贵族圈子，而且人数越来越多。新贵们个个是在行的奋斗者，纵然出身卑微。因此从 13 世纪初起，死守其世袭特权和生活方式，怀着共同偏见的没落贵族阶级便组织起来，对抗新来的僭越者。他们坚持一种信念，即贵族不一定有相当财产，也不一定非得是骑士，其子弟即使成年也可以推迟（花费巨资的）骑士授任礼等仪式，这并不妨碍他们仍被看作贵族。于是出现了新的贵族头衔，在法国北方称作"年轻贵族"（écuyer)，在南部被称作"年轻绅士"（damoiseau)，这些头衔确切表达了出身高贵而尚未佩剑正式成为骑士的年轻贵族的天赋优越。显然它是为这些出身高贵、靠血统继承的社会幸运儿量身定制的，赋予这部分人特别的尊严，外表的尊严掩盖了古老统治家族事实上的衰落和失势。这一观念是封建社会留下的痕迹，它还留存在人们的意识中。在13世纪随着商业繁荣而来的财富迅速流通，封建社会正在逐渐解体。

乡村中昔日精英的地位如此明显地下降。由于贩卖谷物、酒类和牲畜的商人经营活动，由于借贷关系把贫困农民、破产小乡绅与金融资产阶级联系在一起，由于发家暴富的商人和皇亲国戚的代理人扎根于农村小贵族领地，从13世纪起各地乡村开始依附于邻近的城市，原来的小城镇逐渐膨胀为真正的大城市，成为连接各种社会关系的主要枢纽。有财力的城堡主和骑士都想在城内找落脚点，盖"公馆"便是明证，他们将在此过更快乐的生活。

城市生活的这一现象是极其重要的新特征。它首先带来了权力结构的深层变化。在13世纪，政治权力的最牢固基础不再在乡村的城堡，而已转移至城市。城市由城墙、护城河和城门保护，坚实牢固；城市又是行政权力的所在地（大法官裁判所或行政长官驻地），管辖附近乡村；而且还是最有利可图的税收地，掌握最多的税金收入。其次，它显示了文明重心的转变，文化的前沿不再在勇士和乡村教士组成的游移不定的小圈子里，已扎根在更大的城市里，那里各色人等混杂、范围也广得多。

2. 法国王室

金钱和权势

从 12 世纪最后二三十年起，商业的持续发展和城市的扩大有利于权力的集中。从此权力的保障不再依靠土地、朋友和依附者，而是靠财力。国王菲利普·奥古斯特深谙此道，他在 1190 年率十字军东征圣地前所立的"遗嘱"表明其十分注重保存财富。只有财力充足才能在战争中克敌制胜。11 世纪城堡主凭借城堡四周的栅栏来抵御敌人的所谓防御早已名存实亡。因为在十字军东征期间跟拜占庭人打交道，西欧人很快学会了围城艺术。真正能固守阵地保一方平安的城堡应是用石头垒起来、底部加固的圆形碉堡，而且城墙上有箭眼，朝下有堞眼。但是改造旧城堡需要大量金钱。购置攻城机械，如投石机、投射器等装备更需资金，这些投射武器能摧毁老式城堡的城墙。除此之外，打仗的勇士更骁勇善战，不像过去的士兵借口徭役期满而临阵脱逃藏身乡下，他们不为赎金而战，拼死杀敌，他们能登梯攻城、运用复杂而威力巨大的投掷武器，也能使用弓弩击穿任何锁子甲，总之是需用重金征聘的雇佣军。他们是从贫困地区征来的亡命之徒，是"布拉班人"或"巴斯克人"，他们出行成群结队，被人称为"大路强盗"，只要有钱就能雇他们打仗。有钱还能收买人，以赏年金（fiefs de bourse）的形式收买更多人替自己卖命，由此结成更紧密的联系，因为任何不忠会立即遇到惩罚。靠金钱可以收购没落贵族的自由地，迫使他们对自己效忠。最后靠金钱还可实现几个世纪以来无法做到的异地遥控——靠金钱而非封邑来雇佣下属官吏，如此更加可靠而且便于调遣。金钱能授予真正的权力。由此保证若干大领主和掌控通商要道、大集市和大城市的地区权贵（如公爵和伯爵）的继承人对无数封邑老爷的绝对控制权，后者凭借手中的小片采邑曾经分享过统治权和惩处权。因为只有大领主才能从资产阶级和伦巴第商人身上榨取利益，才能从最富裕的商人那儿得到优惠且无限额的贷款，同时富商亦从大领主们那儿收获最有力的支持和最好的主顾。商业进步和货币流通使得地域广大、结构紧密的各公国逐步得以恢复和重建。首先是在商贸交通要道所经地区，如诺曼底、佛兰德、香槟和安茹等地区，12世纪中叶以后再扩大到大巴黎地区，亦即王室领地所在地。

王室尊严

王室并未被甚嚣尘上的封建势力所湮没。法国国王保留着以下三方面的可靠地位。首先是他的头衔，这是经宗教仪式加冕的唯一特权，也就是说国王的权力是神授的（由此，12世纪的人相信国王有神奇威力，他只要用手触摸疬子颈患者的额头，患者就会病愈）。国王像查理曼大帝一样受到教会的祝圣，伟大皇帝的英雄印象填满了刚诞生不久的新文学和骑士文学的想象空间。国王就是教会所有信徒的保护者，其威力遍及王国的所有领地——它的范围相当广，人们约需一个多月时间才能穿越。其次，国王的地位凌驾于错综复杂的封建臣属关系网之巅。国王从未对任何人俯首称臣，在所有贵族中唯有他不曾对任何人脱帽、双手握拳地行过曲膝礼，除非对上帝这个唯一的救世主；而王国的其他贵族包括公爵和最有权势的伯爵都效忠于国王，如同他们祖先效忠查理曼大帝一样。12世纪初开始在国王的身边人中间形成了一种最初很虚幻但渐渐被真实化的概念，即王国的封建体制犹如一座金字塔，国王居于塔顶，他通过层层叠叠的从属关系系统领王国的全体骑士以至低层的平民。最后，国王是一个庞大的家族领地，即王室领地的一家之主。这一点出于偶然：自从于格·卡佩当选

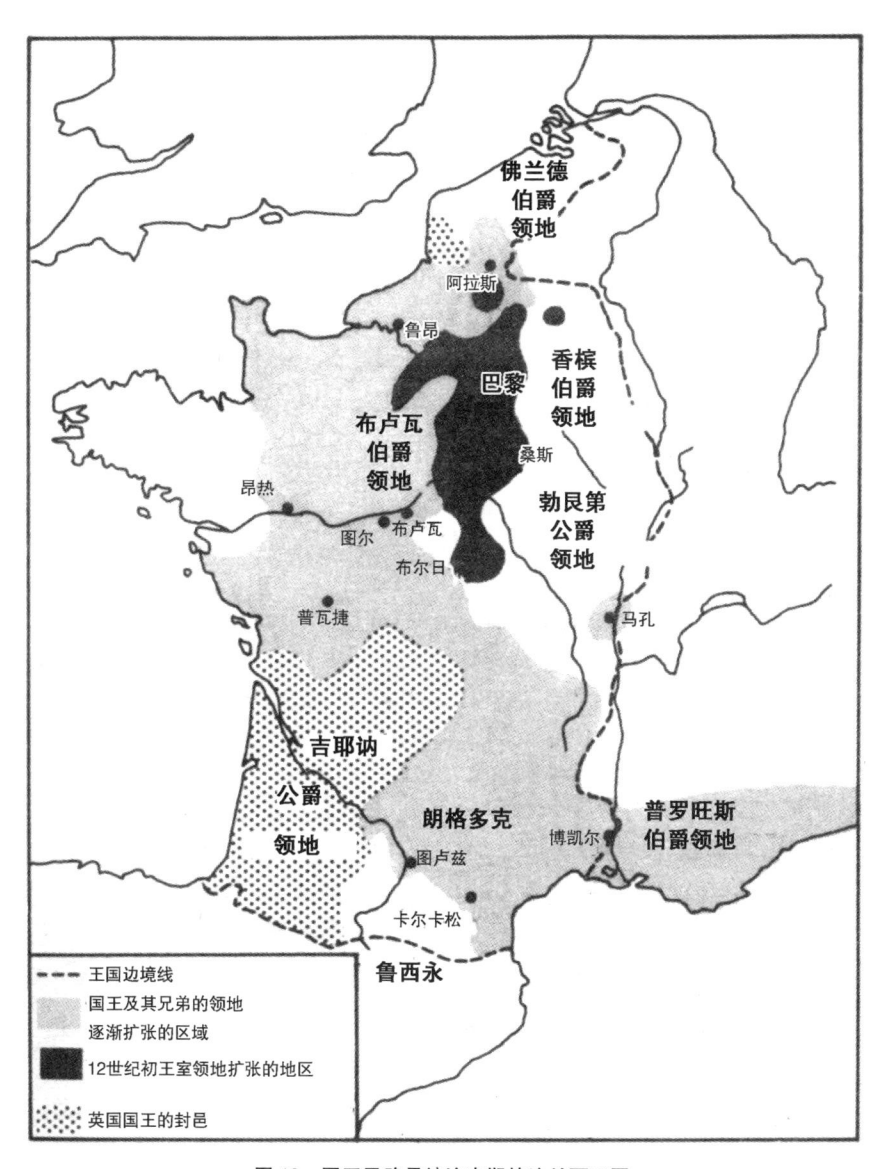

第四章 卡佩王朝的统一（1180—1270） 163

图 10 国王圣路易统治末期的法兰西王国

为国王后的两个世纪来，王室一直在其领地实行世袭的王室统治。因为历代国王都有幸育有男嗣，而保证世袭传代的诀窍是在国王健在时就选定儿子当继承者并为其行加冕礼。由于这种世袭传承，卡佩家族产生的首个国王的个人产业——历代法兰西公爵们的古老的公国领地（包括巴黎、奥尔良，以及埃纳省和索姆省境内的若干属地）——便与一国之尊的头衔联系在一起，成为法兰西王国最坚实的支柱。渐渐地历代国王形成了热爱祖先土地的意识，绝不能让它流入外人之手，相反一有机会就将其不断扩大。卡佩王族从未梦想将王室领地扩展至王国全境范围（王室实际只掌握小块领地，试想何以由其一个家族来管理和经营如此广大范围的土地？），这就是说预见一件不可思议的事：废除封建制。但是自从菲利普一世统治以后，王室确有意图建立一个面积足够大的公国，凌驾于众多臣仆的领地之上，有能力供奉上帝的仆人①，他们的子孙能扎根在祖传采邑上，延续国王后代的称号，能把足够的土地和财富传给子孙，让他们维护家族繁衍，过上有王室尊严的体面生活。这一设想原本是很有节制的，而实行中由于遇到各种机遇和可能，朝廷的需求不断扩大，王权意识日益膨胀，雄心越来越大。随着王室领地逐渐扩大，国王权力也不断变大，因为偶然因素和经济、社会和政治环境的变化，倚仗了几代国王的个人努力，卡佩王室终于名副其实地成为法国正统。

卡佩王朝的成功

路易六世（在法国历代守旧而可笑的诸多国王中，他是第一个"好"国王）肯定不及他父亲菲利普一世头脑敏捷，但他长年跃马扬鞭，是个骁勇善战的勇士。当年在卡佩王室领地内，不少地方权贵割

---

① 译注：即教会。

地称霸，他甚至亲自带领手下小队人马，手执火炬，埋头冲锋，削平一个个山头。但是真正起步还在下一代，即路易七世（这位国王历来很少被提及，但必须还他应有的历史地位）。他首次去大巴黎地区甚至王国范围以外的地方远征，迎娶阿基坦公主，去圣雅克和坎特伯雷等地朝圣，访问查尔特安修道院，尤其参加十字军东征，与许多从未近距离看到国王的贵族进行了富有成效的接触。路易七世在西部面临金雀花家族的巨大挑战，但是他为王室领地向东南方、向索姆河和罗讷河流域一带的进一步扩张打下了初步基础，在政治格局尚未形成的地区，国王就是正义的化身，教会和商人的保护神，是打家劫舍的地方恶霸的克星。国王接受主要城堡主的效忠，帮助参与某些教会领地的管理，顺势向当地派遣国王的常驻代表，使王室新领地在不知不觉中扎根蔓延，逐步蚕食最后连成一片，吞并封建势力，最终将其驱逐并取而代之。到了路易七世的儿子菲利普·奥古斯特治下，更有了决定性的转折。当时政治条件起了变化，雄厚的财力使王室能采取更大规模的行动。经过20年艰苦卓绝的戎马倥偬，无休止的围城、挫折、失败、仓皇逃溃，行装和档案丧失殆尽，但百折不挠——终于在布汶一仗大获全胜，彻底击溃了金雀花家族势力。集中了纺织业大城市的阿图瓦地区、比卡佩王室领地富庶得多的诺曼底地区、安茹地区和普瓦图都相继归并入王室领地，使领地面积扩大了三倍多，因此结构亦发生了变化。为了管理这一片属地，需要创设新的国家机构，任命派往各地的管理人员，这些"地方执法官"（baillis）被派往远离巴黎——已被最终确定为王国的政治中心——的各地，监督执行国王的法律，为军事远征组织骑士队伍，征收税金再负责运往圣殿骑士团的各地金库。菲利普·奥古斯特去世后，他儿子路易八世则瞄准了另一片土地，即西南方的图卢兹和卡尔卡松，亲自领衔多年来由巴黎地区贵族进行的反加答尔异教徒的斗争，不幸在地中海沿岸传染了疟疾很快离世。但路易八世无意中准备了王室领地的进一步扩展——归并了一个地处偏远，风俗完全不同的地区："朗格多克"（该地区因使用方言奥克语"oc"，故得名朗格多克"langue d'oc"），该地区因使用不同语言，几个世纪来处于几乎独立自治的状况下。路易八世英年早逝，儿子尚未成年，于是由其母亲摄政——这是法国历史上首次摄政，亦是新的社会现象，说明13世纪中期后妇女在封建社会的地位得到了承认——其后出现了一个圣人国王，即路易九世。

圣路易的治世之道其实仍然相当原始："他多次说过，在夏天做完弥撒后，他来到万森树林里，背靠一棵橡树席地而坐，让我们围坐在他身边，一切有困难的人都可直接向他诉说，不必通过执达吏或任何其他人"；御前咨询会议也这样席地举行，或坐在地毯上，或在王室牧羊人的草地上，或在某处楼梯上——国王与其臣仆之间没有任何距离，也不需要任何中介，除非有几个教士和国王身边的骑士在场，后者在场只为接受当事人的申诉请求，准备程序和核实材料而已。但是，路易九世治下主要是解决与英国国王的宿怨旧账，力求治国公平仁慈，派专员巡访各地惩治官员滥权。国王颁布的法令在王国全境范围内有效，法令内容以道德规范为主（国王作为上帝的代表，保障以往由教会出面监管的社会和平，惩处辱骂宗教亵渎神明的人，阻止私人之间的战争行为），开启了由国王向全国颁布敕令的先河。圣路易仲裁一切纠纷，他本人在十字军东征中为基督殉道，其实在生前就已有圣人的美誉。作为西方最开明的君主，他在根深蒂固的农民意识中激起了对国王尊严的崇敬心理。1270年他去世时，法兰西已成为一个真正的王国，以后只需改进其行政机构，在罗马法中找到统治模式而已。

这就是法兰西王国通过几代国王开拓而成形的大致线索（因为直至圣路易之前，权力完全靠个人威望，国王就是一切；反之当国王出行时，当他年迈或生病了，当他再也不能骑马出征、投枪掷标，或者只能宣读别人替他所作的决定时，王国扩张的活力便松弛了）。不过，在那些尚未并入国王领地的公国，在佛兰德伯爵领地、在勃艮第公爵领地、在布列塔尼、在依然掌控在英国国王手中的西南部吉耶讷（Guyenne）地区，以及王国以外的萨瓦、普罗旺斯等地，公爵和伯爵们的势力同样在加强，他们拥有相当雄厚的财力，继续扩张个人领地，建立了驯服的官吏体制，实施着确保领主利益和最大安全的封建制法律。至 13 世纪末，在政治上封建制已行将就木，所有城堡和骑士的碉堡式住宅都已在地方当局的监控之下；私人效忠体系已转向对国王的效忠；贫困败落的贵族已被降服了。

国王的官吏

诸公国的形成所带来的第一个后果就是产生了一个新的社会阶层——权力的辅助官吏阶层。服务于国王或大领主的各级官吏，按其不同专业被安插在他们住的"公馆"里或集中在地方行政首府所在地，这些官僚人数至 13 世纪末已相当庞大。他们从各个社会阶层中被选来。有的来自教士，教士都受过学校教育；有些是从意大利，特别是博洛尼亚学习了罗马法归来的，不过这部分人较少；有的来自精于理财的资产阶级上层；也有来自小骑士和贵族家庭出身的子弟。没落贵族领取国王或公爵的薪俸，面临新兴阶级地位的上升感到窘迫，他们觉得代人行使权力是摆脱贫困和羞辱的一条出路。官僚们的处境各不相同：有的仅是地位卑微的簿记员、法庭书记员和机关誊抄员，但在社会关系中所起的作用越来越重要；有的被任命当公证员，笔录登记一切契约合同，成为城市生活（不久包括农村）中不可或缺的中间人。个人之间借贷立契、雇佣家仆、立遗嘱和定制工艺品等都须有公证员的书面立据；有人当城堡镇守、地方执法官和行政长官，他们都是贵族，本人若非骑士家庭出身，上司也会授予其骑士头衔，因为他们得佩剑，统领辖地内的诸领主。但是不论职位高低，共同的思维和行为方式使他们彼此靠近：他们都是吃皇粮的，个人财产与主子的财富密切相关，必定最坚决地捍卫主子的利益，千方百计地扩张主子地盘，谋求主子的最大好处。因此，国王的官吏往往比国王本人更热衷于扩张王室领地，他们主动地想方设法，行使各种奸计侵吞别人产业，使王室属地迅速扩大。靠那些死心塌地之徒的活动，王室至尊至贵的理念慢慢地蔓延到思想最开放的人群意识中。此外，这些官僚成为僧侣阶层之后第二个会识文断字的阶层。对他们来说，书本不只是一种摆设，如穿戴的首饰可以在重要场合炫耀一样，它更是一种工具，一种知识的手段。不过，这类人的文化素养是特殊现象，主要体现在司法方面。这类被称为"法律顾问"的官吏在法国南部比较多，他们在意大利某地或蒙彼利埃的学校上过学，或者毕业于较现代的巴黎和奥尔良学校，在那里用经院式方法，结合前人所写的批注和问答，学习教会法、罗马法等学者的司法典籍。但是大多数官僚不懂拉丁文，主要在实践中得到培养。他们将各地不同的错综复杂的大量习惯判例按理性明了的方式分门别类，并用文字记载下来；过去这些习惯判法只存在于人们的记忆中，而且相互矛盾、漏洞百出，现在有据可查，能作为最终判决管理社会，被人们尊称为"习惯法"。1240年后在诺曼底和安茹两地出现了习惯法汇编。为实际判案者而编纂的判例汇编有13世纪中叶问世的皮埃尔·德·方丹的《准则》，1260年左右在奥尔良出版的《司法和诉讼》，这些书通俗地介绍了文人法典的要则，同期还出版了古代法典的翻译本（这是俗拉丁语的又一成果），如东罗马皇帝查士丁尼一世的《民法大全》和《新律》在13世纪中期相继有译本问世。法学家们和行政长官对其他文学亦感兴趣，他们成为编年史、百科全书和离奇传说的新读者群，这些文学样式在

1250年前后大为流行。有些文官对骑士传奇和宫廷爱情诗情有独钟，最著名的是包马努瓦领主老爷、皮卡第人菲利普·德·雷米。作为法国国王派往韦尔芒图瓦领地的执法官，他不但编纂了有重要历史价值的博韦西地区判例汇编，而且还在1276年和1285年写过两部诗体爱情传奇和许多歌曲。部分文官就此加入到学校文化精英、教会高级僧侣和大领主宫廷文人的圈子，成为新的知识中心，但是方向却不同，他们更贴近现实和行动，尤其是思想不那么闭塞，分布也更加分散，并且直接与最普通的各阶层人士打交道。

安全和统一的进步

随着诸公国格局的形成，安全也得到了加强。圣路易时代不但是令人怀念的繁荣时代，更是和平的时代。这两者是密不可分的。强盗劫掠现象减少了，仅在偏远的乡村才有发生；骑士们扰民也有所收敛；私人战争得到抑制：按王室法律规定，若有纷争必须等40天后才能向对方发动报复，这40天的期限就是让勃然大怒的当事人冷静下来，也便于双方朋友从中调解以期达成妥协。另外亦加强了对武器的监控，于是受武力威胁的人能在国王或公爵的保护下自由行动：社会变文明了。社会关系亦出现了缓和：家族势力抱团对外不再有用武之地，人们反而开始感到它碍事。家族关系松弛了，不再是铁板一块。兄弟之间各人希望享有更大的独立性。过去在城堡主监护和管辖下集结起的一个个孤立的小领主集团很快土崩瓦解了。当然封建领主私自立法执法的现象还存在，不会马上消失，但受制于上面威力强大的王法，任意罚款、动辄惩处的现象越来越少。倘若小乡绅擅自判决，当事人可以向附近的王室执法官上诉，一旦接到上诉，执法官必定出面在农民和领主间进行仲裁。事实上封建领主已很少行使地方防卫的职权，而在11、12世纪他们借此名义敲诈勒索、乱征人头税。

自从私人武装被解散，国王或公爵的执达吏布满各地，更有效地维护公共秩序，小领主和地方权贵的社会维治功能被替代了，他们不光丧失了刑事豁免权，而且也失去了经济优势。

古老的家族互助体制解体、社会各团体的靠近，也使族群特性逐渐减弱。新的社会关系网促使领主特权消融在更广范围的政治结构中；地方判例汇编的出版和司法上诉制度的建立，推倒了各地的当地法律及其运用；大巴黎地区骑士对阿尔比地方异教徒的征伐给被征服的朗格多克地区带去了巴黎地区的若干习惯法；同样，通过国王派遣各地的行政官也渐渐地把王室领地的习惯法带到当地。这些国王外派各地的行政官都在王室受过培训，他们与任职所在地无任何关系，有的被派往很远的地方去扎根。通过这些熟悉巴黎宫廷习惯和行政语言、对国王负责的地方执政官，卡佩王室的影响很快扩展至昂古莱姆边缘，直至里昂地区，在13世纪末甚至开始深入到过去卡洛林帝国的其他地方。

实现统一的趋势亦同样反映在法国教会内部，其凝固剂就是反异教的斗争，天主教会上下一心，决心以一切力量根除宗教异端势力。在每个天主教教区内，普通教士和主教的关系更加紧密，每个教堂堂区内形成监视网，而且在普通司法体系外，还有精神上的警察机构，这就是宗教裁判所（Inquisition），专门负责调查追随异端邪说的宗教团体，粉碎那些曾在12世纪蓬勃一时、至少在表面上团结了许多教徒的异教组织。特别是从13世纪初开始，在每个城市出现了两支宗教卫队，其发展之神速令人惊讶，它们极有纪律而且非常有效。它们是两个托钵僧组织：多明我会（Dominicains）和方济各会（Franciscains）。与过去本笃会不同，它们活动在百姓的日常生活中，在教会内部实行清苦的使徒般生活理想，而长期以来忧虑灵魂归宿的普通教徒只能在异教组织内找到这种理想。两个托钵修会与教廷的关系密切，它们弥补了教区教士的不足，通过传道四处弘扬神圣和统一的教义。13 世纪是一个真正重组的世纪。经过封建时代五花八门的分裂割据，一种合并综合的趋势在卡佩王室领地内兴起，它势必蔓延至王国各地，甚至王国边境以外的更远地带。

3. 大巴黎地区综述

13世纪主要的经济和政治力量向巴黎盆地的中心汇聚。这是法国南部开始衰落的时期，南部曾经是罗马文明的摇篮。大巴黎地区的农村未经历深刻的改造，最繁忙的商贸通道此时不再通往西班牙，而是通向意大利，阿基坦不再是必经之路：随着金雀花"帝国"的解体，安茹、普瓦图等地已转身向北，朝向巴黎；面积狭小的吉耶讷地区，以经营葡萄酒出口而致富，面向大海和英国，越来越背离了大陆。普罗旺斯依托马赛、罗讷河下游地区和迪朗斯河走廊的经济活动变得越发富裕和活跃，而图卢兹和卡尔卡松一带曾经是古老的西哥特人的祖居地，却因异教加答尔泛滥而遭到征伐和宗教裁判所的迫害，丧失了许多知识精英；新的统治阶级刚在当地扎根，民众的不信任、怀疑气氛浓厚，地区一时出现明显的衰退。各地的衰弱更突显出大巴黎地区，首先是王室所在地以及阿尔卑斯山以北的唯一大城市——巴黎的优势。法国文明从13世纪起开始变得不那么零乱，至少在某些特征上烙上了巴黎的印记。

巴黎

巴黎在11世纪还只是跟其他城市一样的小城，除了位于河道枢纽外，别无优势。然而它的地位却比位于卢瓦尔河畔的另一座卡佩王室的城市——奥尔良重要得多。虽然奥尔良跟巴黎一样也是交通枢纽，甚至曾比巴黎更重要，有著名的学校，又是文化中心；但历代国王并不在那儿常住，他们住在有王室宫殿的地方，而且在各处宫殿轮番住。12世纪巴黎在以下三个因素的共同作用下发展起来：塞纳河上

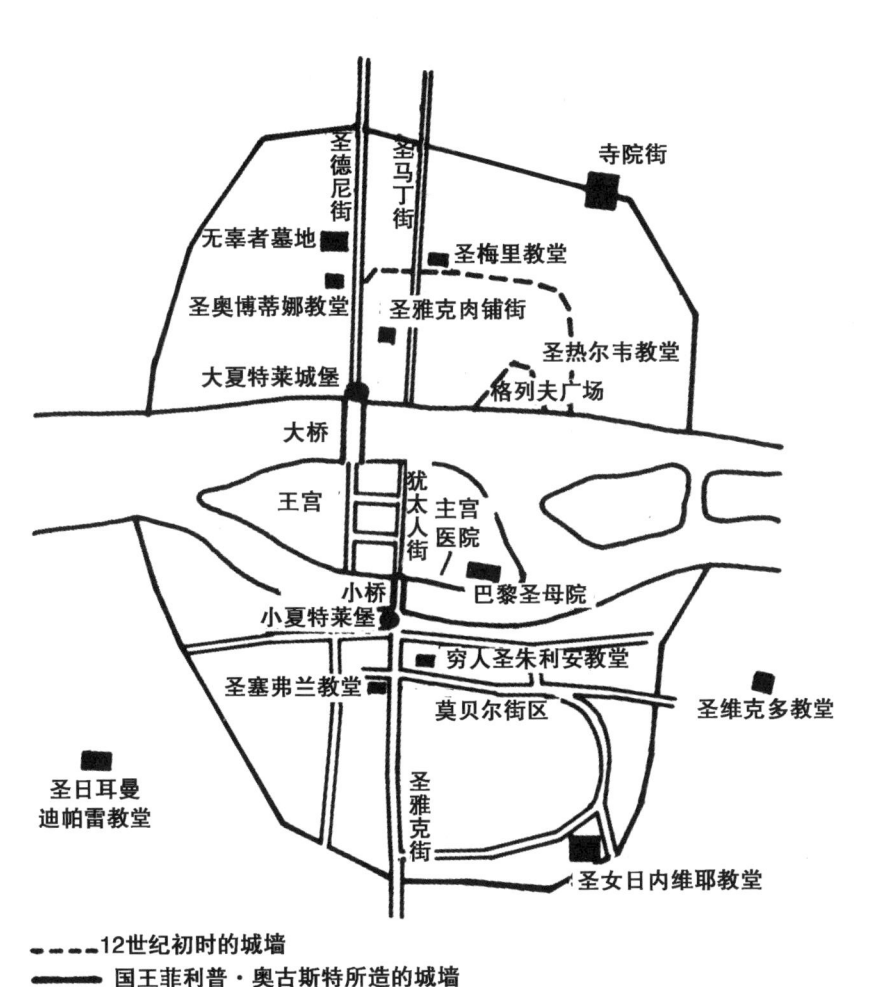

第四章 卡佩王朝的统一（1180—1270） 173

图 11 国王菲利普·奥古斯特时代的巴黎市简图

的航运因香槟地区的集市繁荣而发达,学校有名的教师吸引了大批学者和听众,最后是国王的偏好——原因很多,但巴黎附近最好的狩猎森林恐怕是主要因素。从此巴黎城市便不断扩大,自13世纪起已成为超大的城市,居民人数比法国其他大城市都高出四至五倍之多。

巴黎集三大功能于一身:欧洲最早的位于一国地理中心的首都、经济枢纽和知识文化的交汇中心。市中心塞纳河上的"西岱岛"——中世纪早期就存在的古老内城——曾是城市生活的狭窄范围。古老城墙的颓垣断壁至今尚存;刚落成的巴黎圣母院(正面两座钟楼竣工于1230年)就耸立在一些教务会建筑和慈善机构的中央;岛的另一端是王宫,王宫城墙内有花园、果园、小礼拜堂等其他建筑,其中包括国王圣路易下令重建的圣教堂(la Sainte-Chapelle)。这不是国王的唯一住所,他有时还住在右岸的卢浮宫、万森古堡或附近的城堡里,但王室行政机构和王室"官邸",包括众多教士、骑士和仆人则固定安排在西岱岛上的王宫内。更早时西岱岛曾是商业中心——集中在德拉帕里街和朱佛里街——而学校则设在圣母院的隐修方庭内。12世纪下半叶,商铺和学校迁出西岱岛,搬往塞纳河两岸:1180年国王菲利普·奥古斯特下令将曾被允许在法兰克人聚居区内中心街道经商的犹太人的商铺迁往塞纳河右岸新的商业区。

塞纳河右岸新区自1190年起筑有城墙保护,但很快街区拥塞,于是朝东向尚未开发的沼泽地(Marais)扩展。右岸街区在菲利普·奥古斯特的命令下,筑起两条道路,一条通往克吕尼派的圣马丁教堂,毗邻圣雅克肉铺街,此处集中了贩肉的货摊,另一条是圣德尼道,在无罪者喷泉和圣奥波杜纳广场之间,穿过巴黎古街区尚波[①]。这里每周六有集市,附近农民在此出售余粮等,集市摊位一直延伸至

---

① 译注:巴黎古街区尚波(Champeaux),在现在巴黎一区"Les Halles"一带。

塞纳河边的大桥。这座有六个桥拱的石桥在夏德莱一边可以关闭。夏德莱是地方官各衙门所在地,是当时巴黎最安全的地带,因此也集中了几乎所有的兑换商店。但是最热闹的地段在塞纳河畔的拉格雷沃(La Grève),因为桥洞阻碍,上游来的"水路商人"的船舶不易通过,所以商船把从塞纳河上游和香槟地区集市运来的谷物、木材,尤其是酒等商品卸在拉格雷沃的堤岸上,而从下游鲁昂运来的海盐和鱼类海鲜则卸在夏德莱一段的河岸。拉格雷沃附近的街道,是伦巴第商人聚居的地方。再往北就是"寺院街"(le Temple),那里集中了国王储存金钱的库房。那也是个相当拥挤的街区,各种手工业制造商和金银兑换商在那里经商活动。实际上,巴黎是一个大的手工艺品制作中心,巴黎出产的手工艺品远比阿图瓦和佛兰德地区纺织品城市的出品更丰富多样:尤其是巴黎生产的艺术品和高档奢侈品需经过多家作坊的加工,它们不是供当地消费的。在圣路易时代的一位巴黎市政长官艾蒂安·布瓦洛编撰的《行业目录》中,收录的巴黎职业行会有150多个,从业工匠人数多达近5 000——这还只算了重要的工匠。巴黎同时还是重要的商业集散地。靠稠密的居民人口支撑的本地商业由一个极富有的肉商财团所掌控,他们手下有一批身携凶器的帮手;而长途商路则由管航运的水路商人董事会所控制,掌管该董事会的巴黎行政长官在国王面前就是巴黎资产阶级的代言人,因为巴黎的资产阶级未获得国王特别准予的自由经营特许。

在塞纳河左岸又是另一番景象。一边是圣日耳曼迪帕雷修道院,四周是葡萄园和大片草地包围着的一个小村庄,另一边是圣维克多修道院,沿着通往奥尔良的大道——圣雅克大街——是一个个农家小园,地势渐渐升高,通往圣女日内维耶高地。这里曾是古罗马旧城的遗址,许多当年的建筑至今仍然矗立着,而且还在使用,这就是学院区。这片街区从塞纳河边的小桥开始,桥上的小店在12世纪时曾是学校教师的住宅，包括王室行政长官的小夏德莱官邸，再向南就是圣赛弗兰教堂和圣于连教堂，沿着加朗德街一直到莫贝尔广场，广场附近聚集着各种食品商铺。这个学院区随着巴黎学府的盛名远扬而扩大，自12世纪中期起，巴黎学校成为最早讲授辩证法和神学的天主教学校，到13世纪已形成综合性学府，许多著名教授在此任教，高级神职人士主持神学班，专门培养主教和教会领袖，多位教皇曾在此深造过；学生来自全法国，乃至英国、意大利、德意志和斯堪的纳维亚各国家。

大学

从世界各地来的大批学生带着各自不同的生活习惯和生活方式云集巴黎，他们的境况各不相同，有的出身富裕家庭，有的则相当贫困，不得不在教堂外的门廊下过夜。穷学生为了糊口，给富家子弟当仆人，帮他们誊抄、复习功课和替班唱经；更有不少穷学生不得不放弃神学，转到法学和医学，以求缩短学业尽快自立。从12世纪末起，大批学生面临适应现实生活的巨大压力。学校为应付学生数量不断增加的局面，迁出圣母院旁的隐修方庭，搬到圣女日内维耶高地。于是为服务学生、跟学生生活密切相关的各行各业也集中到这里来，有出租住房的普通市民房东、羊皮纸商、墨水制造商和印书商。为了帮助穷困学生，慈善者模仿沿途接纳朝圣者的做法创办了收容所。从1180年起，西岱岛上的主宫医院利用信徒奉献的资金，向18名贫困学生提供住宿和每月12小币的助学金；然后其他学校也在私人慈善事业资助下创立起来，其中就有国王圣路易的朋友罗贝尔·德·索邦创办的面向神学生的学校。每个大的宗教社团也在巴黎学校附近为自己的成员设立了接待站。教师和学生一起维护学校的纪律，共同面对城市资产阶级、国王官吏和教会当局，捍卫自身利益，组织起一种十分类似于和平维持会、慈善互助会和城市行会等组织的教育团体——定期举行会餐、集体礼拜和集体为死者送葬——这样的团体在 1208 年以后被人们称为"大学"。后来大学与巴黎行政长官及主教府主事发生抗争，他们罢课、闹事，最终在教皇的支持下，于 1192 至 1231 年间，获得了官方的正式承认，取得司法豁免等特权。大学规模不断扩大，产生了不同的分支。组成四个互助性的特别团体：法兰西、皮卡第、诺曼底和英吉利四个"民族"，教师和学生按国别和所使用语言被分配到四个分部。同时教学上也分出四个分支，这些分支在 1219 年首次被命名为"学院"（facultés）。一个学院是预备部，即"艺术"学院，学生最多也最年轻：学生十二三岁入学，年满 19 岁时通过升学考试。然后再经过两年学习，取得学士学位。最后通过一个类似于职业入行的仪式——学生需上台开一堂课（chef-d'œuvre），并且经过宣誓，还要请上一餐——之后，才能成为教师，有资格开办一所学校。其他三个学院十分专业：法学院、医学院和神学院。实在地说医学在当时还很粗浅，相反，神学则是学科之王，最出色的学士在心智成熟之后在此深造，从此通往教会最高职务的大门为他们开启了。

巴黎文化

以上所述是巴黎的三张面孔。巴黎不是唯一的手工艺品制作中心（13 世纪时其他城市，尤其像特鲁瓦、阿拉斯等城市在新文化形成过程中亦扮演了重要的角色），但是它开风气之先，引领潮流，譬如为巴黎圣母院作装潢的雕塑工匠们无论在题材选择还是雕塑手法方面都比亚眠、兰斯、斯特拉斯堡等城市大教堂的工匠领先了 20 多年。以下两方面的事实使巴黎处于文化权威的地位。首先巴黎是文人更密集、发展更快的文化接纳地，它的文化圈不是由宫廷文人——12 世纪或15世纪国王身边的一批大领主（那时巴黎的文化还是非常简朴、十分宗教化的文化，并非上流社会的文化），而是由为王室服务的数量众多的骑士和僧侣团体，由富裕的资产阶级和大学教授所组成的。这个社会阶层与循规蹈矩的彬彬有礼的宫廷阶层不同，它是向现实开放的。另一方面，过去受宗教势力控制、与修道院和高级神职人员有千丝万缕关系的艺术和文化潮流，现在迎合了大商业的需要，而巴黎便是主要的商贸中心。13世纪出现了其他一些新现象，譬如商店，人们可用金钱在此购买书籍或艺术品，然后带到别处出售——这又是货币经济渗透的另一方面。在11、12世纪，书籍产生于修道院誊抄室，主要是为了丰富修道院图书馆的藏书；有的是作为馈赠品，大多数情况下书籍留在团体内，跟圣器和祭台饰品一样是团体共有的；跟圣器和祭台饰品一样，书籍的誊抄制作要花很多时间，人们带着虔诚的态度誊抄书籍，追求形式的完美，因为这项工作被看作是提高灵修的方法。而在做学问者和行政主管的新社会里，书籍完全是另一回事，它首先是一种使用工具，而且在12世纪书籍在制作上发生了很大变化——书籍由受薪者誊抄，他们往往是为了赚钱的穷学生。誊抄的速度较快，为了节约时间和羊皮纸，采用简写的草书，摈弃一切多余的装饰，抄书成了只为出售的手工业：于是在13世纪下半叶出现了最早的书店，这是文化史上的一个根本性的革命。与此同时，有些手工匠不再参与建造教堂和某领主住宅的集体工程，他们自己开店，向顾客出售他们的手工艺制品，那些便于携带的小型艺术品，如着色的用珐琅质和象牙制作的小圣像或小型浮雕作品。顾主人数相当有限，手工匠们通常是为客人定制。但作为商品买卖的、放在装饰盒内的书籍，以及模仿著名大师作品的可携带式小祭台和圣母圣子小雕像等仿制品，被装在负贩货箱里甚至远销至波罗的海沿岸和西西里岛，传播了新的文化知识、新形式和新趣味。这种传播非常有利于确立巴黎文化的重要地位。

这种文化的底蕴源自13世纪卡佩王室周围人士特别浓厚的宗教传统，出于王室的高度责任感以及对卡洛林王朝的忠诚，卡佩家族远比法国其他诸侯家族更服从于教会：圣德尼和沙特尔教堂的宗教艺术、复调圣乐、用辩证法来追寻上帝都是明证。但是这一传统又受到来自三方面新因素的影响。首先是意识到世界的多元化和丰富性，这种想法在从事商业活动、行政管理和学校教育的人身上十分明显，他们是新文化的参与者。他们对现实有清醒的认识，在日常生活中接触外国人、伦巴第银行家和从英国或科隆来的学生。其次是人们发现了与基督教精神世界截然不同的另一种思想体系，即亚里士多德体系：不是人们早已熟知的逻辑学家亚里士多德，从他的学说已经诞生了经院哲学方法，而是"新亚里士多德"主义，即作为道德学家和形而上学者的亚里士多德。他的《伦理学》《形而上学》《自然哲学》《论政治》等作品，以及从伊斯兰世界传来的由阿拉伯和犹太人思想家所写的对这些作品的诠释著作。波斯哲学家兼医生亚维森纳和阿拉伯哲学家亚维侯的著作在西西里岛、西班牙，甚至在巴黎被翻译出版，在学界引进了一种有吸引力的十分刺激且有颠覆性的理性思想结构，对建立在信仰基础上的稳固的传统思想具有溶解腐蚀作用，尤其是它揭示了一种关于人类和自然的哲学体系，使人们不再对超自然的神秘现象发生兴趣。第三个新因素是引入了方济各修会的宗旨。教会面临人数越来越多而层次越来越高的城市信徒，他们期望从教区神父那里获得精神食粮但不得满足：因为那些神父的神学知识不足，只会重复惯常的宗教仪式。于是，圣方济各的门徒人数于13世纪上半期在法国城市中迅速扩大（最早一批方济各修会修士于1219年来到巴黎，被人们当作异教徒，但是至1233年他们已在卢瓦尔河以北的所有大城市扎下了根），并与传统教会争夺信徒。尽管各教区神父竭力排斥新来的方济各修会修士，后者通过道德说教和圣事仪式发挥了很大影响，引导信徒仿效耶稣的生活，特别在灵修方面以圣路易为榜样。随之而来的是基督教教义的完全革新，情感生活的丰富充实，它并不只局限于以往的唯美主义小宗派。当然，这种种新因素是缓慢地渗透到人们的意识中，方济各修会对文明的影响在 14 世纪前并未明显地显现出来。但是需要把这一逐步浸润现象作为大巴黎地区综述的主要内容之一。

总而言之，平衡性是 13 世纪巴黎文化的最显著特征。从此以后，巴黎文化具备了足够成熟的智力，以规范在上一世纪缤纷凌乱的艺术生命之迸发，同时又不使它们枯萎窒息。在一个摆脱了饥饿和战争的繁荣世界里，这种平衡是理性和感情之间的平衡，是自然和神明之间的平衡。极端之间的协调首先表现为封建传统和骑士风尚的某种平和化，它摆脱了非理性，回归现实，纳入逻辑的范畴，同时也更严格地纳入基督教生活中来。

骑士意识的革新

在 13 世纪，骑士文学的潮流始终那么波澜壮阔，崇尚武功和爱情题材文学、想象的游历文学、英雄叙事歌、罗曼传奇和用普罗旺斯语写的抒情诗（认为讨伐阿尔比异教的征战使以奥克方言写的爱情诗产量减少的看法是错误的）等文学样式的读者数量在各地不断扩大；这是一个产生城堡主诗人的时代，过去只有个别权势极大的领主出面赞助文学艺术的现象已逐渐消亡了，通信交流的发展有利于小规模文学中心的形成。但是这类创作流于外省趣味，而在巴黎盆地尤其是巴黎市内的前卫圈子里显露出另一种比较复杂的新基调。一方面是运用学院式的借喻手法和文学及经院逻辑推理的一切创作源泉，进行更深层的发掘，更清晰地描写骑士爱情的各种心理活动，譬如奥尔良人纪尧姆·德·洛里斯写的《玫瑰传奇》是对谦恭礼貌的骑士风尚的真正"概括"("谦恭礼貌"[courtoisie]这一学者用词正好符合以雄辩风格表达的思辨内容),至1236年整个爱情文学已臻成熟,而这部作品凭借其平衡和优雅显得尤为纯净。另一方面是回归具体,这一新气息体现在世纪初的某些罗曼传奇中。特别是让·勒纳尔的作品,作者在《埃古佛勒》一开头就表示他喜欢真理和理性,在《多勒的纪尧姆》中又体现出他的超凡洞察力;然而具有讽刺意味的是他却不知美妙的《奥卡森》,作者着力分析人物个性,也对市民阶层和农民感兴趣,这些都是通过编年史形式、通过作品人物,以通俗散文叙述的真正故事,以精彩方式表达出来的。

可见骑士意识有了某些革新,冲动下的暴力、寓言趣味,以及拘泥形式和有局限的宗教情感已让位于义务感和注重实效,让位于清醒的自控力。一种新颖的人物类型出现了:做一个"正直守信的人"(prud'homme,"这个词如此美好和庄重,它已到了嘴边,只要把它说出来就行了")。圣路易把正直放在"一时热情"和寻求个人灵魂得救的虔诚之上,他身体力行了"正直",追随上帝的榜样,但同时是理性和乐观的,喜欢说笑,热爱战马和比武,但懂得克制鲁莽。他身上最能体现骑士意识的革新,他肯定是一个超凡的人,比文学作品中的人物,比沙特尔大教堂的圣泰奥多尔像和兰斯大教堂的扫罗王像更能代表一个时代和一个阶级的理想典型,他就是圣路易本人。年迈的茹安维尔[①]以平实和不走样的笔触这样描写圣路易:这位国王"全心全意地热爱上帝并追从他的榜样……他多次为他所热爱的人民付出生命代价的冒险";这位国王"主张人们不应为无益的事、为这个世

---

① 译注:茹安维尔(Joinville,1224—1317),法国编年史家,香槟地区司法总管,参与圣路易领导的第七次十字军东征,深得圣路易信任,曾写过国王圣路易的回忆录。

界上的离奇要求而浪费时间……他专注阅读圣人著作,手边有注释本《圣经》,有圣奥古斯丁和其他圣人的著作以及其他圣贤书。他自己用心阅读,还在用餐和睡前让别人朗诵"[1];这位国王怀着和圣方济各同样的态度,在耶稣受难前的周四那天为穷人洗脚,亲手给麻风病人喂食,浸泡他们的病体;他对热情已开始消退的十字军东征的理想坚信不移,以个人的热忱重新组织十字军,两次踏上东征圣途;第二次东征力排众议,毅然决然地出征,最后殉道在途中。此种神秘主义是对散文体传奇《兰斯洛特》中主人公的神秘主义的回响,不过受了现实主义影响而带上新的特征:圣路易尊重教会神父,但反对他们对王权的僭越,他不支持教皇反对神圣罗马帝国腓特烈二世皇帝,与其说他赞赏虔敬不如说他更欣赏率真。他在作为人生楷模的福音美德和作为骑士的品德之间力求平衡,以良知平和地对待两者,达到心智的健全:这正是贵族理想的新典型。

哥特式古典主义

那种平抑上一世纪狂热的明智和大巴黎地区的艺术所表现的平衡,体现了哥特式古典主义,其特征正如13世纪初建造的巴黎圣母院正门所展现出的平衡,这种经典的哥特式同时也体现在1250年前后竣工的巴黎西岱岛王宫内的王室圣教堂,以及沙特尔、亚眠和兰斯大教堂等建筑上。这些建筑的风格是统一的,它们的建筑样式一直延续了三个多世纪,影响了西方大多数国家的教堂建筑。工匠们通过改善教堂尖形穹窿的设计,以外墙的拱形扶垛取代扶墙,使教堂建筑进一步突破了厚重和昏暗的局限。新的建筑风格首先是高耸入云,突破

---

[1] 圣帕杜的纪尧姆(Guillaume de Saint-Pathus):《圣路易圣人传》(*Vie Monseigneur saint Loys*),第7卷。

第四章 卡佩王朝的统一（1180—1270）

建筑材料的局限：拱顶和尖塔升高了，升到尽可能的高度，以至造成博韦市教堂的倒塌重建——该教堂祭台的穹顶不谨慎地造到 48 米之高，尖塔顶端高耸至 150 米；建筑各部分普遍延长，通过逐步取消建筑内部的柱头和柱顶中楣，取消一切有碍支柱上升的部分，给人以朝天升空的感觉；建筑外部增添三角形上耸饰壁、小尖塔、尖角和向天投射的塔顶。这是一种朝天喷发的艺术，是最大限度采光的艺术。建筑本身越来越成为支柱和拱顶构成的骨架；窗户做得越来越高、越来越宽，沙特尔教堂首次出现整堵玻璃窗墙；为了使建筑内部结构更加开放，巴黎圣母院的建筑设计者把从诺曼底教堂结构中借鉴来的上层过廊改为轻巧的仅作装饰用的连拱廊。王室圣教堂的上层小教堂采用惊人的全玻璃结构——而让·德·谢勒则在建造圣母院北耳堂外墙时首次采用了辐射型的巨大花玻璃圆窗，不久这种花玻璃大圆窗便在教堂建造中取代了一切尚可利用的墙面。然而，通过向上发展和追求采光来寻求建筑的空间和减少建材时，仍需维持最坚实和最健全的平衡，这种分寸感使得沙特尔教堂的比例尺寸是如此和谐，也使巴黎圣母院的外观达到完美平稳。这种在建筑线条和棱角安排上体现出的数学严谨性，犹如伟大的复调圣乐一样，都是理性的胜利。

教堂的装饰艺术亦因玻璃花窗取代墙壁成为主要的表达方式而变得超现实。13 世纪初建造沙特尔教堂的玻璃匠，以及此后于 1245 年在巴黎建造王室圣教堂和圣母院耳堂外墙大圆花窗的工匠们制作出当时充满激情的杰作，由纯净明亮的色彩所创造的抒情方式比罗曼式教堂壁画中透出的绿色和褐色的土墙更能激起信徒们的热情，比圣德尼修道院长絮热所迷醉的镶宝石装饰更加明亮。絮热院长在宝石装饰透出的红色和深蓝色中享受到最精致的乐趣，宝石镶在花窗玻璃上所产生的效果使絮热院长忽略了人物圣像的需要。花玻璃统率了整个绘画艺术，并赋予细密画一种特别效果——在鲜艳色彩的烘托下，处于幽暗角落神态拘谨的人物、过于简化笼统的风景、金黄的底色都变得更加生动。当时的巴黎和英国的温切斯特是欧洲制作这种细密画的主要中心。在雕塑方面，以最完善的方式体现了神秘的爱、现实趣味和作为巴黎文化精髓的良知这三者之间的平衡。工匠们一方面与方济各会修士保持密切联系，以《福音书》作为唯一参考，将基督教视为一种化身的宗教；另一方面与学校的学者们有往来，像学者们一样懂得在知识体系中恢复自然的应有地位。不再有阴暗角落里的怪兽，也不再有扭曲现实的形象，这是对非理性的胜利。纯粹的装饰元素不再取自于想象的怪兽，也不是形式抽象的非现实构图；而是工匠在身边观察到的生命迹象和周围大自然田野的气息，它们萌发在教堂各个角落，只要不妨碍建筑的和谐统一。归根结底，这些图案是仍带有农民味的平衡之源泉，如大巴黎地区的植物、常春藤叶、葡萄藤叶和莴苣叶等。这正是人文主义的胜利果实在大型浮雕中的绽放。有关圣母玛丽亚题材的雕塑层出不穷，它们同耶稣生平题材的雕塑，同基督教英雄、耶稣众使徒和圣人的雕像一起，从内墙和支柱上被移置到教堂正门，以生活中真人的大小和神态惟妙惟肖地刻画出来。它们就是生活中可以触摸、可以接近、可以亲密交流的人，完全摆脱了罗曼式浮雕和教堂耳堂墙上人物塑像高高在上的气势，教徒在雕像跟前显露的是欣喜出神的恍惚。于是，在亚眠大教堂门柱上雕塑的"慈祥上帝"的脸上，如同在许多基督耶稣像上一样，人们可以看到那种融合了人和超自然的宗教的最完美体现，至高无上的上帝和神学融合在人类的慈爱中；在巴黎圣母院通往原来隐修方庭的大门上，人们可以看到圣婴雕塑所散发的温柔气息。慈爱温柔而非受苦受难。这是神的幸福的化身，是自然人和上帝和解的化身，是坚信赎罪能战胜死亡的信仰之化身。13世纪是雕塑艺术中体现微笑的罕有时代之一，虽然微笑得有些不自然，还带有些稚气，是勉强的微笑，但它毕竟摆脱了对神秘未知力量和神圣威权的恐惧。而只有当哥特式雕塑把人类的平衡表达到炉火纯青时,才能与希腊雕塑艺术相接近,然而人物往往还显得有些困惑,譬如在兰斯大教堂内表现怀孕圣母访问也已怀孕的表姐伊丽莎白的群雕中所体现的。

理性的进步

那种通过骑士爱情文学的新倾向或雕塑人物的脸部新特征所表现出的态度,那种对自然美的接受,以及力图将极端引向智慧光明照耀下的和谐的那种努力,人们还能在一个范围更狭小但向另一些社会阶层越来越开放的世界里看到更明确的印记,这就是思想学术界。自从阿贝拉尔以来,巴黎学校里的逻辑学教育不断完善。运用三段论推理的精湛技巧由于引进了新的教育方法而变得更加灵活:"对辩"(la dispute),即组织持不同观点者的公开讨论。这一方法在 13 世纪初已被采用到所有的学科领域。对学者来说,这种方法犹如骑士的马上比武,双方友好答辩,这是一种既可训练思维,又能培养恂恂儒雅的态度并彰显自己才能的好方法。新的知识一出现就会被大教授们整理进自己的教学提纲,写入浓缩的课本即"概要"(les sommes)中,以便于更深入的研究和提高对文本的阅读理解。尤其是亚里士多德作品的新译本及其诠释著作,不仅提供了一个理性思维的框架,而且还引进了大量意想不到的知识宝藏来填充这一框架。至 12 世纪的最后几年,通过阅读以往不知的著作大大促进了巴黎学院的成功。教师们在学生的促动下更大胆地探索学问,尤其是艺术学科的教师,他们的学生更年轻大胆。教师陶醉于新发现的逻辑体系,在这个逻辑体系中,一切都组织得如此合理,没有半点神秘,符合人之常理。某些学者走得太远,偏离了基督教思想的传统范围,令当局感到危险:于是 1210 年的一次主教会议谴责了阿莫里·德·贝纳和大卫·德·迪南这两位巴黎教授；从此讲授《自然哲学》及其诠释著作的课程被取消；曾有几年学校像过去一样只能开逻辑课。但是大学领袖和曾在巴黎大学求学的教皇后来觉得如此封杀不是长久之计，或许正面对待这一新理论，使之与教会传统理论相协调才不会那么危险。主张和解的还有托钵修会的高僧，他们领导着圣女日内维耶高地上的修道院，绝对服从于教廷当局，担保一切会符合教会正统。对于亚里士多德哲学，方济各会修士站在正统天主教思想一边，圣奥古斯丁早在中世纪初已开辟了天主教思想的道路，在12世纪这种正统思想又在圣维克多学派和西都修会内发展壮大。面临理性神学的兴起，方济各会修士表示拥护情感和神秘论——那种温和不过分的、有理智的神秘主义，它向天地万物开放，完全吻合于圣方济各的精神，能在神的恩惠启迪下归附于上帝，也符合人们从希腊哲学中感受其力量和美妙的大自然。多明我会修士的态度则相反，他们拥抱自然哲学，通过一番令人炫目的繁复推理，逐步化解了将理性与基督信仰相对立的无数矛盾。该派哲学由大阿尔贝神父[①]开拓，大部分理论是在巴黎圣雅克街的修道院内完成，最后由意大利人托马斯·阿奎那集大成。他的《神学大全》以其雄浑和大胆，显示了圣路易时代有教养者的主导倾向：努力求得统一，一切归于共同谅解。

　　实在地说，托马斯的哲学有点过了分。它犹如冒险地走在十分危险的山脊上，其尖锐和脆弱更甚于大教堂的尖顶，对绝大多数人来说是可望而不可即；它会让最大胆的知识分子受到亚里士多德思想的诱惑，认为教会信条和哲学是不可协调的，从而追随亚维侯的学说，越来越独立于教会正统理论。1270年左右，学校内的哲学家和神学家中出现了一种极其激奋的现象，人人狂热地寻找新发现，受激情鼓动

[①] 译注：亦称阿尔贝图斯·麦格努斯。

而且相互对立：人们处于一种意识危机的前夜，知识价值将受到质疑。

批判精神

在这一文化演变阶段最具意义和决定性的是一种精神状态，它在教师身边的学生小圈子中产生，逐渐蔓延至巴黎和法国北方大城市的其他知识分子阶层。人们有时把这种精神状态称作"资产阶级"精神。其实不然，因为这种精神状态虽然为城市居民所特有，不涉及乡间的贵族，当然更与缺乏个性的广大农民风马牛不相及，但它却是许多社会阶层的共同特性。譬如富商——尽管人数不多，也许只在巴黎，或者像阿拉斯等财团势力强大的个别大城市——他们除了关心生意和个人灵魂得救外，还关注其他事情；其他如教士、教会议事司铎、城市的本堂神父、大学教师、医生、公证员、办公室文员、为王室效命的骑士、城内的小贵族、演艺人和手工艺人、装潢着色画师和肖像画师、木雕匠等。所有这些人的智力相对强得多，他们明智清醒，目光犀利，正是这些特质使他们在精神态度上与12世纪的祖辈有明显的区别。好奇心是那个时代的普遍现象。13世纪中叶是伟大的百科全书时代，人们对世界的所有认知被集中起来并开始分门别类。出现了各类《镜子集》《珍宝集》《宝石集》《动物寓言集》——各种稀奇古怪事物的集子，形式十分朴实，却使人的精神向天地万物开放，令人发现现实世界与人们想象的同样丰富惊人，它也可以逐步清点成册，展露于智慧的光芒之下。对现实世界有了正面的看法，不愿再被愚弄欺骗：所有人都是信徒，相互之间没有一点裂缝，平静而自然的虔诚心完全融入日常的行为中，越来越习惯于以圣母和圣人像为中介，通过平和的宗教来与上帝对话；但是，他们对待世事多了一种讽刺感，这是重要的进步。一切过分的东西都会受到批评，不予尊重：彬彬有礼、谦卑殷勤的骑士风尚和为妇女效劳的精神抑制了男性的张狂，使过去的秩序受到了质疑；妄自尊大的贵族所炫耀的优先权，事实上再也不能以道德和物质的优势来正名；狂热的宗教行为，教会中人的使命与其日常生活行为的可悲差距都受到摈弃。平衡的意识和或然性的思想，是信徒们内心深处最健全的信仰与面对神父的极其坦率的严肃之结合——这种态度现在之所以能表达出来，是因为教士已不再是唯一有话语权的人了。它也是信徒们更好地理解宗教价值、对教会有更高要求，以及世俗者加入宗教生活的表征。人们还学会了揶揄。对他们来说，一种全新的文学诞生了：在嘲笑中得到娱乐。于是出现了伟大的音乐家和导演亚当·德·拉阿勒在阿拉斯出版的讽刺性刊物，出现了嘲笑富裕农民、女人、说大话吹牛者、神父，特别是修士的古怪举止的滑稽故事，还有戏谑讽刺性的歌曲和寓言，其中借助动物指责人类社会的种种丑行。作品显露出好争辩的机智，有时甚至有点故弄玄虚，但却是活生生的，带有若干天真的乡土之美，令人赏心悦目。这一切都表达在伟大的巴黎诗人吕特伯夫①的诗篇中，它就是13世纪的基调。

巴黎风尚的传播

自1180年以来在卡佩王室领地中心的巴黎逐渐形成的趣味、感觉或表达方式等，通过商人，通过曾在巴黎大学求学后来到外省当主教或教区督学的人，通过由王室派往远离巴黎在各地常驻或执行短期使命的官吏，很快传播到法国各地。巴黎风尚的传播主要通过城市，由于各地的权贵面临财政拮据的困境，国王有可能施加影响。卢瓦尔

---

① 译注：吕特伯夫（Rutebeuf, 1230—1285），13世纪巴黎行吟诗人。他深谙行吟诗人的艰辛，写过十字军歌曲，还写过圣徒传记、戏剧、韵文故事和讽刺诗等。他的作品对后世有较大影响。

河以北的整个地区（除了里尔和杜埃以北讲日耳曼方言的部分佛兰德伯爵领地外，这些地方越来越偏离了法兰西王国），整个勃艮第直至里昂附近地区，已完全处于大巴黎的影响范围之内。再往南，在 12 世纪中期对法兰克文明还表现得极其冷漠的阿基坦地区，也开始传播巴黎风尚：图卢兹成为传播巴黎经院哲学的中心，为了传播教会正统教条以对抗邪教加答尔，1229 年创立了大学；巴黎地区方言①作为与王室联系的语言逐渐占领奥克语地盘，使皮卡第和巴黎地区文人的读者群向法国南部扩展；13 世纪下半期各地教区主教纷纷仿效哥特式教堂的模式对本地教堂进行改造，如模仿亚眠大教堂来重建克莱蒙、利摩日、罗德兹和纳博讷等地大教堂，以巴黎的王室圣教堂为模式来改造卡尔卡松的圣纳泽尔教堂。哥特式教堂风格融入了西都修会修士所加的某些元素后不断扩展，取代了罗曼式教堂的传统。

最后，沿着商贸大道和欧洲政治的轴线，巴黎文化也跨越了王国边界，远远传播至世界各地，国王圣路易使王国成为在天主教内享有盛名的国家。在卡洛林帝国时代，曾以福雷兹、沃莱、热沃当等地为界的卡佩家族领地已扩大至里昂，由于语言及一切以语言为载体的因素，由于大宗贸易商的经商活动以及文化艺术的渗透，那时埃诺、巴鲁瓦、勃艮第公爵领地和多菲内地区已完全朝向了王室，同时法兰西的影响已达到南部普罗旺斯，那里的主宰者是国王圣路易的兄弟。如果说在 11 世纪末和整个 12 世纪英国与法国是一对共生体的话，那么进入 13 世纪后英国就逐渐远离大陆，开始形成其独特的文明；相反日耳曼各国则摆脱了卡洛林时代的乡土气，世俗和教会贵族人士开始接受法兰西方式。在 12 世纪末最后几年里，法国行吟诗人的韵律和香槟地区罗曼传奇的题材被吸纳到德意志宫廷抒情诗人的创作里；在

---

① 译注：属奥依语。

莱茵河、美因河和兰河流域两岸出现的新教堂都带有法国拉昂或苏瓦松等地大教堂的影子；法国的建筑方法还影响了从斯堪的纳维亚各国至多瑙河中游地带的建筑风格，兰斯教堂的雕塑在德意志班贝格市教堂获得忠实的回响，在斯特拉斯堡教堂得到了延伸。同时，因为法国北部的骑士大多数曾参与十字军东征，他们在近东地区，叙利亚、塞浦路斯、摩里亚半岛建立了天主教徒殖民区，那里的居民从语言上、从城堡和教堂的风格以及领主们的生活方式上都是"法兰克人"。在西班牙卡斯蒂利亚、布尔戈斯、莱昂和托莱多等地，建筑和新盖教堂的装饰都是法国化的；在一向忠实于罗马传统的意大利，法国小艺术品和象牙雕像也随处可见，有的也许还启发了乔托的创作灵感。文学方面更其如此，法国的文学语言成为意大利上层人士的娱乐消遣，佛罗伦萨人布吕内·拉丁并非是唯一用法国方言来写作俗拉丁语作品的意大利作家。从基督教世界的一端至另一端，所有未完全困于田间劳作的人，诸如与香槟地区集市关系密切的大宗商人、教会显贵、宫廷要人和在各地巡游比武的骑士们，都感受到大巴黎地区风尚的气息。13世纪或许是这样一个时期：在欧洲各国，欧洲文明体现出最强烈的法国色彩。

第五章　中世纪末（14—15世纪）

这是一个进步惊人的时代。法国的人口增长，随着农耕制度的形成，各地面貌也相对固定，直到 18 世纪为止不再有大的变动。新的商业循环的建立唤醒了城市，对大多数人来说，基督教教义已不再是单纯的一套赎罪仪式，它已成为道德规范，对少数精英来说更已成为逻辑思维的工具，各种政见和基督教思想纷纷涌现。这就是法国文明史演进中的第一时期。这个时期的文明深深扎根于卡洛林王朝时代，穿过浓重的野蛮风俗，甚至可以追溯到更早的古罗马帝国；但是它并不涵盖被历史学家们称为中世纪的整个漫长历史阶段。在西方和法国的历史中还存在另一个更鲜活更为人们所了解的中世纪，即被浪漫派学者所激活的那个中世纪，它与早期中世纪有很大不同。两个中世纪之间的拐点在 13 世纪 70 年代，即圣路易国王死后不久。在中世纪后期发生了三大变化：对知识认知态度的改变、政治权力新概念的出现和经济条件的颠覆性变化。

基督教思想的转折

基督教思想的最初转变只涉及知识分子中很有限的范围，不过他们掌握了以后几代人的逻辑思维和感受方法，所以在学校内的最初变化决定了整个未来。当时巴黎大学的多明我会修士曾试图协调新亚里士多德主义和基督教教义，亦即相信希腊哲学，鼓励文学院众多的教师和学生加以研习。教师和学生们对希腊哲学极感兴趣，他们首先是为个人而学，把它作为生财之道，未曾想到将这种哲学融入与基督教教义相关的思想体系。1260 年左右，在巴黎大学形成以教师西热·德·布拉班特为首的辩证法学者团体，只研究亚里士多德以及由著名的阿拉伯学者亚维侯所作的诠释，亚维侯对亚里士多德著作的诠释最大胆亦最少宗教色彩。学者们建立起一个纯粹的逻辑学体系，该体系因完全脱离了基督教范畴而引起非议，招致长期来对辩证法介入宗教行为感到恐惧的所有人的谴责。在 1270 和 1277 年，巴黎的亚维侯追随者们两次遭到教会的严正谴责，教会的第二次斥责还包括托马斯·阿奎那的学说。以亚里士多德学说对圣经著作的一切诠释都被视为不能容忍；连同从圣安瑟伦①和最早经院哲学家以来的几代教士企图理性地解释神秘的基督教教义、将理性和信仰加以协调的努力都被归于徒劳无益，极其有害的徒劳无益。这是一次重大的割裂。知识分子的新立场——14 世纪初在巴黎的英国人邓斯·司各脱便是该派的典型代表——是方济各会的主张，它与基督教的另一种思辨倾向相结合，那就是在亚里士多德学说被发掘并风靡之前已存在的、宣扬神秘感悟的理论。它主张世人不是靠智慧来亲近上帝，而是靠爱激发的意愿。这种理论把宗教态度与理性思考完全隔绝开来。

事实上，从那时起在所有人看来用逻辑思维来解释神启的真理都是不可能的，一切理性的神学都毫无意义。从此信仰成为纯粹感情上的事，宗教生活只是情感层面的活动。经过了 50 多年的逐步渗透，

---

① 译注：圣安瑟伦（saint Anselme, 1033—1109），中世纪意大利哲学家、神学家，1093 至 1109 年任坎特伯雷大主教，被尊为第一位经院哲学家。

方济各会和多明我会终于排除了教区僧侣的抵抗，或许也包括不少信徒的保留意见（他们把托钵僧看作是教皇派遣的人），真正确立了对城市信徒宗教行为的影响（值得注意的是，影响只局限于城市范围，从而加剧了城市文明与乡村文明的对立）。灰袍修士（方济各会）和白袍修士（多明我会）穿街走巷地深入千家万户，活跃在街头巷尾，无时无刻不与世俗者保持接触，借助榜样，通过说教和聆听忏悔，成为全面革新宗教的倡导者。他们传布的基督教教义不是靠推理，而是通过耶稣的受难故事来感化；为了达到心灵喜悦，凭借智慧能力是无用的，靠的是童心、谦卑和慈善。于是，知识界人士的关切与民众虔诚的新形式紧密相连：两者都通向神秘主义。

哲学思辨的新领域

但是相反，按邓斯·司各脱主张的理论，人类理性能适用于神启真理以外的一切领域，从这点上说，理性属于人类的智力范畴，既然信仰不会受到怀疑，人们可以完全自由地运用理性。于是邓斯·司各脱的思想被当时巴黎最有影响的大师纪尧姆·德·奥克汉姆[①]采纳并发挥。奥克汉姆的学说影响了 14 世纪上半叶的后半期。尽管受到教会排斥，他的学说决定性地扭转了知识史的发展方向——几乎完全被排斥在神学研究之外的哲学自此摆脱了一切教条束缚，迈向对经验事实的探究：它开辟出一片实际应用的广阔天地，也就是对人类和世界的研究。事实上，大学学者的态度和 13 世纪中期接触文化的世俗文人所表现出的积极的好奇心之间有明显吻合，从 14 世纪起逻辑方法已开始在法国被运用来理解一些自然现象。哲学大师让·比里当和尼

[①] 译注：纪尧姆·德·奥克汉姆（Guillaume d'Ockham, 1285?—1347），英国哲学家、逻辑学家和神学家，方济各修会修士，唯名论经院哲学派的杰出代表。

古拉·奥雷姆大胆地（其实还是畏首畏尾地摸索着）采用实验方法来观察物质世界。其后便有了精确科学、数学和光学的明显进步。从那时起，以往最有学识的人都感到陌生的用数字表示的精确度概念开始渗透进人们的头脑，同时还产生了关于空间和时间的越来越明确的意识。这种意识表现在14世纪中叶最早有透视感的细密画上，也表现在14世纪"新艺术"派音乐家的细腻节奏上，此外在巴黎和卡昂市街头的公共场所最早出现的自鸣钟也增强了人们的时间意识。

另一方面，推理也开始运用于政治和社会关系的分析。曾任巴黎大学校长（1312）的马西尔·德·帕度和巴黎纳瓦拉中学教师让·德·雅顿合著的《和平的辩护士》一书因反对教皇的神权政治而被禁，但当时该书在学校内仍被广泛阅读和评论；基于亚里士多德学说尤其是《政治论》而展开的关于权力的哲学探讨不断进行着，尼古拉·奥雷姆还在1370至1377年间以俗拉丁语翻译了亚里士多德的《政治论》。查理五世国王身边的一批大学学者制定出一个"好政策"、好政府的理论：国王作为上帝意志在世上的执行者，应当仿效"圣路易"践行基督的全部美德，为"公共利益"而执政；为此必须建立一个由智慧和理性者组成的有效的好内阁，这个班子的人数不必多，负责监督王室领地财政的量入为出，对不法者不能过于宽容；如果不以理性克制自己，君主就将成为暴君——15世纪初，当路易·德·奥尔良被谋杀后，阿马尼亚克和勃艮第两派诸侯发生激战，有一位大学学者让·珀蒂就当着全体朝臣的面，以逻辑三段论论证诛戮暴君的必要性。

行政机器

但是，单从理性思考来理解世界还不能完全解释政治意识的进步。事实上，从13世纪最后30年起，政权的性质及其运用都发生了根本变化。从路易七世至圣路易，王室权威的扩张只是在封建制的框架内进行的；卡佩王室仅扩大了其作为封建领主的权威。国王在由附臣组成的内阁辅助下行使法律，在面临战争时国王身后有附臣壮胆，当国王个人领地的财力不足以应付一项巨大开支时便向附臣们寻求"帮助"，所以国王是"封建君王"。谁都没有清晰地意识到国王的权力应当高于封建主，在所有人的眼中，国王直接的家长式的个人权力是在家族形式下，靠封建从属关系的"友谊"来行使的，附臣因领受封邑而依附于领主。但是在1270年以后，王室的权力结构完全变了。首先是国王行政机构迅速膨胀。在圣路易时代，行政机构人员已相当多，"国王手下人"的数量在13世纪最后几年里大量增加。代表国王的每个大法官和司法总管行署、王室军事防御驻地有司法官吏、执法员、军警共数十人；政府各级机构均有数百名僧侣或世俗办事员，专门负责王室成员起居的王府人员现在与朝廷工作人员完全分开，朝廷各机构也被分开：最高法庭及其下属各庭，掌玺大臣公署和财政审计院。尽管从一个现代国家的视角来看，如此行政机构仍处于萌芽阶段，组织松散，随意性大，而且机构在运作方式和精神状态方面完全是仆人角色，部门头领生活在王室内府，办事员按需要被任意调派；但是不久它便逐渐走向正规化和秩序化，在一个习惯于直接行使权力、首领与下属只以口头和手势领导的世界里，显得十分有效。行政机器庞大到能自行运作，国王的个人能力已不再重要。这就是一个重大的新特征：圣路易的孙子、国王美男子菲利普可以说就是法国第一位这样的君主，人们甚至不清楚他治下的一切重要措施是否由他所决定，国王的决定开始被主要顾问们的言行所取代；在他以后的几个国王可以不具有个人威望，不必亲自带兵打仗，而把军队交给军事统帅，自己在作战室里遥控指挥；甚至疯子国王都不影响下属以他的名义来仲裁纠纷、发动战争和征收税项。严格地说，至14世纪初国家权力已不再体现在国王个人身上。

战争和税收

此外，由如此众多的官吏集体运作的复杂机构向各地蔓延，热心鼓吹王室权力的人把国王行为推向比"封建"君王所做的更远。法国国王不再把自己的使命局限于上帝交付的维护国内和平和正义，为了共同得救他还把臣民引向征战。他开始带兵远征边境——派兵出国到南方加泰罗尼亚或者出征到自认为有权干涉的北方佛兰德地区——奔袭里昂，不久再征战东部多菲内地区，把受外国封建主压迫的当地民众的利益看作自己的利益。14世纪是欧洲大陆开始大规模武装冲突的时代。战争——最早是邻近部落之间季节性的劫掠——到了封建时代的法国已变成局部范围内家常便饭的事，譬如在宗教休战期外的抢劫、个人复仇、小团伙的零星骚扰，还有发生在领地边缘地带为挽回名誉而进行的短暂入侵等。对远方的目标发起大规模的远征，这就是长途跋涉的征战。从此以后，战争成为大的政治集团之间特别激烈的对抗，逐渐摆脱了封建的性质。发动战争的借口在大多数情况下仍然是领地和附属身份之争，或者是家族内部的矛盾，但是激化冲突的起因往往是经济利益，或者是集体意识中慢慢萌芽的对别处居民的侵略心，它还称不上民族感情，只是某种排外意识。这种情绪在边境地带尤为强烈，在国与国的冲突中更有现实性。这是欧洲各国生存条件中的一个深刻变化，其形式和成因值得作更贴近的研究。

为进行这类旷日持久的战争，单靠封建制惯例向法国国王提供的手段是不够的。仅靠所属附臣征集来的义务劳役兵何以实施有效的军事行动？各地执法官征募劳役兵耗时长，队伍集结起来后拖拖拉拉地到达集合点；士兵们的兵器装备常常破旧不堪，他们花着国王的钱而心里往往盘算着如何与相逢的熟人一起热闹一番，毫无纪律观念。40

天的当差期甫满，不管部队是在被围困中还是即将面临战斗，劳役兵就拔腿回家了。从12世纪起，国王开始征聘雇佣军，作为职业军人他们打仗认真。到了国王美男子菲利普的时代，军队全体人员都领薪受饷，薪金按等级和兵种不同。国王的附臣本人也成为受饷者，这样就能要求军队打仗不计日夜，装备良好、准时准点和指挥得法。雇佣军有效但耗资巨大。在正常情况下，王室内府、宫廷和政府全体成员的现金开支是有限的，而一旦调动军队——当时征召军队的人数相当少，不会超过两三千骑兵——哪怕只两三个月时间，费用就会超出平时开支的三四倍，立刻罄尽国库。一个目标的围困时间稍长就会造成国家此后几年的经济拮据。军队要适应新式战争就会骤然增加王室的财政需求。然而，有一个观念是根深蒂固的，即国王如同所有封建领主一样，只能在惯例明确界定的少数几种情况下，才能动用王室领地的财政储备和征调下属附臣的帮助。国王是否有权要求更多，有权向臣民征税呢？这是在查理五世治下政治理论家们特别讨论过的问题之一。如果说《果园之梦》的作者认为，作为共同财富的担保者，国王可以出于公众的普遍利益而要求得到额外御用金的话，尼古拉·奥雷姆的意见则相反，他认为"额外"征税需获得臣民的特别赞同。事实上尽管有保留，官吏们在财政短缺时仍会巧立名目地张罗钱财。诸如借贷和征收各种捐税。国王的财政开始成为王国的负担，会通过各层封建关系将臣民的财富与国王的财源联系起来。

至高无上的国王和等级会议

13世纪最后30年间，在热衷于以最高政策来开拓王室财源的国王附臣中，形成了关于国王权力的另一种观念。它的鼓吹者是新近才归并入王国的南方朗格多克领地的一些官吏，他们曾在博洛尼亚和蒙彼利埃两地的学校受过罗马法的教育，是所谓的"法学家"。他们提出了一种与产生于封建制基础的王权概念完全不同的国王权力至高无上的新理论。他们认为，法国国王就是"王国范围内的帝王"，这首先意味着国王除了服从上帝威权外，独立于其他任何权力。自从1250年腓特烈二世驾崩以来，西方已不存在帝国，没有皇帝了。至于教皇方面，王国也正在那时脱离了教皇的控制——人们知道法国国王美男子菲利普与教皇卜尼法斯八世之间的激烈冲突——法国教会因此开始疏远教廷，成为更接近本国国王的一个实体。至于国王的统治权，则明确肯定国王对其全体臣民拥有至高无上的权威，任何人不得挑战其权威。这就使亵渎君主罪的观念复活了，从而使王权决定性地挣脱了封建制的躯壳。但是，由此就有必要建立一种国王与其臣民之间沟通的新渠道，它不同于过去靠封建制的层层效忠，组成环环相扣的统治结构。于是便产生了新制度下最早的"等级会议"。实际上，它是封建制下"咨询会议"的简单改装：国王召集各地大贵族、高级僧侣和其他"等级"的代表，也就是各大城市的资产阶级及大学精英等社会各阶层的代表。会议并无固定会期，国王在遇到特殊困难而需要邀请王国各阶层头面人士参与决策时便召集会议。1302年在巴黎举行的大会是第一次等级会议，震动了整个社会。这次会议是在对抗教皇决定的背景下召开的，为法国国王可能被教皇逐出教门作精神准备，讨论法国的抵抗能走多远。其后的几次等级会议，都是讨论王国的财政困难，商量征税计划。等级会议的代表性变动较大：国王美男子菲利普死后，为商讨王位继承人问题的等级会议只召集了贵族和教会显贵；而当需要商讨财政问题时，资产阶级代表便在会议上占据了重要地位——在幅员辽阔、阶层复杂的王国内，等级会议从来不具备"普遍的"代表性。南部朗格多克地区的代表总是那么几位，北部地区通常以省份来推选代表。选代表无固定规则，只有被国王召集的人才前来参加会议。14世纪上半叶，国王和臣民就以这种方式开始对话。遇到战争，国王就会频繁召集等级会议。在等级会议全体大会的会场外，各方进行讨价还价；官吏们得许诺实施某些改革来换取与会代表的"帮助"。于是面对国王个人色彩淡化的王权，逐渐形成了一套能让臣民表达诉求的治国工具，它也符合政治哲学家们提出的臣民可能实行监督的理论：在这个领域里，发出了中世纪终结的独特声音。

经济氛围的变化

中世纪终结的声音在经济特征上显得更加清晰。事实上在1300年前后的数十年中，经济状况已完全被颠覆了。在法国各地持续了三个世纪的大规模经济发展和技术进步，至1270年左右开始放慢了节奏，并最终停止。这是一个漫长的萧条、停滞和倒退时期的开端，生产和流通的萎缩迫使人们艰苦奋斗去克服一个又一个困难，人们的日常生活蒙上了一层阴影。能否说这一衰退导致了一切事物的衰落呢？能否像荷兰学者赫伊津哈以及后来的一些历史学家们所说的那样，把14、15世纪称作黄昏和没落的时期呢？进而把当时人都看作神经官能症患者，无能力进行平衡的创造，迷失在梦幻里，生活在极端神秘主义和一味寻找野蛮刺激中呢？这种悲观主义观点还含有一些浪漫主义成分。历史学家应当谨慎：首先，因为他手中掌握的实物资料已变得浩如烟海，需要进行选择，必须作抽样统计，那些令人印象深刻的个别特征容易使人疏忽正常情况，即日常生活中的平衡状态；其次，当一种新现象冒头，为抓住它而对其特别审视时，容易忽略其余的一切，将它们丢在一边，而经历了中世纪繁荣期的那股强大的习惯熔流，会渗入逆境时期并使之振作起来；最后，这个世界还如此深地扎根于泥土，如此贴近自然，如此地生硬，生活方式和思维方法在本质上是如此地原始，不至于那么脆弱，那么易受财富升降波动的影响，不像生活在当今复杂、脆弱的文明里的我们可能会想象的那样。同样，中世纪繁荣期的各种方法、求知欲和观察推理世界的方式也会延续到后代的知识阶层，他们对哲学的新思想才刚接触或者知之不多；同样，封建意识和领主制度尚且残存，尽管王权至上的观念有所发展，但社会政治关系的基本框架、附臣效忠意识、家族互助和各种封建义务在当时人眼里仍比等级会议或者求助国王司法重要得多；同样，法国绝大多数民众——满脑子只想着糊口的粮食如何能支撑到次年夏季的农民，根本不懂何为奢侈，而只知道狩猎和巴结权贵的外省小官吏、平庸的市民、城郊的葡萄种植户和小商贩们也只会略微有所感觉，但我们可以相信，他们不会意识到危机重重。货币贬值和商贸活动停滞的后果，只有在经济发达的少数地区才会较明显地影响部分人的生活水平。这是贫困的时代，这一点是肯定的，但也储备了保存和更新文化传统的足够活力，以便在15世纪释放能量，引发文艺复兴的最初绽放。

1. 贫 困 时 期

当最贫苦的民众开始发出哀号时,来自社会所有阶层的怨声贯穿了整个14世纪。起初是零星的断断续续的抱怨,从1330年起逐渐不断蔓延,直到1420至1430年间爆发为普遍的吼声。物资匮乏造成的士气消沉、面临死亡威胁的担忧和恐惧,在当时的文学作品均有所表现,诸如在用词夸张的应景诗,描写更确切的私人信札、个人日记、回忆录中,此外凄惨的遗嘱和遗产清单更直截了当地反映出时代的艰辛。各种灾难接踵而来,其中最令人不能忘怀的三种灾难是:饥馑、战争和鼠疫。

饥荒

对杜·盖克兰[①]和圣女贞德的同代人而言,好时光、黄金时代就是圣路易治下的年代,即让所有人都能吃饱肚子。其实,他们肯定生活在幻觉中:在12、13世纪,人们亦有过饥荒的年份,夏季雨水过多,冬季过于寒冷,在青黄不接时大多数人亦曾以野菜充饥度日,也不得不勒紧裤带。但相对于封建时代的鼎盛期,中世纪末是一个粮食匮乏的年代,这点不假:饥荒更频繁更严重,发生了两个多世纪来人们已不习惯的饥馑。物质短缺是当时一切困难中最突出的问题,那么它是怎么造成的呢?

14世纪以前,在国家财政制度建立之前,在人们对用数字表示

---

① 译注:杜·盖克兰(Bertrand du Guesclin,1320—1380),布列塔尼的武士,服务于法国国王查理五世,抵抗英国人的民族英雄。

的精确度新概念形成之前，谁也没关心过一个城市或一个省份的确切人口数字（保存在法国档案馆内第一份略似我们今天所说的人口统计的是1328年的资料，即《各地大法官或司法总管辖区的炉灶状况》，在王室领地内按"炉灶"［即"家庭"纳税单位］数来计算各教区的居民住户数量，统计很难得出精确结果）。然而，各种迹象令人相信，人口从11世纪初起以较快的速度增长。伴随着人口增加农业生产的发展亦相当迅速，一方面是农耕技术的不断改进，另一方面随着沼泽地开拓、处女地开荒和大片伐林造地，劳动力人口持续增长。但是从13世纪最后几年起，农业产量停止增加，优良的耕作技术在所有能实施的地方都被采纳了，但没有更好的新技术，也不再有新的拓荒——因为在有些地区，进一步减少森林和牧场的面积会损害农业体系本身；而另一些地方大规模的伐林开地后，土地经过几年平庸的收成已变得十分贫瘠，农民不能继续向前拓荒，而必须返回到不那么贫瘠的耕地上耕种；再者有些地方，荒地的主人认为让土地闲置比开垦耕种更有利可图，随着城市扩展和物质生活的进步，留着森林和生长牧草更有价值，收入比谷物更好。于是耕田不再扩大，甚至还减少了。粮食收成减少，土地连年耕作致使地力耗尽。农业生产停滞不前，结果打破了原先的平衡，因为人口在原来的基础上继续增加，并且持续了一段时间。14世纪初法国人口大约不到1 500万，但已是人口过剩的国家，许多人吃不饱。粮食匮乏年年频发，农产品价格暴涨。从此粮食价格与其他商品价格的比例失衡，这或许对农民的意识产生了相当大的影响。人们的主要忧虑又回复到农业大进步之前的生存问题。随着饥饿的无产者人数不断扩大，农村萧条衰退成为经济萎靡的第一症状。但是它更因造成经济失衡的第二因素——战争——而持续加剧。

相当长时间以来的大规模冲突至13世纪仍未停止。国王美男子菲利普对吉耶讷①、佛兰德两地发动战争，实际上是与英国国王冲突的前奏，法英两国冲突正式开始于 1337 年。所谓"百年战争"，这一称呼其实并不确切，因为武装冲突一直延续至 1453 年，历时一个多世纪。这场冲突标志了两国敌对的长期性以及新时代最明显的特征。从此战争占据了人们的日常生活。这个时期出生的人可能一生都不知道真正的和平是什么，连他们的祖父都无法告诉他们。那么这是一场什么样的战争呢？

战争中的新技术

战争的打法与菲利普·奥古斯特或圣路易时代不完全一样了。除了武士的习惯行为及其常用装备——在农业繁荣期有多少可怜的乡绅骑士带着他们祖辈打造的武器和铠甲跟随国王的军队东征西伐！——除了对付敌手的一些传统战术方法外，许多事物在 14 世纪发生了变化。其中最主要的或许就是投掷武器，它变得更有效：当时发明了弩，这种武器更复杂易损但更加精准，它射出的箭，即"铁质角镞箭"具有极强的穿透力；还有大型的弓，射程远，力量大，而且速度极快；更不必说随着冶金技术的进步而出现的火炮，这种采用火药的武器使用起来不很方便，主要用在攻城时替代老式的投石器，亦用在双方已经对阵时，火炮鸣放时发出的巨响可惊吓敌方的战马和士兵。远距离攻击性武器的改进使老式护甲和皮盾不堪一击。于是甲胄必须跟着改进，在锁子甲和身体易受攻击部位的甲胄上加铁片；最初是把铁片覆盖在护甲上，后来把铁片镶在盔甲里，出现了"铁片盔甲"。这种铁甲等于把战斗者包在甲壳中，铁甲足够坚固，关节活动部位还

---

① 译注：吉耶讷（Guyenne），法国旧省名，地处西南部，大约相当于今天阿基坦、南比利牛斯山和普瓦图-夏朗德等地区的一部分。

装有活络铰链，但也变得越来越沉重。15世纪时，一副新式的铠甲重达60至80公斤，骑士本人无法穿戴，甚至无法承受——他无法做各种动作，只能朝前行走和向前打斗，一旦跌倒就再无法站起来，遇到泥泞地便陷身泥潭。此外，骑士的战斗力也大大减弱，首先战马不堪重负，载着如此重的骑士跑不快也走不远；其次坐骑不戴护甲，遭到强弓和弩的射击只能很快退出战斗。于是地面的肉搏变得尤为重要。法国骑士对英国士兵引进的新战术适应缓慢，应对笨拙，屡遭惨败。英国士兵习惯于穿着铠甲，使用钉头锤和剑等短小武器徒步格斗。随着步兵作用的加强，骑士的优势愈加减弱；弓箭手和长枪步兵用带钩的长戟把骑士打下马，再以匕首从铁甲缝隙间刺入结果骑士性命，因为骑士一旦落地便无法动弹；或者他们从背后袭击骑士，因为骑士受铁甲所碍转身不便。渐渐地身着铁甲的骑士——顾名思义是骑在马背上比武的人——不得不投入一个徒步的战斗组。可怜的贵族骑士穿着沉重的铁甲，身随两名弓箭手——他们现在因机动性强而受到重用——再加上一名长枪步兵。15世纪时也有骑士本人充当令人厌恶的长枪手角色，骑士的随身仆人和侍从在打仗时则负责保管武器和照料战马。这个战斗组被人们称为"尖刀组"（lance），因为它的行动围绕着头领所指向的攻击点。

战争的破坏

上述这些变化对士兵的心理不可能不产生影响。在长期老式战争中形成的道德守则根深蒂固，眼下人们能远距离打击敌方，步兵变得如此凶残，渐渐使战争失去了昔日双方决斗、不施"暗器"、诚实地捍卫荣誉的性质。如今征聘职业雇佣兵，以杀手身份来参与战争，在尚未达到真正的职业高度时，他们只求有效屠杀，而较少顾忌礼数和骑士风范。他们往往来自最野蛮地区的最贫困阶层，面临说另一种语言的对手，心中滋生起排外情绪，对于生性暴烈又习惯于苏格兰和威尔士地方殊死决斗的主要敌人英国人，法国骑士养成了用诈和蔑视生命的习性。总之，人们投入了一场完全不同的战争。双方事先约定的阵地战越来越少了。主要的战术变为出人意料的快速突击、追击、伏击，以及派遣机动性极强的小部队对敌方实行短促的骚扰。由于围困已变成战争的一个重要阶段：人们常能从编年史和历史书的彩色插图里看到围城场景的描绘。围城对峙旷日持久，因为城堡和城市的防御技术远远超前于攻城技术，围城又难以做到密不透风，所以城堡很难攻克。长期围困一座城市令战事延续至冬季，攻方筑起了自己的防御工事，与守方形成对峙的局面也是新现象。但是食物短缺和物资贫乏对被围方造成巨大压力，即使把闲散人口都遣散了仍无济于事；而对攻方而言，终日懒散和无聊亦令人备受煎熬，心焦如焚，有的人因气候恶劣而病倒，所以一旦城市被攻陷，受了如此痛苦的围城方便杀入屠城，以泄围城之忿。然而围城把大批军队长时间集结在一处，其余地方则可得以太平。这就是新式战争。

比起现代战争来，当时打仗的破坏性毕竟小得多。尽管侵略性有所增强，尽管杀戮心和破坏力都有增加，但是战斗双方所受的生命威胁并不大，因为战争的基本目的仍是——或许比以往更是——为了赚取赎金。这是一场大规模的赌博，人们押上身家性命是为了赢得对方更多的钱。无钱赎命的可怜虫则被人毫不犹豫地杀掉；但也有这种情况，即战斗爆发前，几个人就已商定如何活捉大鱼然后分赃。人们决不会杀害有油水可榨的俘虏，否则才真是人财两空了——英王亨利五世在阿赞库尔战役获得大胜的当晚，喜出望外而冲昏了头脑，又因接获假警报而在惊慌中下令杀掉了大多数战俘，这是极个别的意外事件：此后很多年英王的身边人都惋惜此事为倾家荡产的浪费。正常情况下，只要敌方放弃了阵地，整个战役就会停下来了。通常不会穷追猛

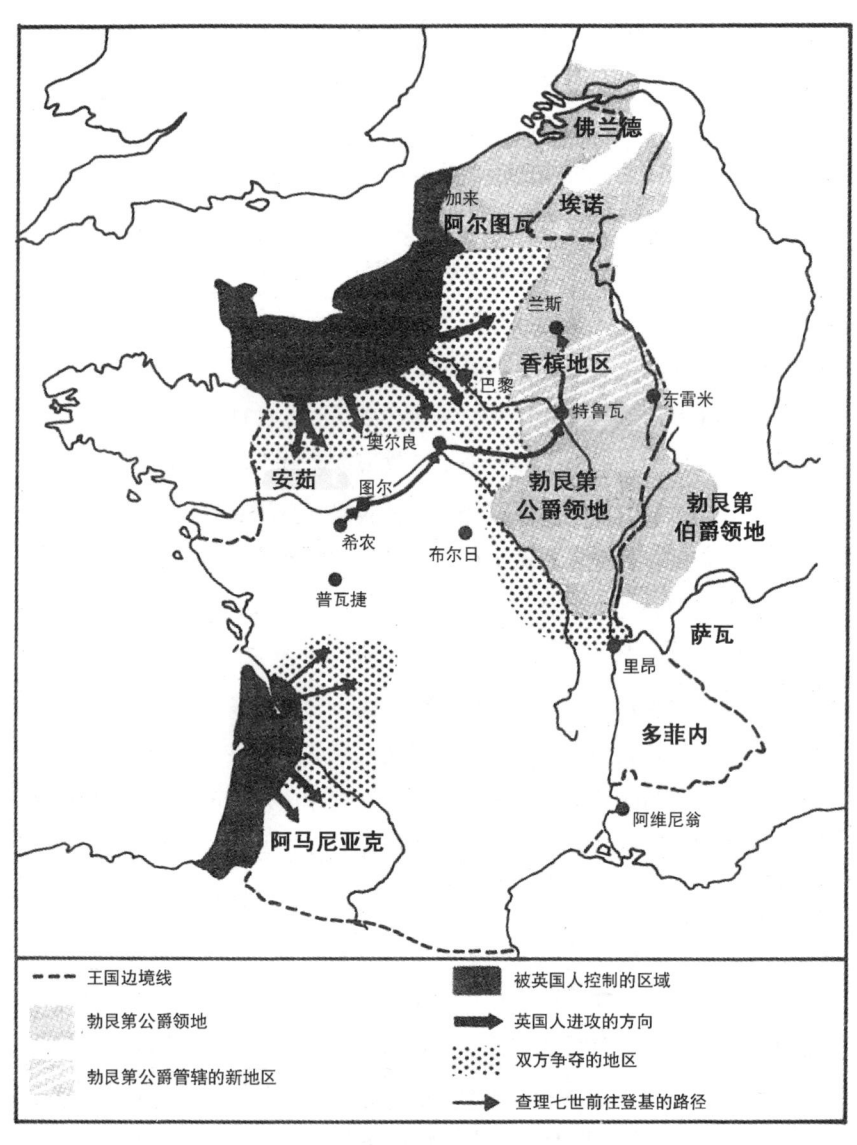

图 12 1420 至 1430 年间法国的分裂状况

打，胜方捕获了战俘，无论如何不会再作任何冒险。因此，没有不死不休的战斗。除非交上厄运，战场上的贵族骑士一般都能保全性命；不过也可能会度过漫长的囚禁生活。因为赎金通常相当高（虽然打了败仗，谈判中尊严犹在：赎金越高说明战俘的价值越大），赎方的家族一时难以凑齐，即使按封建惯例要求附臣的例外"资助"都不够。被囚战俘本人或多或少会受折磨，得忍受长期脱离自然生活环境的痛苦，疏远跟家族和封建属臣的习惯联系；而对捕获方来说，监管、负责战俘的生活也是件耗资不菲和令人厌倦的事。有的捕获方干脆摆脱战俘，折价将其转让与别人。这种习俗在现金稀少的时代促成了大量现金和黄金通过不正常的途径流通，而无规则的交易又打乱了贵族间财富的平衡。

至于对不参与战争的人，战争的破坏力也不像人们想象的那么严重。事实上，军队人数极少。英王亨利五世当年企图征服法国，倾其全部军队和财力，1417年才带了总共不到1.1万名士兵登陆法国。1429年守护奥尔良的士兵不足千人，圣女贞德带来的增援部队才200名士兵，便借此扭转了战局。人数如此少的军队不可能造成很大破坏。军队在各地不停移动，平民百姓只要时刻留意，事先把贵重物品藏匿在一个隐蔽处，带好牲口耐心地在森林或沼泽地里躲一两天，即可避过兵燹战乱。抑或部队为围城而屯驻一处，那么劫掠也只局限在某一小区域。再者战争不会旷日持久地进行下去，因为谁都承受不起长期打仗的耗费。当时人已习惯于在冬季打仗，当然厌战情绪还存在，大多数士兵的思想仍停留在过去的习惯想法上，认为打仗就是几个星期的事，而且只在天气好的季节进行。因此，战争会以协议、停战、或长或短的"零星战斗"等形式断断续续地进行，在此期间战争的创伤能得以恢复。

结队沿途行劫

新式战争虽然只发生在有限地区，加上不断休战，总之破坏力有限，但毕竟是灾难性的。战争的频繁度超过了以往封建领主间的冲突，它的纵深度和破坏性亦更大。百年战争初期，英国入侵者沿途洗劫，然后把赃物一车车地运到他们船上。此后，英国人在克雷西和普瓦捷两大战役遭受重大挫折，法国人对付英国人的抢劫采取了新策略，即实行焦土政策，当着英国人的面烧毁他们想抢劫的东西加以阻遏。这是一场雇佣兵的战争，主要危害就在于此。法国国王、英国国王以及稍后各诸侯亲王不再满足于附臣提供的劳役兵服务：一旦发生战争，他们直接求助于军阀、职业军头和各种各样的军事冒险家（往往本人是贵族）。不管是英国人、德国人、西班牙人，也不管是布列塔尼人、巴斯克人还是洛林人，只要你肯出钱，军阀就出人出地盘替你卖命。军头本人骁勇能战，手下人死心塌地跟他打仗，他也懂得保护和笼络下属，因此部队战斗力强。这种队伍一般才15人左右，最多不过30来人；行伍者本身也是贵族，不过没落了或者是私生子，也有个别是农民出身；随军人员中有仆人、铁匠，总还有一名僧侣，负责主持弥撒和起草文书。行伍者以打仗为职业，能征善战。但是当雇主付不出钱，抑或遇到休战歇业时，这支队伍并不就地解散。职业行伍者多数离乡背井已成了漂泊者，无法再回到从前的生活状态，于是就结伙打家劫舍来维持生计。正因为一无所有，他们变得更加凶残。流匪们鱼肉地方，榨干了一地再去别处，拦截道路，袭击商队，不时向城镇和村庄勒索财物，而平民以此换取相对的安全。流匪路霸延续和加重了战争的痛苦，他们把暴力行凶当家常便饭，令百姓在休战期反而比战争冲突时更遭殃：战争时至少兵匪忙于相互屠杀，死伤一些人而已，而流匪结队沿途行劫却成为真正的祸害。所以每当停战实现和平时就盗贼蜂起：1360年布雷蒂尼战役后，人们对"大路匪帮"束手无策，这帮人流窜至战争未曾波及的省份，如勃艮第、罗讷河流域等地区，威胁阿维尼翁的教皇，拒绝应征十字军，最后还是杜·盖克兰将他们引往卡斯蒂利亚去打仗；1435年阿拉斯战役后，先是"盗匪"洗劫，接着"趁火打劫"者搜刮剩余的物品。盗匪（brigand，该词是当时用语，原是一件武器的名称）的头目并非都受公众鄙视，其中有些人后来还加入了圣女贞德的队伍，他们继续与国王做交易，自炫有骑士风度，处处标榜曾建功立业，有的还攀一门好姻缘，购入漂亮的封建主庄园，往往临死时虔诚信教，受人敬仰。

财政混乱

战争是灾难性的。虽然限于财力只是小打小闹、断断续续，但毕竟耗资巨大，白花花的银子往里面扔，足以使君王的财源枯竭。为了要给士兵出饷和负担战争的种种开支——1356年国王约翰二世在普瓦捷被俘，最后付了巨额赎金才得以生还——政府不得不征税，从私人积蓄中定期抽成以应付君主之需。渐次制订的各种税赋，遭到许多人的反对，除了激起民众的抵制和不断造反外，国王代表和王国各"等级"人士之间亦没完没了地讨价还价。盐税、城市居民日常生活必需品的消费税和农村家家户户须纳的人头税等税项，使大量的流通货币转向非生产性开支。这些税赋还不够，迫使官吏们另辟蹊径，由此而生"货币调整"一招，即改变钱币的价值。然而这些欺骗手段用在以金和银为基础的复本位货币制内相当敏感，造成金、银的价格极不稳定，因而被认为是舞弊，遭到了包括国王身边人在内的广泛谴责（尼古拉·奥雷姆奏请国王查理五世，根据亚里士多德的公共财富概念，建立了货币稳定理论）。这些劣招扰乱了物价，致使流通停滞。税收不当和价格随意变动亦会造成经济衰退和资金囤积，加剧由农业生产不足而引起的经济困难。由战争带来的社会、心理和货币的失衡，和战争本身造成的破坏一样，亦在很大程度上使中世纪末期变得黯然失色。

鼠疫

第三种祸害是鼠疫，因为谁都不明白灾祸从何而来，也不知道该如何防御，所以它是更可怕的灾难。当时卫生条件差——人们虽有简陋的卫生习惯，但食物供应时有时无，而且不平衡，住房通风条件差，寄生虫泛滥——医药手段效果差，这些都为传染病传播打开了大门。在12、13世纪，传染病并未大规模流行成灾，或许因为多数人还能吃饱，人体对一些固定病毒已慢慢产生了免疫力。然而这种生态平衡到14世纪被打破了。首先是人口大量增加，而且营养不足，大多数人处于长期体力亏损状态，加上战祸频繁，百姓或颠沛流离，或拥挤在被围困城市的城墙下避难。但是更主要的是鼠疫这种新疾病突然传入欧洲。鼠疫表现为两种，腺鼠疫和肺鼠疫。被人称作为"黑死病"的病毒是从黎凡特经由商船携带，在1348年初传入马赛和朗格多克地区一些港口城市的。然后传到阿维尼翁，最后从这个枢纽城市扩散至四面八方。尽管当时人们采取了所有预防措施：城市闭关严防，城门设卫生警戒线，市民向乡村疏散；焚烧带有香味的草来净化空气；进行集体忏悔，在佛兰德、皮卡第和香槟地区，大批教徒游行自笞赎罪以求上天息怒；虽不迁怒于托钵僧，却有人屠杀犹太人，将其看作招灾惹祸的祸根；国王亦向巴黎医学院教授咨询救治对策。凡此种种均不能阻止鼠疫蔓延，至1348年夏季疫情达到顶峰期。无数生灵没于灾难：编年史家让·傅华萨与同时代人都认为，至少有三分之一的人口死于鼠疫。这一估计对农村来说可能高了些，但对城市来说绝对低于实际死亡人数。根据勃艮第地区一个小镇日夫里教区的记载,当年该镇有一半人口被鼠疫夺走生命(在8月、9月、10月三个月内总共死了680人,而正常情况下每月平均死亡5人,该镇人口总数曾为1 200至1 500人)。在人口密集的地方,如修道院、大教堂教务会和宗教团体,死亡人数之多更触目惊心:马赛的方济各会修士全数死亡,无一存活;蒙彼利埃市140名多明我会修士仅7人幸存。突如其来的打击如此巨大——人们可以想象鼠疫带来的即刻后果。因来势凶猛的疫情夺走了年富力强者,加剧了人们的恐惧心理;最好的僧侣被夺去生命,随之而来的是缺少神父,教徒们缺乏心理疏导而惶惶不可终日;加上造成劳动力的短缺,所有的人工骤然蹿升。全欧洲因此在六七年间停止了战争,大量的遗产被继承过户,生死离别的颠覆震撼了幸存者,长时期地改变了他们的生活条件。鼠疫病毒从此在欧陆扎根,疫情有时舒缓,但定期回潮复发,1361年、1373年和1380年几度爆发,其间人们再度面临不知如何埋葬死者的绝境。

农村萧条

直至14世纪中叶,当三大灾难的后果一齐出现时,贫困已暴露出来,而且越来越重。各地农村的荒芜毁坏情况不等。在战祸长久持续的省份,如诺曼底、大巴黎地区、吉耶讷边界和普罗旺斯等地的破坏程度相当深重,其他地方因灾祸时间较短,经过人们坚持不懈的努力,在战争和死亡的间隙期得到较快恢复。不过种种灾难多多少少改变了地方的面貌:有些居民点被摧毁而遭遗弃,葡萄园种植面积减少,荒地和森林范围扩大,皮塞和栋布等地方从此变为森林。人口普遍地大量减少,如诺曼底在13世纪末估计有150万人口,而150年后仅剩50万。人口在大范围内长期持续地减少,甚至居民从此消失:1417年住在圣通日教区的最后三位居民离开本地迁往波尔多避难,上普罗旺斯省的一半村庄几乎变为无人村。不过逃过劫难而留在家乡的农民则有了较好的处境，因为人数少了许多，空间更大了，他们可以放弃贫瘠土地择优而耕。如果土地贫瘠地区居民外流的话，那么土地肥沃的地方马上有新移民移入而很快弥补了人口的不足。各地的耕种者面对其领主也可以扬眉吐气了。事实上，每当警报过后，封建骑士老爷及其代理人必定四处招募人工，以图恢复生产，修缮破损的房屋，重新种植葡萄园。领主修葺庄园时庄稼汉倒成了抢手货。于是在14世纪前祖上还处于世袭农奴地位（阿基坦地区称之为"农奴"［questaux］，勃艮第称作"长工"［hommes couchants et levants］）的大多数农民都摆脱了农奴身份，他们与自身陷于困境的主人达成协议，纷纷离乡背井迁往地多人少的地区。从15世纪中叶起，农奴制在法国已成强弩之末之势。加上地租降价，主要是因货币贬值而领主亦不得不减租：战争稍有停息领主就开始招工恢复耕种荒芜的土地，但村民们心很齐，领主非减租就不种他的地；最后往往采用低廉的租金取代在13世纪繁荣时相当流行的收益分成制。农户之间的家族联营比困难时期前更密切，至百年战争末期农户耕作面积几乎都很大，他们集体耕作，收益亦更好。他们生活得也像祖辈一样艰难吗？1465年亦就是百年战争的创伤刚愈合之际，英国人约翰·福蒂斯丘到法国各地旅行，惊讶地看到农民穿着单薄的破衣，喝清水吃野果和黑面包，从不吃肉，除了少量咸肉，或者是贵族和资产阶级宰杀牲畜时留下的动物下水和头部。不过偏见也可能使这位旅行者的头脑变得不清醒。事实是农村人口更稀少，耕地明显缩小；但家族互助更紧密，绝对贫困减少了，生活普遍有所改善。农民们明显减少了与外界的物质交换，乡村的税务亦比过去更重；但农户的耕种器具却不再像100多年前那么原始落后。这就是经历了死亡和人口迁徙的15世纪法国农村的新面貌。

城市内住房之间依然是田地、牲畜圈、葡萄园、菜圃和小块耕田

（耕田肯定比以前更多，因为人口减少自然降低了住房密度，再加上农村的供应变得时有时无，饥饿的威胁感更大）。然而城市跟乡村的分离却比以前更明显：城郊一带房屋在抗击英军或流窜盗匪而实施清野时已拆毁，城市四周都筑起城墙，封闭得更严实。城市遭受战祸的威胁减少了（除非意外或有内奸，一般草莽英雄皆缺乏攻城之耐心），城市成为避难所和安全的孤岛，贫困者、流浪汉和穷困潦倒的乡下人试图进城避难但极少能得逞，因为城市资产阶级坚守城门将外乡人一概拒之门外，一是这样会多了吃饭的嘴，饥馑时还得分食，二是怀疑他们可能会带入鼠疫病毒。事实上，城市既不能躲避灾祸也无法抗拒不测：鼠疫死神对城市的打击更剧烈；城里人更担心食物短缺；商业凋敝令城市的主要功能受到很大影响。

商业停滞

自 13 世纪末以来，西方的商贸地域分布有了明显变化。佛兰德和阿图瓦两地的大规模呢绒纺织业进入衰退期，其原因是多方面的，但其中决定性的因素或许是人们生活方式的转变：厚绒不再受到青睐，出于追求时髦，人们现在更喜欢丝绸、羊毛薄绒或亚麻面料衬以毛皮夹里。杜埃因此迅即萧条了，阿拉斯未完全消沉，因为 14 世纪当地又掀起了另一个制造业，即立式织造的壁毯，当时这种高级壁毯在煊赫的豪门府邸内已经必不可少。但是总体来说，纺织业的准备工序已分散至更多的小城镇去加工，甚至常常分散到各家农户，以逃避过于严格的行业规定，尤其在工酬方面，农民在闲季挣点零钱贴补家用，所需支付的工资可以少得多。于是纺织制造业便分散到法国以外地方，即便在法国，也更分散到诺曼底、香槟、布雷斯和朗格多克南部等手工业活跃地区。此外，过去经济体系中的另一重要环节，即香槟地区的集市亦开始衰退。从 1270 年起，欧洲的商贸活动已不再围绕在香槟地区的集市而进行，起初当地还保留了一些金融集资的活动，到了1310年前后连这方面的商业活动也停止了。事实上，从14世纪起西欧的经贸活动呈现出更复杂的面貌。它不再单一地沿着佛兰德—意大利这条轴线进行。这条轴线横穿法国，曾给法国各地带来过惊人的繁荣。而造成西方商贸活动另辟蹊径的原因是政治上的阻隔，是各王国彼此之间越来越隔绝。各国君主千方百计地把金币搂入自己的钱袋，笨拙地延长商贸路线，造成混乱。同时也因为战争频发，因为恢复金银复本位货币制后货币体系失衡，因为开辟了新的货运路线：航海技术的发展实现了从海路直接连接意大利各港口跟英国和北海港口城市，而且还开辟出穿越阿尔卑斯山脉的道路，使意大利商人能经过瑞士、巴伐利亚平原和莱茵河流域而抵达荷兰。过去是基督教世界商贸枢纽的法国现在被排斥在外了，重要的经济中心，进行商贸活动的繁荣区域已不再在法国，而转移至意大利、北海沿岸港口和伊比利亚半岛各王国。

造成法国商业瘫痪的部分原因是大的商贸路线改道，但更深层次的原因（比战争本身造成的破坏严重得多，其实冲突只在小范围内进行，对商队不构成绝对的障碍，商队可以绕道而行）是与货币体系混乱密切相关的货币短缺，以及因战争破坏、农业生产荒废和领主领地收益的减少而出现的乡村封建领主和大教堂司铎们的购买力下降。事实上，萧条并非绝对的普遍现象，个别商贸繁华的城市仍然存在。它们是政治首都，是靠新税收所得而活得滋润的特权阶层所在地，从各地搜刮来的税金统统汇聚到亲王公爵们的手中，流入他们家族，分到他们的门客和仆人手里。大贵族们以战争为名向百姓征税，却把税金挥霍在奢侈的消费和宴乐中。一些封建诸侯国的小都城仍然歌舞升平，譬如在加斯东·费比斯时代的贝亚恩领地首府奥尔泰兹。尤其在两个大城市：阿维尼翁和巴黎。阿维尼翁作为教皇和主教府的所在地，地处迪朗斯河走廊和通往马赛的交通枢纽，与意大利的商业活动保持联系，而且在教会分立前基督教世界的财源都汇聚到这里；巴黎则是王室和朝廷的首善之地，城市不断扩大（15 世纪初居民人口已达 20 万，或许更多），它取代了香槟地区的集市，成为阿尔卑斯山与荷兰两地资金流通和商贸往来的主要聚散地。在上述城市内都设有意大利商贸公司的代理处，生意比以往任何时候都火爆。一些大宗批发商成为王亲国戚的供货商，他们在当地发财，对诸侯国的财政感兴趣，向君主们提供资金，亦借此实际控制了金融管理权。不过，这些城市只是普遍平庸的经济环境中的少数例外而已。

城市活动的衰落

其他城市则处于衰落中。整个街区除了废墟便是摇摇欲坠的房屋，足见城市的贫困化。税收的结果一方面说明了人口的骤减——图卢兹在 14 世纪初有 4 万人口，100 年后只剩 2 万了，另一方面可看出殷实家庭财富的缩水。由于贵族面临困境而需求减少，手工艺人和商贩们的生活更加艰难。他们通过加强行业监管来应付困难。从 14 世纪初起，手工业行会吹毛求疵地设立行规，限制行外人涉足。如 1318 年阿拉斯市政当局做出决定，"为避免对城市造成困难和不利，对公共利益带来影响……亦鉴于行内从业人数过多而且不断增加，供货已相当充盈，今后海产行业将一概不再接受新人入行，除非申请者为同行的婚生长子"[①]。但是这类盲目的限制只能保护弱者和最平庸者，致使生产方式僵化、阻遏大胆创新，结果只会加剧萧条。因此经济明显地严重衰退。与同时代的意大利商人相比，法国外省城市的商

[①] 埃斯皮纳斯（G. Espinas）著：《法国阿图瓦和佛兰德地区的城市行会法之起源》(*Les Origines du droit d'association dans les villes de l'Artois et de la Flandre française*)，第二卷。

人在经营、思想意识和生活方式上显得相当落后。他们的主顾面狭窄，因为大多数人种着小块土地以满足自家的基本需求，在经济不景气年代他们越过中间商，直接向养殖户购买肉类和羊毛。商人们什么都做，毫无专业分工，其角色随地方农业生产的波动而变化：收成好的年头他们经营普通庄园不能自产的商品，物资短缺时期做油、盐、咸鱼和布匹生意，遇到荒年就贩运谷物粮食。人们常常看到商人自己在路上运货。他们只雇极少人，簿记方法落后（阿拉伯数字只在1430年后才在法国慢慢流行）；人们过着极其粗俗的生活，家里没有书本，只有几本用通俗语言写的祈祷书；不接触艺术品，只有几幅画工粗糙的圣像；唯一的奢侈品是挂在墙上炫富的挂毯，稍有钱者还有一身外套。商人们一旦攒够了钱，一准是买田置产，土地是最好的投资，因为它能提供生存必需的食物，保障粮食安全。商人的梦想就是有了足够的钱能成为土地领主，在乡村庄园里过上悠闲舒适的贵族生活。从他们面对财富的态度里，人们丝毫不能体味出资本主义精神的丁点征兆。

财富的普遍消融

技术的停滞不前，生产和流通的倒退，在13世纪迅猛的社会上升运动现在戛然而止了。在直到1380年为止的几十年里，衰败趋势每况愈下，在货币动荡、战祸、鼠疫的最初几次冲击波影响下，社会整体经历了几番震荡。鼠疫肆虐刚过，1349年、1350年和1351年连续三年人心惶惶。正当王国政府试图以微薄财力来恢复和平秩序，重振劳动力市场之际，爆发了各地农民暴乱。1357年大巴黎地区的扎克雷起义（la Jacquerie），1381年朗格多克地区的穷苦人暴动（les Tuchins），这些都是身处绝境的穷人暴怒失控的反映，少数人在狂怒之下杀死了官吏和领主，而后惊恐万分地随意杀人，个别人不愿单独背负杀人罪名，就强迫别人一起大开杀戒，于是形成没有首领、没有计划，更无希望的暴乱，最终遭到军队的残酷镇压。此外，1380年鲁昂和巴黎的资产阶级爆发抗税运动。尽管查理五世视征税为劣政，他临终前曾许诺不再征税，但当人们发现征税机器在继续运作时便怒不可遏。这场抗税运动并未引起深刻反响，此后经济不振就在社会结构上普遍地反映出来。

在巴黎以外的一般城市，富豪的财富普遍萎缩。如果说城市贫民，被排斥在资产阶级社会之外的市民，在教堂登记领取救济的乞丐，以及因战祸和贫穷而流落街头者组成的群体人数在迅速膨胀的话，富人和穷人的差距则在缩小，贫富间的紧张关系比13世纪末期有所缓和。贵族的财富也同样缩减了。乡绅小贵族比普通农民更受到农村萧条的影响：每当灾祸过后，他们耐心地重建家园，可是领地的收益越来越少；什一税和其他税赋都减少了，农户的地租也失去了原来的价值。权力减少，收益降低，而用钱的地方照样得开支，甚至费用更大。不过在战乱中，除了出身低微的军头和盗匪，普通乡绅在战争中的得失犹如赌博，正如编年史家傅华萨所写，"人们这回赢了而下回会输，冒险会突然爆发为军事冲突"。骑士家庭也遭到各种突如其来的冲击：一笔赎金得还几年，甚至令整个家族倾家荡产；一场特别残酷的战役，如阿赞库尔和韦尔讷伊战役死伤无数；战败的贵族为了不背叛对国王的信仰，不甘在"英国人地盘"当叛臣贼子，宁可离乡背井。

许多贵族世家因此灭绝，眼睁睁地看着自己的领地落入教会手中——教会靠信徒的捐赠和丧葬基金变得越来越富（信徒的奉献即使在贫困时期也照样丰厚），或者落入幸运的冒险家或窥伺已久的某些资产阶级分子手中。总体来说，所有人在14至15世纪都经历了持续的衰退，但衰退不等于流于平庸，贵族阶层依然喜好挥霍，追求华丽的服饰和首饰，以铺张浪费为荣，只是手头拮据。为摆脱财政困境他们只有去追逐有巨额嫁资的女人，去抢劫，去争夺亲王颁发的年金。

暴发户

不过，在普遍的萧条中也冒出个别暴发户，他们大把大把地捞金，其财富在普遍贫困时显得格外扎眼，尤其令人不齿。这些乱世的幸运儿首先是战争贩子，譬如14世纪中期在布列塔尼战场上有个军事头目，"人们管他叫克罗加，起初他只是个穷小子，在荷兰埃尔克勒领主家当了好长时间的侍从"，"在一次打仗中主人被打死了，因为他是仆从，众人便推选他当统领，就这样他站住了脚跟。此后在很短时间里，他赢得许多战俘的赎金，攻城略地，占领城堡，很快发迹。人们说他拥有60 000埃居的财产，还不包括他马厩里的二三十匹骏马。靠着这些他的名声大振，成为王国最显赫的军人……法国国王曾想收编他，许诺给他骑士封号，让他风风光光地娶豪门闺秀，还答应每年给他2 000利弗尔①的年俸，但是他不干"②。同样在50年之后，出了一个叫佩利内·格雷萨的冒险家，他父亲可能只是一名地位低微的王室财务官，他本人从当盗匪起家，后来成为军事统领，占领了重镇卢瓦尔河畔拉沙里泰，窃为己有并以此为据点建立了一个固若金汤的独立王国。他将搜刮来的钱财投资在田庄领地上，为捍卫领地利益与人长期打官司，自诩为贵族——因为正如勒朱韦赛尔所说，"武器能使任何人变为贵族"，他死时家产无数，享尽哀荣。不过，大量可靠的真正财富还是集中在王亲国戚的手中。他们手中有权，直接掌控税收渠道，盐税、各种间接税和特税源源不断流入国库，不管民不聊

---

① 译注：利弗尔（livre），法国古代的记账货币，相当于一古斤银的价值。
② 让·傅华萨（Froissart）：《编年史》（*Chroniques*）。

生和时局危险，也不管市面上多么缺乏现金，他们只要把手伸向金库就有取之不竭的财富宝藏。自上至下，层层官僚无不巧取豪夺。小到地方省会，譬如曾经只是一名法学毕业生的于格·若萨尔，起初仅是里昂大主教教区管财务的教士，后来成为代表国王的地方执法队队长，最后升至他家乡城市的国王顾问，其间他搜罗了多处贵族田产庄园，还在 1398 年受国王查理六世封爵。许多在国王身边的人更加飞黄腾达，如国王顾问阿诺·德·科尔比，后来一步步当上巴黎最高法庭法官、庭长，国王的掌玺大臣，加上特别津贴等于使巨额年俸翻了三番，还有各种机会得到国王赠予的各种礼物，以及捞到报酬颇丰的美差。总之，这帮王亲国戚和贪官污吏围着朝廷在疯狂挥霍中大吸民脂民膏，其状令人发指之极。

意识恐慌

饥肠辘辘、钱囊空空的平民，忌恨生活太过舒适的少数富人，同时有一种意识的恐慌：感觉自己不再受上帝的指引。教徒的意识危机主要来自教会当局。长期以来法国教会不满教廷过分意大利化，批评教皇过于看重世俗权力，看重财政利益，与佛罗伦萨、锡耶纳的银行界利益过于密切。14 世纪初教皇卜尼法斯八世对法国国王菲利普作出让步，令它在法国教会前一向受到的尊重一扫而空。为了取悦法国国王，教廷迁往阿维尼翁，斥巨资建造教皇府邸。其实教廷并非在法兰西王国的范围内，而是在它的家门口——法国的一个地区。教皇身边的主教大多来自阿基坦地区，犹如教廷近旁的杀手和瘟神——令意大利十分担忧。从此教廷到处显得像驯服的附庸国一般。全欧洲都对此耿耿于怀。但是王国政府对由此得到的道德和物质上的好处感到十分受用，以至于 1378 年当"巴比伦的囚徒"要结束其囚禁生活，教廷打算迁回罗马时，法国国王查理五世无论如何咽不下这口气，不顾一切地搅混选举、制造教会分立。由此产生的后果影响极大：两个教皇甚至三个教皇并立，各派宣布将对方及其追随者逐出教门。各方固执己见，无意沟通和解。于是在巴黎大学内慢慢形成了一些和解的主张，其旨意是教皇权力应同国王的权力一样，当它出现专断独行的倾向时，应有一个由智者组成的信徒大会来加以控制。坦率地说，对教皇权力明确表示质疑的其实只是极少数知识分子和权力阶层。对广大信徒来说，从来只有一个教皇，一个真正的教皇。教会分立只是远处传来的回声，当它触及越来越粗野的人群时已经走样了。然而持久的改变已露出端倪。法国教会自从认同国王美男子菲利普的法令，直至14世纪末为迫使相互竞争的教皇达成妥协而参与"抗拒服从"运动以来，已渐渐养成了在本国国王的统辖下组织自治教会的习惯。法国教会甚至更进一步对教皇的至高无上产生了质疑，各地高级神职人员之间的钩心斗角使本来已相当强劲的离心倾向更为加剧，鼓励信徒在等级森严的教会之外，在个人内心的虔诚态度里信奉宗教，寻求直接与上帝沟通。各种形式的大众神秘主义在鼠疫肆虐时期因种种迷信恐惧而激化，更在方济各会异见僧侣沿途传道的推波助澜下，在法国南部广泛传播。方济各会异见教派是阿维尼翁教皇的竭力反对派。

王权危机和众亲王

国王权威衰退是个更敏感的问题，不但接近权力中心、了解内情的人士意识到这一点，至少在危机较严重的时期，连所有封建领主和享有特权的城市的居民都能明显感觉得到，它是造成或多或少影响到每个人物资匮乏的根本原因。王权危机是14世纪初才出现的新问题，它时而缓和时而尖锐，前后持续了一个多世纪：说白了就是自封为国王的合法性问题。这里只涉及族系和继承的问题，因为神圣王权世袭的原则并未受到质疑。出于令人惊讶的偶然，于格·卡佩以后的所有国王都有继承大统的嗣子。可是到了国王美男子菲利普的三个儿子身上，他们临终时都只留下女儿。于是，当最后一个儿子死去时，王室元老和主教就选择了驾崩国王的堂兄、瓦卢瓦家族的菲利普继位，他是圣路易的后嗣中族系最近的一位王室成员。这一选择带有一定的任意性，因为在同一辈后嗣中还有其他同样可以继位的人，如英国国王爱德华三世、纳瓦拉君主恶人查理等。由此，对"捡得的"国王感到不满的人就有了背叛的借口，他们中断了与法国国王的君臣关系，不再效忠于他，并结成对抗的联盟。改朝换代将一个毫无经验、缺乏雄才大略的君主捧上王位，代表了骑士中的无所作为和习惯于贵族式铺张挥霍的庸碌，多少会给效忠机制带来危险的裂缝。改朝初的几位国王菲利普六世、老好人约翰二世和病恹恹、疑心病十足的查理五世对下属附臣的忠诚从来都持有戒心，他们生活在严密的戒备下，生怕被毒死或为蛊术所害——这类阴险的杀人手段起始于意大利，当时已传入法国。在 15 世纪初王权危机再度爆发。危机之根源并非英王亨利五世提出的王位继承权，他所谓的继承权只是作为攻占法国国土的借口，其实谁都不予置信；倒是有关当时王位继承人的庶出身份的传说成了关键，这一假定建立在若干令人困扰的传闻上，直到在兰斯大教堂举行国王登基大礼后，国王查理七世才得以正名——这就是圣女贞德救国的最具决定性的一步。所有的怀疑因国王的军事失利而被夸大，被人看作是上帝对僭越者的惩罚，在民众心目中深深地烙下了不确信的印记（"我们没有国王只有上帝；你相信他们是正当地得到他们所拥有的？他们一次次征税盘剥我"，1385 年奥尔良的好色鬼纪尧姆曾公开嚷嚷，"这可怜家伙得养老婆和四个孩子"[①]）。

---

① 《查理六世治下佚文选编》（*Choix de pièces inédites du règne de Charles VI*），第一卷，第 59 页。

这就是民众眼中的王权：面临内外两大敌对势力而毫无抵抗力的王权。

封建制亦已奄奄一息，唯"等级会议"因王室陷入战争带来的财政困境不得不对其倚重而变得日益强大，成为一种表达方式和行动手段，即使不是对全体领导阶层，至少对城市居民，更确切地说对巴黎的资产阶级是这样。一切取决于真正的实力。巴黎的资产阶级受到巴黎大学学者的政治思想的启发，又得到对当局苛捐杂税已经厌烦的巴黎普通市民的支持，他们对朝廷挥霍的事实比谁都清楚。1355 至 1358 年间，国王老好人约翰二世在普瓦捷战役失败而被俘的困难时期，在巴黎行政长官艾蒂安·马塞尔的领导下，巴黎民众爆发了街头抗议行动；1413 年正当各亲王间宗派斗争的白热化之际，巴黎肉铺老板领导了市民暴动：巴黎市民两度试图建立一个由等级会议对征税和税金用途实行严格监控的温和君主制。这些企图都归于失败，它们只有当某个亲王想予以利用时才显得有用：14 世纪纳瓦拉君主恶人查理、15 世纪勃艮第公爵无畏者约翰都曾利用过市民。他们擅长于公众演说——在大城市街头高谈阔论是当时左右民意最有效的方法。事实上，挑战王权的真正劲敌是众亲王。大封建主的割据局面已经消亡，除了布列塔尼、佛兰德、吉耶讷等已完全从王国分离出去的公国，以及地处边缘的比利牛斯山诸封建领地，剩下的就是国王的近亲分掌的地盘了。这些亲王时时窥伺王位，而国王对他们却不能以王法处罚，他们在按传统惯例分封给国王幼子使其能保持王族地位的封邑采地上扩张自己的势力范围，习惯于大肆挥霍的瓦卢瓦王族的众亲王们无所不用其极；他们利用国王托付的军事指挥权，尤其是可以直接觐见国王的特权，还利用他们的手足亲情或者至少是对家族成员无法拒绝的仁慈，获得一切个人好处、特殊优待和宽恕。有的亲王只想如何过得舒适宽裕，譬如查理五世的兄弟中自私自利的贝里公爵让，虽然性情温和但生活中挥霍无度是出了名的；其他亲王则异想天开，如作为普罗旺斯统治者的安茹家族一心想霸占那不勒斯王国。但是在 15 世纪初对王权威胁最大的是勃艮第公爵兼荷兰国统治者，他的威势显赫、权倾朝野，实有遮天蔽日之虑。公爵的财富足以构成一个真正的王国，他在王国境内的领地只占其控制地盘的一半。在他的领地上滋长着一种勃艮第人的民族主义情绪，足以与在王室领地刚显露的法兰西民族情结相抗衡。

直到 1410 年至 1435 年间，王权在传统范围内的衰弱而引起的动荡达到了前所未有的地步。当时的国王查理六世得了精神病，众亲王和显贵们为争权夺利相互谋害，终于分裂为两大阵营：阿马尼亚克派和勃艮第派。国王司法调查仅浮于表面，根本无力处置凶手。再加上英国人入侵、王储身份遭王室成员的质疑、教会分立、主教会议起而反对教皇，惶惶不安的恐惧蔓延至社会最底层的民众，甚至影响到边远地方栋雷米（Domrémy）的一个不识字的农村少女（圣女贞德）的思想。社会已陷入贫困的深渊，到处是兵燹战乱，哀鸿遍野，"为了救助穷人，人们不得不恢复地狱的产物，即征税，开征第四种税——国王特税。再者负责征税的人又都是些无能之辈，他们自己穷得一无所有，所以雁过拔毛，胡征乱收，以致所有商品都不敢进巴黎。造成巴黎城内物价飞涨，民怨载道。1429 年在巴黎的一些粪池内，人们发现这里有 10 具死婴，那里有 20、30 具死婴，他们都是被饿死和冻死的。黑夜里听到孩子的哀哭声：'哎呀！我要饿死了'，人们不伸援手不是心肠太狠太缺乏怜悯心，而是贫苦家庭无力去帮助他们，因为他们既无面包、谷物又无柴禾"[①]。

[①] 《一个巴黎资产阶级者的日记》(*Journal d'un bourgeois de Paris*)，1429 年。

2. 哥特式艺术遗产

这些年确实是特别贫困的年份。想象一下如此灰暗的整个14世纪，能吸引编年史家、回忆录作者和教士们的注意力，令他们津津乐道的只有衰退和创伤，他们忘记了日常生活中仍然存在的一切健康、平衡和富有生命力的东西。诚然，国王菲利普六世和查理五世同时代的人未曾享受到"圣路易世纪"物质充足和生活富裕的安泰祥和。因物质生活困难和连年战争的破坏，在一切社会阶层里文化明显地衰退，或许连风俗也变得粗野，人们已习惯于肉体痛苦而对15世纪初的各种残忍也变得麻木不仁。不过这个时代的精神并不那么贫乏，它比人们所说的，比人们初看时所感觉的更忠实于中世纪的经典传统。在一些免受瘟疫、饥馑和战乱之苦的幸运省份首府的周边地区，在信徒奉献和领地收益不差的城市宗教团体内，不用说在阿维尼翁教廷和巴黎王室宫廷内，艺术的各种伟大形式、过去曾繁荣过的一切思想潮流仍在继续发展，未受到明显损害。只不过规模有所缩小，带上若干收缩的印记，并表现出与现实生活渐渐疏远的倾向。一种新的精致的文化在某些特别有利的环境里诞生，但是它只保留给极少数的精英阶层，与外部世界完全割裂。

《玫瑰传奇》和傅华萨的《编年史》

这两本书——在我看来是当时两部划时代的巨著——完全能使人感受到对传统的禀承。第一本书《玫瑰传奇》犹如一切骑士文学的总结，成书于1265年至1290年，正是贫困时期的前夜，但它在整个14世纪广为流传影响极大：尤其是让·德·默恩为《玫瑰传奇》所作的续篇。第二本书让·傅华萨的《编年史》，当时上流社会各阶层所有人士都能在书中找到自己的影子。但事实上，两部书的格调绝然不同，它们代表着"哥特式"文化的两极：让·德·默恩作品透露出经院派的讽刺，而傅华萨的编年史则反映出骑士的理想。

通过阅读《玫瑰传奇》的续编，生活在 14 世纪的人，尤其是宫廷中充满好奇者，不必上学就能了解 13 世纪时大学所积累的全部知识。让·德·默恩接续纪尧姆·德·洛里斯的上篇而写的 18 000 行诗句，即全篇三分之二的篇章，诠释了经典的拉丁语作者尤其是奥维德的著作，以及受亚里士多德、阿贝拉尔、里尔的阿兰和圣阿穆尔的纪尧姆等启发的学院派所有思想大师的理论学说。它是一部总汇，一部能令人轻松获得应有的文化、满足前代人已唤醒的好奇心的百科全书。而且它带来的更重要的东西是中世纪精神某个侧面的最打动人心的表达，即理性和批判精神，这是 13 世纪的成就。有三个主要的譬喻——正如当时的所有文学作品一样，让·德·默恩以拟人化手法来表达抽象思想：首先是维纳斯，她令人想到爱情，但这是一种直截了当的爱情，一种单纯的、不加克制的、摆脱了那种韵文故事味的爱情；其次，尤其是理性和自然，它们被真正放到首要的位置。以亚里士多德学说中这两大原则的名义，对种种社会习俗和思想习惯提出了质疑。一切矫揉造作的骑士精神受到猛烈的批判，披露妇女在以男性为主体的社会现实中——特别是在知识阶层和骑士社会中所处的令人沮丧的地位。书中表现的权力构想、社会等级制度，以及从公共利益出发来统治国家的国王形象，都符合政治理论家的设想；作者将有美德和高尚灵魂的真正贵族与出身高贵门第的贵族相对立，"如果有人反驳我，以其高贵的血统对我说，贵族（既然平民这样称呼他）因血统和出身高贵而比种地人有更优越的条件……那么我便回答道，任何人如果没有身体力行的美德，就不配有血统"。此外，书中还对披着伪装的托钵僧的神秘主义大加鞭挞,并且热情歌颂智慧和平衡的基督教主义,提倡付诸行动的虔诚——它不应与现世相分离。一切明智者都从这本书中学到了敏捷的智慧和淋漓痛快的讽刺,直至1401至1402年,当该书的辛辣尖锐不但没有过时反而愈加鲜明;当所面对的种种旧价值观开始动摇,人们从书中的社会批评和关于无神论时代罗马的伟大哲人的描写中,更清晰地感受到一股解放气息时,让·德·默恩的书则成为文人们激烈辩论的对象:反对派如克里斯蒂娜·德·比尚仍坚持所谓的骑士精神,捍卫者如热尔松等主张情感和恭敬的宗教,而国王身边的年轻一代"人文主义者"也对该书倍加追捧,他们为新的社会结构打下了铺垫。

傅华萨的出色记载同样受到欢迎。这部编年史以百年战争为背景,记录了骑士的梦想和他们生活场景的林林总总:从征战阅兵、服饰装束、骑士们跳的芭蕾舞和爱情生活;作者将骑士们向往"伟大的冒险"的精神反映在现实生活中,但保留了兰斯洛特和"圆桌骑士们"的大无畏献身精神和孜孜不息"寻觅"圣杯的执着态度。作者热情颂扬骑士的英雄壮举:"如此崇高和值得推崇的美德不能轻意地放弃,因为她就是贵族之所以存在的理由和荣耀,正如没有火,树枝不能燃烧,不建功立业,贵族就没有尊严和荣耀一样。"[①] 这就是说,通过"使武器变得更加神圣"的行动来体现军事价值、膂力勇气和投标骑马的技巧,以及荣誉、忠诚和对等级形式的尊重,这些都是骑士应遵循和履行的美德,即使当他们在窥伺赎金和实行劫掠时,连最不顾忌的军头也得始终加以遵守——正是它们增添了骑士的荣耀,使他们成为真正的贵族。同样,慷慨也是美德,因为勇士活得豪气,有贵妇相伴玩着复杂的爱情游戏,挥金如土而毫不足惜。编年史显示了200年前在封建宫

[①] 让·傅华萨:《编年史》,序言。

廷内逐渐形成的骑士风尚依然根深蒂固——人们或许比以往任何时候都更需要骑士精神,因为当时贵族社会已不再沉迷于骑士传奇文学,而同时反对英国入侵的斗争展现出一种全新的战争面貌。

封建制的生命力

事实上,尽管存在着冲击社会地位等级次序的种种运动,尽管另一种统治和判断人的方式已开始深入人心,14世纪基本上还是建立在封建君臣关系上的社会。可能众亲王的幕僚对属臣们的献身精神,对他们的宣誓效忠,对他们的帮助和建议已不再那么看重,但绝大多数的贵族还保留着他们的根本价值观,他们依然生活在以效忠为纽带的社会圈里。事实上,14世纪在内部结构上可能比11世纪更具封建色彩,那时的封邑在数量上肯定比过去少了,附臣的义务也不像过去那么严厉地约定;但是在贵族的精神和行为方面,或者在其情绪冲动和决定行为的方式上,骑士色彩无疑更加浓厚。14世纪是在纹章上题铭的时代,纹章学有很大发展。那个时代的游侠骑士会在大路上为保护贵族妇女而不惜跟盗匪和劫掠者正面冲突,那也是盛行大比武的时代,比武已开始变得夸耀和讲究排场。1351年在深受法、英战争影响的布列塔尼,立场各异的两派骑士对阵比武,按规则双方各出30名勇士参加比武,但真刀真枪实战,不遗余力,那次比武留名青史。骑士们是为"自己心上人"而战,亦为"能名留青史,让后人在沙龙、在宫廷或别的上流社会场所谈论",也许更因为按照古老的信仰,他们愿让一般冲突服从上帝的仲裁。次年,召开了由国王老好人约翰二世在法国创建的金星骑士团——王国第一个非僧侣的骑士团——的首届大会。国王创建骑士团或许是担心反叛,企图把特别亲近的朋友更紧密地团结在自己周围。这个带有宗教色彩的团体崇尚骑士风尚,以过去骑士僧侣的手足情义为理想,激励骑士们奉行亚瑟王传说中骑士的行为和道德规范。最后，从忠于古代骑士的道德风范这一点上可以看出，十字军东征的理念仍深深扎根于当时骑士贵族的心中，在当时的贵族社会里，谁都不会把金星骑士团看作陈腐过时的组织。法国最优秀的骑士远征波罗的海沿岸国家，对最后的异教徒发动圣战，上演了追逐异教徒的激动人心的一幕；朝圣耶路撒冷的念头在骑士们心中挥之不去，菲利普·德·梅齐埃成为 14 世纪末发扬骑士精神的最有感召力的传播者，他影响了贵族社会的所有人。1391 年，国王查理五世的妻舅路易·德·波旁沿着圣路易的脚印，独自带领朋友和臣属踏上了征服突尼斯之路；还有许多其他贵族骑士，如未来的勃艮第公爵让和布锡考特元帅等人远征巴尔干半岛与土耳其人作战。

哥特式艺术的威力

圣路易时代留下的遗产中还有另一项精心保存下来，即教堂的装饰和美学装潢。辉煌的哥特式艺术在整个 14 世纪中依然得到了不断地完善，兰斯大教堂、亚眠大教堂和王室圣教堂都是后世工匠们的楷模，甚至是美的象征。人们会在艺术潮流中看到某些曲折，但这些毕竟是次要的。建筑的规模和尺寸因时局的艰难有所缩小，又考虑到所有的大教堂都竣工不久，不需要添加任何新的附属物，诸如尖塔、正门三角楣、小尖顶、门廊和祭廊等。很少建造规模庞大的教堂，但南部朗格多克地区是例外，那里刚从阿尔比邪教的深重灾难中恢复过来，竖起了两处教堂杰作：图卢兹布道兄弟会（属多明我会）教堂和阿尔比大教堂，还诞生了大量规模较小的教堂附属建筑。那一时期，大教堂内新增了许多小礼拜堂，它们造在大教堂两侧廊柱的两立柱之间以及祭台后面的半圆形围廊里。或者在教堂内修墓，有嵌在教堂内壁中的"壁墓"，也有独立的"立地高墓"。这些附属建筑多数是富人出钱修的，他们在穷乡僻壤是大户，临终前在遗嘱上写明要倾其所有为教堂添光，以求身后留个善名亦可赢得信徒为其祈祷，但往往因此让继承人背上大笔债务。因为14世纪社会政治动荡，财富迅速流转使家族的宗族关系逐渐疏远；另一方面宗教神秘主义倾向日益严重，信徒在神父司祭之外寻求个人虔诚，宗教笃信也带上了个人和私自的色彩。工匠们越来越多地为艺术收藏家和世俗人士创作。这是一个重大的变化，其效果已经显现出来，甚至在为宗教团体而制作的艺术作品上都可以看得出。艺术变得更赏心悦目了。当然所有创作仍从宗教获得灵感，只有为上帝的作品才值得成为永久的装饰物；但是现在也为美好的情感，为审美愉悦留了一定的空间。有一种东西已渗入于经典的哥特式艺术的崇高形式中，它就是优雅。13世纪末，在表现上帝创造世界题材的细密画和浮雕中，已出现了表现人体美的新思维，如布尔日大教堂内复活者的裸体浮雕，由惊人的纯真线条表达得如此柔和。人物翩翩起舞时的胯部扭动打破了雕塑人物直线条的节奏。舞蹈、微笑、天使和年轻人的敏锐，春天的风格往往会令人觉得略有些矫揉造作，但人物变得更加柔软。同样在花玻璃窗上，耀眼的黄色压倒了蓝、红色，边框形式也开始摆脱了铅质的匝圈，变得更加灵活多样。事实上，艺术变得更加自由，越来越摆脱礼拜仪式和《圣经》的约束；它更关注于现实，关注天堂和人世的类同及外貌相似，寻求宗教的象征主义，致力满足基督徒的现实需求，他们的精神追求不再那么高，不再那么相信永恒，而是更多地相信生与死的现实。

宫廷的文明及其范畴

然而，14世纪的文化并未完全继承中世纪中期的遗产。尽管物质匮乏，文化仍在不断地发展丰富。特别是来自意大利方面可贵的影响，14世纪的意大利正处于商品繁荣和文化艺术充分发展的时期，通过与罗马有密切联系的教廷所在地阿维尼翁，或许更主要是通过在巴黎定居的意大利商人、银行家和伦巴第艺术家社团为中介，法国吸引了大批来自阿尔卑斯山另一边的意大利金融家、艺术家和文人学者。事实上主要在巴黎，围绕着宫廷，围绕着如此喜爱优雅事物的瓦卢瓦王室，一反前朝卡佩王室朴质无华的作风，引进了为艺术不惜工本的嗜好，把以圣战和抗英为名征集来的资金，用于大兴土木，购买书籍和宝石，形成了整个上流社会追求精细优雅艺术的习惯和风气，可谓"娇贵、脆弱的暖房花朵开在门窗紧闭的室内"的局面。从此，以巴黎和各亲王封邑首府为中心，艺术之风吹遍整个欧洲的上流社会。

这种非常狭窄的精英文化比12世纪封建制鼎盛期的文化更加贵族化。事实上，它更私密更封闭，因而亦更脱离自然。这种文化的范围就是亲王贵族的府邸，不像圣路易时代那样的果园和牧场，住所不再是天黑和寒冷时或遇到危险时藏身的巢穴，而是经过精心装潢的生活场所。乡村城堡的外表仍是过去的军事城堡，有塔楼、护城壕沟和吊桥，但在防守工程外表的背后，却是面对内庭的贵族豪宅，宽阔的门窗上都有精心雕刻的装饰。尤其在城内，私人公馆更摆脱了军事建筑色彩，如贵族们在巴黎塞纳河右岸、圣安托万区以南的新区所兴建的私人公馆，分散在花园和宠物园的环境中。查理五世在那里建造了新王府，查理六世再将其扩大和装潢，比西岱岛上的旧王宫或万森宫、卢浮宫更合时代的潮流：它便是圣保罗公馆。这类公馆在规模上小巧一些，但作为住宅却舒适得多。阴冷的巨大厅堂在主人居住期间只用来开舞会或演剧。日常起居在由狭窄的旋转楼梯通达的小房间，内有精致的靠椅和桌子等家具，墙上装饰了壁毯——国王老好人约翰二世曾向阿拉斯和巴黎的工匠订购了250条壁毯，房间有壁炉取暖，晚上灯火通明：富瓦伯爵加斯东·费比斯每天用晚餐时，点燃起12支火烛，室内通明如昼，此景令傅华萨赞叹不止。王公们日常起居从一个房间到另一房间,"花团锦簇的房间内燃着炽热的炭火"。查理五世的生活就是如此:每天上午望弥撒、诵日课经和上朝议政;午后睡一小时,下午"是私人空间,做各项喜爱的活动,接客访友或享受财富……然后去做晚祷。晚祷后,若在夏天,王后会带着王子公主去看他。有时人们向他展示别国送来的礼品,如枪支、盔甲或别的物品,商人们为他带来呢绒织物、金色布匹和各种稀罕美妙的商品,他也让识货者观看家中收藏的珍贵物品。冬天,国王特别喜欢听人朗诵教会圣书中的美好故事,或者《罗马人轶事》《哲学家道德录》,和其他科学知识,直到用晚餐。国王晚餐时间相当早,而且吃得清淡;晚餐后跟贵族元老和骑士们游戏嬉乐,然后退去休息"①。

在这种远离各种自然灾害威胁的环境里,贵族们尽量忘却鼠疫——养尊处优的人得病率自然低,也容易忘记盗匪、物价飞涨和村庄被劫掠。他们有了新的"奇特"趣味,喜欢高雅的,带刺激性的东西。亲王们需要娱乐,成天狩猎、比武和发动战争。当夜幕降临或寒冬季节无法在户外活动时,他们不像祖辈们那么寂然无趣,而是兴致盎然。室内聚会、烛光舞会、朗诵演剧和音乐会等活动从来没有如此热闹过。服饰也是一大嗜好。衣料越来越轻柔华丽,做工越来越讲究,王公的服饰不再由家里女仆缝制,而是请专业匠人,如"长袍裁缝""内衣师傅"定制;至于男装(紧身短上装和齐膝紧身裤)需由不同于女装裁缝的专业匠师定制,男装衣料的颜色和质地不同,至少在男性形体方面与女装有别。女装则更加袒胸露肩,讲究服装更贴身以显出窈窕,刻意地收腰露乳,按时髦要求突显女性的曲线。这里,人们亦可看到生活习俗更偏离了自然形态。宫廷

---

① 克里斯蒂娜·德·比尚(Christine de Pisan):《明智国王查理五世的生活轶事和好习惯》(*Le Livre des faites et bonnes mœurs du sage roi Charles V*),第16篇。

开始追求情欲，男女情感的细腻品味，这是肉体爱情上最早的智力征服，其实它只是过去贵族在男女情感上提倡对女性彬彬有礼的骑士风尚的升华而已。

"新艺术"

狭窄的贵族社会所追捧的艺术和文学创作十分精细，相当脆弱，也带有过分追求高雅、标新立异的雕琢。不过它丝毫没有衰落和颓废的征兆，甚至也不比前代文化逊色，它大胆地勇往直前，宣告了一场美学变革的到来——"新艺术"的出现。音乐家们展现出现代主义的意愿，譬如在伟大的纪尧姆·德·马肖的"圣母院弥撒曲"（前所未有的多声部弥撒曲）和一些世俗的乐曲中所体现的，精美的乐曲从古老的格里高利的粗糙练声曲中解放出来，摆脱了原来的节奏，运用切分法；同时（这个死亡和贫困的时代正是诗歌繁荣的伟大时期之一）从诗歌形式上下功夫，革新了整个抒情诗，其深远影响持续了三个世纪之久：两韵短诗、回旋诗和叙事歌谣层出不穷。书本的插图亦有革新，景深变得更远，图面的层次更深更多。这一艺术受到国王查理五世身边一些"懂行者"的大力追捧，他们自己家里一般都有十分可观的图书收藏。巴黎更成为一个艺术之都，艺术家们从四面八方来到巴黎，在此为整个欧洲各国的王公们创作，各作坊有自己的独特风格。从这一点上说，当时巴黎比意大利的佛罗伦萨和锡耶纳更重要，因为在后两地的艺术作坊不及巴黎那么开放，因而它们所容纳的流派倾向和研究也较少。可以想象当这些作品从阴暗的作坊被搬出展览时，其艺术的震撼力是何等之大，而当时正值酝酿14世纪西方绘画革命之时。圣路易去世后插图绘画匠已从哥特式象征主义中摆脱出来，他们的绘画作品变得更加灵活，将新雕刻石像上的人物舞姿搬到书本羊皮纸上，增加了人物的动态，渐渐形成绘画的精湛技巧,并在书页空白处添上许多花朵和动物,让文字处于花园和森林之中,可见人们越来越善于观察自然,亦可发现创作受到贵族的自然主义和方济各会修士热爱自然生物的影响。但是彻底改变绘画的最主要革新还是立体视觉的引进。让·皮塞勒在1325年绘制日课经和祈祷书的圣像时,首次试图表现人物周围的空间和环境;或许他受到当时文人学者的新学说的影响,当时的学者已掌握几何学和光学知识,并逐步发现了关于距离和空间的合理观念;或许他对意大利壁画师在这方面的探索研究有所耳闻。总之,他在创作更有景深感的绘画时所采用的尚不熟练的技法,给绘画带来了新的视觉效果。在他以后的几年里,插图人物身后非现实的金色底或模仿彩色玻璃的五颜六色格子,让位于风景和室内场景。从此,绘画不再是符号,而成为现实世界的写照。

1400年巴黎的繁荣

在国王查理六世及其弟弟奥尔良公爵路易身边,在他们的叔伯贝里公爵、安茹公爵和勃艮第公爵身边的宫廷音乐家、诗人和画师们所创造的这股艺术潮流,在1400年左右进入一个极其繁荣的时期。正当整个欧洲基督教世界的明智人士都期待巴黎大学的学者们提出一个解决教会分立局面的方案,正当皮埃尔·戴利和让·热尔松等大师试图对来自荷兰和莱茵河畔的神秘主义——这种宗教热忱本身也是"现代的"——提出一种更有分寸、不那么离谱的平衡形式时,正当荷兰人克洛斯·斯吕特受雇于勃艮第公爵菲利普,在第戎修道院的雕像创作中生硬地引进了一种与法国雕刻匠精细优雅传统绝然相反的形式,他的雕像人物狂热粗俗,形态粗暴而厚重,属于身份低下、性格暴烈的类型,一种崭新的人文主义已经在巴黎开花结果。新时代的人文主义与12世纪的人文主义有很大区别,它离开宗教理念更远。事实上,当时热爱拉丁语文学的人士很多是教士和大学教师，譬如让·热尔松、皮埃尔·戴利、尼古拉·德·克拉芒日和贡捷·科尔等人；但并非所有人都属于这一阶层，如国王查理五世的秘书让·德·蒙特勒伊，十分喜欢维吉尔和戴朗斯的作品，曾在大学研习"艺术"，但没有追求功名，也未曾在教会内担任任何职务；克里斯蒂娜·德·比尚出生于意大利，是个靠写作维持生计的女作家。意大利文化对法国新的人文主义精神肯定有影响：让·德·蒙特勒伊与佛罗伦萨人科吕希奥·萨卢塔蒂保持有通信联系，后者是意大利人文主义的主要倡导者；薄伽丘的《贵族男女兴衰录》和《十日谈》先后由罗朗·德·帕尔米费翻译出版，曾于1361年出使巴黎的彼特拉克①的著作《顺逆境之对策》也被译介过来。但重要的是人们对拉丁文的优美风格和对整个罗马帝国古典文明的如饥似渴的好奇心。1350年国王老好人约翰二世已经命画匠把凯撒大帝的生活场景画在伏德安伊城堡的房间墙上。14世纪末是翻译古典作品的伟大时代：它极大地丰富了俗拉丁语，除了词汇更丰富，尤其是更适于描写内心活动，从而使未受过大学教育的人在心理感受方面变得更细腻之外，还提供了一种逻辑推理所必需的严谨句法——这恰是拉丁语的固有特征。在由西蒙·德·海斯丁翻译的瓦莱尔·马克西姆②著作《值得记忆的往事和言论》中，在由彼特拉克的朋友贝尔絮翻译的蒂托·李维③所著的《罗马史》中，罗马不再带有被歪曲的古罗马虚幻色彩，古罗马人也不只是勇士而是英雄。

---

① 译注：彼特拉克（Pétrarque，1304—1374）意大利文艺复兴时期的人文主义者和诗人，早年在法国求学。
② 译注：瓦莱尔·马克西姆（Valère Maxime），公元1世纪罗马帝国的历史学家和道德家，是罗马皇帝提比略同时代人。
③ 译注：蒂托·李维（Tite-Live，前59—公元17），古罗马著名历史家学，《罗马史》（*Histoire Romaine*）是他最出名的代表作，他还写过多部哲学和诗歌著作。

同时，尽管英国人的入侵攻击有时暂停，挥金如土的众亲王们却从未停止过征税，百姓对征税已习以为常了。巴黎艺术作坊继续为王公贵族们生产精巧的艺术作品。1361 至 1375 年间，尼古拉·巴达伊根据让·邦多尔的绘图，为安茹公爵制作了以"世界末日"为题材的一系列最精美的壁毯。这一时期的绘画创作特别繁荣。已经出现了在木板上绘制的画作，其中最著名的是让·贝勒肖兹的作品，实际上那只是些把细密画照搬过来的作品，背景是欢快的镂金装饰，金色的珍奇古玩小摆设作点缀，不过画面上出现了肖像，亲王们欲将自己的脸部轮廓留在画上，这或许是受人文主义激发而产生的表达个人荣耀的需求。在大量的书本插图方面，越来越多的意大利画匠加入到法国画匠的行列，他们是伦巴第人，尤其是来自意大利北部的工匠，譬如包纳伏·德·瓦朗西纳和兰布尔三兄弟。这类画作中最丰富的是贝里公爵让定制的画，画面表现贵族社会在美丽的自然风景中优雅和精致的生活，背景上的自然景色是经过诗一般美化的现实，有来自传说中东方五色缤纷和奢华的仪仗队，以夸张手法表达了宫廷生活的穷奢极欲；然而在一片歌舞升平中，出现了另一种奇特的声音，它就是《罗昂日课经》插图大师的悲怆呼唤，他的画犹如对享乐的富人发出的贫苦和死亡的回响。

事实上，最早的文艺复兴之花在疯子国王查理六世身边，在宫廷舞会和化装舞会上已开始绽放——它跟意大利佛罗伦萨的文艺复兴运动一样早，所不同的是它承受了包括骑士文化和经院文化在内的哥特式文明的全部财富——这种早期的人文主义文化还相当地矫揉造作，带有一定的狂热，可是在准备充分开放之际却戛然而止了。因为当时政治动荡正冲击着文化的中心——巴黎。1413 年造反民众冲进了圣保罗公馆的花园；紧接着伦巴第人开设的银行又遭到阿马尼亚克盗匪的抢劫，迫使银行家们四处逃窜，巴黎的繁荣失去了一根主要的支柱；五年后让·德·蒙特勒伊和贡捷·科尔遭到反对派的暗杀。从此巴黎被勃艮第人所控制，它在很长一段时间成为一个与外界隔绝的孤岛，王室和众亲王们纷纷撤离，巴黎消沉了。然而正是在这一时期，全法国出现了重振的迹象。

3. 缓　　和

　　1435 年法国国王查理七世在阿拉斯和他的堂兄、勃艮第公爵实现和解，1444 年又与英国人达成休战协议，次年国王颁布法令建立常备军，由国家定期支饷，宿营在居民家里，从此在休战期间，军队不再四处流窜扰民。1453 年查理七世的军队和炮兵赶走了最后一拨英国入侵者，实现了和平。一段时间以来，经济的某些领域也已出现了复苏的最初迹象。

商业复苏

　　最初的复苏迹象在各地都有所显现，如 1440 年前后图卢兹的商人们已感觉到。但是回升迹象相当微弱，走势高低摇摆，相当不确定：个别胆大者，往往是外国冒险家，或取得短暂成功，如当时在马赛做生意的意大利热那亚商人，亦有不少是有半官方背景的商人，其生意受到某亲王的特别照顾。雅克·柯尔的发迹令同时代人目瞪口呆，也说明了最初发财者的致富特征和局限。雅克·柯尔的父亲曾经只是贝里公爵的一个供货商，资本不大，而且贝里公爵每年在布尔日的日子也不多。雅克·柯尔的运气来了：因为内战关系，当时还只是王储的查理，继位后的"布尔日王"（查理七世），举家迁到了布尔日，查理府是当时法国众多小朝廷之一。雅克·柯尔从此有了一个重要而稳定的主顾，他跟父亲一样为各王府提供奢侈消费品。1432 年他专程去埃及、叙利亚和塞浦路斯进货。一个没有太大资本的小商人，只得搭乘别人的船，而且像中世纪早期的商人那样自己押运货物，漂洋过海历尽艰险（返回时在科西嘉岛遭海盗劫持，付了赎金才得以脱身）。但是，为亲王府供货的他有机会接近税务机构，不久便在王室临时机构内混得像王府的仆人一样。由于他精于贵金属交易，很快获得了造币局的差事。虽然其间因投机不慎被判过罪但都不了了之，后来他仍巴结上王室财政署，他认为这将是他生意上最可靠的支柱，他的想法没有错。从此他的所有生意都与王室有密切关联。在"阿拉斯和约"后，他开始发迹。事实上，这与国王查理七世的财政状况改善有关。国王需要他的热心供货商以最低的价格提供更漂亮的服饰和最上等的东方调味品。这时的雅克·柯尔有两项主要使命：首先是扩大向国王的供货，为此必须找到更多的稀有金属——正如15世纪的所有人渴望获得更多的金和银一样。雅克·柯尔终于想到向矿脉索取，他对里昂附近的矿藏产生兴趣，同时也利用稀有金属的差价进行投机，与培培尔人做交易以银换金。另外，直接从地中海港口黎凡特的商人批发高档奢侈商品，如此绕过意大利商人，以节约成本。为此他建立了船队，以蒙彼利埃和马赛为据点，旗下收罗忠心耿耿负责"海运"的船员。他之所以能成功，是因为他与国王的关系。成功之后的他像历代豪富一样把绝大部分利润再投入地产，他发达致富了——太富了，以致遭人妒忌，被众人抛弃，终于在1453年倒台了。对道德家来说，雅克·柯尔是个再好不过的例子，他们在说教中屡屡提到"财富之轮"转动，风水轮回，但即使从雅克·柯尔的孤立个案，或从历来广义上的致富手段说，他的例子说明当时法国的生意场上纸醉金迷的风气。

真正的经济回暖出现在1475年左右，也就是在军事冲突最终停止后的25年。和平的效果是显著的：国王的财政纾解了，货币不再流失，尤其是乡村得以重建，不再像过去那样每隔十年要遭到一次毁坏。在一个根本上以农耕为主的经济体中，四分之一世纪的时间足以修复一切。有连续几年的好收成，百姓能吃饱，有能力抚养孩子，使他们能经受住疾病的侵袭。不需几年农村人口就会增加，劳动力也会增多，耕地边缘地带马上会有人开荒种粮，圣路易时代农民的好日子便会再现。但是仅此而已，因为耕作和畜牧方法并没有改进：肥料依然不足，出产率低下。收成一年好一年差，农家库存依然空虚，饥荒的恐惧仍记忆犹新，这种情况还得持续好几代人。然而经过了多少年的贫困、破坏和饥馑，农民终于在一些年份重新有所积余，交换也因此越来越多了，金钱开始流通，出现了普遍经济回暖的局面。

不过，新繁荣的出现除了战争结束的因素外，还有另一主要原因，那就是经济大环境有了转变。随着 14 世纪最后几年越来越加速的环境转变，法国已走出了漫长的经济停滞期。商品变得丰富起来，意大利商人重新来到大、中城市做生意——这是个确定无疑的信号。物资和人员的流通越来越频繁，因道路得到修缮、驿站有了增加，流通亦变得更迅捷；水路运输也更稳定，规模更广。这一时期财富出现了新的流向。首先大西洋沿岸得到开发，几年内西海岸的地平线一下子无限扩大：1480 年前不久从墨西哥马德拉来的糖运抵马赛，尤其是运抵鲁昂；1483 年法国翁弗勒尔的渔民抵达非洲佛得角；过后 20 年巴西人看到从法国诺曼底起航的第一批海船。巴黎仍是汇集各行各业各种生意的大城市，但此时它多了其他交通枢纽城市的竞争对手——奥尔良、特鲁瓦、利摩日和鲁昂，1500 年有个旅行者认为鲁昂的居民人口比纽伦堡还多，鲁昂的人口确实增长了三倍。另一个大枢纽形成了，它就是里昂，所有从意大利和东方国家来的商品都经过这里，当地从 15 世纪初建立的多个集市的规模早已超过索恩河畔沙隆市的一些集市，后来亦超过日内瓦。这是 1462 年王室颁布法令禁止法国商人去参加日内瓦集市的结果。王室瞄准了在王国范围内流通的大量现金财富，企图控制贸易，引导现金的流向，不让它流往境外。于是人们避免向外国供货商购物，国内的一些高档纺织品制造商从中受益，如鲁昂和蒙维埃的呢绒，图尔和里昂新近才开始生产的丝绸等。不过直到15世纪末，法国的商人跟意大利和荷兰商人不同，他们平时生活极简朴，只是穿着好一些而已，有积余的钱便购置地产以安顿子女，或者缴纳奉献美化教堂以拯救灵魂；他们敬畏上帝，对文化漠不关心；他们虽然如此积聚金银财宝，积累的财富却并不像人们想象的那么多，因为现金本来就十分稀少。当然，在活跃的商业活动中，"所有人除了贵族——不一定排除所有贵族——都卷入了商品活动"，积累起最早的一批财富，建立了第一批由新人掌握的金钱王朝。但是跟过去一样，能发财的那些商人都是与政治权力有千丝万缕关系的。如果说在临近16世纪时，法国再也看不到圣女贞德时代的满目疮痍，所有人都有地种有活干，正如克洛德·赛塞尔[1]在颂扬国王路易十二时所说，"随着人口增长，财产、收入和财富都增加了"，那么真正的受益者还是国王和他的近臣。

巴黎的隐没和大学的僵化

新的起点——但是朝向一个改变了的世界。因为在贫困时期，许多中世纪文明的特征已经消失了。首先是巴黎占突出重要地位的时代之结束。巴黎地位相对隐没是由于1415至1435年间法国阿马尼亚克和勃艮第两派的内战以及英国人的入侵。在这一期间及此后的一段时间里，巴黎处在一个夹在索姆河和卢瓦尔河之间，北起皮卡第南至里昂的战事频繁的空阔地带。在这个充满不安全的地域，一切惯常的联系都被阻断了；政治关系、商贸往来和文化生活只能以一些外省城市为中心来进行。这种隔离局面也因各亲王采邑势力的逐步发展而得到

---

[1] 译注：克洛德·赛塞尔（Claude Seyssel, 1440—1520），教师、作家和翻译家，当过国王路易十二世的顾问、法院行政审查官，也曾是马赛主教。

加强：有王族血统的众亲王封地和少数大贵族的领地从来不属于王室领地的管辖范围，各亲王、领主都希望有自己的行政中心、自己的小朝廷和首府；15世纪最后的30年，小诸侯领地一个个被归并入王室控制范围内时，勃艮第及其在索姆河和佛兰德之间的北方属地、安茹、普罗旺斯和布列塔尼等地仍保持着独立地位，在每个亲王所在的城市里，有大大小小的贵族府邸——它们是邻近乡村贵族在省城的落脚地，有行政机构人员及议事法院法官，有教育中心和艺术作坊，有自己的文化传统，总之保留着各自首府的功能和省城中心的影响力。而巴黎的衰落更因为它不再是王室所在的城市。自从1418年巴黎被勃艮第人控制以后，忠于王室的人纷纷投靠王储查理（即后来的查理七世），当时他正躲在其叔父贝里公爵领地的卢瓦尔河一带避难。随着排外情绪的高涨，在王储周围形成了抗英的力量。登基成为查理七世后，"布尔日王"便定居在奥尔良和希农两地，在普瓦捷设立了王国的行政机构。后来和平实现了，巴黎也收复了，但国王亦已习惯于居住在卢瓦尔河畔，朝廷自然就设在那里。至15世纪末巴黎已恢复了昔日的所有商业活动，依然是当时欧洲人口最多的大都市，但已不再是法国文明的唯一中心。文明之花也开放于王室成员所在的其他城市，譬如图赖讷、奥尔良等地，以及第戎、博讷、艾克斯和穆兰。里昂更以惊人的速度发展，作为通往意大利的门户，成为大宗批发和新兴工业云集之地。

巴黎城的隐没是暂时的，但对中世纪文化的主要支柱——巴黎大学来说，衰退却是决定性的。实际上，许多人认为巴黎大学的衰退是政治分裂造成中央行政分权的必然结果。此外，学术思想更自由地交流亦促进了大学中心的多极化：学者们没有必要聚集在同一个地方，他们更容易通过书信、互访和交换书籍来进行交流。这种学术分散的结果是15世纪在欧洲各地都开设了大学：德国、意大利和西班牙，甚至法国外省城市都设立了大学。图卢兹早就有本地的大学，蒙彼利埃设立医学院，教皇在阿维尼翁开设了书院；各地亲王为了培养自己的教士及控制教会，也在普瓦捷、艾克斯、波尔多、卡昂和多勒，以及贝桑松、格勒诺布尔、卡奥尔和瓦朗斯等地建立新的教育中心。巴黎大学面临激烈竞争而逐渐衰退。但更关键的是它失去了历代国王和教皇赋予的种种豁免权和司法特权，以及教会专门给予巴黎大学学位获得者的教职俸禄。而且因为战争和货币贬值，维持学校开支的当局拨款大幅缩水，巴黎大学变得贫困不堪。学生人数减少，生活得不到保障；越来越多的学生挨饿受冻，不得不四处赚钱谋生，荒废学业，如弗朗索瓦·维永[1]及其同伴。因政治分裂、内乱和英国人占领，巴黎大学的教育水准下降，学科研究松懈。偌大一个思想机器就此渐渐生锈。过去巴黎大学受到各方尊重，在15世纪初仍享有真正的政治权威，各方遇事都会向其咨询；但因卡波舍暴动[2]令巴黎大学惊恐万状，其后又遭受严格的言论箝制，所以巴黎大学很快失去了这方面的影响力。剩下的只有理性神学，这是巴黎大学的专科。最好的学者很久以来都已转向于神秘的经验主义。如过去曾与共同生活弟兄会修士们关系密切的热尔松，通过发表专论来宣扬敬爱上帝的理论，论文最早以拉丁文后来用通俗语言写成，希望通过内心灵修生活来实现宗教教育的改革。这种增益精力的神秘主义当时在巴黎的纳瓦拉中学内，由仅剩的大教授尼古拉·德·克拉芒日开课讲授，一时传播很广。但当后者于1437年去世后，"唯名论者"从此只研究形式逻辑，玩弄文字游戏，而索邦大学的教授们则沉湎于老生常谈，只图方便省事，宁

---

[1] 译注：弗朗索瓦·维永（François Villon, 1431—1463），法国中世纪末著名诗人，曾是巴黎大学学生。有文才，为人放荡不羁，因杀人偷窃被判刑，沦落街头。主要作品有《遗赠》《遗嘱》，作品晦涩难懂，但备受同时代文人的推崇。

[2] 译注：西蒙·卡波舍是一个肉铺屠夫，因他领导巴黎市1413年民众暴动，故称为卡波舍暴动。

可捧着 300 年前老掉牙的皮埃尔·隆巴尔的《格言集》照本宣科，也不愿直接评论《圣经》。曾经产生了理性思维、为西方征服自然科学及技术做准备的伟大的经院哲学沦落为卖弄学问，津津乐道于精致而无用的三段论，反复咀嚼过于技术性和生硬的抽象词语，结果被一切有才智者所耻笑。

封建领主制的消亡

当一切都在复苏时，过去文明的另一重要支柱却未能起死回生：它就是封建领主制度。确实，在路易十一和查理八世时代，荣誉和忠诚的概念以及一切围绕封建制和骑士精神而形成的自我意识和本能反应还依然十分鲜活；但相反的是，作为中世纪封建制的灵魂，即在保护者与被保护者之间，在出面保障和平、平息纷争的领主与为了得到安全而依附、顺从、服务于领主、必要时向领主提供"帮助"的附属者之间的人际关系已经决定性地消亡了。在重建后的乡村里，地主与农民之间的关系是以长期租约或收益分成的合同形式确定的关系，他们之间只有单纯的经济关系，已经完全没有感情依赖的成分。拥有土地的大地主、贵族绅士、城市资产阶级或教会领主们往往委派一名地产管理人出面与农户接触，而本人已完全成为纯粹的食利者。农户聚居的村庄和贵族住宅之间渐渐地完全失去了联系，贵族们喜欢住在靠近森林的偏远地方，他们的园子里有鸽棚，享有狩猎的特权。另外，过去的封建主物权、司法裁判权、骑警队、领主家畜群在收割后的耕田上的放牧权和过路费等特权多数在战乱后还存在，但已无实际意义。随着领主保护的实际消失，这类特权亦名存实亡。当盗匪骚扰乡村，"撬开农民的嘴"，逼他们说出藏匿的积蓄，当英国入侵者或勃艮第人袭来，或者国王军队开来时，领主本人往往不在场，或者正在别处打仗，或者已被俘、逃亡。在战乱期间，许多领地已经易主，农民世世代代与之互助共存甚至血统相连的那个原始领主，或因财产遭充公，或因交付赎金破产而被迫典出地产，早已消失得无影无踪；现在的领主是个新来的暴发户，一个外来人，一个盗匪或者因帮助外人打败原领主而得到补偿的叛徒。总之是一个贪财者，他所关心的是如何从新的领地产业上榨取更多的利益。如此的产业过户早已使忠诚和互助意识丧失殆尽；在过去的封建时代，尽管贪官污吏敲诈勒索，旧意识还起到维系领主和农户间互助的作用。15世纪末的法国乡村，在兵燹毁坏较轻但战争阴影犹存的省份，这种领主权力支配下的居民共同体已不复存在。面对时而出现的国王代理人、税收官和驻军，农民们不再有真正的中间人、担保人。因为当过去的地方格局被打破后，只剩下国王权力构架了。国王权力经过短暂的衰败，在战争中重新确立起来。

对臣民百姓来说，国王始终是受人崇敬的，国王的人格代表了神的意志，国王是医治百病的神医，引路的向导，是圣路易的子嗣，被视为道德楷模（所以面对查理七世，第一个带情妇出巡的国王，国人都深感不安。一个巴黎资产阶级学者在日记中写道："四月的最后一周"［1448年］，"国王带着一位他公开爱慕的贵族小姐来到巴黎，无信仰无法度的国王竟然不信守对王后所作的承诺……哎呀！看到一国之君为臣民做出如此坏的榜样，上帝啊，发发慈悲吧！"）。但不管怎么说，他是至高无上的君主，是他赶走了英国入侵者，是他真正捍卫了人民。在长期的抗战中，他设立了国家税，废除封建领主的苛捐杂税，其权力如此地稳固，以至于设立税项仅需征询部分省份的意见，不必召集全国"三级会议"。他缔造了由其一手掌控的配备火炮的常备军，有军队做后盾，他对王国内一切有政治野心的人便有了决定性的威慑力。在15世纪最后的25年间，出于若干意想不到的机遇，亦凭借本人坚忍不拔的毅力，国王实现了百年战争前历代国王都不敢想象的事：废除采邑制度以及封建诸侯国。在瓦解了那个一半在王国、一半在德意志神圣罗马帝国的勃艮第公国（鲁莽者查理曾梦想在那里建立一个完全独立的国中之国）后，国王的管辖范围终于与王国臣民的意识相一致，除了若干孤立的自治地区，如波旁公国、比利牛斯山的一些封建领地、阿尔伯雷公国和富瓦伯爵领地，但它们已没有什么影响力。当然他们还有一些追随者、若干武装集团、私人城堡，不服从的习惯势力仍较强大。在相当长一段时间里，个别人还会以反叛和不满的形式挑战王权，但真正令国王担忧的人只剩下他的兄弟、儿子等少数人了。地方的反抗只是一时骚动、没有什么严重后果的"疯狂战争"。法国再不是封建领主所能左右的了，王国现在只属于国王。

说教和戏剧

但是，不能因为中世纪文明的两大支柱——经院哲学和封建制——在15世纪的解体而认为这一时期是法国文明演变史的低落期。事实上正相反，在思想领域里这是一个朝气蓬勃、新事物层出不穷的繁荣期。不过进步是在另一层面上。12、13世纪尤其开辟了人们理性地理解人类和自然的道路；而15世纪却是在意识敏感性的形成上迈出了一大步。这一进步恰与文化的某些形式深入更深的社会阶层，直至城市底层民众的趋势相合拍，从而使那些诉诸情感的文化形式能更直接地影响未受过特别的推理教育的人们，不过这一现象仅局限于城市。以新的形式感召民众：说教。聆听说教在当时是民众喜闻乐见的一种娱乐，极受欢迎。著名的说教者——布道兄弟会（多明我会）或方济各会修士——在各城市间巡回传道，修士们以受神灵启示而著称，市民们往往数周前就翘盼说教者的到来；有人说他们还能治病，甚至说曾看到他们在水上行走。在由托钵僧建造的新教堂里，传道者往往在大厅中央的讲道台上而不是在主祭台前讲道，下面围了大批信徒；或者托钵僧干脆就在城市的广场上说教，他们能连续几小时不间断地布道，攥住全体听道信徒的注意力。数百上千名信徒，女信徒在一边，男信徒在另一边，专心致志地听讲。说教者用不加修辞的最通俗语言，故意显得跟底层民众一样地粗俗鄙陋；他们不讲神学，只讲实际道德，讲如何才能让灵魂得救。他们懂得操纵听众，当发现信徒的注意力开始涣散时，他们会把话锋一转，讲令人震撼的小故事，诸如耶稣受苦受难、对下地狱者的惩罚和生死无常等等话题。说教者对吝啬者、财主，甚至亲王和高级僧侣大加鞭挞——纵容信徒漠视权贵，过一种更自由的宗教生活，由此播下了宗教改革精神的种子——也教会了更多平民去思考，从而丰富了他们的敏感性。最有演说才能的说教者常常能在经过某地时掀起真正的道德革命：听罢布道归来，巴黎信徒们"便洗心革面，一心向善。不出三四天他们架起上百篝火，焚烧双六棋、扑克牌、桌球、弹子和一切会引诱人在赌博中抱怨发怒的游戏工具；女信徒们更会在当天或次日烧掉头上所戴的一切饰品，如头箍、皮质或软金属片的撑帽头罩等；少女们从此不再用发夹、不戴饰物也不扎马尾发束"①。然而最有效的工作还是在群情激昂的宣教之外，本地布道会僧侣的日常传道和听忏悔。

与说教同时，另一种在方法和效果的本质上跟说教十分相近的文化活动是演剧。15世纪的民众极喜欢看演出。在举行婚礼、出殡或欢迎某亲王入城的仪式上，由布道者组织哑剧和活报剧等街头演出，结合他们的口头演讲更能打动信徒。1420年当英国国王亨利五世访问巴黎时，"整条圣德尼大街，从第二道门直到巴黎圣母院，到处张灯结彩；有头有脸的人大多穿大红礼服；在王宫前卡朗德大街上还上

---

① 《一个巴黎资产阶级者的日记》，1429年。

演了根据圣母院祭台四周壁画而创作的极其感人的耶稣受难的神秘剧"[①]。此外,喜剧、道德剧和傻剧等纯粹的娱乐性的戏剧亦很受欢迎。反响最大、最为轰动的是宗教剧,即"神秘剧",它与主日讲道一样是市民大众娱乐的主要形式。神秘剧是15世纪由专业的虔诚善会组织的,以表现耶稣被钉十字架上受难为主题的大型演剧活动。演出时间很长,接连好几天——最出名的神秘剧是由巴黎圣母院唱经班领班阿尔努·格雷邦所写,剧本长达3.4万行诗句——极受民众欢迎。从序幕开始,演剧就以令人容易理解的譬喻形式向观众提出了整个基督教教义的中心问题,即灵魂救赎;在讲述福音故事的各幕之间还穿插了娱乐性过场插曲,有魔鬼出场,有世俗对白,还有根据伪经传说而改编的故事,譬如道德罪人玛德莱娜悔过自新等等;特别是演出场面空前壮观,主角、配角和群众演员共达数百人之多,演员化装成《圣经》中的人物,布景庞大,后台已采用相当复杂的舞台机关。这些视觉印象,加上音乐和台词的朗诵,对民众的灵魂启迪有极大影响。

宗教情感的新格调

与产生了深刻作用的说教和演剧相比,印刷的作用在当时仍相当有限。1470年由索邦大学几位教师引入巴黎的印刷技术,三年后又传到了里昂,以后靠文化资助者出资再将它普及至其他地方,因为购置一套印刷设备需大量资金,非普通人的财力所及。新的印刷技术基本上只用来印刷祈祷书,所以直至15世纪末它对人们的阅读条件无多大改变。相反,较早采用的已经相当普及的木刻印刷,以版画方式单独出版或与其他版画合集成小册子形式出版,在提高民众的意识敏

[①] 《一个巴黎资产阶级者的日记》,1420年。

感性方面有较大贡献。版画表现虔诚的信仰，把人们从说教中听到的和在演剧里看到的内容固定在画面上，并加以引申发展。凡此种种的宗教行为集合在一起促成了宗教情感的突然迸发。人们往往以为15世纪的基督精神不及圣路易时代那么强烈，其实这是一种错觉：15世纪的宗教情感不但照样浓厚，而且更强烈更深刻。但它表达的是另一种基督精神，因为正是在这一时期神父的宗教成为真正大众化的宗教，开始真正被全体民众——至少在城市如此——所感受和体验。如同一切普及化那样，宗教观念从少数知识分子精英向有敏感意识而变得易动感情的广大民众转移，这必然带来新的基调。尤其是当信徒们自发地产生宗教情感时，其效果更加显著，因为信徒的信仰已不再局限于教士的布道。事实上，法国教会在贫困时期亦相当艰难。在黑死病肆虐最厉害的教区，紧接着遭到兵燹毁坏，正如让·莫利内所说，到处是这样的景象：

> 在偌大的修道院内，
> 方庭破落，宿舍弃置，
> 粮仓颗粒不存，奉献箱空空如洗，
> 库房无滴酒，烤炉断面团，
> 僧侣无颜面，修士满身泥……

即使在战乱结束后，普通教士仍处在从未有过的凄惨境地，教堂收入被非住堂神父所独占，教士得不到应有的培养，贫穷不堪，被教徒们嘲笑，一心只想从主持圣事和听忏悔中得到更多的金钱。

结果宗教变为更隐秘更个人的家庭化行为。在一个自然和超自然的界限已变得模糊淡薄的世界里，圣人取代神父而成为人与上帝之间的中介，神父显得软弱无力，圣人从此成为人们的保护者，成为能抵挡一切邪恶力量的驱魔者。作为个人保护神的圣人名字开始被人们用来给新生儿起名,这一习俗从 13 世纪末才开始蔓延。过去人们总以祖辈的名字给孩子起名,现在采用受人敬仰的圣人名字,使家庭与圣人守护神亦有了联系。作为集体守护神,职业行会等都有专门的圣人保护,"慈善"机构有自己的守护神,祈祷和送葬各有守护神,这种做法在城市和乡村里被郑重其事地相继效法,连负责城市步兵部队的弓箭手或弓弩手等军事团体也有自己的保护神,保护神是军队的真正统帅;还有作为普遍崇拜对象的圣人守护神,如圣克里斯托夫和圣女芭尔贝能保护人们免于突然死亡,圣安托万或圣罗克能保护人免受某些病魔的袭击。人们需要亲近圣人守护神。圣人体现在最普通的日常行为中,以鲜活的形式活在人们中间:人们从花窗玻璃、从祭台后的装饰屏和军旗会旗上都可以看到他们的头像;他们手上拿着标志性的物件,在游行队伍和演剧舞台上也可以看到圣人的身影。但是最重要的圣人还是圣母,圣母在众多圣人中处于主导地位,令人有一种安全感,圣母罩着众人,如同一堵能抵御世上一切灾祸和上帝发怒的铜墙铁壁。圣母成为信徒们虔诚崇拜的对象,随着越来越多圣母像和各种崇拜圣母的宗教善会的出现,圣母崇拜有了巨大发展。事实上在 15 世纪随着大众的宗教意识的觉醒,中世纪基督教教义的缓慢演变已经完成,圣母玛丽亚成了基督教教义的中心人物。从此耶稣在圣母身旁以圣母怀抱里的圣婴形式出现,圣母哺乳他;耶稣死后,圣母哀痛地将他的身躯抱在自己膝盖上。信徒的崇拜围绕着这两个主要形象,圣母圣子像,圣母哀痛像,体现了两个多世纪来方济各会修士布道中所提倡的宗教虔诚的新方向,即引向温情,尤其引向悲苦。

这是哀婉动人的宗教。这一时期各地信徒流行扛着十字架走耶稣受难的十字架之路,宗教社团纷纷组织、演出耶稣受难的神秘剧;也在这一时期菲利普·德·梅泽尔刚创建"耶稣受难骑士团";查理六世的王后伊萨博·德·巴伐利亚专门让人写了"受难默想录";同一时期方济各会修士在传道中详细描绘耶稣当年受难时令人心惊肉跳的刑具和受伤创口的情况;耶稣受难图上耶稣张开双臂被钉在十字架上,在身体重荷的作用下两手掌被撕裂,十字架被画得像绞架一样;同时期的绘画、雕塑和木刻都表现耶稣头戴荆棘箍等待受刑的痛苦;在虔诚信徒的想象中,耶稣的身体变为可以洗涤罪犯身上血污的复活之泉——总之,与耶稣受难相联系成为虔诚的主要表现。因此信徒随时准备面临死亡,而这种"善死"已变为所有的宗教情结的汇合点。死亡之念萦绕在人们脑际:浪漫主义历史对表现各种死亡的情感尤其津津乐道。从14世纪末起有的坟墓上雕刻了腐烂的尸体和剖腹开膛的图案;死亡形象在日课经上被人格化地描绘成带有火舌,或者出现在古老的三死三生故事里,1400年贝里公爵还专门让人把画面雕刻在石板上;更令人印象深刻的是骷髅舞①画,最早于1425年出现在巴黎无罪者墓地的墓碑上,后来被到处照抄,还被印成彩色画广泛流传。对这一题材需要正确理解。它不是精神错乱的表现,也不是因战祸造成贫困而使社会受苦受难的反映。事实上,在说教和介绍"善死"的《死亡之艺术》② 一书中——该书以印刷本和木刻本形式大量发行,1480年后在法国影响很大——关于死亡的观念如同赶牛的刺棒,激励人更好地享受生活(而且16世纪有许多文学作品反映年迈体衰的题材,刺激人去及时享乐);或者更好地抵抗罪恶诱惑以免临了不知所措。因为宗教变得更大众化更通俗,对上帝敬爱和理智的沉

---

① 译注:骷髅舞(danse macabre)是中世纪骷髅艺术最有代表性的作品,出现在15至16世纪。有许多版本,画面表现若干骷髅带着各种人跳着法国南部普罗旺斯的法兰多拉民间舞。

② 译注:《死亡之艺术》或译作《善死之艺术》(Ars moriendi)系1415和1540年两部拉丁语著作的合集。根据中世纪末基督教观念介绍所谓善死的艺术,在欧洲有较大影响,被译成大多数西欧国家语言。

思成分减少了，更多是建立在犯罪感和对地狱的恐惧上，并通过大量描绘炼狱的画面加以渲染。这就是15世纪的新特征之一。底层民众和无知识阶层的宗教情感过去仅停留在日常祈祷和表面信仰上，现在经托钵僧教士的激发已深入到基督教教义，并使基督教主义在今后几个世纪内有了新面貌。但同时因非理性情感的突然涌现，亦产生了许多别的信仰。撒旦与圣人一样无处不在、无所不能；魔鬼到处都有，人们能感觉到，能看到，还把魔鬼附身者送上世俗法庭或宗教裁判所；他们在各地被个别地或成批地判刑，如1459年、1465年在阿拉斯，抑或1480年在里昂。整个15世纪各地都出现能见异象者、受神灵启示者和包治百病者，从而开启了巫师邪术大肆泛滥的时代。在那个充满好奇的时代，人们寻求理解各种现象，而对亚里士多德学说和经院三段论逻辑推理却感到厌倦，于是就从常人无法目睹的事件、星相影响或非理性的关系中去寻找现象的原因。医生也成为——或许首先是——占星师，最优秀的知识分子也关心起魔术和神秘学。由此，民众意识敏感性提高的充沛活力融入精英文化的创造，精英文化自身亦正处在革新改良中。

资助文艺的亲王

战争带来的灾祸在时间和空间上都相对有限，未能真正阻断甚至明显地偏移上层文化的涛涛洪流。在巴黎遭英国人围困之际，彩色画师、象牙雕刻匠和墓碑石刻匠的作坊因生意冷清而凋零或纷纷解散，作家和艺术家聚集到亲王们身边。王公贵族依然腰缠万贯，一心想着荣华富贵。15世纪是出身高贵的艺术资助者的时代，值得一提的是，当时最重要的诗人——当然除弗朗索瓦·维永之外，这个穷学生出身的惯窃犯和杀人凶手将自己贫困经历写成动人诗歌，给当时过于僵硬的诗风带来了清新的抒情风格；不过他亦需要巴结上流社会才能出人头地——就是奥尔良公爵查理。还有当时的著名画家之一安茹公爵勒内，近年来人们发现一些精美的细密画原来出自他之手。画面罕有地鲜亮，表现牧场日出或贪睡者的幽暗房间，作为他写的那本平庸小说《热恋之心》的插图。在当时一些大领主身边形成了若干活跃的艺术中心，如国王所在的图尔、布尔日和奥尔良，以及诸侯国君主所在的昂热和艾克斯，还有穆兰——15世纪末，波旁公爵将它兴建为王国最煊赫的首府之一。事实上勃艮第公爵的朝廷与众不同，相比之下它的气派更大。因地处偏远外省，与时代精神脱节，显得较为僵硬，骑士精神在当地原封不动地保存着，如同一支井然有序的庞大阅兵队伍中一个凸显的方阵。它所表现的凝固着骑士精神的僵硬风格，曾一度传至奥地利和西班牙，直到路易十四治下才回归法国，在那里骑士精神、狂热的神学理论，以及对譬喻手法的偏好，在"大修辞学家"①的徒劳而令人厌烦的精湛诗艺中显得十分僵化。自从引入荷兰雕刻家斯吕特，以及文化中心迁往佛兰德后，勃艮第朝廷越来越背离法国，其重要的艺术作品，譬如雕刻有哭丧队列的第戎墓碑、凡·爱克和罗热的名画以及奥克赫姆的音乐等，都不再带有法国格调，而是弗拉芒、埃洛或布拉班特风格的作品。相反在卢瓦尔河和罗讷河畔的王室众亲王的宫殿内，从1440年前后起掀起了一股艺术创作之风，因为它受到意大利典范的影响，所以被人忽略；不过，它不是拉丁文化，而是扎根于哥特式文明最肥沃的土壤，已经是真正的文艺复兴了。

火焰式哥特艺术和伟大的绘画

最先是建筑装饰上的文艺复兴。在大巴黎地区的辐射式哥特艺术

---

① 译注："大修辞学家"（Grands Rhétoriqueurs）是后人用来指称15世纪一些宫廷诗人的贬称，他们写的诗歌卖弄辞藻，对王公贵族极尽阿谀奉承之能事。

的长期主导之后，在 1420 年前后出现了新的艺术方法，于是产生一种新的艺术：火焰式艺术。建筑物边角的装饰更加突出醒目、屋檐楼层的线脚更强劲有力、线条或曲面上的凹槽更加明显，与 14 世纪建造的大教堂的线条纤细优美、弯曲柔软的风格大相径庭。植物图案艺术与过去的哥特式一样多，但是更粗壮显得更有活力，从柱子顶部直接衔接穹窿拱顶的筋棱。这是十分聪明的艺术，因为它可以简化建筑结构，使之只需要最基本的构架。同时它也是更自由的艺术，大括号形的丰满装饰组合了曲线和反曲线，使一切线条像在炽热的炉火中一样自然弯曲，卷曲的叶片组成簇束、花环或花束等形状，装饰公馆主层带中梃的窗户、教堂祭台前的祭廊、教堂内信徒为还愿而建的墓壁，等等。这种艺术以独立的雕刻装潢遮盖了建筑物的深层结构。这是一个新的起点，它带来了一系列的教堂重建计划，从巴黎、诺曼底直到布鲁和欧什。16 世纪时再次掀起火焰式哥特式艺术之风，在此基础上附着了意大利的装饰表层，火焰式艺术直到 17 世纪仍然是法国一切建筑样式的框架。

同一时期产生了伟大的绘画。从过去的书本彩色插图，到人们开始喜欢画在木板上的绘画，它保留了细密画的明亮色彩和丰富内容，还能装潢当时人们喜欢居住的私密小房间或者私人祈祷室的祭台。著名的画家照样服务于亲王和领主，当时法国绘画主要出现在三个省份，正是亲王们居住的三个地区（除了画风属弗拉芒风格的勃艮第）。首先是国王查理七世和路易十一喜欢居住的卢瓦尔河河谷地区。这一地区的书本插图画匠原先为安茹公爵或者贝里公爵让服务，由于巴黎画匠为躲避英国人占领逃来此地，当地的绘画风格得到了丰富，于是产生了著名画家富凯的杰出艺术。画家富凯从意大利旅行归来，不仅带回了从古代绘画中获得灵感的一整套装饰技能，而且还获得了绘画的空间和立体意识；他画面上安详的人物有一种超时代感，与同时期

254　法国文明史

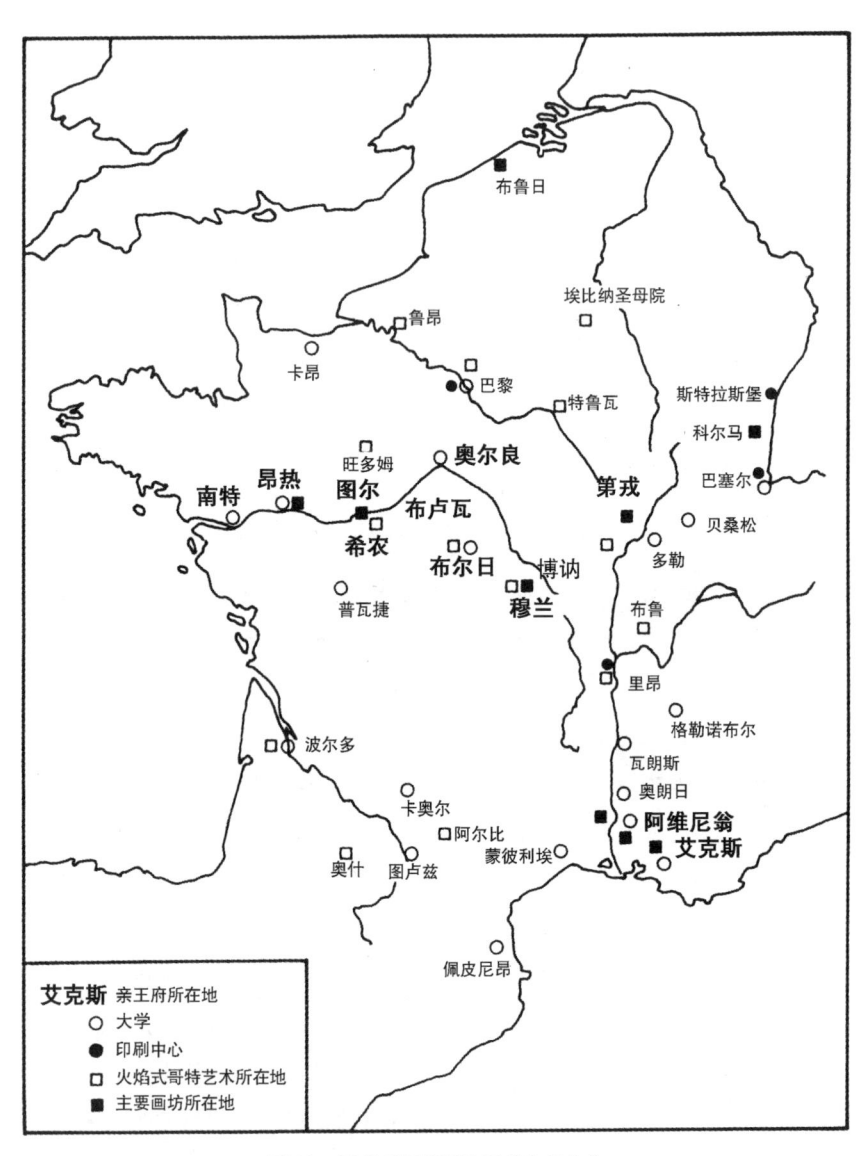

图 13　15世纪下半叶法国的文化中心

意大利画家皮耶罗·德拉·弗兰切斯卡不无相似之处，但却沉浸在卢瓦尔河流域的另一种氛围之中，不那么拘谨，带有一点柔和感，在滋润的空气里，人物的肉体显得那么柔软，采用当时很少用的粉红和黄色，使画面显得更绚丽多彩。其次是普罗旺斯，在教廷返回罗马之后，住在阿维尼翁的主教们向当地画匠订画；后来安茹公爵勒内迁居艾克斯，激发了画匠们的创作热情。上一世纪锡耶纳画匠装饰教廷和主教府的装潢风格在普罗旺斯跟来自弗拉芒的影响相结合，在15世纪中叶产生了一种具有强大生命力的风格，其坚实的结构通过平衡的构图以及对光的透彻分析表现出来，如同贡塔郡石灰岩山岗所呈现的效果，使一切形状得到简明的表达。最后是稍晚形成的穆兰地区绘画，波旁公爵集合了当时最重要的画家在那里创作。参与装饰教堂和公爵城堡的工匠中，有一名画匠在木板上以简洁、纯净和柔和的笔调画了公主们的肖像，画了耶稣诞生图和圣母像。这些了不起的画坊在哪怕再小型的画作上都传达出一种独特的格调，作品的透视感和构图亦令人叹服。这是一种有强大生命力的艺术，它比查理六世宫廷的画风遒劲有力得多。当然，这种艺术一定从佛兰德和意大利的造型艺术中汲取了不少养分，但它在充分消化养分后创造了自己的特征：和谐、优雅和不张扬，这些正是哥特式美学特征之所在。所以在绘画艺术方面，法国文艺复兴的真正起点应当在1450年前后的图尔和阿维尼翁。

人文主义的先声

知识领域的文艺复兴出现得稍晚，规模更有限，亦更依附于意大利，但是在大学垄断知识局面解体的背景下，知识领域的文艺复兴可以说是垂死中世纪的回光返照。从1470年起担任索邦大学校董会成员的纪尧姆·菲谢是萨瓦省人，他在阿维尼翁求学期间曾受到彼特拉克和古典拉丁作家作品的熏陶，后来他到过米兰，与意大利知识分子有过直接接触。返回巴黎大学后，他成为法国第一个人文主义学者。在他帮助下建立的印刷作坊印刷出版了瓦拉的《高雅的拉丁语》，这是一本新哲学的启蒙书。此后，在当时宗教法学院院长罗贝尔·加甘的周围，一些意大利籍教授和希腊籍避难学者开始传播柏拉图的学说，组织规模不大的古典文学之友协会，会员都是大学学者或宫廷官员；他们非常虔诚，对修道生活和禁欲神秘主义极感兴趣，但是希望在经院哲学的艰涩奥义外，找回古典拉丁语言的纯洁性，并且反对艺术学院某些学者反复咀嚼空洞逻辑的学风，恢复一种受柏拉图主义影响的能升华灵魂的真正哲学。在这个规模极小的文人学者圈中，有一个名叫雅克·勒费弗尔·戴塔普勒的人，他梦想按照圣贝尔纳修道院传统改革王国，他在犹太主义的秘传"佳巴勒"[①]中找到了抚慰心灵不安的解答，从意大利归来后他出版了一本诠释亚里士多德学说的书和一部自然魔法的论著……

按照历史教科书的划期，中世纪至此为止了。但是它真的就此结束了吗？何时结束？当我们观察15世纪最后几年所发生的事件时，发现文明并没有萎缩，而是旺盛地存活着；事实上，它在关于死亡的沉思中发现了相当热烈且富有创造的活力。农耕技术停滞不前，小城市的商业气氛平淡如故，但新世界已向大西洋沿岸的诺曼底和圣通日的渔民开启了大门。面对宗教新情感的觉醒，面对在哥特式传统上萌发的一切新生艺术的绽放，面对刚涌现的各种思潮和新的好奇心，骑士贵族修辞的种种矫饰和索邦大学文人的古怪的连篇废话显得益发微不足道。新生事物会很快茁壮起来，不久年轻的拉伯雷将会尽情地沉醉其中。

[①] 译注：佳巴勒（La Kabbale），一种基于犹太主义的秘传传统的智慧，一种精神状态，它融合了对上帝、人类和宇宙的玄学思辨。

第二部：
现代法国

从现代法国到当代法国

15世纪的法国人与20世纪下半叶的当代法国人有哪些共同点？两个时代的人相距500年，在民族的历史上，500年还不及前一个时期即中世纪长，而中世纪的历史已经相当丰富了。然而，当代法国文明与1480年的法国人之间似乎有一道鸿沟，15世纪的法国人是那么热衷于去发现新世界和旧世界，虔诚的基督徒对上帝敬畏到死的恐惧，逃脱了无休止战争等大灾难的历代民众盼望快乐地生活，同时又是如此粗野，如此可怜地蜷缩在自己的小天地——一个教区或一个省的狭隘社会环境里。充满了反差和中世纪种种不寻常生活的15世纪，宣告了新时代的到来，它如何面向当今的法国社会呢？法国作为人类曾经历过的最重大技术革命的重镇和中心，今天依然处于领先地位，以其学者、艺术家、工程技术人员和知识阶层的种种努力占有重要的一席之地，各地乡村和外省小城市带了历代文明的积淀继续生存着……按科学对日常生活越来越大的影响，电影、广播电视和出行速度改变人们的生活方式和意识的程度来看，20世纪常常令人目瞪口呆的奇迹般的成就，完全可以——如果我们愿意——用本书的一半篇幅甚至更多篇章来加以描述。在1880年曾惊讶地目睹铁路这一过去时代最大奇迹的人们，距离路易十二同时代人不比生活在充斥机器、需要每天直接与机器打交道的新世界中的我们更近吗？在中世纪结束后的 300 年出现了颠覆了旧欧洲的新世界，仅 20 世纪初这一二十年给整个文明带来的希望和革新就比此前 400 年的更多。那么就让我们将这 500 年分为不平衡的两个部分，让最后 100 年所占的份额与它之前的 400 年同样多：为达到这一目标，我们还缺少十来部专门研究关于电影、广播的社会和艺术作用，关于机械化对人们心理和生理转变之影响的著作……

不管某些日期有多重要，历史不会跳越式前进，奇迹般的 20 世纪并非由某个突然变故所产生。第一次工业革命带来了后来的两次；巴黎今天已集中体现了法国的文明，因为整个 19 世纪为首都的巨大发展作了准备，也预言了"法国的荒漠"①；昔日的历次革命仍启发着当代人，影响着人们的政治思想，共和国的激情仍鼓动着原本已有大胆革新和各种传统的公众舆论。让我们以传统的（或许过于传统的）划分方法把这一时期分为两个阶段：在政治和社会大革命中诞生的"当代法国"和 1789 年之前经济和社会持续演变 300 年的"现代法国"。在这 300 年的"现代法国"时期，文明得到了充分发展，那还是一种旧制度下的外省文明；18 世纪的风流节庆和"百科全书"、启蒙时代的欧洲代表了这一文明的高度成熟，而法国以它的语言和艺术影响了全欧洲。

那么 15 世纪的法国就不具备社会和政治框架，以及一直维持到法国大革命的经济结构吗？其实，主导要素在当时已经确定了。如果不是因为篇幅有限，只需要审视一下某个外省小都市在这 300 年中的

---

① 译注："法国的荒漠"一词从让·弗朗索瓦·格拉维耶（Jean François Gravier）1947 年版的地理著作《巴黎和法国荒漠》（Paris et le désert français）中来，作者第一次全面详尽地分析了巴黎巨头的畸形现象。因 19 世纪和 20 世纪初法国农村人口迁移城市，巴黎集中了与其面积不相称的大量人口，而从东北部的默兹省到西南部的朗德省这整个斜贯法国的地带成为人口稀少的"荒漠地带"。

兴衰命运便可得出结论：阿拉斯、第戎抑或莫兰，每一个城市都是通过艰难的人为努力而取得成功的。它们发展壮大，在本地区发挥深远的影响，它们跟巴黎和附近城市进行通商，交流思想和书籍；但是在各自内在生活上反映出巨大冲突，而正是靠强劲的长期交流来滋养着法兰西生活；从中世纪早期继承的封建领主社会和资产阶级社会之间的冲突和相互渗透，随着商业的发展和长袍新贵的前程逐渐扩展，资产阶级变得如此强大；王室权威逐步加强但不时也遭受挫折，它在原则上强硬但在日常实施中却软弱。它依靠资产阶级却又害怕昔日的盟友贵族阶级，利用教会却又限制教会对民众的影响。法国的中央集权不尽完善，边境防守薄弱，对欧洲其他国家来说依然是门户敞开。法国各地区的地方主义对丢勒时代文艺复兴的德意志或者黄金世纪的西班牙都极为敏感，尽管在残酷的战争中体现出一切爱国主义，它们尚未完全统一起来。路易十五及其哲学家时代的法国的许多特征，实际上已体现在如此丰富的 15 世纪——至少有某些特征的胚芽。

现代法国和当代法国，分界线在 18 世纪末，在 1789 年 8 月 4 日夜间或者 8 月 26 日那天，它如同铰链联结两部分。陈旧教科书上的传统划期仍然管用。

第六章　15世纪末至18世纪初的乡村环境和意识

从15世纪末——消除了百年战争和当时西欧各国普遍经历的危机的痕迹——至18世纪初即1730或1740年的两个多世纪内，法国乡村未曾经历深刻的变动，没有剧烈的颠覆，也就是说没有变化。但这仅是在乡村而已。

因此，法国的经济社会结构（也可以说整个欧洲及旧制度下所有国家的经济社会结构）固定下来了。在此有必要在考虑问题时把相互依存的城市和乡村暂时区分开来；因为城市的变化相当迅速，而乡村长期还是故步自封。在几个世纪的过程中，法国的基本地貌仅有些微变化；1500年左右形成的耕地和森林的大致界限至1700年还是原样，或者很少变动。所有村庄是在16世纪初建立的，今天我们看到它们仍然还在那里（尽管有的村庄遭兵燹破坏短期被废弃过）。

在现代法国的前两个世纪里，中世纪遗留下的乡村特征仍保持并影响着社会生活，基本无大变动；社会组织以村共同体为代表，村民生活或多或少围绕着教堂钟楼，由领主、本堂神父和代表国王的官吏实施管理或至少是管治；经济组织中乡村特征也照样存在，农民向附近城市提供食物，大宗商贸规模不大，主要是靠贩运农产品的商贩来实现，土地食利者、贵族和主教，以及自13、14世纪以后购置地产的资产阶级分子在其中起中介作用。但总体上说，主导经济的辐射范围小，涉及的财富有限。村庄自给自足，当然村民们跟耕田和森林之外的外部世界有一定联系，主要是通过神父每周日宣读国王法令，也靠不时闯入村子骚扰的兵痞以及另一类讨厌鬼——流浪汉——带来一些外界的信息，这类人太多也太少。

除了经常提各种要求和爆发革命的大城市周边地区，如巴黎周围的粮仓——博斯、布里和皮卡第，除了河道大路交通枢纽地的大村庄之外，乡村社会处于远离城市生活、远离时代的现实空间，过着一种另类的生活。城市生活中的种种财富、享乐和艰辛的冒险，层出不穷也变幻莫测。但这并不意味着乡村生活是风平浪静，只是说它的风险、不幸、潜在的不安全、传统或者喜悦是基本不变的，正如我们数量不多的乡土文学中反复描写的那样。尽管因地势、土壤和气候等差异而形成不同的生活方式（从博斯的大面积谷物生产者到比利牛斯山或上普罗旺斯山区的争强好斗的游牧民，抑或各地零星存在的数量极少的农业投机经营者，如图卢兹山谷的菘蓝种植或罗讷河流域的葡萄园种植），尽管历史将某些从未有过的个别特征纳入农民生活（如西部百年战争后需要重建，因而农民享有较大的相对自由，而东部未遭受战争破坏的勃艮第、洛林和孔泰地区，因农奴制长期存在而社会制度严厉得多）；然而这些隐性差异不足以谈论，更何况在一个人们首先关心自己的生存和日常生活必需品的年代，全部食物和整个生活的基础就是面包。每天生活的这个第一不安全因素以其轻微的约束使乡村生活变得简单化、同一化，形成了乡村生活的普遍格调。因此在各地区的种种差异之下，我们面前是一幅概图，它的重要特征需要进一步阐明。

1. 物质的不确定性

自足经济和小农经营

物质无保障,或者——在最好情况下(如普瓦图或阿基坦地区土壤肥沃气候适宜)——生活平庸的根本是"自然经济",或称作自足经济。小户农民守着自己的一块耕田,十分看重保障村民互助的村上事务,但也因此承受各种负担,这样的农民只有一个愿望:生产自己够吃的粮食,首先是小麦、大麦,其次燕麦,也酿少量的酒,甚至在最北地区的农民也想自己酿酒(直至大革命前夕,地方总督还记载在整个布列塔尼、在佩尔什和上诺曼底的科地区等不适宜种植葡萄的地区都有规模相当大的葡萄园)。农民生活全靠自己的出产,或者至多求助于邻近的大车匠和织布匠,不久连这些人也不需要了。这种生活规则在乡村一直保持到19世纪中叶。这一点今天早已被人遗忘了。须知它在中央高原和阿基坦部分地区的家庭式小农经营中是不变的铁律,它甚至在1940至1944年间还有过回潮。这绝非偶然:自己拥有一切,唾手可得,这种感觉在人人担心哪天会断粮的艰难时期不啻为莫大幸福。这种产生于长期持续的饥馑、物资匮乏和"生活昂贵"环境的想法,已根深蒂固地扎根于过去时代遗留下来的经济生活中。

乔治·勒费弗尔在谈到18世纪农民时说得好:"法国乡村的典型是为自己,至多是为附近城市种地的农民"[1],对再早几世纪的祖辈来说更是如此。法国农民是在本村土地上耕种的小农经营者,他拥有

---

[1] 乔治·勒费弗尔(Georges Lefebvre):《法国革命之研究》(*Études sur la Révolution française*),巴黎,1953年版,第208页。

分散在各处的不同朝向的五六处小块土地，土质也往往不同，所以他耕种的是本村每种土壤的一部分，过去轮作制下的一块块土地，与今天的科学轮种完全不同，做法非常单纯（通常北方为三年轮作制，南方为两年制，农民所知道的改良耕地的方法就是让土地轮休的时间长一点）。按我们今天的估算，当时小农经营者可以耕种10到15公顷的土地；他还可以和邻居共同分享面积很大的公共资源：荒原、森林和多沼泽的牧场……农民靠这些来养家活口，饲养牲畜，用羊毛或沿溪流的大麻田生长的大麻自己纺纱织衣；他用定期分得的森林木材更新农具，用作物的茎秆覆盖房顶……无论耕田是否属于自己，农民的生活方式都差不多。现代法国几个世纪中发展起来的大"资本"农庄，是城市周边的现象；属于城市的大含义，与乡村的含义同样大或许更大。在这类土地上，出现了富裕耕农和将分散土地集中起来大面积经营的农庄主，后者是住在城里的城市人。这些富裕农直接出售部分收成，通常是为了缴税，他们拥有多匹牛马。为耕种50至60公顷的土地，还需要几匹拉车的牲口。

当时许多农民家里缺少两三头拉重活的大牲口，于是给富裕的邻居农户帮工，作为交换可使用邻居家的套车牲口，往往包括摆杆步犁。这种以小农经营为主导的农村经济——至今仍有不少还存在——并非一成不变：新石器时代不计在内，我们仅局限于观察中世纪，封建领主制的建立、蛮族入侵和战争，大大促进了小农经济的转变。但是它也相当顽强：因为同样在16和17世纪，邻近的英国和易北河另一边的德意志，小农经济都受到了强力冲击，产生了大土地主和大规模经营模式。总之，在法国没有这一现象，甚至在重农主义盛行的世纪，法国并未出现英国那样的圈地运动；原因是多方面的，其中主要原因十分明显，即法国人对城市生活的偏好，与英国的"圈地"贵族相比，法国贵族对城市的生活更迷恋。

法国小农户尤其是粮农数量稳定这一事实，就已说明农民生活条件之平庸。在当时只要粮仓充足，农民每人每天甚至可以吃三斤面包，面包同样是城里人的主食①；事实上，小农经济与集体生活有密切关系，今天特别在洛林地区已基本上不存在这方面的任何痕迹了（除了还可以看到小块土地的轮廓）。每家农户的土地与村里其他农户的土地连在一起，逐年所种的作物也都一样。农户没有自己可支配的土地，无论是一片枯死的或茂盛的树林，还是树林中一片蕨或越橘，农民必须征得村里或教区内其他农户的同意才能经营。土地窄小必须依靠互助：收割用镰刀（直至19世纪各地还基本如此），耕田用操作艰辛的摆杆步犁（尽管收成低下），大片砍伐森林，还有收摘葡萄……这一切作业都是在集体农活的季节共同进行的，在这几个月内所有人相互帮助。当今乡村中极其严重的个体主义还是新近现象：过去的个体农户只有阿基坦和勃艮第的葡萄种植户，这些酿酒户已负盛名，因此不再需要集体形式，各自负责将酒运往第戎和波尔多出售，同时买回酒桶和面包；不错，他们亦在田头作业，但就其商人生活方式而言，他们实际上已经是城里人了。因此教徒群体的生活方式有其深刻的现实基础，它说明了为何在法国农村中直到前不久的近代，新技术和新文化传播得如此缓慢。16世纪从美洲传入的玉米和菜豆经过漫长的数十年，还只在法国南部推广种植；稍后引入的烟草和土豆亦同样，它们的例子更为人们所了解。耕作工具和技术方面情况类同：农夫所用的摆杆步犁从古代至18世纪没有变化，或者极少改变；进入近代后，这样的农具还在中央高原的山区、在沃莱和贡布莱伊等地继续使用，人们极容易找到这些古代的农具。更有甚者，我们经常

---

① 参阅拉布鲁斯（Labrousse）：《法国的经济危机》（*La Crise de l'économie française*），巴黎，1944年版，第24页。

引用的罗热·塔博曾在一本精彩的书中，讲述双轮转铧犁是如何在19世纪中叶才被谨慎而缓慢地引入，成为他家乡马济耶尔-昂加蒂讷一个村的常用农具①。但是我们这个马济耶尔乡的革新者当时是自己的田地的主人，他的邻居们——也许是嘲笑者吧——来看他试用新式农具，他们无法阻止他；两三年后邻居们发现他土地上的灌木丛、杂草等完全消失了，于是才决定采纳新型农具。然而，在16、17世纪，这样的革新一开始行不通，原因很多：拉布吕耶尔②曾描写过一个农民，他跟父亲和邻居一样耕田，不可能也不想有别的耕作方法。谁能想象在那个艰难的时代，一个农民单枪匹马地种地？从保存的文献资料中，我们没有发现过这样的例子，只有个别例外，如1636年在上索恩省河谷地带的一个村里，或者1662年波旁的一个村庄，某单干户挺住可怕的饥荒而独自幸存下来。

技术和习俗

实际上，技术和文化习俗都是远古的习惯。尽管中世纪阿拉伯人曾把某些改革带到法国地中海沿岸（参阅本书第三章第一节"农耕技术的进步"），但那只是些为数有限的例子，很容易把它们作如下描述：在最好的土地上种冬麦和春麦；在村庄或独居住宅的附近开辟菜园，种几棵果树；农民每年按同样的方法和用同样的木制农具耕地，因为铁打的农具很昂贵（铁稀少而且制作困难），农民过日子十分节俭，一年到头花不了几个铜板，尽可能少买东西：至多买一把斧头、一把砍柴刀、一把镰刀、一把铲子和配一副步犁的犁刀……大多数的

---

① 罗热·塔博（Roger Thabault）：《我的村庄》（*Mon Village*），巴黎，1945年版，第99页及其他一些地方。

② 译注：让·德·拉布吕耶尔（La Bruyère, 1645—1696），法国17世纪的道德学者、作家，其作品《性格》（*Les Caractères*）较出名。

农具都是木制的，如耙子、牛轭、连枷、独轮手推车以及畜力拖车，往往车轮上还是不箍轮辋的。但是，除了公共森林可以年复一年地连续使用，耕地上的收成率极低！摆杆步犁翻地或浅耕的深度才 10 公分，杂草不可能锄干净；用镰刀一行行地收割庄稼，用我们今天对生产力进行的传统比较来看，既费时又费力：用镰刀收割 1 公顷庄稼，1 小时干完得 50 个劳力，用长柄镰刀收割则需 25 个劳力，采用收割机只需 10 个劳力。给耕田施厩肥，农民知道它的重要性，但数量不够。首先是没有足够的牲畜；到处有休闲的土地，但地力恢复得很慢，人们还不懂锄草耘田（直到 18 世纪这一方法才缓慢地推广开来）。在许多山区，土地要休闲数年，等小灌木丛、杂草、矮林长得都赶上树林了，才会在一个好天气将它们全部砍倒，然后放火烧成灰肥田，这样可以在上面连续地耕种几年：这叫烧荒肥田，直到 19 世纪这一方法还未完全绝迹[①]。

厩肥替代不了土地休闲的方法：牲畜数量少而且瘦弱，因为农民只能把在休闲地割下的荒草、庄稼收割后留下的茎秆和树林里割来的野草等限量地喂牲畜；除了一些湿地，可用来放牧的草场很少，缺乏足够的饲料。放牧只能作为种植粮食的补充，在有些高山地区，农民采用高山放牧的办法增加畜牧的数量。然而这种放牧不能得到更多的动物肥料：所以牧场少，麦子就少。在城市周边设立了马车运输站，不久改为驿站，需要大量马厩，于是大土地经营者便向驿站提供草料，也同时饲养马匹，他们得到了好处；王国范围内总有些例外，仅是个别的例外而已。

最后，小农经营者也不可能购买选过的种子来改善收成，如同今天人们根据不同土质和气候选择不同的种子。然而选种是十分现代的技术，需要用到当时尚不存在的科学，再者农民也没钱买种子。所以

[①] 有关耕作方法，请参阅马克·布洛克（Marc Bloch）：《法国乡村史的特征》（*Caractères originaux de l'histoire rurale française*），巴黎，1951 年版，第六、第七章。

农民年复一年地采用自留和邻居的谷物撒种：好年份的收成是三比一，或者四比一……

在一切传统中，最重要的是人们思想意识上的传统：人们生活在一个承载着各种习惯的环境中，从孩提时起在家庭长辈处接受的习俗，自然而然地一直维持下去。这种局限于本村范围、由祖上传下来的邻里关系和村里的农民、手工匠等构成的生活环境并非尽善尽美，人们感觉不足的东西太多了，他们自己就是这种无保障生活的受害者，而且时时刻刻承受着。设想着有肥沃的土壤和在晴朗的天空下……想要的东西太多了，最想要的就是金钱。

负担和税赋

过着自给自足生活的小农没有任何积蓄，所以商业城市周围，甚至离城市较远的众多小手艺匠，在隆冬农闲季节挑担进城赚些外快。因为按田间所得，16世纪的农民基本上无任何余粮可售。并非他们生产的粮食只够填饱肚子——遇上好的年份，收成除养家糊口外尚有剩余——主要是上缴给领主和主教的钱占去了农民收成的一大部分。麦子收割了，但入不了自家的谷仓：什一税征收者在田头抽成。根据不同地区，有的地方十抽一或七抽一，有的地方十五抽一或二十抽一不等；稍后还要磨、要烤，使用领主的磨坊或烘炉，每次还得付一份实物抵税，甚至连使用领主的压榨机或揉挤大麻都得缴钱……如果领主本人不在或不屑管这类琐事，代他管理的村吏比主子更苛刻更凶狠。此外，还得加上封建领主征收的现金地租。中世纪，特别是16世纪的通货膨胀使现金地租严重贬值，这也是事实；所以不少省份的领主要求农户缴纳实物地租，农民的负担就更重了。因此这笔账算了又算[①]：

[①] 拉布鲁斯：《法国的经济危机》，导论。

农民缴了什一税，付清了领主的种种税项和磨坊烘炉的费用，还得留起占全部收成四分之一的下一年谷种，上述什一税和领主征收的各种税项合在一起约占收成的 25％至 30％，余下的才是农民赖以活命的口粮。城市集市上的粮价不在涨吗？但粜粮的是什一税征收吏和"粮贩、倒卖者"，他们受领主委托销售存粮，农民得不到任何好处。这说明农民实际上很少参与城市的货币经济，他们至多在附近的年集上出售几只肉鸡，若干自制的黄油，或者一头小牛；同时也说明他们从中得到了一些现钱可用来缴纳国家的人头税、盐税……不至于因为赋税过重而放弃土地。正如沃邦所写[1]（他的反应近乎人情，本人寿命亦较长），他相信种种苛捐杂税正是农民贫困的最主要原因，坚信农民常会因此揭竿而起，以长枪或长柄叉、连枷等抗击"征税者"来进行自卫。16、17 世纪的大骚动，如"乡巴佬"[2]造反就是针对代表国王的征税吏，也就是征收附加赋税的官吏；但是压在农民身上的最大最重的负担（上述的农民激烈暴动不应造成错觉）还是什一税和领主征收的各种税项，那些实物赋税。

饥荒和饥馑

在如此条件下，法国农村的物质生活是相当艰苦的。在什一税征税人和领主家总管的中介作用下，农民生产的粮食被运到城里，有些商品甚至还进入了国际贸易的循环——如普罗旺斯的小麦运到地中海沿岸国家，阿基坦的小麦贩到西班牙——而农民本身只能勉强糊口。遇到歉收农民更苦，如四月份遭遇大寒冰冻，七月份下暴雨等，结果就会颗粒无收，至少严重减产。在如此脆弱的经济中，一场冰冻一次

---

[1] 沃邦（Vauban）：《王国的什一税》（*Dixme royale*），科尔纳埃出版社（Coornaert），第 28 页。
[2] 译注："乡巴佬"（Les Croquants）是指国王亨利四世和路易十三时代起义的农民。

特大暴雨就可能造成一半减产,这是村民互助无法补救的真正灾难。这时农民只有向资产阶级和大经营者等"富裕者"借粮①。遇上天寒地冻的气候后果尤其不堪设想,当时的编年史记载了对我们今天再也见不到的严冬的可怕描写:整条塞纳河和卢瓦尔河完全冻结了,人们可以步行过河;地中海上也结起了冰块。减产歉收对农民首先意味着赋税的加重,因为捐税是按比例抽成的;什一税征收吏和贵族家总管们也更苛刻,因为他们的总进项也减少了。歉收尤其意味着几个月后农民将面临青黄不接的困境:农民缴了赋税之后,得先留起种子——留种的数量是固定的,不管歉收还是丰收,不管农民所得是100袋或150袋,留种总是需要25袋——然后才是农民的口粮;如果到了4月间粮仓空了,农民就只得以野草和植物根茎充饥,这样好歹一直要挨到7月份。如果农民无法过冬,何以生存?饥饿、灾荒首先肆虐农村,然后蔓延至城市;情况跟我们在1940至1944年间经历的正相反,那时城里人比农村人更苦。

  关于经常性的缺粮挨饿和饥荒的恐怖,历史文献上有太多的记载,正如《王国的什一税》这本反省的书特别强调了韦兹莱地方长期贫困的例子,"普通百姓……很少喝酒,一年才吃三次肉,用少量盐……如此营养不良的百姓体弱乏力是不足为奇的事。再加上他们衣不蔽体,四分之三的人冬夏只穿破烂的单衣,衣衫褴褛,脚上一双木屐……贫弱的不健康的百姓"②。饥荒、生活成本高昂和饥馑,当代人谨慎地区分它们的不同程度:饥荒是黑色贫困,百姓以野菜、糠麸充饥,但还不至于死人,至多饿死一些体弱的老人;饥馑更糟,袭击

---

  ① 沃邦:《王国的什一税》,第280页。
  ② 同上,第279页。同时参阅无数其他档案文献,如索恩-卢瓦尔省省档案,B类1297。其他回忆录以及家庭或地方上日常开支流水账,如让·比雷尔(Jean Burel):《回忆录》(*Mémoires*),勒皮,第451页。

范围达数省，饿殍遍野，村子废弃，连城市也遭殃，正如17世纪的一个医生所说，它是件"恐怖的事，令人毛骨悚然"①。饥荒往往只发生在一省的某地，但王国没有很好地组织谷物的储存和流通，而粮商们投机买卖，囤积居奇，在几个月内哄抬粮价，致使饥馑蔓延开来，甚至波及城镇，农民离乡背井纷纷逃荒到城市，乞讨本来就是他们自己生产的面包：1630至1632年、1636至1638年、1660至1668年和1693至1694年，还有1709年等多个黑色年代，都是贫穷和长期饥寒交迫的大灾难时期。最后还有一种灾难雪上加霜，即在饥荒中和饥荒过后，疾病在虚弱者身上找到了蔓延的温床，遂暴发大规模的传染病。由于对"瘟疫"的恐惧，人们对外乡人、乞丐，或者任何一个穿过村子的过路者和陌生人都惊恐万状，怀疑流浪汉和游荡者所背的行囊里也许藏着危险的动物，带有可怕的令人闻风丧胆的鼠疫病毒②。一个人口稠密的村庄，六个月后成了人迹罕至的荒村，这种现象不需要其他解释了。从全法国范围来看，一千五六百万人口在饥荒、鼠疫后骤然减少至一千三四百万，又经过20多年的太平时期，人口重新回升至1 700万至2 000万左右。这是大致数字，若经仔细观察就更清楚：一个村庄正常情况下，每年死亡人数为15人左右，但1709年死亡人数为55人，1710年还死了30来人……

当然农民也有兴高采烈的时候，收割结束了，丰年的小麦、大麦和燕麦等谷子都归仓了，村民们家家户户把好吃的摆上桌，大吃大喝，欢歌劲舞：乡村中这样的丰盛节庆传统一直保留至今，它充分显

---

① "一个孩子已把自己一只手吃掉了"（奥利维耶·勒费弗尔·德·奥梅松［Olivier Lefèvre d'Ormesson］:《日记》[1640—1672年]，第二卷，第9页）。

② 加斯东·鲁普内尔（Gaston Roupnel）:《17世纪第戎地区的城市和乡村》（*La Ville et la Campagne au XVIIe siècle dans le pays dijonnais*），巴黎，1955年再版。作者在书中对勃艮第地区的可怕灾难有令人印象深刻的描述，包括饥荒、传染病以及对人口的影响。特别参阅第一章。

示了战胜死亡、确保几个月生活安全的喜悦。丰收能在怀有粗野信仰的农民身上激起何等的狂热！当遇上长时间的干旱，6月份的早上已经赤日炎炎，谷物停止了生长，本堂神父便带领全堂区的信徒，从教堂出发祈祷求雨。行进队伍在穿过田间阡陌时倍加小心，人们举着专司降雨的保护神圣梅达尔的圣像，口中喃喃诵着经，直到队伍来到村里还剩一摊水的最后的泉水池前，将圣像浸入水中，向圣人祈求人们的愿望。然而，即使风调雨顺，田头庄稼长势喜人，冬季不严寒，夏日无暴雨，危险就没有了吗？只要打仗的部队一经过，一切都完了。说实在的，身处现代法国的农民十分孤独无助：当时的社会环境对农民、对"乡巴佬"的压迫可谓毫不留情，绝不手软。黎塞留将他们比作已习惯于忍辱负重的骡子，让他们歇着会比不停干活更受累。

2. 社会不安全

今天的读者会认为这标题不贴切，然而能找到对当时法国农民虽然扎根于土地，却处于社会不平衡和不稳定状况的更好表达方式吗？各地乡村的许多农民只有劳力没有土地，他们的生活随季节变化，流动性大，所谓危险的游民：他们很容易成为盗匪，或者兵痞——直至18世纪的军队改革之前，士兵差不多就跟兵痞一样。许多农民断绝了所有的社会关系，被排斥在各种社会团体外，他们成群结队地生活在城市周边或城墙附近，沿水道或（还十分稀少的）大路扎堆而居。在当时，一般人都觉得他们孤独而悲惨。

城堡领主

但是，社会框架还是存在的：城堡主是土地的主人（甚至在不少地方依然是农民的主人，如在某些修道院领地内），通常他们是乡村的保护者——他们向农民征税正是以这个名义。如果有的城堡主在14、15世纪已被某个热衷于投资地产的资产阶级暴发户所取代，新的城堡主照样征税，那么对城堡和贵族家鸽棚——这是依附关系的另一外部特征——周边地区的保护责任理应延续下去；在城堡附近还有本堂神父的保护，如同乡绅贵族保护农民的世俗生活一样，神父则是农民的精神保护者。当每个信徒临终时，本堂神父得为他做临终弥撒，保证信徒死后能够入天堂。但是，尽管神父和城堡主依然存在，尽管本堂神父每周日要聚集教区的全体信徒在教堂布道传经，尽管城堡主得子或嫁女依然会邀请（不那么经常了）农民去城堡的庭院内开桶喝酒，日常的社会现实已不再如中世纪早期的情况了（参阅本书第一章第一节的"土地领主制的结构"小节）。

正如沃邦所说，"可怜的人民"与其说受领主保护不如说受压迫：这是法国农村的大悲剧（这出悲剧直到1789年才告终）。如果在过去城堡贵族保护地方安全的时代，领主税制度是一项正常税收的话，那么现在这一沉重负担只为了显示贵族的社会地位，甚至血统更高贵而已（所谓"贵族血统"，le sang bleu）。对此需作一番分析：如弗莱希耶曾提及的"上塞文山地区"、热沃当和康塔尔的某些领主抢劫邻近村民，勒索过路旅客；1665年建立的奥弗涅特别法庭也未能完全杜绝中央高原山区的贵族欺压平民百姓的现象。如果这类辱没贵族名声的事是极个别的例外，那么在香槟或索洛涅地区的贵族们除了向平民征税、执法判罪，严禁村民打猎捕野味，每周日必坐在教堂第一排座位，在领地上找碴儿跟国王派遣的小官吏争斗外什么都不做，这一切却是不争的事实。人们经常说，小乡绅们生活得跟农民一样，同样的粗野、贫穷和毫无学识①：他们肯定不读荷马史诗，也不读龙沙的诗——或许在12、13世纪城市大发展之前，他们的祖先也不曾像他们那么粗俗（参阅本书第三章第一节中"封建领地的转变"小节）——但他们毕竟是地方上的主人，更何况他们享有各种权利，在教堂保留第一排的座位，只是他们的生活因隐蔽的持续通货膨胀的影响已变得相当拮据，衣着也十分破旧，与普通人区别不大而已。我们将在下文看到，随着16世纪延续至18世纪的物价大"革命"，贵族的精神世界确实衰落了，这是指基本的情感。因为社会关系是传统和人的意识造成的：16世纪的小乡绅或许已不再梦想像他们祖辈那样对耶路撒冷或君士坦丁堡进行十字军东征了，每天只能徘徊在鸽棚前，

---

① 关于小贵族的"确切"描写，请参阅夏西的领主弗朗索瓦·德斯杜（François d'Estut；《该死的让不会阅读》(*Le jean foutre ne sçayt pas lire*），涅夫勒省档案，B类60。

或越过护城沟——如果它还存在的话。对悄悄购置了福雷兹某个"贵族领地"的里昂资产阶级人士来说也一样，他们做丝绸、调味品和黄金生意发了财，就在离里昂 40 来公里的地方置产，然后就在那里定居，对自己的新头衔沾沾自喜。暴发户成了贵族，但是农民对于他们毫无期待；他们或许比原来土生土长的乡绅更有钱，但他们的财富是用来与城里（里昂或弗尔）的朋友合伙做谷物的投机生意……他们当了贵族不会出于贵族天职而博爱行善，或者纠正不公。

过去的领主保护早已消失了。剩下的就是比过去更多的赋税和欺压，以及种种义务（劳役也一直存在）。王权对这些未能有力制止，它能削减的封建特权，主要是对城市居民有利的贵族特权；事实上对农民而言，国王权力主要是对"盐税吏"和其他王国税赋征税吏的控制。作为"自然保护人"的领主已不复存在。"自然保护人"一词出于穆尼埃先生，他认为祖上的领主保护已成为一种自然。他认为领主保护一直存在，理由是 17 世纪的农民造反主要是针对代表王室的官吏。这一点没错。但是穆尼埃先生的推断是可以商榷的[①]。不过，农民对他们的神父仍有很大期待，这是另一层面的期待：身后的期待，农民丝毫不怀疑天堂的存在，他们始终相信上帝的存在和他对尘世的拯救，自然和超自然的信念交织在一起。

本堂神父

尽管乡村本堂神父的社会和政治作用十分重要（他们向信徒宣读和解释接到的国王敕令），尽管他们主管的公益救助事务繁重（直至 16 世纪在城郊小镇的济贫院——收容医院之多即是明证），也未能给

---

① R. 穆尼埃（R. Mousnier）：《文明通史》（*Histoire générale des Civilisations*），第四卷"16 和 17 世纪"，巴黎，1953 年版，第 162 页。

农民提供有效的保护：因为他们并不富有，跟村民生活得一样拮据。教会征收的什一税不经他们的手，大多数教区的主教委托世俗官吏征税。乡村本堂神父每年仅从教会得到固定的伙食津贴，16世纪后本堂神父的薪俸仅够勉强糊口，他们从信徒那里也得不到什么资助，至多受城堡主的邀请，偶尔去城堡内吃顿饭。乡村教士也从不出村：每年最多只能借主教巡视各堂区的机会见到主教一次，而且巡视还会因道路不畅或天气恶劣等诸多因素被取消。乡村本堂神父一般都没受过神职和知识方面的专门教育：仅是草率培训——通常是前任神父从本村最虔诚的多子家庭中选择一个接班人，然后对其随意传授一些最基本的教义而已。一般本堂神父只识得几个拉丁词，勉强能在做弥撒时诵读福音经文，对教会圣人甚至《旧约》都不甚了了。一个普通本堂神父的精神境界与农民没什么大区别，造成这种状况的部分原因与法国的自主教会主张有关，从查理七世到弗朗索瓦一世，法国的主教是由国王而非教皇任命。主教是十分虔诚的天主教徒，但往往疏于职守（至少可以这样说）。因此，乡村教区的本堂神父多数是一身泥巴的穷教士，虽身为村里要人但毫无当局支持，谁都不待见他。他真心实意地尽心竭力向信徒传播或多或少正统的基督教基本教义，但与其说能真正掌控信徒不如说跟他们有同样的情感和激情，在危难时刻跟他们在一起[①]。

兵痞和盗匪

社会不安全还有外加因素：乡村的社会生活不只是经济活动、集体劳作、晚上聚会、周日一起做弥撒。拉布吕耶尔和沃邦的笔下曾描

[①] 波什内夫（Porchnev）：《"福隆德"运动前法国的民众起义》（*Les Soulèvements populaires en France avant la Fronde*），法译本，巴黎，1963年版，第595页。作者在该书的附录中列举法国昂古莱姆教区若干本堂神父，在1636年曾率领信徒奋起反抗盐税征收吏。

述过，当时的农民还须面对另一些非本村的外人，如代表国王征收人头税和盐税的难缠的官吏；大路上经过的国王和亲王的长长车队和头戴羽毛的骑兵队，村民们满怀敬意地远远望着他们经过；喜欢到乡间旅行却又不愿住在乡村、对农村毫无兴趣的城里人——从里昂去圣朗贝尔，或者从巴黎去圣克卢或蒙马特尔等地；塞维涅夫人，她很独特，喜欢布列塔尼的罗歇，从巴黎长途跋涉去那里只为喜欢旅行。这些过路人对农民并无危害，除非国王的征税吏——征不到税就会抓人摔东西。然而，乡下人最怕的就是兵痞和盗匪。

现存的档案资料（尤其是各省档案馆保存的 B 类档案）保存了大量村民上诉和记载兵痞扰民的可怕内容。丘八们一到乡村，不管有无公务或是否扎营，也不管是对朋友还是敌人，都是同样作风。这一点并不奇怪，因为直至 17 世纪末士兵都是雇佣军，他们拿钱替人卖命，毫无是非正义感，常常因发饷迟了就到处行劫。战争花费了大量金钱，无论是国王、亲王，甚至查理五世皇帝都难以承受。所以战争中除了极少数受到颂扬的部队外，几乎所有部队的士兵都洗劫村庄，掠夺"家具、衣物、床和马具鞍辔……牛羊家畜"；"射杀家禽、打骂村民，甚至持刀追逐女孩……"①。当一支队伍闯入毫无防备的村庄时是多么地令人胆颤心惊！这帮兵痞过惯了冒险生活（或者是获刑的囚犯，根据当时的司法判词"强征为国王的军队服务 10 年、20 年"），根本不顾惜农民。农民面对兵痞的骚扰毫无抵抗能力，正如中世纪早期他们的祖先面对蛮族的入侵一样。

田里尚未收割的庄稼、粮仓、牲畜、橱柜，还有妇女都受到盗匪的威胁，这些是人们在冬季晚上絮叨的话题。"盗匪"一词可以（正确地）涵盖士兵，而且还往往被加上外国色彩：西班牙、德意志，尤

---

① 摘自涅夫勒省档案，B 类 44 和 81。

其在17世纪末指英国。盗匪有各种各样的：逍遥的贵族、盘踞在河谷两旁高高山岗上的无法无天的土匪，如在罗讷河上的克吕索尔古堡、阿列河谷的诺奈特堡和其他许多地势险峻的要塞等。盗匪在热沃当等地区打家劫舍，横行霸道，国王的军队很少保护村民。被遣散的丘八和大路劫匪在某个彪形大汉的带领下，成群结队出没森林，有组织地打劫村舍。盗匪最好的猎物是过路商人，他们身上带的金子或贵重物品正是土匪所求之物，商旅在大路或者在水道上遇到土匪即被洗劫一空。特别在冬季劫匪更为猖獗，商业流通为之大受影响。费尔南·布罗代尔①曾指出现代盗匪现象无所不在，他描述过盗匪这一社会典型——一般是被排斥在社会之外的极端恐怖分子，但他们并非一概地可憎可恨，因为确有不少劫富济贫的传说，他们惩罚盐税官和为富不仁的领主，或为复仇杀人亦情有可原……除非某一天，为饥寒所逼或者找错对象，他们照样会洗劫总是毫无防备的村庄。

遥远的城市

农民最终能求助于谁呢？代表国王的地方行政长官或（村民们更有理由向其求助的）地区执法大法官却远离乡村：他们住在城市里。虽然只相距几公里，已经相当远了：因为那是土路的几公里，土路泥泞不堪，冬天泥土或车辙结冰，根本无法通行。农民习惯于结队出行，一年一两次，一般是去圣米歇尔或圣马丁朝圣，但出于求助或寻求紧急保护，不可能立马赶去城里。再者进城得穿越森林赶一程路，即使执法官大老爷也不敢独自出行，他们去各地巡视还必须由武装随

---

① 费尔南·布罗代尔（F. Braudel）：《菲利普二世时代的地中海和地中海世界》（*La Méditerranée et la monde méditerranéen à l'époque de Philippe II*），巴黎，1949年版，第二部第六章。并参阅同一作者发表在《经济、社会和文明年鉴》（*Annales E. S. C.*）杂志上的文章，1947年第二期。

从保护着。城市比实际距离遥远得多，而且城里人对乡下农民不友好：城头守兵一发现可疑队伍和士兵，当即关闭城门；每年四五月份农村闹饥荒，大批农民进城乞食，城里人对他们十分冷淡："1631年大饥馑时，大批穷人就倒毙在这座勒皮城外的旱沟里"①。稍有风吹草动，譬如出现传染病流言，或者城里粮库空虚时，市政长官和助理法官就会下令把所有乞丐都赶出城外："流浪汉"不归城市管，城市没有责任保护乡下人。尽管城里人与乡下人十分相像，尽管大城市仍保留着许多乡村的面貌，尽管人口流通促进着城乡相互渗透，但日常关切和生活方式的差异使城市与乡村世界绝然分隔。农村只要有20来年不闹大饥荒，人口无大流失的话，就会出现人口过剩，与城市不完全同生共息。平原上的城市都筑有城墙，城门有人把守，整天监视着进出城门的人；乡村则是另一个世界。在乡村教区里，遇到战祸和贫困时大家一起遭殃，经济危机袭来时情势特别凶险，农民不堪忍受只得离乡背井外出逃荒。总之，它是一个几乎封闭的小世界，既不参与奢侈的经济生活，又不属于复杂的社会组织，没有城市那种辉煌甚至奢华的艺术文化生活。我们总是用单数说（一种）法国文明：其实用复数称（几种）法国文明比较准确也较谨慎，对过去是这样，对今天也是如此。

---

① 安托万·雅蒙（Antoine Jacmon）：《日记》(1627—1651年)，第47页。

3. 信仰和观念

因此，我们不能用一种乡村意识去涵盖五花八门的各地城市文明，里昂的佛罗伦萨文明，里尔的弗拉芒文明，贝桑松的也许是西班牙文明……谁也不会否认地区的多样化，即便是不共戴天的仇敌也随地区而不同——皮卡第的敌人是英国人，勃艮第的敌人是西班牙人和德意志人——同样各地区农民的意识也各有特征，这种情况一直持续至大动荡大分化的19世纪。我们知道，有些相当明显的地区特征因为属于口头文明而不太为人所知。但是除了地区性的各种特征外，我们仍可能抓住一些主导性的情感态度，从而发现某种精神氛围，某种文明的程度：在普遍不安全环境中产生的恐惧感，以及带有敬畏的单纯信仰，这种信仰一方面来自古代不信神时代的记忆，另一方面带有天主教的烙印。这是一种政治性的信仰，一种君主制的信仰，它在作为王国持续存在见证的大巴黎地区或香槟地区，与利穆赞地区偏远农村之间有很大不同，那里农民的信仰中王国的意识就薄弱得多。下面的描述或许是不完全的……

恐惧感

首先是各种焦虑不安的恐惧。各种恐惧笼罩着一切，这正反映出乡村生活的面貌。这种恐惧远甚于20世纪当代人的不安，虽然今天人们日常担心的事比过去多得多。当时人们坚信有一种危险时时刻刻威胁着他们的生活，威胁着牲畜和庄稼的收成。这种担心引发各种奇想：夜空中飞逝的流星，休闲田上奔驰而过的马匹，某个头脑简单的人或者一个邻居从教堂做完弥撒回家经过小酒店时说了一些不着边际的话等，都可能引起村里人的恐慌。出没森林的盗匪、英国士兵、瘟疫、狂欢乱舞者，都会使因长期饥饿而变得心智脆弱的农民胡思乱想。只消看一下庄稼收割前会引起的各种恐慌：一听到尖叫声就起疑心，在路边徘徊的外乡人被视为危险者，收割前的一场大火会吞噬全部收获。为了避免不幸，人们随时准备拿起长柄叉和连枷抢割麦子！17 世纪的许多民众造反都是这样一哄而起的①。7 月田野的恐惧随着教堂的钟声会传得很远，从一村传到另一村，以致蔓延至数省，1630 年普罗旺斯地区的恐慌便是如此。这已是乡村生活的惯例，正如庄稼平安收割，谷物安全入仓后的大空闲一样。然而平安收割毕竟还是多数。不过在朝不保夕的年代，恐惧的氛围加上群情激昂可以说明农民兴高采烈时的热烈情绪，也可说明他们愤怒时对国王的征税吏、对敌人、对陌生的外乡人的冲动过激行为，反映出"农民世代相传的一切激愤和已成痼习的憎恨"②。

在一切都令人担忧、一切皆有可能的氛围中，还有更严重的事。16 世纪法国农民所生活的世界，这土地、空气和河流并非我们今天的世界。在那个世界里，人们不区分自然和非自然、理性和非理性。确实，在当时这样的区分毫无意义。譬如布里地区的一个大庄园主解雇他的一个牧羊人，指责他在六个月内害死了庄园的牛、羊和马等总共 395 头牲口，这种指控在当时人看来是"正常的"。欲加之罪再简单不过了：只要找到一个可靠的说法，这是任何人都能做到的自然行为。"当庄稼田需要好天气时，组织农民参加长长的祈祷仪式队伍"同样是"正常的"。由此宗教信仰便带有一种怪异的色彩：不分良莠

---

① 参阅勒内·巴厄雷尔（René Baehrel）发表在《法国革命历史年鉴》（*Annales historiques de la Révolution française*）上的精彩文章的第一部分，1951 年 4 至 6 月，第 113 页起。

② 沃邦：《王国的什一税》，第 38 页。

似乎倒是合乎正统的，而遇事不祈求某一圣人保护神却违背了正统的做法。因此存在许多圣人保护神：光巴黎就有数十个保护神，求雨或求雨霁的圣梅达尔、保护葡萄园的圣塞弗兰、保护庄稼不遭受火灾的圣尼古拉、求老天爷不下冰雹的圣多米尼克等，应该说16世纪中期的特伦托主教会议通过的纯洁教会的谕令对农村教会并无多大触及，而且长期都如此。

信仰和迷信

农村肯定是天主教的农村，按吕西安·费弗尔的说法，农民"从生到死"都在天主教的范畴内。乡村本堂神父时刻不离他的众信徒，从为新生儿洗礼直到为弥留之际的信徒敷抹圣油做临终弥撒，信徒一生都离不开神父。每年复活节的圣餐礼拜仪式极其隆重，它是主要的宗教聚会，信徒必须参加（以至于18世纪国王的地方总督借此机会进行教区人口普查），还有每周日的主日弥撒也十分重要。各地的档案资料上时有对缺席教徒的记载，但当年没有一个布拉尔教士[①]鼓励本堂神父进行登记统计：今天人们很难对零星简单的记载作解释和结论。不能单凭那些记载就认定农村中有亵渎宗教的言行。当然乡村里存在嘲弄教士独身主义的事例，如当本堂神父在教堂为男女信徒主持婚礼宣誓的庄重时刻，有人突然插话嘲讽教士并不了解自己所说的内容，遂引起一阵哄堂大笑。乡村里偶尔发生教徒的扰乱也不能说农民反宗教或不敬神。16世纪，尤其17世纪的自由思想者，应当到城市里去寻找。

然而，乡村的宗教信仰却带有某些偏离天主教正统的特性，如祭

[①] 译注：布拉尔教士曾在20世纪40年代对法国乡村宗教生活作系统的统计调查，并在此基础上发表了《法国乡村的宗教地图》。

祀圣人中夹带着某种迷信成分，从17世纪初起人们正式称之为迷信；还有自称能看见魔鬼的巫师、巫婆深得村民信任，常常在夜里骑着扫把在森林空旷地中飞奔，这些在农民的信仰中占有很大的地位。魔鬼至少跟上帝一样存在。1679年一位博学的教士写了一本《迷信专论》，神学专家的这本重要著作不但明确否定巫术，更大胆地质疑宗教奇迹和保护葡萄园、蜜蜂和猪的诸圣人的存在。该书有力地引据教会早期主教的著作（所遗憾的是对同代人著作的引述不多）来研究农村（或城市）中存在的迷信现象，研究某些十分可笑的祈祷，如"小小的白色主祷文为天主所创、天主所说，天主曾贴在天堂上。夜晚我去睡，看见三个天使躺在我床上，一个在脚边，两个在头旁，仁慈的童贞圣母在中间，她叫我去睡，切切莫迟疑。仁慈的天主是我的父，仁慈的圣母是我的母，那三个使徒是我的兄弟，那三个贞女是我的姊妹。天主降世的那件衬衣，现在穿在我身上，圣玛格丽特十字架已经画在我胸前；圣母去田里，正想着天主掉眼泪，遇见了圣约翰。圣约翰先生，您从什么地方来？我从祷祝永生来。您没有看见仁慈的天主吗？看见了，他被钉在十字架上，脚垂着，手钉着，头戴白色荆棘帽。谁晚念三遍，早念三遍，定能进天堂"；还有某些行医的做法，那些惊人的方法和无数秘诀，如"癫痫患者只要将十字架的钉子系在手臂上，就可治愈"，这种疗法到19世纪，甚至20世纪一直在乡间流传，近50年来研究口头传统的民俗学家们或多或少地征集到一些这方面资料。从祖辈继承下来的古老信仰能用来界定和说明巫术，倘若果真如此，岂不太容易了：心仪某女邻居，只要在她肩上掸一点蛤蟆烧成的灰就可令她动情；安息日巫婆现身了，兜里装满了能使全村——人、牲畜和树木——死亡的巫术，魔力无边，这方面因果关系的联想效果惊人。因此人们普遍相信巫术，以致在16、17世纪当局对巫术的镇压只会加强其迅速蔓延的势头。

魔鬼在人们的日常生活中无时无刻不在，可见那恐怖的反复重现的巫术威力何等之大！即使在城市也很少有人能抵抗它的诱惑，很少有地区能不受它的影响。当时人们认为巫术在北方比在南方更加盛行。"众所周知，巫术在人们头脑单纯性格粗犷的北方比在南方更活跃，南方人的头脑更精细些。"① 这种地域决定论显得有点简单化，问题比较复杂：巫术在孔泰、洛林和佛兰德等地蔓延其实是因为司法追究反而扩大了其影响，在实行惯例法的地区也许更容易对巫术采取法律追究。但是巫术引发的恐惧感何等之大！一个里昂人在1660年不是这样写的吗？"只要有一个粗鲁者看上你的一块土地就糟了，你不愿将祖上传下的那块田卖给他，而他想得到，随口咒一句，这就可能是你破产的开始。"② 一种超自然的邪恶随时会出现在人们头脑中，一头奶牛有不适的症状，而先前刚好有一个女邻居从牛棚前经过，她正用手搔着发髻……能否下这样的结论，在艰难的年代，乡村中自愿帮助魔鬼的人太多，信奉宗教尤其是作为抵挡魔鬼闯入的一种防御？大胆的结论包含了一定的真理成分。

节日和保护者国王

这种精神世界从某些角度来看是十分可怕的，那么农民如何求得快乐和平安呢？首先是靠毅力。面对种种不幸的农民只有靠毅力去加以克服：饥饿和灾荒、领主的敲诈勒索和盗匪的劫掠、兵痞的骚扰和超自然的灾祸，农民得忍受一切。战争过后，村舍烧毁，人口骤减，如"三十年战争"后的勃艮第地区，存活者马上开始了重建，他们修复破坏较轻的房屋，重新返回田里耕作。面对毫无保障的生活中出现

---

① 《犯罪成因》(*Cautio criminalis*)，法译本，1660年版，序。作者为莱茵河畔的耶稣会教士，他还在该序言中说，德意志的犯罪率高于其他地方。
② 同上。

的种种威胁，农民的毅力是永无止境的：最重的灾祸刚过，所有村庄很快又重建起来，即使寡妇也一样努力，当时农村里寡妇人数很多，远远多过今天——这也是长期不安全的一个特征——她们同样参加劳动，修复家园，参与村庄集体生活。倘若 20 年、30 年间没有战乱和传染病，收成不坏的话，村子里人口又会增长起来，生产活动又开始繁忙，生生不息的愿望奇迹般地改变了村庄的面貌，令当时人自己都感到惊讶不已。

其次是大的节日，每逢宗教节日，如圣诞节、复活节和万圣节等，村民们早早就开始准备起来。宗教节日中还掺和了未被遗忘的老传统，如在古老的传统夏至日过圣约翰节，人们燃起篝火，年轻人"从火堆上跳过去治愈朝秦暮楚的毛病"；还有家庭的晚间聚会，气氛虽不及节日那么热烈，晚会上听令人毛骨悚然的故事还很有吸引力，特别是在冬天漫长的夜里。在父亲（往往规矩严厉）的允许下，家人们唱歌，继承传统，晚会带有既恐怖又诱人的传奇色彩。可惜我们今天对它只了解一鳞半爪①。

最后或许是靠政治信念，但是信念大小随地区而不同。国王对 18 世纪末的贫苦民众来说是相当遥远的保护人，这种寄希望于仁慈国王的信念虽然盲目且屡被滥用，但始终存活着，它依靠宗教信仰而具有深刻的政治涵义：民众相信国王拥有治病救人的神奇力量。尽管国王派遣的官吏、征税官贪赃枉法可憎可恨，尽管地方乡绅作威作福令人难以容忍，国王在民众心目中仍然是威力强大的主人。当国王在外省巡视时，波旁省和普瓦图省的农民或许有幸目睹过国王的风采，但没人敢进巴黎要求觐见国王（为了偷鸡摸狗的事，即使为了一桩罪

---

① 谨慎参阅 H. 东唐维尔（H. Dontenville）：《法国的神话》(*Mythologie française*) 及其附录书目，巴黎，1949 年版；也参阅 A. 瓦拉涅克写的关于史前文明的研究文章。

行长途跋涉来巴黎告状太不值当）；遇到大的节庆，民众可能在巴黎卢浮宫、在昂布瓦兹、在枫丹白露看到国王，国王会手抚病人令其病愈。从西班牙、意大利、从孔泰和莱茵河畔等，各国病人都会赶来，与法国本国的病人一起，等待国王抚摸前额治愈病患。这种化脓的疾病十分难看而且气味难闻，16世纪时人称"疬子颈"，今天的医生称之为淋巴结核，主要是因营养不良而引发的疾病。带有神奇力量的宗教信仰奠定了政治信仰的基础。因为在普通百姓的心目中国王是和许多圣人排在一起的，他们在古代法国留下的少数圣物创造了许多奇迹：法国国王和科尔贝尼教堂的圣人马固尔一样可以治愈"疬子颈"，而且历代国王在兰斯大教堂被加冕的次日都要去朝拜这位圣人。我们暂且不论此举的宗教影响，国王在教堂行加冕礼后名正言顺地成为法国教会的领袖，17世纪的王权理论家——从萨瓦隆到波舒哀——都未特别强调国王在教堂加冕对王权神圣化的重要意义，实令人感到意外：其实此举对于确立民众的坚固的政治信念是何等重要。这一政治信念在波舒哀死后仍广泛流传，甚至反映在普通家庭的日记账或私密的个人日记中："在此我要赞美我的天主，他赐福于我们，使我们有了一位如此信教的、受天主降福的国王，但愿国王所做的一切顺利，但愿他战胜一切敌人，接受天主的恩惠，令所有凶残者都改邪归正。"[①]

[①] 让·比雷尔:《回忆录》(1601—1629年)，勒皮，1875年版，第480页。马克·布洛克 (M. Bloch) 先生也收集过类似资料，但很少有像引文那样纯朴感人的。

4. 新 因 素

乡村的技术进步

乡村中农民的精神和物质世界，在两个多世纪的时间内不会凝固不变，但基本结构是坚实而稳固的，它还将持续很长的时间。在这个世界内部，以令人难以察觉的方式发生了一些变化：人们是否能制作一份反映16世纪过程中各地田间和菜园逐步推广四季豆种植的地图？或者反映各地企图瓜分公共地——贵族们出于"农艺化"的需要而长工们出于获得土地的强烈愿望——的地图呢？各地的大框架也不会一成不变，尤其是城市周边，一切领域内都存在革新的催化因素……从亚眠到阿拉斯，从阿拉斯到加来，这些地区的农民与在上奥弗涅地区的农民完全不一样，该地距离拥有5 000居民的欧里亚克市有四五十公里的山路。但是在我们稀有的资料中却记录了这个"小地方民众"的心声，使我们联想到城市所反映的整体演变以及当时其他的一些见证。譬如，物质不安全引起的连锁反应是我们经常遇到的老话题。1596年一本家庭日记账上这样写道："有这样一些可怜的农民，他们吃地里的野豆子，割麦秸吃，特别是看到他们捡麦谷真叫人怜悯，谷粒未熟透，用炉子把它烘干……这是到处都有的普遍现象。"1660年一个旅行者在布卢瓦也写道："这里的饥荒如此严重，农民没面包吃，甚至抢食腐烂的动物尸体……随即出现了低热症状。"1694年在马孔地区有人记载："比西-拉-马索内兹的本堂神父说，该省居民只能吃野草和蕨类植物，贫穷得连盐都吃不上。"直到动荡的18世纪初那个可怕的1709年……尽管土地集中，出现许多大地主，但大规模经营仍不多，社会民生方面同样是停滞不前，直到大恐怖的来临和那个8

月4日夜里①,甚至一直延续到革新的18世纪之后。

信仰的增强

剩下的巨大领域是非常难发掘的农民信仰和观念。我们无法把握并确定在两个世纪的过程中,圣人传说、神话故事、骑士或魔鬼故事等通过晚会上的叙述、老妇的陈述和孩童的丰富想象而带来的蚀变;幸好作家佩罗为我们留下不少故事——其中小部分是讲给17世纪中叶的孩子和成人听的——但相对于从特鲁瓦市蓝色图书馆保存的古籍中所透露出的浩瀚的口头文学(17世纪,尤其18世纪)② 来说还是太少了。我们甚至也不可能整体上了解农民的习俗:尽管地方执法官和大法官三令五申地明令禁止,为何民众在再婚夫妻窗外"敲锣打盆"的风俗仍连绵不绝呢?人们能够感觉到的——不可忽视的——是宗教信仰的增强。下面从几个方面来加以盘点。

首先是出现了新教的牧师,其影响在较长时间内还比较薄弱:新教牧师是信仰十分坚定的人,他们在日内瓦深造过几年,灵修上受过很好的训练,他们在辩论中学习,对"罗马天主教的弱点"了如指掌。每到一地传播自己的方法,主张直接阅读《福音书》,这种精神令他们在没有受过神学辩论训练的天主教下层教士眼中显得十分可怕。但是这样的牧师只能这样传教:日内瓦无法培养出成千上万的牧师深入到乡村去"福音布道",很难与扎根于基层教区的天主教会分庭抗礼。新教牧师人数少,只能哪里有紧急召唤就到哪里去:在城市逐步安营扎寨……充其量可以说在17世纪下半叶,即1685年前后,

---

① 译注:1789年8月4日是法国大革命一个重要标志,这天夜里制宪议会宣布废除一切封建特权。

② 罗贝尔·芒德鲁(R. Mandrou):《17和18世纪的法国大众文化》(*De la culture populaire en France aux XVIIe et XVIIIe siècles*),巴黎,1964年版。

当城市的新教徒受迫害无法继续生活下去时，乡村里的新教才逐渐形成规模。但是只要新教牧师所到之处，情况就会很快发生变化！每个教徒都应当会读《圣经》，都要有一部《圣经》，由此打开了信徒的逻辑思维，这正是加尔文精神的主要源泉之一。迷信因此迅速消退，教徒的精神世界面向外部生活，面向与法国社会，甚至与外国社会的联系（因此引进了书籍和牧师）；这就是加米扎尔武装暴动（la guerre des Camisards）前夕的塞文山地区。直至今天，细心的观察家们如果在上卢瓦尔省的利尼翁河畔勒尚邦市住上几天，再到阿尔代什省的圣阿格雷沃市住几天，就会发现仅相隔数公里的两地竟有偌大差异①。

与此同时，天主教会也开始实行纪律改革，以便纠正乡村的迷信，增强宗教信仰。面对基督教的批评，天主教会召开特伦托主教会议，决定在乡村教区设立神学院（班）。但因缺乏师资（宗教团体甚至耶稣会都未能提供足够的教师）这项改革实施得相当缓慢。直到17世纪圣樊尚和修道院院长奥利埃意识到不能让神父放任自流、全凭习惯经验布道，有必要向未来神父提供更坚实的神学培训，于是一下子在各地创建了不少神学院（参阅第九章）。其中有一位在宫中失宠的主教费奈隆，对培养年轻神父产生兴趣，在康布雷市主教府旁创立了一所神学院，几年内使整个教区神父的灵修水平大大提高。但这项改革很快结束了，特伦托会议所希望的改革计划并未实施；进入18世纪后，低级神父的神学教育才有显著发展，各教区内都建立了神学院，那是特伦托主教会议通过决议一个半世纪后的事了。

如果说17世纪末的下层教士有所醒悟并意识到自己使命的重要性，其实不能全归功于神学院；如果说他们开始热衷于读日课经，后

---

① 参阅 A. 西格弗里德（A. Siegfried）：《第三共和国时期阿尔代什的选举地理》(*Géographie électorale de l'Ardèche sous la IIIe République*)，巴黎，1948年版。

来便阅读《天真汉》和《一个萨瓦省代理主教的信仰职业》，看来应归结为1661至1665年间的"表格"事件以及由此引发的教士的"自觉意识"。路易十四出于反对"让森派异端邪说"的愤激，下令全体天主教士必须在一份明确谴责"康内留斯·让森的书中提出的五项主张"的表格上签字，其他什么也不提。因此在教士中引发好奇心是可以想见的，在鲁埃格或布列塔尼偏远乡村，没有一个本堂神父曾听说过让森这个名字；既然国王和主教以不容置辩的方式要求每个教士在一段晦涩难懂的文字下面签字，必然引发教士对普通本堂神父在教会生活中所占地位的反思。对终日忙于繁琐事务的本堂神父来说，每天又必须为生活亲自耕种自己的一亩三分地。在表格上签字这一行政手续很可能使他们开始思考某些意想不到的后果：也许由此而产生了18世纪那些好争论的教士、哲学家和政治家等等。总之，以这件事为契机，神父们养成了多思考多反省的职业习惯：路易十四统治的最后几年亦因此成为乡村天主教教会有较大进步的时期。

城市和平原

最后还有一个问题。我们已经看到城市和平原是两个不同的世界，城乡交流（除了住在城墙边的农民外）并不频繁，它们之间只有一些日常必要的接触：每年的集市、传统节日、国王或亲王、主教巡访时会吸引附近乡村的农民进城，或者遇到饥荒、鼠疫等灾难……然而16世纪和17世纪大部分时间，城市取得了惊人的发展：不仅巴黎——它已是作为行政、商业和"工业"中心的首都城市——还有在16世纪发展起来的大城市里昂，以及大西洋沿岸的港口城市南特、拉罗谢尔和勒阿弗尔……这些城市逐一建设起来，人口逐步增多，城市不断改造。劳动力从邻近的农村涌来，粮食日用品也从农村运来，或者通过土地食利者从更远的地方贩运过来。但是，附近的农村从城市的发展中得到了什么：思想、新行业或生活条件的改善？离开里昂几十公里的乡村又是怎样？作为通往西班牙的门户、货币充足的城市，巴约讷附近的农村又是怎么样呢？对于今天习惯于小省城附近交通干道旁的郊区繁忙景象的我们，看到公路、铁路联络城乡，构成各种错综复杂的关系网，可能会相信当年农村从城市发展中得到了某些东西：这就犯了年代错乱的大错。事实上，一越过"城沟"，就是另一世界的开始。巴黎或许是一个例外，因为马罗①笔下的"漂亮城市"在当时来说已经是一个大都会，它需要塞纳河、马恩河和瓦兹河等经济命脉，与巴黎联系的农村已延伸至很远，当地距离利摩日和勒皮等城市比两市距离其郊区的平原地带更近。但是城市真正带动、活跃附近乡村还得等到 18 世纪，尤其 19 世纪。文艺复兴时期城市活动如此丰富多样，如此具有吸引力，它也只是将豪华盛况、少数人的荣耀和危险都锁在城墙内。在人口大幅增长的 16 世纪——危机比后来少一些——法国人口大约在 1 300 万至 1 600 万之间，而我们下面的研究将关注其中 1 200 万至 1 500 万人的生活；其余者，从龙沙到拉辛，从加尔文到波舒哀，从达芬奇到丰特奈尔，只是被光环笼罩的极少数人。历史学家们常常只想到他们。

---

① 译注：克莱蒙·马罗（Clément Marot，1496—1544），拉伯雷同时代人，是法国人文主义最早、最重要的诗人之一，七星诗社的前驱。开创了一种刻画细腻的颂诗风格（Blason）。后因同情路德派的宗教改革为国王弗朗索瓦一世所不容，下狱后又流亡意大利各地、日内瓦等，最后客死意大利都灵。

第七章　贯穿16世纪的城市
繁荣（1500—1640）

我们已经说过，城市和乡村相对立，或者更贴切地说是相互不同。然而，当我们一概而论地谈论法国城市时，有必要首先指出它的第一特征正是其乡村面貌：菜园和耕田，即使在城墙内也是这样，这一特征是众所周知的。其实城市居民也是乡村人，并非真正的城里人，即便当他们从事非常巴黎化的职业，譬如王国审计院院长或最高法院院长，过得也跟乡村人差不多：餐桌上十分简单，消遣方式，信仰和习惯……总之，他们还是露天生活的人，活动都在室外，习惯于风吹日晒，皮肤黝黑，出门骑马。

16世纪的城市不是1900年甚至1860年的城市，当近代的城市有了一定的舒适条件，就意味着以另一种方式看待和理解世界了。当时城里人的生活之艰难令人难以想象，繁荣只是相对的。或许推开沉重的家门迎面的不仅是窄窄的土路，甚至还是乱石路或水道。一眼望去便见树林和矮灌木丛的影子，与乡下田头所见只是程度不同而已。需要强调的是水道的繁忙景象，来往船只川流不息，从塞纳河和王室船只行驶的卢瓦尔河，到阿列河和伊泽尔河，作用远大于陆路。尽管陆路的驿站数量增多，但速度既慢又不安全，而且旅途劳顿。因此不发达的城市就是一个交换中心，一个通往外部广阔世界的窗口。当它随着年代的推进逐渐扩大时，越来越显出其重要性，向人们提供越来越多的市场、机会和新商品。1550年住在里昂市梅尔西埃街的一个资产阶级人士正翘盼从里斯本或威尼斯发来的胡椒消息，他准备再订一批货，打算投资开发快运业务。他的抽屉里有汇票，有一些债券，是由德意志奥格斯堡的福格先生、里昂市的马丁·克莱贝尔先生和热那亚的F. 斯皮诺拉先生签字的。1557年，法国国王和西班牙菲利普二世差不多同时破产，这位商人经历了最心惊肉跳的时刻。他的全部希望只寄托在他的弗朗什维尔农庄的承租人身上——这位佃农在每年圣米歇尔节给他送来两只火鸡、一只鹅和若干奶酪，还不时借给他一些小钱买盐，对他从不怀疑。

每个城市与附近农村之间也有些商贸往来，乡村贵族和教会有余粮会运进城出粜，与城市保持各种人际关系，金银币、香料、象牙、纺织品和武器的大宗贸易构成国际大贸易的框架。随着银行业的发展（汇票、合同），贸易产业链也处于经济发展的前列。在16世纪里昂那样的法国一流城市，或者单纯的商品集散地，如阿列河上的穆兰和塞纳河上的蒙特罗这类处于交通枢纽和重要河流桥头的城市，人口已相当集中，它们是冒险家和淘金者的乐园：旅行、借贷、投机性投资；各种商人和他们手下的运输者，以及无数为商人服务的城市小手工匠。这些社会群体是乡村中不存在的。

作为商业中心的城市同时也是小的行政首府；这里也是教区所在地，在中世纪建成的大教堂周围出现了各种各样的小商铺，还有七嘴八舌的人群、好争辩的教士、教务会的司铎、城市堂区的本堂神父、官府的法官、大学生、教会学校的导师和中世纪大学的教授。法国的一些中世纪大学闻名遐迩：蒙彼利埃的医学院、奥尔良的法学院……还有许多靠教堂为生的小手工业，如制作大蜡烛、火炬、念珠的工匠和印制《圣经》的印刷工。或许还要加上盗卖圣物的走私贩？作为地方大法官裁判所、初等法庭或地方长官行署的所在地，城市还是国王派遣官吏的集中居住处；资产阶级暴发户以为王室服务而感到荣耀，17世纪时虽遭王室的冷遇仍热忱不减。资产阶级周围也聚集了法律界人士，一批卖弄学问的学究——法学家天生爱好罗列。律师、法学家、作家提出妙笔生花的诉状和报告，在法庭上替奸商辩护，纵容他们利用司法程序拖延、放高利贷和订立不公正合约。最后还有另一个世界，他们的旅行不比商人多，主要是在思想中神游，大量地阅读，向社会提供资讯，自己也不断地获取各种信息，相互讨论。

这一切都远离乡村，远离农村日复一日劳作的单调世界，16世纪予以城市生活极大的冲力：一是靠书籍，印刷品很快为人们所接受，二是靠美洲的宝藏。罗莫朗坦的无忧无虑的补鞋匠①从未听说过古登堡②和哥伦布，漫不经心地让1492年流逝过去了，50年后才恍然大悟！……整个16世纪出现了奇迹般的繁荣，一方面是美洲大陆的新发现，它带来的繁荣以无数方式表现出来；另一方面也借助于人口缓慢但持续的增长（经过许多次用外推法的计算和估测才得以确定的），随着饥荒的停止，以及城市繁荣和商品经济的发展，城市积累起财富，居民人口不断增加：这就是16世纪的活力。

---

① 译注：契诃夫小说《鞋匠和魔鬼》中的人物，可怜的穷鞋匠做黄粱梦想发财。
② 译注：古登堡（Gutenberg, 1400—1468），德意志印刷匠，发明双面印报（1441年）。

1. 城里人—乡下人

乡村面貌的城市和城内住房

文艺复兴时代的法国人由于所从事的职业需要生活在城里,并非为追求舒适而来城市定居的,他们在城内享受到城外得不到的种种便利。事实上,"城市并不留人"①。城市是个大村庄,也关心农民日常所挂念的事。1665 年庄稼收割前夕,一个小城市(当时和今天都叫波旁-朗西)的市长不还颁布过这样的法令:"所有养狗的人家注意,必须把狗拴在粗木桩上,不得让它们进入葡萄园,否则格杀勿论。"②这里不是勃艮第葡萄种植园,也不是波尔多的某个酒庄,任何一个小城市里房屋之间的田地上仍保留着乡村的作业:临街住房的后院有菜园子或一小块绿地,城市中还有一片草地、牧场和一小块燕麦地以便饲养马匹和家禽,条件优越的资产阶级还有自己的葡萄园,他们可以像中世纪的主教和贵族一样"喝自家酿的酒"——这是自古以来法国有钱人家所向往的。所以城市街头不光有狗,还有鸡、羊和猪……有乡村生活的一切设施,不少人家还有烤面包的烘炉以及在秋天储存全年粮食的粮仓,甚至在街角还有肥料堆。到亨利四世和布瓦洛的年代,"我的大城市巴黎"也好不了多少:空气污浊不堪,夏季当滚烫的石头一蒸发就臭气熏天,满街的垃圾在马车车轮碾压下飞溅在沿街房屋的墙上,市中心嘈杂而拥挤不堪。大城市也叫人倒足胃口。所以

---

① 这是吕西安·费弗尔(L. Febvre)在学术期刊《RCC》(1925)上发表的一篇文章中提出的说法。该文是了解文艺复兴时期城市日常生活的极出色的一览表,我们从中受益良多。

② 索恩-卢瓦尔省档案,B 类 43。同时参阅 1648 年法令《养猪狗的人家注意……》(*Ordre à ceux qui ont des chiens et pourceaux...*)。

在 16 世纪，尤其在 17 世纪，有条件的巴黎人都逃离了王室圣教堂和圣母院一带的拥挤地段，迁往附近的高地。奥利维耶·德·奥梅松到访伊西后不禁满口赞叹道："看到的巴黎近郊舒适的私人住宅才是法国的华丽一面……"[1]

然而仔细观察后，发觉差别还是有的。城里的住房肯定比乡村房屋更坚固，更加挡风遮雨：从 16 世纪起城市住宅通常已带有玻璃窗，且是石头建筑，房顶也较结实，"乡下农民用树枝盖的筐篓样的四壁、屋顶铺石灰的木头茅屋"[2] 与城市的住房毫无可比之处。农村里偌大的堂屋是最好的避寒处，在此人畜共处还觉得风寒难御；城里人怕冷怕风，住房如不易取暖就住得不舒服，于是在房间里装大烟囱直通屋顶——这一点乡村房屋很难办到："许多农民家没有烟囱，他们在房间的一角生火，烟尘从窗缝、门框或者天花板的缝隙冒出"[3]；大房间取暖范围只有几米，这是唯一的取暖设施，而且在结构上各房间并排一列，没有过道和对门的房间，不利于空气流通，这也是取暖的一个障碍。16 世纪的城里人喜欢过露天生活：或许可以说他们更喜欢运动，"运动"一词不一定贴切，因为这里毫无娱乐和放松的意思，只是他们必要的生活方式。国王本人也过着狩猎、竞技和战斗的露天生活；商人和信使终日奔波在大路上，夏天的露天生活时间肯定比冬天长，但他们习惯于在露天行走；城里的商铺也直接临街，没有昂贵的橱窗，有时甚至连门板都没有：这就是说室内一般很冷，客人来了也不舒服，连亲王家里也是一样。因此为了御寒，室内要挂巨大的帷幔、贝加莫厚绒壁毯、西班牙的烫金皮

---

[1] 奥利维耶·德·奥梅松：《日记》（1640—1672 年），第一卷，第 208 页，他还写道："它们装饰得如此之好"；但重要的是"舒适的住宅"，在巴黎不能住得这样舒适。
[2] 上萨瓦省档案，B 类 28。
[3] 同上。

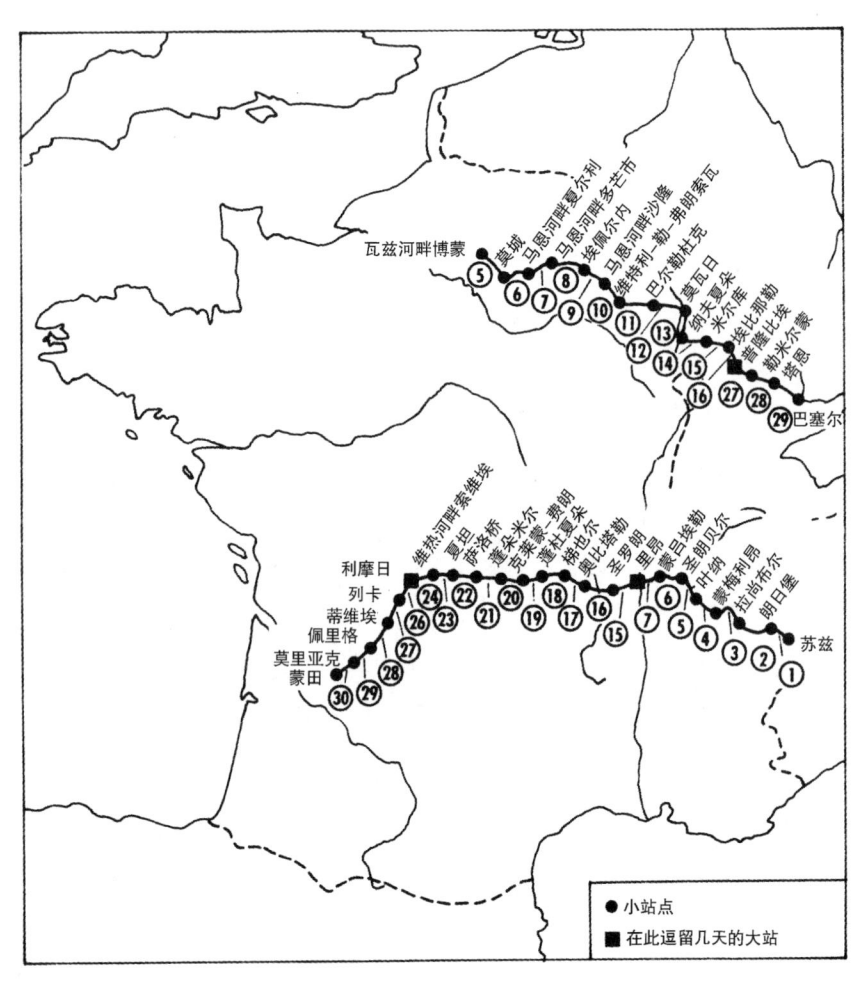

图 14　16 世纪人们旅行的节奏

这是当年蒙田去意大利的旅程图，1580 年 9 月 5 至 29 日去程，1581 年 11 月 1 至 30 日返程。有人会说蒙田到处逗留，其行程不反映当时旅途的迟缓，但请注意他返程一路并没耽搁。

革，窗户得挂窗帘，地上铺地毯……想尽各种方法来抵挡室内的潮湿与寒气。床的四周要挂帷子保暖，晚上睡觉要戴睡帽穿睡衣……这一切室内保暖措施，在我们今天看来不很理解，因为我们已养成一到家就宽衣解带的习惯；而16世纪的人恰恰相反，至少在冬季必须保暖。

餐桌

城里人支配着金钱和财富，他们吃得比农民好，靠食品提供的热量，体质一定更强壮，更能御寒和抵挡坏天气吧？他们一定更有抵抗力更结实吧？在某种程度上是这样，但不应夸大。因为城里人吃的面包只有在好年份才比农民的好一些；当年投石党法官们如此耿耿于怀的葛奈斯白面小面包也只是大资产阶级餐桌上的奢侈品而已；城里的小手工匠和伙计们吃的是跟农民一样的混合面黑面包，然后就是普通人家几乎天天吃的热面糊。有钱人——资产阶级、贵族和教士——吃肉，家禽和野味更多些，酒是他们惯常的消费品；遇到节日，庆祝某亲王进城或者社团行会的聚会，有好的牛肉吃，这样的肉并非平时家家户户都能吃得上的。根据不同年代的偏好，有时吃的肉差一些。此外，16世纪的一大奢侈品还是跟中世纪时一样的调味品，胡椒、桂皮、生姜等始终十分抢手，即使后来调味品更多了还是如此，直到17世纪时引进了大量的咖啡、可可粉和糖。除了调味品，人们还喝酒，好和坏的葡萄酒，一般都不存过当年，质量肯定不及我们今天喝的佳酿；葡萄酒还有滋补强心作用，替代稀少的烈酒；16世纪末，国王亨利四世看到一位巴黎妇女在向他提交一份申诉书时昏倒了，就让人递给她一杯红酒。当时奢侈的餐桌很普遍吗？其实俭朴的饮食并不在少数，当时人并不过分吹嘘（亦不指摘）美食："饮食很简单，通常正餐时吃少量肉，晚上就只喝汤吃两只鸡蛋。"① 总之，城里人跟乡下人一样，主食还是面包——它保障了所有人的生活。当饥荒袭击乡村时，农民纷纷涌向城市，人人得勒紧粮袋，以保证来日有余粮糊口。面临大灾荒，城市也受到威胁，当局更害怕：国王担心发生骚乱，直接负责巴黎市民的供粮。1649年王室政府从汉堡和格坦斯克进口小麦："要知道国王为了纾解臣民的困苦，亲自把大批麦子调来巴黎，下个周六及以后几天，在卢浮宫走廊里向巴黎市民分发粮食……"

饥馑和传染病

在辉煌的文艺复兴时期，法国城里人是否有城墙保护并且食物充足呢？仍然相当困难。他们还会受到饥饿的威胁，因为粮仓并非取之不竭。盗匪肆虐乡村，兵痞占踞城市的街区；然后市政当局与部队谈判驻扎的时间和人数，拨给军饷，最后他们才撤营走人。负担军人吃住是一大笔开销，但那不同于抢劫。无赖坏蛋可没那么文明，他们是另一回事：集市上的扒手、赌博输得精光的大学生、胆大妄为的伪币制造者和贫困街区的权杆儿，城市就是他们的钱袋子。无赖们与大路盗匪有勾结，专门在夜间寻衅滋事，无照明无看守的城市街道就变成无赖们的天下。他们"骂人撒野取乐，满街飞奔，制造假警报；用石头砸窗户，冲击小酒馆……乱按门铃和乱敲教堂钟声"②。城市居民也难逃饥饿和传染病的侵袭，往往传染病首先袭来，饥饿接踵而至，如同荆棘丛中的野火迅速在城市的肮脏小巷中蔓延，在紧挨着大教堂周边的民居中传播。城里人面对恐怖的鼠疫束手无策，只有反复祈祷，并用醋加迷迭香和

---

① 杜·福塞（Du Fossé）：《关于巴黎波尔罗亚尔街区的回忆》（*Mémoires sur MM. de Port-Royal*），1739年版，第443页。
② 索恩-卢瓦尔省档案，B类1207。

薰衣草到处熏蒸。有盗贼冒死进入传染鼠疫的空楼行窃,被浓重的烟雾熏至中毒。鼠疫来势汹汹,人们采取一切预防措施却都无济于事:集市被推后,数周内居民被禁止外出,入港的船只被隔离,等等。正如当时一本宣传预防鼠疫的小册子在列举了种种消毒措施(如焚香熏、使用香水)后,在最后一页告诫人们的:"最有效的办法是逃离得远远的,尽量迟回来。"蒙田就很知道这一点,他并不比别人更怕死。饥荒把乡下人赶至城门边,而鼠疫却把城里人驱往乡下数个月,在此期间城里的法庭休庭,商店关门,等待空气慢慢地清新起来。

激情和暴力

让我们把相似性比较再推得远一点:当今的现代市民其实从古人的粗犷生活中继承了极其敏感的性格——只是不像农民那么"暴躁"而已,遇事容易上火动怒,感情冲动。在重大节日,如国王首次入城时放纵狂欢,市政长官在广场上向市民分发桂皮热酒和松软的甜面包;遭遇不幸时则号啕痛哭,也会狂怒以对天灾人祸,尤其是对国王的征税吏的敲诈勒索更是疾恶如仇,征税始终被看作是极不公道的事……"1594年6月15日,群情激昂的大批妇女涌进王宫,瘦弱的法官被150名妇女团团围住,她们抱怨纳那么多税,而家中可怜的孩子正嗷嗷待哺。"[①] 这就是面临生活的煎熬,犹如处于残酷战斗威胁下的男男女女,常会有的剧烈的激情爆发。

城市已经扩大了,乡下人也会有进城闯荡的念头——但是无名之辈谈何容易,须知十分有限的物质安全是以巨大的冒险为代价的,包括旅途劳顿和生意挫折等。乡下人愣头愣脑的,对城市一窍不通,所

---

① 让·比雷尔:《回忆录》(1601—1629年),勒皮,1875年版,第374页。

以许多人对城市的恐惧胜过对城市的向往，直至今天这种恐惧依然存在，因此"资本主义精神"并未吸引所有的乡下人，然而，这也许就是城市生活的独特性和魅力所在。

2. 城市社会、行业和社会团体

礼仪

城市社会是在封建制度之外诞生和发展起来的，它是反封建制度的，然而却没能摆脱社会拟态的规律：新的等级制被精心地建立起来，而且时时受到监督，统辖着城市的社会关系；尤其当一个新贵族阶层从金融和商业资产阶级中产生，并正寻求在城市里确立像昔日旧贵族在农村和其他场合一样的首席地位。于是便产生了一种席次制度，一种城里的等级。如果说在我们今天的城市里，年金丰厚的资产阶级（倘若有的话！）想以各种方式——住高级街区，开豪华车和过奢侈生活——显示他们与普通阶级不同的话，他们已不再有机会像16、17世纪的祖辈那样显耀自己的社会地位。当时的集体生活中有许多仪式，全城市民都会论资排辈地出席参加，在历时几小时的仪式中，各色人物的座次排辈常会引起纷争，但如此礼仪又是必不可少的。当国王王后巡访进城，新主教就职，或者举行宗教仪式（在城里多多少少每年总有十来次大集会）时，各色人等被安排在经过仔细筹划的位置上：年轻贵族骑士有权骑马出城，去迎接将接待的重要人物；然后依次是当地贵族和"像贵族一样生活"的显贵、教士、市长和市政厅官员、市议会裁判官、卫队和法庭法官，每一类人在城门前、大教堂前和在大广场上都有固定的位置；再后才是各行会成员，他们中也严格按规定划分，先是纺织业行会、服饰用品商行会、首饰业行会，最后是担水的挑夫行会，他们有时被挤在广场的一角。贵族与资产阶级之间、众多的穿袍贵族之间的争斗是家常便饭的事，对穿袍贵族来说，他们肩上披的白鼬皮饰带的级别跟今天军人所佩的星杠等级一样重要，冲突还经常伴有谩骂、耳光，甚至用剑背敲打……更重要的是看看被全城市民接受的这种等级制度是如何受到民众的崇敬和欣赏的：漂亮的行进队伍是由教士安排的，逢到国王或亲王进城等大节庆时，晚上还有市民狂欢、放烟火、跳舞、分发食物，尤其是纵酒作乐的聚会，这一切通常会在市民的家庭日记账上有详细的描述。市民把它当作有吃有喝的演出，长时间地互相议论，反复地提到这些场面，在复活节前后这类游行每隔两天就会举行一次。如此大场面不是个别的……但乡下人对这些就不甚了了。

当国王或大主教的华丽马车进城时，大批市民有序地上前观看，他们当中一般不会有贵族家庭的成员：在16世纪初贵族居住在城里的不多。直到17世纪贵族才逐渐城市化，上流社会开始在城里发展。特别是在国王路易十四治下，为贵族生活定下了新的方式。16世纪时贵族大多还住在祖传的乡间古堡内；更贴切地说，贵族喜欢从一个古堡到另一个古堡各处旅行，或者城里乡下两地住，总待在一处令他们感到不舒服：狩猎、比武或打仗别有一番情趣。

商品和长袍

城里人如果不是贵族就只有两种出路：商人或穿袍。所指的商人是广义的，从事货币交易的金融家和银行家，直到在狭窄的小巷里开小铺子的商人，销售布匹和家具等；穿袍者是指法官、教士，也指医生、律师、大学生和公证员，与我们今天所说的自由职业者有点相似。从经济上说，商人占优势，即使是在南部一些有古老法律传统的城市如艾克斯和蒙彼利埃也是这样。但占统治地位的上层资产阶级在生活方式上部分地仿效佩剑贵族，他们掌控城市的行政管辖权，出面接待国王的官吏，向王室贷款，从16世纪起王室若没有大资产阶级的贷款便无法生存。上层资产阶级中有法官、（17个城市的）议事法

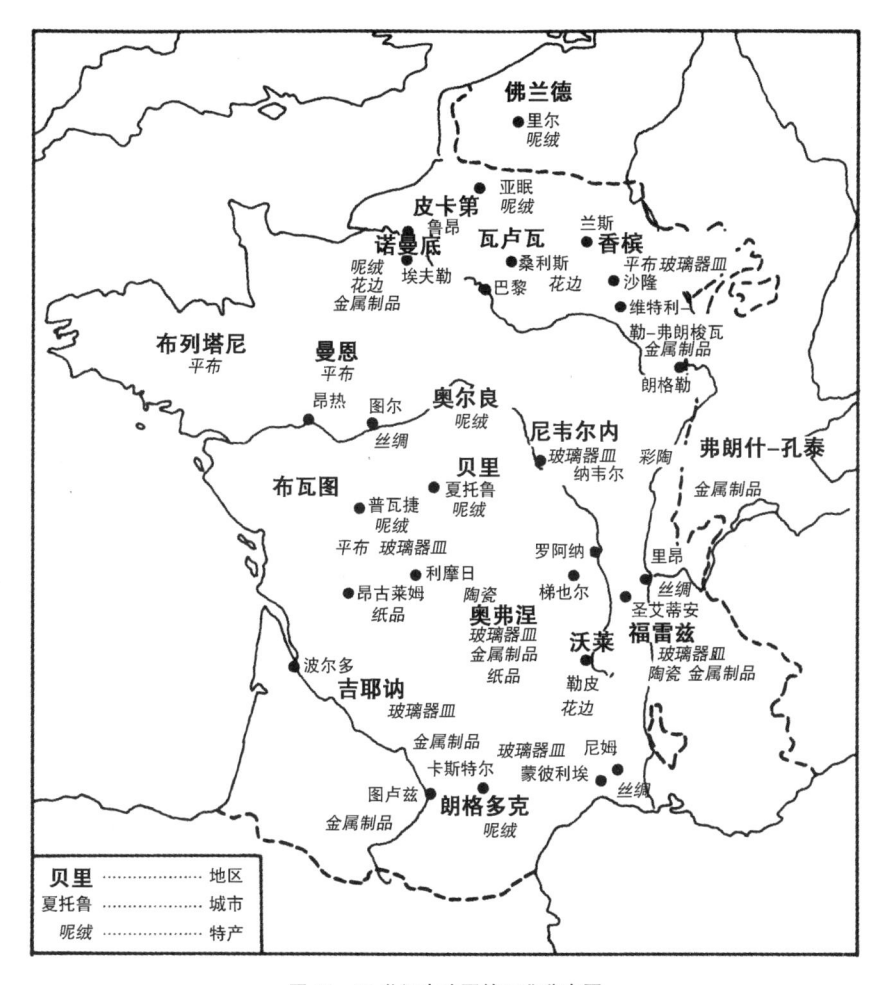

第七章 贯穿 16 世纪的城市繁荣（1500—1640） 307

图 15　16 世纪末法国的工业分布图
（摘自 H. 赛埃 [H. Sée] 和 R. 施奈伯 [R. Schnerb] 合著:《法国经济史》[Histoire économique de la France]）

这是一份地区手工业特产的分布图：也就是在国内、国际贸易中某商品生产有一定规模的地区及城市。请与本章图 16 对照阅读。

院院长和法官①、初等法庭庭长，也包括大商人、大宗贸易商，他们的生意超出王国的范围，如16世纪末与西班牙做生意的圣马洛人，与热那亚、威尼斯、巴塞罗那、黎凡特的诸港口以及培培尔人城市的集市等有贸易联系的马赛人。16世纪的大资产阶级都从事贸易、大宗货币交易、香料，尤其是纺织品的生意，他们在直接或间接地与美洲或亚洲的贸易中发了财。但是在17世纪风向转变了，他们开始转向穿袍阶层，收买官爵，培养子弟当文职官员；这个时候"穿袍文官"就占了上风，比经商者更吃香了。这或许与经济活动的起伏有关：整个16世纪是经济扩张阶段——物价上涨、生意扩张——但在1620至1650年间经济出现下滑；接着是停滞衰退，17世纪出现了经济萎缩。不过人们的心理过程不完全与经济的起伏相吻合：在中世纪最后几百年中，穿袍职业已具相当的诱惑力，王室培养了一批驯服又充满热忱、忠于王室的文职官吏，取代碍手碍脚还惹是生非的大大小小封建官吏。至17世纪王室采取同样的政策，取得了很大成功。1604年国王亨利四世实施向文官征收"官税"（la Paulette），同时允许他们自由转让文职职位，当然也带有世袭的意味，于是让所有的穿袍文官都有了贵族色彩：继承格勒诺布尔议事法院首席院长的职位，与继承拉图尔迪潘的一处祖传产业，肯定不是同一回事。但是文官职务的世袭制使本来已位高权重、受人尊敬的穿袍身份更增添了新的魅力；此举对巩固王室权威并不利，这又是另一个问题了……

商人和手工匠

桑斯、沙隆或鲁昂，外省小中心或沿海大港口，所有城市都是地

---

① 译注：当时国王准许在某些较特殊的城市或地区设立议事法院，代表国王对民间纠纷做出终审裁决，这些议事法院也拥有地方政治决策的权力。这些城市或地区包括巴黎、里昂、奥弗涅、索洛涅、贝里、波旁、安茹、皮卡第、普瓦图、格勒诺布尔、波尔多、图卢兹、第戎、鲁昂、雷恩等。

方上农产品的集散地——其中什一税征税官、粮商和小商贩起了中介作用，他们在城市生活中的作用不可忽视（这点在 18 世纪更明显）——保证了城市居民的食物来源，也是经过陆路的国际贸易的中转站，通过纵横交错的道路贯穿法国，是连接地中海、大西洋、北海和中欧各国之间的陆路必经之地。国际贸易有几个重要的市场——过去是一些汉萨同盟城市、布鲁日和威尼斯，后来是里斯本、塞维利亚和安特卫普——在大型集市商贸活动的刺激下，靠大起大落的货币流通的带动，大批商人、货币兑换商和金银器皿手工艺人来到贝桑松，后来再到皮亚琴察、里昂和安特卫普，至 16 世纪末安特卫普因有交易所而成为固定集市。港口和河道则是经济动脉，水路运输风险大但成本低（1679 年的一本小册子《免费贷款》称："核算下来，陆路运输比海运贵 50 倍"），水上航运使商人赚了钱，这类商人在里昂比格勒诺布尔多，在图卢兹比卡尔卡松多，在罗阿纳比克莱蒙-费朗多……有漂洋过海，经过地中海、大西洋和波罗的海的远洋航运巨商，也有从巴黎郊区的舒瓦西到巴黎的短途驳运商，它们的规模不同，途经不一；在这两者之间还有内河航运商，小本经营的商人选择走狭窄弯曲的河道，其经济作用有限，故编年史上记载不多。零售小商人投入资本少，所担风险小，利润自然亦少。档案中概要记载了一对身染官司的小商贩夫妇："皮埃尔·贝特朗和他妻子若尔热特·奥克莱尔住在奥弗涅的勒皮诺特尔达姆镇，经营奶酪小生意，把奥弗涅出产的奶酪运往纳韦尔去卖，返回时也把纳韦尔的彩陶带回奥弗涅来卖。"[①] 商人象征着 16 世纪的征服扩张，他们长途旅行敢于冒险，把全部财富押在一条帆船或一艘海运大船上，历时数月漂泊在地中海的惊涛骇浪中：远涉重洋万里迢迢，一路风险风云难测。水手们在变幻

---

① 涅夫勒省档案，B 类 42。

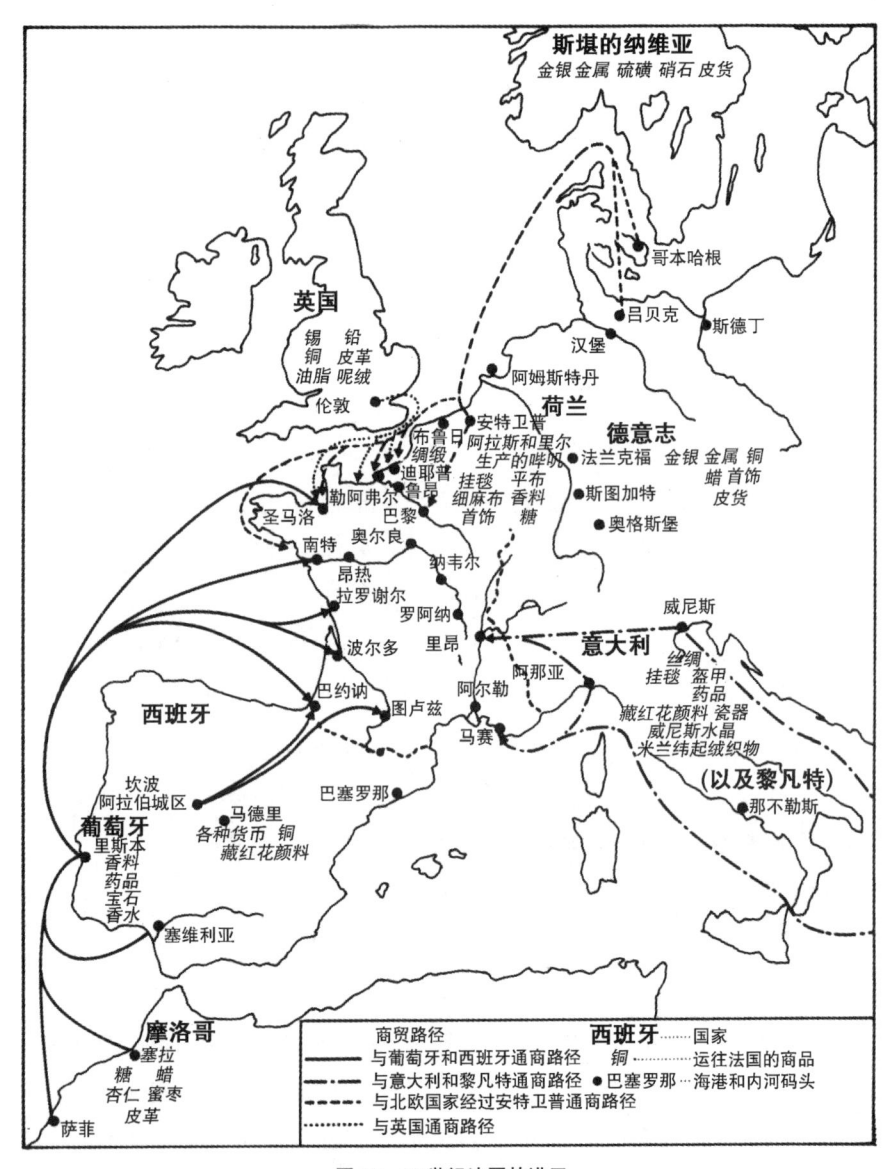

图 16　16 世纪法国的进口
（根据一份回忆录，国家图书馆法文手稿库藏文献，2085—2086）

本地图仅是一张概图，表示进口的大致路径及主要进口城市，但可以看出 16 世纪法国的国际贸易关系之规模。或许还需要另一幅表明货币流通中心和银行活动的城市图，在那张图上应该会看到安特卫普、里昂、奥格斯堡，以及皮亚琴察、贝桑松和日内瓦⋯⋯

莫测的风浪中判断航向,还要时刻警惕暴风雨的袭击和海盗威胁。另一方面,倘若过了正常的船期,在港口等候消息的人,在鲁昂、马赛、里昂和巴黎等待的商人又是何等焦急!更不用说投机商和保险商了,即使最普通的生意,也需要承担各种风险。同样在从奥尔良至埃唐普或至巴黎的陆路运输中,抑或载负胡椒粉的一条小船沿卢瓦尔河河道从南特到苏利的内河航行中亦有不少冒险!在所有商人中,冒最大风险的可能就是贩运银和铜的巨商,他们在 16 世纪初的最初几十年里开设两地公司与印度进行大宗贸易,向国王和亲王贷款,在里斯本、塞维利亚、梅迪纳德尔坎波(西班牙)和里昂等地都有威尼斯代理商:关于里昂和安特卫普的新型大资产阶级,埃伦贝格在他的经典著作中有深入的描写[1]。总之,这个包括各国商业巨头的世界里,多数是外国人:德意志人、意大利威尼斯人和佛罗伦萨人,特别是热那亚人(16 世纪末)。在最成功的商人中,法国人并不多。这一点在中世纪已表现出来(参阅本书第三章第二节"旅行、商业和货币"),解释这一现象并不容易:有些人把它归结为天主教会对高利贷的谴责,但高利贷在意大利和德意志也受到严厉惩罚,路德派教会亦同样指责高利贷;抑或是新教打消了商人的疑虑,从而激励了大宗贸易在尘世的成功?这只是一个简单的迹象,并非是十分可靠的解释。事实上,还需要考虑一些其他因素方能解释塞维利亚、奥格斯堡和安特卫普对鲁昂、里昂和马赛的优势。首先,法国的公共财政始终枯竭,于是在私人财富上征收重税,而富人们总是俯首听命,正如埃伦贝格在书中指出,"法国国王统治着一群驴,谁都不敢抗拒。他的进项……身为国王想要多少给多少"[2];向"富裕者"借钱,各种形式的强迫

---

[1] R. 埃伦贝格(R. Ehrenberg):《富格尔家族的世纪》(*Le Siècle des Fugger*),法译本,巴黎,1955 年版,尤其参阅第二部第二章。
[2] 同上,第 31 页。

贷款，无异于搜刮银子；然而西班牙王室宣布破产一事的影响同样巨大。其次，里昂和鲁昂的巨富家族垂涎穿袍文职，尤其经不起地产的诱惑（在16、17世纪），土地在他们眼中是最可靠的资产，也是实现贵族梦的最佳途径。地产的收益虽不及大宗贸易利润高，但却是固定的且毫无风险。

商业资产阶级的上层掌控在参与国际大宗贸易的巨富手中，他们的听差、仓库主管、在亲王身边活动的代理人——或掌有实权或仅是眼线——人数众多，分头在里昂忙碌地活动，或者单独潜伏在布尔日。大商人们再也不会有雅克·柯尔的好日子了。在大商人之下是无数小商人，他们所冒的风险比我们今天的零售商和小店主的风险大一些，包括面包铺老板、肉档店主和饮食业小商小贩……再其次是手工艺人，按手艺又分为无数行当，如做皮革生意的分为"鞣革工、修鞋匠、手套商和皮袄商"。每个行业有严格的行规，在16世纪的生意场上受人尊重的程度一行不如一行；而且各地区的行业侧重不一，有些地方的产品已相当出名，如布列塔尼的平布，佛兰德地区的呢绒（参阅图15）。出现大量的相近行业说明行会权威的严重衰退，主要是自由职业的冲击、有名工匠的大型作坊的地位稳定以及市场的需求。行业分散并没有促进技术的进步，因为在这类行业中，由于制作方式和工匠手法的细微差别所用的工具也大不相同，手工行业的一个大问题是缺乏能源，一般工场的能源只有水力和劳力，因此手工行业是劳动力密集型的产业。"小民百姓靠手工劳动吃饭"，小小作坊里都得有一定数量的伙计，少则三五人，多则十来人，连新兴的印刷行业也不例外。由此决定了生产的极大僵化：纺织制毯、家具武器、盖房造车各行各业的造价都十分昂贵，因为都是手工制作，生产周期长，当工匠花足够时间完善其工时，制品也成工艺品了，艺术和手工业合而为一了。在需求增加的情况下，一些城市和地区很快因产品出名,手工匠的手艺也日益精湛:昂古莱姆的造纸厂出产法国最好的纸品,梯也尔市的剪刀铺堪称巴黎第一作坊……

手工匠在作坊里既是制作匠也是销售商,他们靠附近农村提供的亚麻、羊毛和大麻等原料进行加工,也靠从法国各地森林中开采的铁矿石,从朗格勒高地到卡尼古、从利摩日到汝拉山,这些行业还算不上现代意义的工业。简陋的织布作坊,山里的鞣革工场,小规模的"采矿场"和烧柴生火的打铁铺,都是微不足道的小铺子,效率低产量少。在16世纪的法国,居民人数超过两万,产业集中于工业、冶炼行业,堪称重要工业城市的仅有一地:圣艾蒂安。这是个独特的城市,它发出的巨大声响和野兽般的活力令当时人感到惊恐不安,请看下面这段描述:"距离该城市的港口卢瓦尔河畔圣朗贝尔两里[①]外,就可望见圣艾蒂安这座城市,与其说它是居住的城市不如说是魔鬼的地狱,一座巨大的十字架竖立在城门口……城市附近有三座山,那里长年燃烧着熊熊大火,喷吐出火舌,如意大利的维苏威火山;山里有铁矿和煤矿,这里的居民是全法国最好的技工,他们炼铁打造各种武器和工具……你只要走近城市就听到打雷般的巨响。看到的都是蓬头垢面的人,比夜间的小鬼还可怕,浑身一团黑,只露出白晃晃的牙齿和眼珠子……"[②]。

法律界人士

跟安特卫普和热那亚有联系的里昂的金融家、银行家和商人,与里斯本和巴约讷有贸易往来的图卢兹的染料商、图尔的丝绸运输商、拉罗谢尔的船商,还有制作漂亮的银器和带有圣乔治击倒巨龙大幅雕

[①] 译注:此处是指法国的古里(lieue),一古里约合今天的四公里。
[②] 法国国家图书馆,法文手稿库藏文献,17262,第28页。

刻图案的精美家具的手工艺人及承包商，以及对他们的（小）老板已有所积怨的小伙计们——这一成分复杂又人数庞大的人群，组成了自古希腊时期达西亚人打造金币和罗马帝国图拉真皇帝以来，欧洲经济成就最辉煌的16世纪的商业世界。但是面对这个世界，或者更确切地说是与这个世界并存着另一个阶层（因为两者之间并非断然隔绝，直到柯尔贝时代的贵族和资产阶级之间亦是如此），他们是法律人士。这些人在城市生活中不可或缺，在法庭上判案或替人辩护，拟订合同和保险条款，尽管存在（下文要提及的）各种舞弊以及随之而来的效率低下，他们的作用很大，比过去乡村里封建领主仲裁的作用大多了。总之，他们是另一种素质的人。他们跟所有做学问的人一样平时不常出门，从事高度脑力劳动，讲拉丁语——自1536年国王颁布法令规定法语为法律方面所用语言之后，越来越多地讲法语了。他们善于在密密麻麻的法律条文之间找漏洞钻空子，千方百计利用罗马法、封建时代遗留下的各种惯例和宗教法，或者迎合王室的意愿把水搅浑。在市民中就是他们替王室效劳，出于职业也出于对旧贵族既欣赏又憎恶的复杂情感，他们与王室关系密切。事实上，文官职务就是为扼制旧贵族而设立并予加强的。法院和最高法院的法官、顾问位居文官之首，他们炫耀职位，享受特权，十分沾沾自喜，对自己作为王国捍卫者的作用相当自满……穿袍文官很早——在文官的"官职税"创设之前——就以等级意识自视高于其他人特别是高于商人阶层，奥利维耶·德·奥梅松不是在17世纪中期就这样描写过他的一位在巴黎最高法院的朋友："他与社会地位低于自己的人结婚只是为了金钱。"①

从16世纪起，尤其在17世纪，文职高层的地位稳固，俨然成为

---

① 奥梅松：《日记》（1640—1672年），巴黎，1860年版，第一卷，第122页。

外省小城市的社会头面人物。他们不遗余力地追捧王室，但并不忠诚：廉价收买文官职位，以替国王效劳为荣；在各地小城市里呼风唤雨，严密控制平民百姓。加上"官税"制实施后地位更加稳固，种种因素使他们感到自己的独立性；世纪末的内战和摄政期的混乱更加强了他们的独立意识。于是穿袍文职很快变为蠢蠢欲动的官僚阶层，他们并不背叛国王，但不顺从，不时向国王提出谏书，脾气执拗，拒绝登记和执行国王颁布的法令。他们是王室奇特的臣仆，王室从弗朗索瓦一世起就声称要建立绝对王权，却对这批文官毫无办法；掌管行政大权的法官和文职官吏唯恐失去自己的权威和特权，常常在城市中形成一股团体力量，必要时不惜与王权抗衡，时局微妙、贫困和王室财政拮据等因素也助长了他们；1666 年是个平静的年份，普瓦捷市拒绝资助柯尔贝的印度公司，"城市被税务压垮了，加上部队过境要负担 1 600 名国王卫队的开销，国王在 1665 年刚向城市征收了一大笔税"。设想一下今天的法院拒绝判案，财政官员在征税中自搞一套……时代环境不同了，但大胆的程度却是一样的。

在上述环境下，现代城市向我们展现出一个纷繁复杂、多元化的社会，在这个社会里群体和个人之间的关系错综复杂，这一切与贫穷单纯的乡村形成鲜明的反差。尤其在当时那个时代，任何一个城市包括巴黎在内都不可能也不想把各个街区相互隔绝，贵族和资产阶级，富人和穷人，店主和伙计每天见面接触，生意往来和社会生活的需要产生了各种知识活动，譬如阅读、记账、通讯或者就一匹布进行讨价还价，在法官面前辩论，或者在教堂边某个声名狼藉的小酒店内，人们面对一杯清凉的薄酒进行讨论，这样的讨论不是每逢周日一次，而是天天如此。为保持人际关系而参加各种节庆活动：宗教的、市民的、行会的和雇主的活动，偶尔还夹杂了学生打架和嬉闹、轻佻女工的不幸遭遇……城内的市民生活要比城墙另一边的乡村生活"文明"

得多。这一点,当时人们就有所察觉,尽管他们自己与农民也很相似。许多文献中都提到这一点,一位当时人在 1664 年写道:"17 世纪的田园小说怎么会描写如此优雅的牧羊人?许多人觉得有些事难以置信,作者笔下的男女牧羊人的语言和举止如同最机灵的宫廷朝臣一样,而乡下人一般应该是粗鲁和愚蠢的。"①

---

① 索雷尔(Sorel):《法国图书馆》(*La Bibliothèque française*),巴黎,1664 年版,第 158 页。

3. 16世纪的知识膨胀：书籍

城市的知识生活

城市无疑是知识和艺术生活的中心（在书籍普及之前，"知识和艺术"两词是联系在一起的），从中世纪起（参阅本书第四章第一节中"乡村贵族的困境"小节）就已如此。在这一领域，城市的设施足以说明问题。城市有位于每个大教堂周围的雕刻作坊，有大学和教会学校，在资产阶级的要求下，各堂区还自设学校，对商人子弟进行启蒙教育：这是由艺术大师、博学的教师、僧侣大学生和修士们组成的人数不多的阶层，修士们在授课的同时自己亦在学习……但是这一阶层的人数很少，在著名的学术城市如蒙彼利埃和巴黎也不过几百人，其他较小城市仅数十人。然而古登堡的发明在欧洲大陆迅速推广和不断改进，在五个世纪中完全改变了现代的知识生活，堪称革命，其影响犹如当今社会的影像和音响一样巨大。

要衡量书本带来变化的程度，首先得了解城市少量知识分子原来的意识状况；虽然他们已处在一个较坚实的文化环境中——城市教区已相当活跃而且组织良好，大学和教会学校的社会影响深远——其思想意识与上文已提及的农民意识仍相差不大。尽管有了城市的知识环境以及商人经商活动、人际关系中的"技术"需求，尽管有了书籍——它记录并传播被社会认可的观念和信仰，而多少世纪来这些观念和信仰是靠口述传统来保存和继承的，同时书籍还传播了古代的艺术和思想，但城市知识分子的意识程度并不高。吕西安·费弗尔曾在他的著作《不信教问题》中令人信服地指出，16世纪（和17世纪）的知识分子意识往往与社会条件不相称，带有许多模糊、不准确和矛盾性，这些不协调因素随着知识分子个人的思考节奏、每个人的逻辑需求而缓慢地改变，其缓慢性体现在各人的思想活动上，而非启蒙思想的普遍进程中：理性意识，人们在城市比在乡村更经常地提到它。这就是我们对城市知识阶层的全部判断。吕西安·费弗尔[1]曾举过德蒙科尼的极好例子，他是17世纪的学者、旅行家，注重理性和坚实的知识。他不听信某个女修道院院长关于该修道院经常出现奇迹的报告，也不会在几小时或几天后就相信在类似情况下出现的某种命运或奇迹。他的智力不比让·博丹弱。让·博丹是写作《共和国六书》的学者，曾与同时代人就物价上涨问题进行过辩论的伟大经济学家，他还发表过《巫师的病魔缠身说》一书，罗列了1001种魔鬼的诡计招数。作者不是唯一识破巫术的人，事实上在真伪难辨的时期对一切以妖术惑众者的审判及施行火刑都是由博学的法官们组织的，他们对各种巫术罪行如同对普通偷窃一样了如指掌[2]。轻信（用这个词有点年代错乱），我们说城里人与乡下人同样地（或许少些）轻信，它在一个理性与非理性、自然与超自然的无意识混淆的年代是极为普遍的现象，可以说是长期以来人们耳熟能详的《黄金传说》[3] 的一种遗传，人们容易将不严肃的虔诚混同于真正的福音故事……16世纪末的一个故事很能说明问题，埃斯托伊勒在《日记》中写了这样一个有趣的事，这些在我们今天看来纯属虚构的事件很有意思，但在当时对皮埃尔·德·埃斯托伊勒来说绝非一个故事，他在写作时没有丝毫犹豫，连笔都不抬一下：

---

[1] 《巫术、愚昧或意识革命》(Sorcellerie, sottise ou révolution mentale)，发表在《经济、社会和文明年鉴》，1948年。

[2] 参阅罗贝尔·芒德鲁：《17世纪法国的法官和巫师》 (Magistrats et sorciers en France au XVIIe siècle)，巴黎，1968年版。

[3] 译注：《黄金传说》（拉丁语：Legenda aurea）是热那亚大主教雅各·德·伏拉吉所著的基督教圣人传记集，记述约150名圣人、圣人团体和殉道者的故事。该书写于1261至1266年间。

第七章 贯穿16世纪的城市繁荣（1500—1640） 319

1593年12月20日，有一个暗恋着鞋匠妻子而近乎绝望的那不勒斯人……知道她在哺育婴儿，便以治疗眼疾为由要求妇人给他三滴乳汁，他随信附上十埃居钱，以为这样她很容易得到她丈夫的准许。丈夫有一头山羊，他挤了山羊奶，给那个那不勒斯人送去了三滴山羊奶，竟对他说这是他太太的乳汁。那不勒斯人欣喜若狂，对着送来的三滴乳汁爱慕不已，以为诡计得逞了（据说这一招会令鞋匠妻子对自己萌生爱情，不管他在哪儿，她都会跑来找他）；结果发情的山羊开始狂蹦乱跳，最终冲出主人的住所，在那不勒斯的卫队中找到了这个拈花惹草的人，跳上他的脖子兽性大发，使劲吻他，用爪抚摸他的身体。

心智程度

人们至少会认为现代①城市人并不缺乏知识和职业工具：商人们每天得与账本、钱币打交道，从法国边境到王国中心，货币兑换商和金银器匠得称量金银，测定外国货币的金银成色，需要把旧货币回炉熔化、重铸，大宗贸易商懂得交换和调换等。所有商人至少得会识字计数，不像乡下人那样只会口头讨价还价。不过也要谨慎看待：商人们可能不再像乡村同胞那样用刀在木板条上刻痕记数，犹如农民把一袋袋小麦送去磨坊磨面时记数那样；但是，当时商人离我们习惯的"心算"仍很遥远，"心算"是需要从小在学校培养的，直到今天还是这样。时间和生意上的事并非都能用数字记载，很快就发觉为了记录数字还需要会写。道默松先生曾在1665年目睹了他父亲的膀胱结石手术：医生用夹子夹结石数数，结果结石被夹碎了，手术医师只能用

---

① 译注：按法国史学界的划期，从中世纪结束到1789年大革命发生之前为现代。

匙子来挖出散粒的沙子。手术持续了多久？"比吟诵两遍《上帝怜我》诗篇的时间长一些。"① 记账就是先一笔笔记下来，然后慢慢地算出结果：家庭日记账和其他许多文献上记录的一笔笔数字显示出记账过程，50＋45，150＋30＋4 是表示做加法；但减法就比较困难，多数情况下会把该减的数字忘了。当时有名的大会计师如里昂的马丁·克莱贝尔和国家财政大员如图尔农红衣主教等，一定算得更好些。但是平常百姓犯的计算错误很能说明问题：从 16 世纪起书本开始大量发行，书本上提供了计算的方法和日常应用表格，但是从技术的发明到民众中较广泛的实际应用，成为一个文明现象之间有一定的时间差距。

城市堂区和学校

然而，在城里人的各种知识和精神现状之外，还应看到他们在书本普及之前已受到两方面的文化熏陶，这些是乡下人所不曾有过的，那就是相当活跃和活动频繁的城市堂区以及大学和学校，这类教会学校最初专为培养僧侣，后来也向世俗子弟开放。

如同乡村堂区一样，城市堂区是市民参与精神生活的环境。但是城市的堂区或许更为严格，本堂神父和副神父享有比乡村同行更大的宗教权威；神父对教徒密切监视，必要时还给予惩罚，这种处罚即使是和善的，市民教徒都会十分认真地看待。"……为何圣雅曼骑兵团的掌旗官莫里斯先生不能做教父呢？副本堂神父回答说，他资格不够，因为他从不参加复活节领圣体的弥撒。"② 因此在勒内·潘塔尔③

---

① 奥梅松：《日记》，第二卷，第 302 页。《上帝怜我》为《圣经·诗篇》的第 50 篇。
② 马耶讷省档案，B 类 2985。更重要的理由是神父监视某教徒是否有异教嫌疑。卢瓦雷省档案，B 类 1383，"弗朗索瓦丝·布隆丹太太被怀疑信奉新教，因为她已有两年不做弥撒了"。
③ 勒内·潘塔尔（René Pintard）：《17 世纪上半叶博学的自由思想》（*Le Libertinage écrudit dans la première moitié du XVIIe siècle*），多处提到这类例子。

第七章　贯穿 16 世纪的城市繁荣（1500—1640）

的描述下，我们看到一些对宗教教条持怀疑态度的博学教徒，为了避嫌从不缺席一次弥撒。城市教徒因受这类监视十分规矩，从不缺席必须到场的宗教节庆。这类节庆很多，到了柯尔贝时代更加繁多。堂区还是教徒的灵修之家：教堂里的雕塑和花窗玻璃诠释着宗教生活，这是众所周知的。但教徒们对此已习以为常了，所以它们的效果不及圣骨或圣物盒，圣物盒上经常会出现奇迹，尤其当教徒面对它静思默祷时会更真切，即使在书本普及的时代还是这样。还有圣曲，数量极其丰富，在举行重大礼拜仪式时由信徒们唱圣歌营造气氛。

比起其他一切礼拜圣器稀有的圣物盒被更细心地收藏，它的盒子由能工巧匠精雕几年而成，每个主教区都有一个圣物盒，珍藏着圣人的遗物，它们是基督教会唯一的真品，尽管在相当长时期内有人偷盗倒卖圣物，它依然备受信徒敬仰，在不同地方显现过大奇迹，令整座城市长时间地沉浸在欣喜若狂之中。荆棘、内衣、裹尸布、十字架的一截木、几滴血和眼泪等圣物都被一一珍藏，被一代代信徒反复瞻仰。勒皮那个地方有个农民曾向人这样炫耀他所在教区大教堂的圣物："这座城市因圣母堂拥有世上最漂亮和最神圣的圣物而荣耀，那是主耶稣的神圣包皮，是他身上的肉，世界上只有这里才有。"此外，教士亦发挥了很大作用：托钵僧修士受过特别训练，专门为城市信徒传道；教区神父在各堂区巡回传道，信徒们渴望听他们的传道，他们的说教也许更生动，而本堂神父的周日布道则比较单调古板。17 世纪中期巴黎最有学识的信徒，倘若家里有图书室又有相当数量的朋友，就会放弃去教堂听道，请耶稣会神父，或者更喜欢请享有盛名的嘉布遣兄弟会修士（capucins）上门传道。或许是听众的要求更高，修士上门传道的情况不多。在外省的小城市里，并非所有小百姓都讲法语，神父传道好坏就不那么重要了。F. 布吕诺曾在他写的书中引述了阿普特主教的一段很能说明问题的话："布道效果不大，因为被派去的传道者不会讲当地的方言,所以当他们用法语传道时,农民和手工匠们都不听。"① 神学讨论、重要的时政问题以及几个世纪来的重大事件,使西方基督教陷于不可调和的分裂;城市听众欣赏漂亮的演讲,习惯于对需要诠释的经文进行长篇说教,于是教士就对城市文官信徒进行冗长的传道。但有时传道缺乏水准,17世纪有人这样抱怨道:"传道者一味地讨好听众而不是纠正谬误,所以他们往往助长民粹意愿。"② 对于听道这样重要的活动,任何事都得让路。此外,城里人还喜欢在教堂、在主教堂内听到悦耳的声音(正如吕西安·费弗尔所指出的,16世纪的人听觉跟视觉一样地敏感),主教们在他们的"小礼拜堂"内满怀热忱地研究圣曲,圣乐弥撒固定不变地由以下六个乐曲组成:"主,矜怜我们""荣耀归主颂""信经颂""圣哉颂""感恩颂""天主羔羊"。尤其是经文歌,从特定祈祷文中摘取出来的歌词是真正的抒情诗,乐师再给每个声部配上旋律,简单的乐曲悦耳动听,16世纪产生了帕莱斯特里纳和维多利亚等圣乐大师。

由此可见,城市堂区构成了市民文化生活的坚实和活跃的环境,相对于城外乡村堂区来说,他们是得天独厚的。尽管教会体制不尽完善,但城里人是精神上的特权享有者:主教和本堂神父都是城里人。根据1516年法国国王和教皇在博洛尼亚签订的和解协议,普通城市的主教由法国国王直接任命,但国王任命的主教不一定就是最好的。由国王亨利四世任命的年仅四岁的洛代沃主教是众所周知的事实……70年后,作为设在克莱蒙-费朗的奥弗涅国王特别法庭成员,弗莱希耶发现奥弗涅的一个主教很不称职:"有一天,当法庭庭长蒙托西埃用神学词语跟他谈到司铎职务的原则时,他竟转身问身旁的神职人

---

① F. 布吕诺(F. Brunot):《法语史》(*Histoire de la langue française*),第七卷,第68页。
② 斯佩(Spée):《谨慎指控》(*Cautio Criminalis*),里昂,1660年版。

员，庭长的话是不是天主教语言……"① 然而 17 世纪有一大进步，因教会内部的纪律改革，在聘任主教方面更加严格，尤其是一场宗教大辩论，使得主教的任命有所改进。

本堂神父和副神父，司铎和主教，以及亲民的嘉布遣兄弟会修士、本笃会修士、耶稣会修士和多明我会修士等许多教士，每时每刻地出现在市民的生活中。市民们聆听他们的说教，同时也以带着几分狡黠的眼神观察神父和修女的一言一行，仿佛古老的韵文故事中那些好笑的人物——拉丰丹在最轻浮的故事中曾描写过这类教会人士。因为堂区十分活跃的生活，亦因为教会学校和大学等教会机构的存在，教会始终在每个人思想中占据首要地位，在拉伯雷、蒙田和笛卡尔的时代，教会和教士阶层经历了不断的变化。伟大"改革家们"的思想是对同时代民众的无数抱怨和多次改革要求的响应，诸如弗朗索瓦一世、耶稣会修士，以及稍后奥拉托利会会员和让森派教士等提出了大胆主张。尽管有许多美好的改革计划，在教育领域的进步仍不大（不包括书籍普及带来的进步）。以至在 17 世纪末，J. 鲁抱怨道："用孩子们根本听不懂的语言和语法规则来教育孩子的野蛮方法……讨厌的第一人称单数、直陈式，还有动词现在时等等幽灵。"但是学校、大学生的喧闹生活以及学校的坚实传统还是给城市小官吏和商人的孩子带来了所需的艺术知识，亦使他们参与了城市的文化生活，譬如学生在学校门前的争论和集会，吸引了大批市民听众，令人联想起论文答辩的场面——1648 年在巴黎医学院隆重举办了一场论文答辩，题为《女人是否是自然所造的次品？》，1668 年另一篇答辩的论文题为《采用鱼胆汁的托比疗法是否自然？》。凡此种种在我们今天看来离奇古怪

---

① 弗莱希耶（Fléchier）：《奥弗涅特别法庭回忆录》（*Mémoires sur les Grands Jours d'Auvergne*），巴黎，1856 年版，第 113 页。

的题目正反映了当时以圣人著作和亚里士多德学说为基础的科学状况。学校和学院还为城市提供了舞台,学生们上演剧目时,家长、年轻演员的朋友,还有好奇者都去观看达尼埃的故事和圣亚历克西斯的故事:《圣经》和《黄金传说》被大量借鉴。学校或许在经院哲学的主导下感到窒息,但随着学校开学和放假的节奏,以它的争论和节庆也营造了文化生活的氛围。

书籍和阅读

我们再次强调指出,尽管书籍已经相当普及,口头表达仍享有很大的魅力:教堂永远不够大,最有名气的说教者往往在露天演讲,人们追逐精彩的传道和演讲,正如今天某些人追求时髦,赶着去看最新的画展一样。17世纪的一个巴黎人,如奥利维耶·德·奥梅松在一个下午赶几场布道会而乐此不疲,他这样做并非附庸风雅:"1643年12月6日星期天,我在掌玺大臣家听完道。饭后又去圣保罗听约瑟夫·莫莱神父的传道,他讲得十分精彩,然后再从那儿赶去阿依西亚德……我听了耶稣会修士、海牙神父的传道。"书籍带来的革命不是习惯上的革命,亦非社会生活节奏的革命:在这一领域中,它的作用显得较迟缓,书籍通常只有在必须懂得阅读的职业中才是必不可少的。书本普及带来的知识世界的扩展是毫无疑义的;但是人们很难估量它的确切程度。可以肯定的是书籍给僧侣阶层带来了我们20世纪的人难以设想的巨大改变。我们今天——无论从事哪种职业——每人每年至少阅读三四公斤的文字资料:广告、报纸、报税单……那么从1450年至1550年的一个世纪中,僧侣及其教会同道们又何以能从稀罕又昂贵的、往往字迹难辨不易阅读更不易保存的手稿,过渡到既漂亮又易读、装帧结实且人手一册的书本呢?我们知道得比较详细的是关于书籍发行的巨大成功:当15世纪印刷技术普及后,从1420年印制穷人的《圣经》到古登堡采用好的油墨和铅字印刷，印刷作坊在各地涌现。1470 年，尽管最早的索邦大学附近的誊抄作坊提出抗议——原来誊抄工每天不紧不慢地抄写出漂亮的古老讲义和文稿，能挣一份相当滋润的生活，现在被打破了，最早的印刷工场在巴黎索邦大学内创建了。1500 年时仅里昂一市就有 50 家印刷工场，印刷业已成为组织有序的新兴行业，人们大量投资购买印刷机器，对纸张的需求亦不断增加——这是一个特别自由和大胆的行业，它印刷出版一切能得手的东西：学校的课本和教会的书籍。首先印刷的是《福音书》和教会早期主教的著作，从此人们可以一口气地读完《路加福音》或《马太福音》，不必再等到周日去教堂听神父逐节地讲读了；其次出版的是在最古老的修道院陆续发现的拉丁文和希腊文的古代手稿，譬如有共和思想的西塞罗的作品，哲学家柏拉图和塞内克的著作，修昔底德的历史著作，以及许多古代人物传记，如普鲁塔克的《希腊罗马名人传》，该书由阿米约翻译成法语，出版后成为 16 世纪的畅销书。而后书商的出版激情和好奇心依然不减，还出版了思考和研究古代思想并夹杂了当代人观点的论文著作，如博丹的《共和国六书》、著名医生安布鲁瓦兹·帕雷有关医术的博学研究，以及用拉丁文写的关于巫术和炼丹术的著作等等。此外又出版了无数的短评文章，以几页篇幅记述一个特别事件，配几十行字的事件评论：发行量多少？读者群又是谁？这些我们都不太清楚，常常连作者是谁都不知道。这类评论之多反映了文章的重要性及其时代精神："一篇精彩绝伦的文章，记述一只猞猁在 1616 年 3 月 5 日周六闯入维恩市区，被人追逐了很久之后终于躲进了圣莫里斯大教堂"（维恩，普瓦耶出版社［J. Poyet］，共八页）；"一篇十分精彩、真正神奇的文章，讲述一个自称是多菲内地区拉科斯特圣安德烈教派的信徒，因亵渎了神明圣萨克雷芒，最后可怜地被耗子啃死"（尚贝里，布罗萨出版社［Brossart］，共八页）。

我们几乎可以说从 16 世纪开始了印刷狂热。

从此，大城市的资产阶级家庭追求奢华，除了像 15 世纪末那样装玻璃窗、购置精工雕刻的木制大橱柜和漂亮的挂毯外，还增添了另一新的嗜好，就是收藏小牛皮封面装订的烫金字的漂亮书籍。我们在遗物清单中可以看出收藏者的良苦用心，书籍大小为四开本或八开本，讲述圣贤故事、居鲁士大帝征战或新世界的奇迹等等。书籍被整齐地沿墙排列，抬头可见，随手可取：这是蒙田和其他许多名人的嗜好！当然，如果我们就此肯定宗教改革和文艺复兴是欧洲大陆普及印刷的产物，认定马丁·路德在维滕贝格提出的"95 条论纲"倘若没有印刷出版，在数周内发行至全德意志乃至稍后全欧洲的话，路德不会比扬·胡斯更危险，等等，就显得有点过于大胆了。但是书籍带来的巨大变化绝对不应低估。

再者，同时存在着两股运动：一方面是文化和精神生活的扩大。当这一潮流找到了更好的传播载体时，它便突破僧侣和教会学校的图圄，面向对知识文化热情高涨的整个城市上流社会：于是出现了 16 世纪的罗贝尔·艾蒂安、17 世纪的克拉莫瓦齐这样充满热忱的人文主义者，他们既是学者同时又是伟大的印刷者，知识文化生活浮出了水面，开始与艺术生活相脱离；另一方面，探讨、发明以及追求和理解知识的热情亦摆脱了修道院和教会学校的框框，进入市民家的客厅，出现在法学家们的讨论中，并引起了连锁反响。通过书籍传播的这类群体的文化生活跟农民、手工艺人和小市民的普通生活相脱离，因为农民和普通市民不阅读亦无娱乐，跟不上上层社会的精神文化生活。沙特尔圣母院所辖各堂区的全体信徒从教堂正门前经过时，知道门上浮雕的内容，懂得圣人雕塑的意义。但是，龙沙或杜贝莱等人的作品并非为所有人而写的；同样当勒内·笛卡尔翻译他的《方法论》时（显然作者是用拉丁文来思考和写作的），不曾想过也不可能希望他的书能被他的鞋匠或他家乡图赖讷拉海的农民读懂。随着时间的推移，我们将看到这个粗线条的大致轮廓会变得渐渐模糊，它在改变着一切；这一轮廓没有涉及大众文学和贵族高雅文学等重大问题……但也有一定的价值。

4. 16 世纪的经济繁荣：美洲的宝藏

书籍革命、文化和精神革命的深远影响，人们是在一个世纪之后才真正意识到的。1620 年当康帕内拉发出经常被人引用的如下惊叹时，书籍已渗透到从普通人的账册到艺术学校的所有领域："我们的世纪在这些年发生的故事比全世界 4 000 年中的故事还多；在最近一个世纪内出版的书要比之前 5 000 年中有过的书都要多。"然而，从 1550 至 1560 年起，费尔南·布罗代尔①所称的"敏锐的观察家们"已经意识到他们正经历着一场巨大的经济革命。让·博丹在一篇著名的文章中这样写道："西班牙曾靠法国存活，不得不从这里进口小麦、布匹、法律知识、菘蓝染料、罗东首饰、纸张、书籍，甚至细工木制家具及一切手工制品，现在它跑到地球另一端去淘金掘银了。"② 这一观点很快被接受并成为世纪末的共识，商人和政治家在较长时间后才放弃了这样的观点：认为西班牙即是欧洲的印度。

西班牙的黄金和白银

在 15 世纪末还缺乏金银的欧洲，尽管在德意志、匈牙利和斯堪的纳维亚半岛等地开矿发掘，仍不能解中世纪商人的求金之渴；进入 16 世纪后，市面上的黄金白银突然增多，现金充足。或许现金充足也是相对的，因为战争持续和商品流通的加速需要更多的现金。然而

---

① 费尔南·布罗代尔：《菲利普二世时代的地中海和地中海世界》（第一版），第 374—420 页；至于这一节，可阅该书整个第二部。
② H. 豪斯（H. Hauser）：《让·博丹答德·马莱斯特瓦先生》（*Réponse de Jean Bodin à M. de Malestroit*），巴黎，1932 年版，第 12 页。

在整个16世纪过程中，武装商船整船地运载着金银，从安的列斯群岛起运，将成千上万吨的金子和银子源源不断地运抵西班牙塞维利亚；从1500年至1640年，共有180吨黄金和1.7万吨白银运抵西班牙……多大一笔数量的金银流入了欧洲的货币循环！16世纪初期黄金率先涌入欧洲，此后在1550至1610年间又有大量白银流入，最后在17世纪再有无数含银铜币，作为每天城市内交易的货币注入市场。如此大量的金银铜币一下子涌入市场，说明当时人们对金银的追捧，在很长时间秘鲁这个词就意味着取之不尽的财富之源！即使这样的解释不够充分，也应当承认账面上的货币流通量的增长也十分巨大。

那么为何大量的黄金、白银、西班牙古金币"多布朗"和古银币"里亚尔"会涌入法国呢？因为从一开始征服美洲，西班牙就在这庞大的领域处于领头地位，但它无力单独开发从墨西哥至巴拉圭的整个拉丁美洲：缺乏木材、帆布和缆绳来建造数量庞大的大西洋船队；缺乏面粉、肉类和蔬果来满足无数船员的需求；西班牙一国也无法提供征服者所需的武器、工具和布匹，当时世界上没有任何一个国家能单独满足这样强劲的需求，西班牙的农业和工业都不具备如此大的潜力。所以它势必求助于邻国，向法国购买小麦、布匹和家具，向意大利的热那亚、佛罗伦萨和威尼斯等求助。而后随着时间的推移，因西班牙人大量出征美洲出现了人力不足，于是各种走私和合法的货物开始从法国的马赛、波尔多或圣马洛，从安特卫普和热那亚等地运往西班牙以弥补当地的物资匮乏，西班牙经济变得越来越不能自给，贪婪的邻国则以高价把武器、布匹和小麦等销往塞维利亚。这是地中海和大西洋贸易的黄金时代，船队航行在各条海运线上，波尔多和图卢兹的小麦、染料出口商因此发了财，鲁昂和圣马洛的布匹商及帆布商也发了大财……西班牙的大量货币从南部和西部涌入法国市场，与此同时，政治上的操作也起了推波助澜的作用：西班牙国王查理五世和菲利普二世的满载财富的车队从法国经过，运往从米兰至贝桑松、安特卫普一线的帝国边境，稍后用于供养神圣联盟军队。因此法国的货币充盈是西班牙输血的结果，西班牙流失了金银，更严重的是造成17世纪初西班牙阿拉贡地区农村人口稀少，要依靠法国康塔尔省奥弗涅的农民前往埃布罗河流域去收割庄稼。

物价飞涨：受害者和受益者

当然，货币增加并未使法国所有地区都受益，也未使所有社会阶层都受益：它马上引发了物价的猛涨，尤其因法国手工业的可塑性不及西班牙大而影响更严重。或许某些地方因需求增加促进了技术的改良，如因产生新的职业，里昂和鲁昂的纺织业得到改进，但事实上可以说是技术停滞。能源设备和行业本身的技术并无改进；达芬奇在货币泛滥之前进行的一些技术研究仅停留在图样上，未立即应用于工业生产。唯一能遏制物价上涨的是教会和家庭积蓄财富（这一点不容忽视），它通过兑换商和金银器匠人，将货币变为圣体盒、首饰、金银器皿等积聚起来。其余货币都卷入了商业投机，货币投机的滚动速度因需求扩大而加快，投资方式亦随需要而五花八门地增加，冲破了所有的道德禁忌，包括原来被教会禁止的放贷生息。后来因资金供应势头太猛和通胀洪流的诱惑力过大，最终投机归于失败。有人将这一事件与第二次世界大战后法国出现的情况相比较。私人资本和公共财政都遇到不同的结果：有的成功发大财，也有的深陷危机，甚至破产[①]。法国因为与西班牙的大宗贸易，因为从阿基坦沿岸港口直至圣马洛、鲁昂等港口城市参与了地中海和大西洋的海上贸易，所以没有遇到意

[①] 关于1557年的国际大危机和法国破产，可参阅R. 埃伦贝格：《富格尔家族的世纪》，法译本，第三部。

大利一些城市的"货币短缺、地中海危机"等问题,如佛罗伦萨在世纪末所遇到的困境。不过法国因诞生了如马赛,特别是拉罗谢尔、圣马洛、鲁昂和勒阿弗尔等大港口,以及出现了像里昂那样的大型金融市场,它的经济受到了较大震动;中世纪的社会平衡受到威胁,它的根基遭到了破坏:这是这场货币运动的一大好处。货币运动在1610至1630年间开始放慢,此后便出现了覆盖整个17世纪下半叶的货币紧缩。

在这场城市的狂躁中,财富以闻所未闻的速度被积累被消融,银行家们以令市民目瞪口呆的节奏控制着借贷和放贷,大宗贸易、战争和各亲王的勃勃雄心刺激了需求,令兑换商、货币铸造商及国王审计院都应接不暇[1]。那么究竟谁是赢家、谁是输家呢?笼统看来,所有社会阶层人士都是输家:手工匠及其伙计苦于物价飞涨;银行家始终处在悬崖边缘胆战心惊,有的已掉落谷底;"实业家们"无法应对需求和定价。如果再加细分,那么至少有两个阶层肯定是受害者。首先是未参与这场货币运动的人,他们原本应在物价普遍上涨(包括农产品的价格)中得到好处,但他们未能出售小麦:小本经营的粮农一年只能在一两次集市上粜粮,其微薄收入很快被贪婪的王室税赋所吞噬。王室的捐税因连年战争变得愈加苛刻,更不用说还得应付土地领主的勒索。除了博斯地区的农户、图卢兹的菘蓝(染料)种植户以及波尔多葡萄种植户等少数例外,其他地方的农民根本得不到什么收益;略有安慰的是农民也没受到太大损失,他们购买得很少。最大的受害者是城市平民大众:打工的伙计、作坊工人、小工场的手工艺人。他们面临的一切都在涨价——小麦、饮料、肉类等,而他们的薪

---

[1] F. 斯普纳(F. Spooner):《1490至1680年世界经济和法国的货币铸造》(L'Économie mondiale et les frappes monétaires en France, 1490-1680),巴黎,1956年版,书中好几处提到。

金却并不增加；工资增长缓慢，非常慢①。事实上，实际所得工资还大幅降低了。对城市低收入阶层来说，日子过得非常艰难。不了解这一社会经济背景，便难以理解 16 世纪末民众何以怨声载道，也难以理解神圣联盟部队在巴黎的所作所为，以及佛兰德及其他地区的破坏圣像现象。这一切意味着城市小平民生活在水深火热之中。西班牙人从地球另一端运来的大批黄金、白银，并未装入贫苦者的口袋。在城市人口迅速增长的年代，劳动力充斥市场，城市打工群体根本无法提任何要求，尚处萌芽状态的阶级意识还未能提出社会诉求，市民的不满情绪一触即发。

另一边在得益者方面，物价暴涨时期最大的受益者无疑是土地食利者，佃户缴租的谷子运进他们的粮仓，他们从 1530 至 1540 年起以高价把轻松囤积起来的粮食卖给城市粮商，毫无风险地赚取净利润，粮商再安安全全地赚取投机商和银行家的钱。面对大宗进口商的更大风险（和利益），还有更为唾手可得的利益，即收购城市周边十来公里的良田。购买巴黎、里昂附近的农庄，不光有望获得贵族头衔的敕封——这种虚荣心始终受人追捧，而且还是无风险高回报率的投资：16 世纪地价在涨，土地收益亦水涨船高。但是我们知道，国王亨利三世和路易十三时代的贵族抱怨自己是商人发达的受害者，没得到实惠。因为当时贵族名义上得到的收益，在他们看来份额还不够。这有几方面的原因：首先他们的收益给购买物品的物价上涨"吞噬"了，壁毯、丝绸织物、金缕织品、细呢绒、绘画和家具等的价格涨幅不比谷物低；尤其是这类商品代表当时的高级奢侈品，贵族对之趋之若鹜，他们的占有欲从不会满足。这就使贵族产生了在商人飞黄腾达的

---

① 费尔南·布罗代尔，第 407 页。该书提到具体数字：若把 1550 至 1559 年的工资指数设为 100 的话，那么至 1610 至 1619 年时指数则为107.4。

16世纪法国的货币铸造

(摘自斯普纳所著：《1490至1680年世界经济和法国的货币铸造》，巴黎SEVPEN出版社)

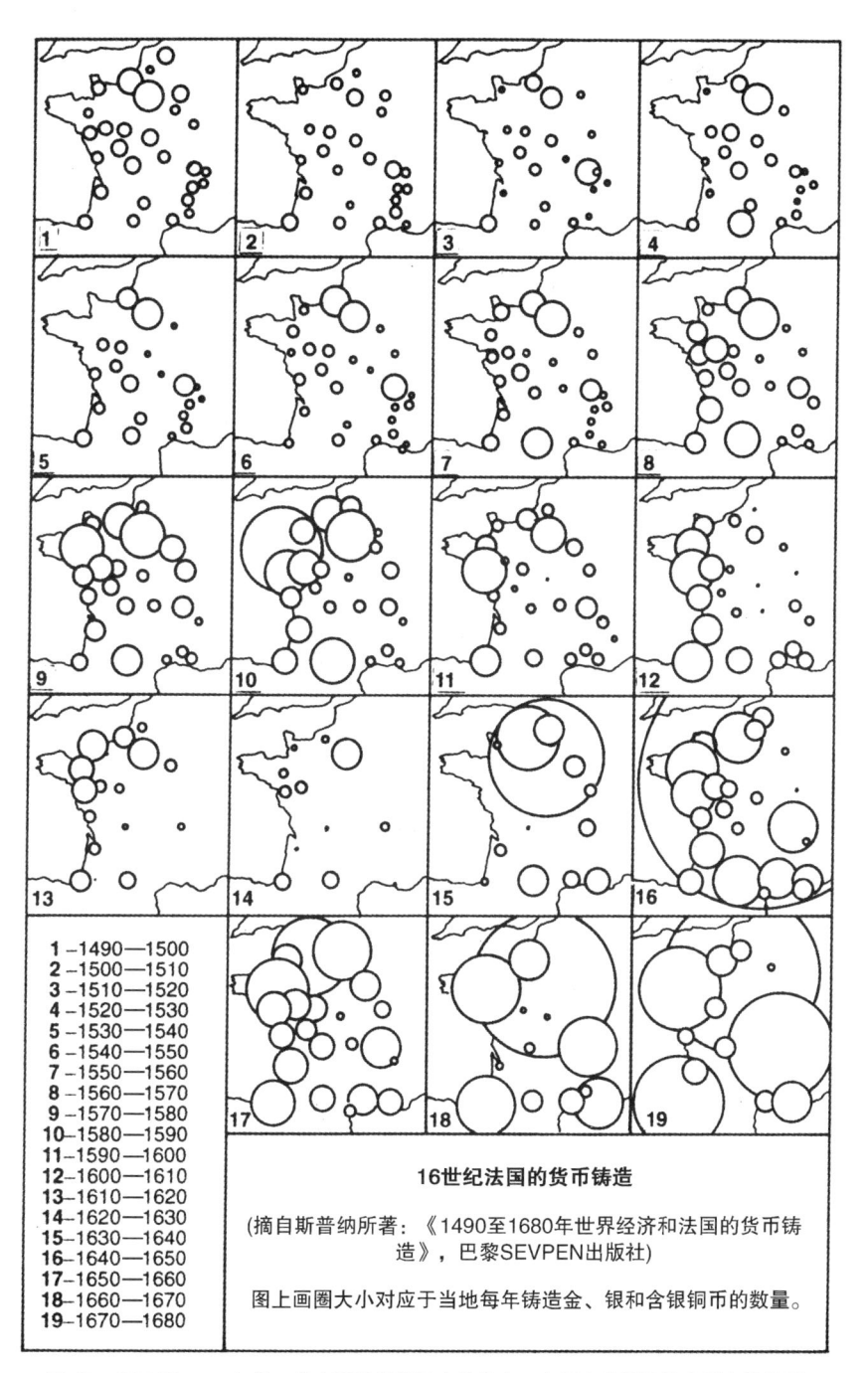

图上画圈大小对应于当地每年铸造金、银和含银铜币的数量。

1 – 1490—1500
2 – 1500—1510
3 – 1510—1520
4 – 1520—1530
5 – 1530—1540
6 – 1540—1550
7 – 1550—1560
8 – 1560—1570
9 – 1570—1580
10 – 1580—1590
11 – 1590—1600
12 – 1600—1610
13 – 1610—1620
14 – 1620—1630
15 – 1630—1640
16 – 1640—1650
17 – 1650—1660
18 – 1660—1670
19 – 1670—1680

图 17　1550 至 1620 年间，从大西洋彼岸运来的黄金、白银在法国经济中所占的比重

时代成为受害者的印象，事实上这种感觉在中世纪商业繁荣的年代已经存在（参阅第三章第二节中"货币的流动"小节），但到了真金白银充盈市场、奢侈品越来越被追捧的时代变得更为强烈。贵族感到自己被平民和城市居民赶上了，其实城市工匠只是贵族们的供货商，还用不上奢侈的壁毯和名画。贵族在挥霍时忘记了自己的收入，他们的消费需求不断膨胀。他们面对城堡内的小康生活和城市的繁华市面，不免会产生比较心理。因此说土地食利阶层，贵族或僧侣是这场经济革命的不知感恩的受益者。伊拉斯谟在16世纪初就曾在一篇有名文章中发出中世纪的惊呼："亚当和夏娃他们是贵族绅士吗？"他在《不骑马的骑士和假贵族》一文中写道："其实有什么不可忍受的呢？一个商人拥有充盈的财富，而骑士却不能向上流社会提供任何东西，他们冒任何风险了吗？"

尽管有各种命运的打击，尽管有海船沉没或海盗劫持，尽管挥霍滥用的国王有个别破产，尽管有意大利和佛兰德商人的竞争，大宗贸易商、小制造商、有名的手工艺人和金融家们仍是这场经济"激增"的赢家：成色上乘的或劣质的大量货币经过他们的手再流出去，财富就在这一进一出中创造出来，而不是在积聚不动的金钱里产生的。刚运抵商铺库房的成批商品，盘点后马上又整箱整筐地倒腾出去、发往下家。16世纪的财富就是里昂、布列塔尼和拉罗谢尔商人的家产，他们用积攒的钱买银器、买贵族的良田、向国王提供贷款（国王穷兵黩武、大兴城堡工程，所以始终入不敷出），过着奢华的生活，在商业大都会远离商铺和仓库的新街区兴建私人公馆，以本人肖像装饰豪宅……总之，他们有意识地蔑视古老的血统贵族，对旧贵族的忌妒十分得意，同时又悄悄地试图挤进贵族阶层。新旧贵族之间的敌对显而易见，种种手法在卡佩王朝时代已被玩得相当娴熟了（参阅本书第四章第二节中"卡佩王朝的成功"小节），而贯穿整个16世纪的经济突飞更使之加剧。这一社会现象在资产阶级出身的穿袍贵族阶层身上体现得最为明显，作为新旧贵族的"混血儿"，它迅速崛起，志在打倒旧贵族，又处心积虑地与血统贵族混为一体。正如唯物主义哲学家博克瑙所说，现代思想就是在这种种矛盾之中诞生的①。

  正是在这种社会分化、财富流动且不断更新的环境下，在黄金白银和纯铜币从南方、西方和北方大量涌入的征服氛围里，绽放出一种城堡主和城市的灿烂文明，对所带来的艺术复兴有一种近乎傲慢的自豪：出现了从勒费弗尔·戴塔普勒到圣西朗神父，从列奥纳尔到菲利普·德·尚佩涅，从皮埃尔·莱斯科至路易·勒沃等一代人。

---

① F. 博克瑙（F. Borkenau）：《从封建代表到世界资产阶级代表》（*De la représentation féodale à la représentation bourgeoise du monde*），巴黎，1934 年版。论点有点过激，但很有意思。

第八章 从创新者到狂热者：16世纪的面貌

这个世纪发生了许多事件，可谓灿烂辉煌。它的伟大功绩包括跨洋过海把欧洲延伸到美洲和亚洲，在古老的地中海发现了一个新世界，靠书籍这一新的交流工具建立了现代社会的生活艺术，以书写取代并延续了口头文化。此外还有其他许多方面，如各种新教派分裂了天主教会，并使之回归其发源地——地中海沿岸，这一地区遂成为天主教最坚固的支柱；整个古代文明的复兴，它的艺术、思想和科学广泛传播，建立起一个新世界，每个人从中重新认识并适应自己，18世纪的人文主义者（如孟德斯鸠、达朗贝尔……）对辉煌的前辈们推崇备至，20世纪的艺术家和作家在达芬奇身上寻找艺术和科学的全部思想奥秘（如保尔·瓦莱里），甚至1900年有科学家把拉伯雷（有理由或没理由地）当作自己的先驱……16世纪确实是一个极为丰富的时代。

我们以世界或法国历史上几个伟大的年份（1492年、1598年和1610年）来勾勒一个如此伟大的世纪，不是降低它的重要性，而是为了更好地理解它。16世纪并非是一个单一的时代，它由几个阶段相衔接而成，各阶段都有极为不同的集体悲剧，其历史人物亦各不类同：从加尔文到蒙田，从纳瓦拉的玛格丽特到瓦卢瓦的玛格丽特。伟大的16世纪牢固地扎根于法国的心脏地区——卢瓦尔河流域。风景迷人的平静的卢瓦尔河是法国历史乐意渲染的惊心动魄事件的背景和推手：文艺复兴，宗教改革……它都有所剪辑，加上适当的特技处理。与其把这一时期看作是与过去诀别的悲剧性"大转折"①、不可挽救的断裂——由于那么多文人墨客的渲染，这种关于"文明的暴死"的论调在今天广为流传，我们不如从中看到一系列的过渡和演变，应该尊重而且不抹杀过去。时代风气在没有剧烈振荡的情况下逐渐转变（正如学界所说，自然的非跳跃式发展）；弗朗索瓦一世、勒费弗尔和布里索内同代人所呼吸的空气并非16世纪60年代寒风凛冽的空气，那时火刑柱层出不穷，各地反天主教人士被视为威胁，遭到人们的怀疑和鄙视；宗教激情在全法国（乃至毗邻的荷兰）整整燃烧了30年。似乎有一条鸿沟把在圣巴托罗缪日听到教堂警钟声的人和生活在1500至1520年的人分隔开来，当时从意大利凯旋归来，王室成员常去枫丹白露旅行，伊拉斯谟发表了关于罗马教会进行必要改革的宗教论述。16世纪的三四代人（算四代人吧，因为当时的人寿命短，对此不必过于计较）经历了不同的法国，最后一代人知道的法国最激烈、最严厉也最狂热：龙沙之后有奥比涅②，勒费弗尔·戴塔普勒之后有蒙吕克……但是过渡十分明显。

指出16世纪相继的时代气氛或许不能说明一切，但可以确定的是，不管个人天赋何如，任何人都不能完全超脱于所处的时代、超脱于他的信仰及条件，尤其在受客观技术制约的精神创作领域，如音乐

---

① 这种说法来自一位对这段现代历史十分厌恶的偏激学者，因为他对理想的中世纪充满感情。见波伊克特（Peuckert）:《大转折》(*Die Grosse Wende*)，汉堡，1948年版。

② 译注：奥比涅（Théodore Agrippa d'Aubigné, 1552—1630），法国16世纪诗人，新教徒，在圣巴托罗缪惨案后，成为一名军人。他写的英雄诗《悲剧》叙述新教徒受到的迫害，亦反映了宗教战争年代的社会动荡。

家和画师的领域。即使他只需要一张纸和一支笔，即使他想成为一个预言家，如某一宗教的创始者也不例外：写《基督教要义》的加尔文难道对同时代人没有深刻了解吗？当他试图向亚维侯的追随者提出自己的宿命定义时，他得冒多大风险、多大程度被曲解？时代风尚不能解释一个天才的先驱者，却对他作了定位和框定。吕西安·费弗尔在研究拉伯雷时，将人物拆开再重组，从而摆脱了阿贝尔·勒弗朗[①]的反宗教解释，为我们作了极好的示范。这并不意味人们不可能解析天才人物；但当天才被故意重置于一片幽暗或光明中，显示他在某一时期左右摇晃地前行时，他才具有真实的色彩。

这就是 16 世纪的人。他们在 1520 至 1530 年间对逐日的新发现感到惊讶和兴奋，当得知世人所在的地球并非环绕地中海而自我封闭的狭长世界时曾经多么兴奋，当了解圆形的地球只是宇宙间的一点时更是惊讶不已，他们中很少有人意识到这一发现的意义；在发明更好的望远镜和出现从开普勒到牛顿的热忱的数学家之前，人们对世间现象不肯定也不否定：总之一切都有可能。人们关注新事物，但新事物并非绝对新生，多少带有过去的某些影子。15 世纪意大利人的大力推动，使得他们比法国的文艺复兴早一个世纪，而法国的文艺复兴在许多方面同样比英国早一个世纪。最早的新型人物身上同样也背负着古代留下的沉重包袱，古代文明令他们感到欣喜和激奋，却剥夺了他们的余暇，也夺去了他们继续探寻、认识另一些东西的欲望。而查理八世、路易十二和弗朗索瓦一世时代人身上具有的真正新的东西，是一种对生活、新发现和新知识的渴望和由此感受到的幸福，也是在一种大无畏的、不在任何（或几乎任何）事物前畏缩的热忱中对阅读

[①] 吕西安·费弗尔：《拉伯雷》(*Rabelais*)，巴黎，1942 年版，特别参阅该书的整个第一部分。

和创造的渴望和由此感受到的幸福。好奇心这个词当时的意义比今天的要强烈得多，就是德国人所称的"内心冲动"（Lust）：1520年前后兴致勃勃的人，他们拥有财富——部分是轻松赚来的钱，享受着各种娱乐，抱有各种希望，对书籍和异国，对未知或陌生的世界（在此我们想到中世纪的僧侣所了解的古代社会），充满了好奇心。这就是16世纪初的人，他们对拥有身边的财宝感到非常幸福，而他们的父辈们根本不曾想过拥有这些财富，亦不懂享受，甚至压根儿就没想到它们的存在。确实他们是一些不知疲倦的人，譬如阿米约①能使用三种古代语言——拉丁语、希腊语和希伯来语，成为名副其实的人文主义者。他反复阅读最难懂的古代手稿，用当时最标准的法语翻译了普鲁塔克的全部著作。又如那个自学成材的达芬奇掌握了当时的全部科学知识，是个亚里士多德式的人物，他不仅掌握中世纪科学，还通晓被发掘的古代学者，如普林尼、瓦隆和许多其他人的学说。达芬奇想象的新式机械的图纸，其精确性和直观性直到今天仍被人赞叹不已。这位百科全书式的同时集时代艺术之大成的学者，是16世纪初最杰出的人物，在他身上绽放出生命和大胆的奇异光彩，只可惜他的存在相当短暂。从1560年起出现了"忧郁的人"，忧郁的一代。他们背离了财富和快乐，转向死亡：这是另一种格局，另一种人，他们的目光阴沉，手段狠毒。16世纪比任何其他时代都更好地体现了最基本的真实，即现代社会的人活得更充实，经历了更多的事，在以下两个相互渗透又互为补充的领域里做得淋漓尽致，但这两个领域的性质绝然不同：世纪初至三四十年代占主导地位的艺术，以及在1570至1590年间造成了血腥的冲突的宗教。

---

① 译注：雅克·阿米约（Jacques Amyot，1513—1593），文艺复兴时期法国人文主义者，以翻译古希腊作家的著作而闻名，他最著名的译著是普鲁塔克的《希腊罗马名人传》（1559）。

1. 意大利的影响

查理八世和弗朗索瓦一世的征战

"意大利，艺术的土壤……艺术的母亲"，这是肯定的。这个很久以来已为法国商人所熟识的国家，终于受到了法国的几位国王和贵族的青睐，他们兴建尚博尔古堡、枫丹白露宫、扩建卢浮宫，给法国带来了意大利式的新面貌。而在此前的50年，关于意大利的影响曾引起十分强烈的反对。那个竭力捍卫哥特式艺术的顽固派库拉若对意大利热潮不屑一顾，他认为一切从意大利引进的对古代艺术的热爱都是异族的东西。

然而，对意大利艺术的追捧与弗朗索瓦一世统治相吻合的现象并不使人感到惊讶，不如说它是一个过程的终结，是从阿尔卑斯山那边传来的艺术生活高度发展到巅峰时活力四射的喷发。当年查理八世从意大利带回了战利品，弗朗索瓦一世返回法国的随行者中包括教皇利奥十世时代最伟大的天才，他们都无比赞赏地发现已臻成熟的意大利文艺复兴艺术。意大利的文艺复兴始于15世纪，甚至14世纪，但一经成熟就枯萎了。如果我们相信1580年前后曾去意大利旅行的蒙田的《日记》的话，最好不提这一点。在1500至1520年间，达芬奇、米开朗基罗和拉斐尔的意大利（弗拉·安杰利科、菲利波·利比和乔托等人已退居二线）向法国骑士们展示了艺术繁荣已持续了近一个世纪的国家面貌；那里丰富的雕塑艺术和绘画是中世纪末主导世界贸易的意大利商人借以炫耀的唯一奢华。这由此赢得查理八世的极度赞赏，他从米兰到那不勒斯，被一路看到的精湛艺术品惊呆了。惊呆……这个词可能说重了，但反映了法国国王及其随从的心态，他们跟当时许多人一样，只能用"美""丰富"等词来形容所看到的艺术。

查理八世在1495年3月28日给皮埃尔·德·波旁的信中这样写道："而且你无法相信我在这个城市所看到的美丽花园。依我看，只有亚当和夏娃才能造出这样的人间天堂，它们如此地美妙，到处都是美好的和奇特的事物……此外，我还在这个国家发现极美的绘画，人们用绘画装饰最漂亮的房顶……"由此说明查理八世和弗朗索瓦一世的随从们何以对意大利艺术如饥似渴，他们逮到什么就买，买了就带走：首饰、绘画、雕像，尤其是艺术品，如此持续了好几年。意大利和法国的艺术工匠接待了——也受累于——成批的野蛮人（如他们开玩笑说的）。在马基雅维利式小君主统治城邦的意大利各地，人们一起经历了战争，城市被占领、被放弃，冲突连续不断。但是在打仗之余，政治上陷入困境的法国骑士却对艺术产生了浓厚兴趣，使得查理八世和弗朗索瓦一世的长途征伐多少有了点意义。

其实这种对意大利艺术的浓厚兴趣由来已久。如果说16世纪的意大利完成了重返古代艺术，对罗马斗兽场废墟及矗立在古代广场上的最后几根石柱产生崇敬，热衷于对罗马图拉真柱上的丰富雕刻进行解读的话，那么法国贵族或许从教皇迁居阿维尼翁，至少从安茹家族远征那不勒斯时代起，就已经不只是嗅到意大利的新艺术气息了：乔托没有与跟随雄心勃勃的亲王而来到意大利的法国工匠们接触过？法王路易十二及其继承者们难道只会收罗数量庞大的艺术遗产吗？所有那些追随国王远征意大利，征服其南部各小公国的法国领主贵族、无畏和无可指责的骑士们，挥舞长剑，长驱直入，对意外的收获欣喜若狂。历史上有过几个世纪法国贵族不能被忽略且不可或缺，大大小小的法国贵族曾与那些富裕的城市、那些城堡和波旁地区的名作坊的出现有关，其中如阿维尼翁新城、里昂，以及奥尔良、昂热和巴黎等城市很早就扬名全法国了。当福尔诺战役的胜利者班师之前，意大利的生活方式已在法国出现了：凯旋者的到来更掀起了真正的意大利热，

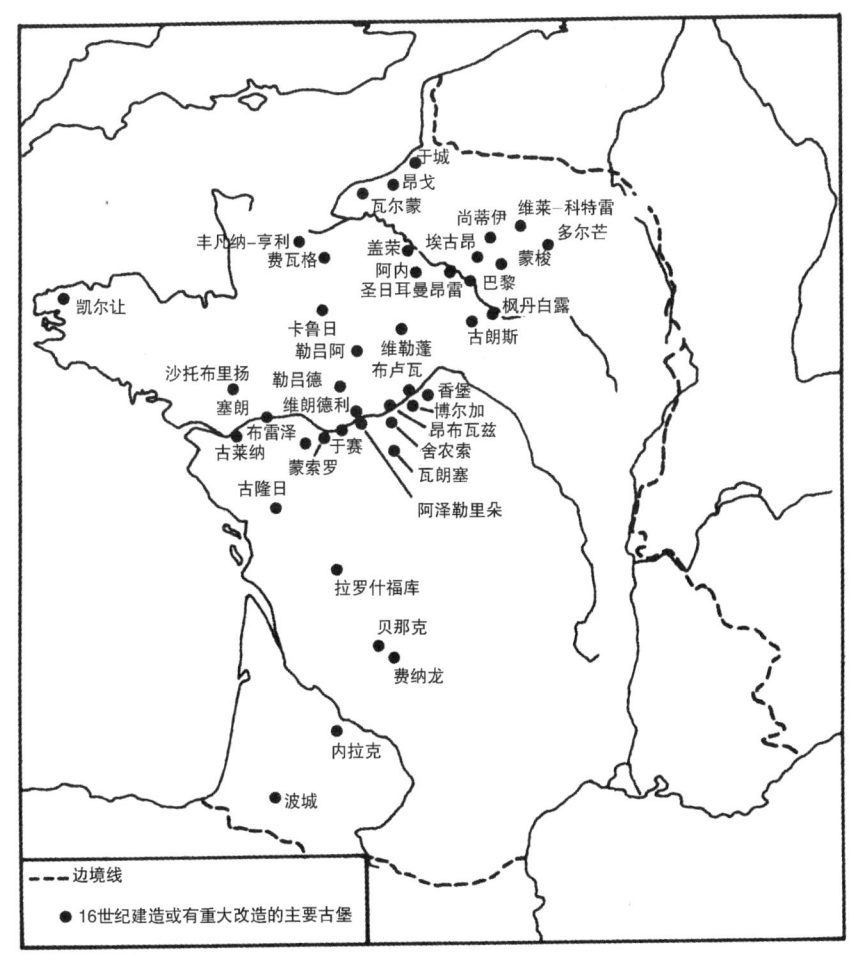

第八章 从创新者到狂热者：16世纪的面貌　　343

图 18　文艺复兴时期法国的古堡分布图

文艺复兴时期建造的古堡主要集中于塞纳河和卢瓦尔河流域：包括诺曼底森林、索洛涅森林、卢瓦尔河流域和大巴黎地区。古堡的功能决定了它所处的位置。在大西洋沿岸也建造了古堡，建议与第七章图 17 对照阅读，体会更深。

压过了其他所有的传统。

跟随查理八世和弗朗索瓦一世前往征战的忠诚的随从们不满足于劫掠，他们还发现了美第奇家族的意大利，城市到处是埋没在艺术家作坊内"被糟蹋的"艺术珍宝，无数工匠作坊在出手阔绰的艺术赞助者资助下，因王公们的宫殿需要应运而生。工匠的作坊亦很奇特，工匠们通常集体干活，有时争论几个小时没完，边和泥边絮叨家产，还得跟竞争的作坊和大师们周旋。大师的作坊因没有空位一般不收帮工。与今天的艺术教育不同的是当时靠口头传授：因为口头交流占重要地位，自然"科学"的教授方法跟在油布上绘画和在大理石上雕刻一样主要靠口头传授。了解这一点有助于我们理解达芬奇的世界。工匠作坊不固定在某地，因为大大小小的作坊都得听凭君主和银行家们的使唤，教皇的订货条件更优厚，对之谁都不会拒绝，总之作坊接受来自各方的订单，较大的工程则由几个作坊分包。米开朗基罗是个例外，别人"集体"创作的活他独自承揽。在艺术工场林立、工匠如云的城市里，意大利资产阶级和经过三个世纪的艺术赞助已有极高艺术造诣的贵族往往捷足先登，而喜欢意大利艺术品又钦佩其艺术工匠的法国人只能捡漏拾遗了；像本韦努托·切利尼那样的"冒险家"略带自诩又十分粗犷地向人夸耀自己的经历，令法国人钦佩不已。他多才多艺（天才的艺术不是后天获得的）、谈锋滔滔不绝、敢作敢为、从不瞻前顾后；他旅行，他创作，他享乐，梦想把艺术带到法国来，在法国再创奇迹。它们是些"完全特别的事物……带有精致窗架的房屋，长长的、宽宽的大走廊，令人赏心悦目的花园……小庭院、过廊、围栏、坡道、喷泉和小溪，供人娱乐和消遣，还有白色大理石和斑岩的古代雕像"[1]。

---

[1] 摘自波吉奥·雷亚尔（Boggio Reale）的描述，记于安德烈·德·拉·维涅（André de la Vigne）写的查理八世旅行编年史《御用果园》（Vergier d'honneur）。

意大利作坊和城堡

"文艺复兴"这个词被用得太多了，现在才点到了正题。整个文艺复兴的历史与在古老失修的城堡里住腻的骑士们南下地中海和那不勒斯有关，当地极其丰富的艺术宝库只待向法国或德意志扩散。国王查理八世和弗朗索瓦一世的随行贵族们步本国商人的后尘；其实商人们很早以前就已把意大利的新鲜玩意儿贩运到里昂、贝桑松和巴黎等地。跟随国王远征的贵族们也继承了上一世纪安茹家族的衣钵。总之意大利有数不清的艺术财宝，而法国人渴望得到这些东西。当远征归来的查理八世回到王后安娜身边时，随行的无数车队满载了那不勒斯能够提供的一切物品，如雕像和手稿，金银珠宝和宗教圣像，他还带回许多意大利画师、金银器匠、雕刻匠，甚至乐师、细工木匠。这些意大利工匠毫不犹豫地跟随法国雇主到了法国，他们知道阔绰的亲王贵族会提供食宿，还能接到订单——他们早就听说法国是跟意大利一样美丽的国家，在那里有干不完的活，查理八世、弗朗索瓦一世有庞大的工程需要人承包，此后还可接到贵族们的较小工程。红衣主教布里索内曾说过，身在那不勒斯时查理八世对出发前他最喜欢的昂布瓦兹城堡简直不堪回首，他将重新建造一个；他的继承者亦禁不住要在卢瓦尔河和塞纳河沿岸兴建城堡或景观，与意大利的荣华显赫相媲美。于是意大利工匠承包了大工程，在法国宫廷中受到礼遇，国王和宫廷贵妇对他们呵护备至，亲王贵族们亦纷纷向他们订货：意大利作坊在法国的影响广为传播，国王对身边的意大利工匠，如安德烈亚·德·萨尔托、罗索·德·罗索、切利尼、达芬奇等十分得意。意大利艺术大师还带了许多弟子，如罗索的弟子中有米尼亚利、吕卡·佩尼和多梅尼科·德尔·巴比埃，这些人后来被人夸大地称为"枫丹白露画派"。

在令法国贵族痴迷的意大利热潮中，除了著名的蒙娜丽莎像和枫丹白露派的画作外，兴建城堡是主要激情所在。它成为一时的疯狂，从手指间流走的白花花银子，比同样热衷于意大利艺术的德意志奥格斯堡的富格尔家族和韦尔瑟家族所花的钱还多。在国王弗朗索瓦一世治下的法国，在卢瓦尔河流域兴造城堡是世纪的狂热。在不久前曾遭受勃艮第人威胁和蹂躏的法国王室的传统而平静的领地上，弗朗索瓦一世和王公贵族们建造起一批供王室享用的奢华城堡。这些城堡集合了法国传统艺术（如护城河、土堤、圆形碉楼和一切军事碉堡的要素）和意大利艺术（视野的对称、宽阔畅通的门厅，尤其是取法古代建筑的门框和窗框的装饰），将古代装饰移植至现代建筑上来，使之具有意大利的风格，如果少了这些，在布里索内或弗朗索瓦一世的眼中就显得不美。建筑的内部装潢亦追逐意大利风格，采用从热那亚和卡拉拉运来的大理石和雕塑。人们开始称建筑工匠为建筑师，他们从古罗马建筑大师维特鲁威的著作中汲取灵感，遵循文艺复兴建筑理论大师阿尔贝蒂和塞利奥的建议，在画图纸时重复"古典的"模式——这是获得成功的诀窍："建筑正面一定要有庄重大气的装饰，建筑整体如同人体一样分为几个部分：底层中央门厅，犹如人的嘴，食物从这里进入人的身体；窗户如同人的眼睛，两边各一，大小一致，若在一边开几个窗户，另一边亦应有同样数量的窗户；装饰、拱孔、门柱和半壁柱亦同样应当左右对称……进门后第一个门厅必须完美无缺，正如人的喉道，它必须宽阔畅通，使得骑士和步行者成群涌入时没有任何阻挡，譬如节庆或其他欢庆场合。按人体结构，正面庭院应当呈正方形，或者长方形，像人的上身那样……"① 如此的人体建筑理念

---

① 乔尔乔·瓦萨里（Giorgio Vasari）：《伟大艺术家的生平》(Vie des Grands Artistes)，序言和第七章"建筑师"以及其他一些章节。

显得有些牵强，而且带有十分明显的时代特征，如门厅的设计特别考虑节庆的需要。从昂布瓦兹到圣日耳曼的这些16世纪建造的大城堡，适合贵族生活的需要，国王在其中享受了充分的乐趣，如露天活动和纸牌游戏，因为国王喜欢，宫廷中人人都是游戏的高手。卢瓦尔河谷不只是国王受诸侯威胁时的最后避难地，还是王室大规模的狩猎场：舍农索和布卢瓦，如同圣日耳曼和枫丹白露森林一样都是王室的狩猎场。对国王和众亲王来说，这些城堡是行宫，如果这话不太刺耳，或许可以说它们是旅途中的一个快乐的歇脚点，国王的狩猎队伍从一地转到另一地，从奥尔良到索米尔的整个卢瓦尔河谷就是国王的狩猎场。国王一行骑马长途跋涉，在贵妇们面前比武搏斗。宫廷贵妇亦在马背上旅行，参与角逐，在森林中野餐，天黑前赶不到最近城堡的话，也得在野外露宿。吕西安·费弗尔曾描述过风流的弗朗索瓦一世的情妇们的肌肤有多黝黑：她们长时间在山岗上和河谷里，骑马或乘船，跟随不知疲倦的国王到处日晒雨淋[1]。卢瓦尔河沿岸和附近森林里星罗棋布的大城堡都是王亲国戚们出征狩猎的奢华歇脚点，城堡外墙有半壁柱和屋檐装饰，内部装潢华丽的一连串套房大到能容纳数百人过夜。他们白天在野外纵马奔驰，在森林中远途跋涉，晚上都需脱靴解衣、无拘无束地放松休息。人们在尚博尔和布卢瓦城堡所看到的是骑士和贵妇们浩浩荡荡的行列，扛着打死的猎物来到城堡前的平台上或大楼梯脚下，将野鹿和牝鹿抛出去让一大群猎犬撕抢分食，或者围在巨大的壁炉旁烤食野味。

只有国王的近臣亲信才有财力建造豪华城堡和做如此装饰：从意

---

[1] 我们距离妇女终日在室内生活，女性美的标准是肌肤白皙粉嫩的时代还远着呢：一个世纪后，路易十四的情妇曼特农夫人在回忆录中写道，为了去喂养火鸡（1650年左右），"人们在我们的鼻子上戴了脸罩，恐怕我们被晒黑"。见《回忆录》，第一卷，第98页。可见女性的脸反映了上流社会的审美标准。

大利归来的贵族领主们，被南部的太阳和意大利的城堡美景冲昏头脑，只想推倒自己古老的碉楼式城堡，兴建一座意大利式的城堡，但很快发觉造价昂贵，这种奢华并非人人都能享受。因此，最雄心勃勃的还是国王身边的王亲国戚，他们为造城堡不惜倾箱倒箧，聘请最好的艺术工匠及其弟子，让法国工匠学习意大利风格。1530 至 1540 年间，呼吸了枫丹白露艺术空气的成百上千名法国年轻工匠，目睹宫殿内仿大理石的装饰和以独角兽、巴克斯酒神和阿多尼斯美少年等大量古希腊神话为题材的装饰，成群结队地奔赴意大利，到佛罗伦萨、卡拉拉或罗马等地学习手艺，直到 1580 年赴意大利学艺的人仍络绎不绝。因为当时公认，只有在意大利才能学到古典的和自然的知识①。后来因王室慷慨解囊，各地领主地产收入增加和艺术工匠人数增多（当然他们达不到意大利工匠的水准），北方和南方各地的城堡和呈直角连体形的豪宅渐渐多了起来，为保持建筑外表对称，甚至借助于假窗户。在 1550 至 1580 年间，整个民间的建筑都仿效意大利风格，在窗框上加装饰，大门上加三角楣，采用立柱式样。好挖苦人的蒙田曾讥讽道："当我看到我们的建筑师用半壁柱、下楣、屋檐饰，还有考林辛式和陶立克式等类似行话来自诩时，我就会情不自禁地想到阿波利顿宫殿；突然间我发现这些东西就像我家厨房间门上的微不足道的小物件。"② 最后那些话不重要。总之，从亲王府建筑、"法国伟大国王"的宫殿推广到资产阶级的豪宅，考林辛式和陶立克式的廊柱和三角楣装饰渐渐地运用到城市住宅——经过世纪末的短暂停顿，尤其在 1600 至 1650 年间又得到广泛运用。

---

① 乔尔乔·瓦萨里：《引言》（*Discours Préliminaire*），第三卷，"要达到真正的模仿自然，越接近它越能模仿得逼真"。这就是枫丹白露派和卢浮宫的绘画及雕塑的全部定义……

② 蒙田（Montaigne）：《随笔集》（*Essais*），第一卷五十一节："论言语的虚荣"（De la vanité des paroles）。

随从国王出征的贵族或非贵族自意大利归来，无论1515年的风光凯旋还是1525年的惨败回乡，他们从此只想看到意大利式的宫殿、花园和装饰；他们从那不勒斯和佛罗伦萨带回了许多华丽物品，还有艺术工匠和珍贵手稿。当各地兴建法国城堡时，法国的人文主义便从这些手稿中开始发酵。这是两股同时进行的潮流：一边是人们惊讶地目睹卢浮宫建筑和巴黎市中心让·古戎的希腊仙女雕塑的出现（然而面对意大利复古艺术的输入，法国哥特式的现实主义艺术并未顿时消失，甚至在1530年后仍然存在于墓地建筑中，譬如亡者的平卧石雕和墓前跪祷像等，还有其他不少漂亮的杰作）；另一边则发生在少数知识分子中间，出现了声势不那么浩大的回归古典文化的潮流，其中有无穷无尽的宝藏等待人们去发掘。

2. 大胆的人文主义者

学者和文献学家

事实上在16世纪之初，创造、发现的热忱和兴奋并非只存在于那些艺术工匠作坊里，艺术之花在法国到处开放，同样也出现在文人的书斋内（至少在1540年之前）。文人学者以毕生精力潜心研究古代手稿和书籍，从罗马追溯到雅典，发现古典文化越来越丰富的内涵。这些勇敢的发现者有幸得到玛格丽特·德·纳瓦尔王后和弗朗索瓦一世的保护（因为发掘史前或史后的古代文献并非毫无风险），国王弗朗索瓦一世为保护他的人文主义朋友在1530年建立了法兰西学院。人文主义并非诞生于16世纪，意大利同样是它的源头；但是，直至1534到1536年，直至当局对宗教改革产生了担忧之前，伊拉斯谟的追随者、勒费弗尔·戴塔普勒和纪尧姆·比代的朋友们曾有过几年那么快活的时光。为纪念伟大的人文主义"王子"——比代，今天有一个捍卫"希腊拉丁文化"（Belles Lettres）的协会，它的名称就叫"纪尧姆·比代协会"。

所谓"王子"，并非创始人：追溯法国人文主义的起源并不重要，艺术运动中的平行发展现象是复杂的。当时在巴黎、里昂、莫城和其他十来个城市里，都存在对古典文化的研究热潮，这一领域在中世纪是由僧侣垄断的，而16世纪的研究则围绕着作为世界中心的人。人们不必过于纠结于对什么"主义"下定义，今天"人文主义"这个词已充斥天下，有人说是但丁的人文主义，也有人则指此为12世纪时的人文主义。难道重要的不是探求促使比代翻译、注释和出版，同时亦激励多雷、塞巴斯蒂安·格里夫和罗贝尔·艾蒂安去做同样工作的那种共同精神吗？当各方学者在 1520 至 1530 年间从事翻译和出版，当他们挺身反对大学里总是围绕着复活节前三日祈祷和四大学科（算术、几何、音乐和天文）的陈规老套，当他们与伊拉斯谟保持通信联系，而比代在国王的准许下派遣大批人前往意大利各地乃至君士坦丁堡去收集各种手稿，人文主义才有了"深入发掘和研究人"这一真正意义，尽管它还不够完善……①

法国文艺复兴时期博学多才的学者们是什么态度呢？首先是一种并不使他们感到惊讶的情感和心灵运动，对此需作一下评估，即认为知识生活和精神探索有优越感的强烈看法。或许这只是人类活动的不同层次，对一遍遍反复阅读色诺芬或修昔底德著作，天天核对古代手稿，运用希腊语、拉丁语和法语进行写作的学者来说并无任何虚荣的想法：从某种意义上说，是知识分子使社会等级秩序发生了变化。人类活动分工和职业高低的区别也许不能归咎于知识分子，但他们强化了这种观念，使它在 19 乃至 20 世纪仍然十分强烈，影响到最新产生的行业。精神活动包括创作或单纯的智力思考成为尤其崇高的职业，知识分子因从事这类职业而感到荣耀，而对手工劳动带有某种轻视。执着于自己艺术价值的画师和雕刻匠在当时亦持同一观点："他们（画师们）说真正的困难在于表现精神而非身体，从性质而言，真正需要下功夫研究、透彻理解的东西比仅仅表现体格力量不知要高尚多少。"② 这种观点从伊拉斯谟到比代、到多雷流传甚广，尽管也存在一些不同的观点，如勤奋的修士让·德·拉伯雷即使在礼拜仪式中都"张开"着双手，还有后来的龙沙说过"他讨厌让手闲着"③。

---

① 人文主义一词在 19 世纪以前并不存在，在《里特雷词典》（*Littré*）的附录中仅谨慎地提到 1874 年发表于《批评杂志》（*Revue Critique*）的一篇文章。
② 乔尔乔·瓦萨里：《引言》，第 33 页。
③ 龙沙（Ronsard）：《颂歌》（*Odes*），不过他还说手要去抚琴，不要去操镘刀和刨子。

所以知识分子对他们复兴人的精神的伟大使命是有一定自负感的；随着深藏于修道院的古代手稿逐渐被发掘，他们表现出发现宝藏的难以掩饰的兴奋。当时对中世纪、对哥特式时代尚未予以否定，真正的蔑视出现在下个世纪。建筑师和雕刻匠赞叹维特鲁威的著作及古代建筑的废墟，人文主义者收集珍贵的手稿：修昔底德的历史，这部"永恒的遗产"证明人文主义者的全部研究的正当性；西塞罗在老加图和其他许多人之后也自诩具备了古代的美德——罗马人灵魂的力量；最后尤其是普林尼在他的《自然史》中揭示了关于世界的各种知识；但是对阿米约翻译的普鲁塔克《希腊罗马名人传》这座丰碑，值得多说几句，既然译者阿米约在一封书简中如此表达对古人的由衷敬佩，"书中包含了那么多的快乐和有益的教诲，不管用什么风格写成的，只要被真正读懂了，任何人都会对它作出好评，因为它是有史以来两个最强大最具美德的民族的最伟大君王、将军和智者的言行中最有价值和值得记取的事例摘编"；人文主义学者还赞赏色诺芬和神圣的柏拉图，罗贝尔·艾蒂安从 1507 年起在里昂翻译、注释和出版了两人的著作。在著述多产时代的文人著作中，新柏拉图主义这个词反复出现，因为所有人都重视《共和国》和《高尔吉亚篇》的作者，它是针对学院派（或称经院哲学）亚里士多德的一帖精神解毒剂。然而如此多的希腊名字并未让法国人产生错觉，拉丁语作家同样受到赞赏，他们的著作也被大量地翻译和注释出版。也许是因为与希腊本土的往来还不十分方便，尽管弗朗索瓦一世与苏莱曼一世有良好的关系；希腊连同阿索斯山修道院、雅典卫城和比雷埃夫斯港口都不像意大利及其古建筑废墟那样为法国人文主义学者所熟悉，譬如从法王查理八世到诗人杜贝莱等人参观和欣赏过的那些古代遗迹。

实际上人文主义者的欣喜有两个方面，一是发现、理解和收集的喜悦，另一是分享发现的乐趣，譬如出版一本波利比乌斯或塔西陀的著作赠送给朋友的喜悦。国王查理五世身边那些接待过彼特拉克的文人并没有那种特别兴奋的感觉，与我们今天读了该作家的作品如此多版本和重版本后的感受不一样，也与当年法兰西学院的博学大师和格里夫、艾蒂安等活跃的书商不断向他们的朋友，向官吏、主教和僧侣等更广泛读者所传递的兴奋感觉不一样；当年的人文主义者集中在莫城、丰特奈-勒孔特、里昂附近的尚皮耶等地，他们阅读新出版物，热烈讨论和发表评论：人文主义的这种热情并非十来个学者文人的事，它涉及的范围更广，他们都知道大师伊拉斯谟，也知道比代和布里索内。这些人包括在1540年前后加入的第二代学者，队伍不断壮大，他们冒着火刑和被当局追究的危险以各自的风格进行著述。他们就是莫里斯·塞夫和女诗人路易丝·拉贝，还有龙沙（生于1524年）和七星诗社的成员，以及希望与"陈列于身边五层书架上随手可取的书籍"一起"遐想、记录和口授笔录"的蒙田。第二代人文学者汇集前人的研究成果；发表了许多哀诗，还出版了《捍卫和显耀法语》（1549）和《随笔集》（1580）等名著。

这已经是另一种精神了。但是如果要定义比代、波斯代尔、多雷和勒费弗尔以及《学者期刊》① 撰稿人这些思想难以把握的复杂人物的话，应当主要抓住些什么呢？比代给自己的工作下定义为文献学，整理、编纂古代的文献不啻是一种发现，因为大多数古代手稿深藏于修道院的图书馆内，早被人遗忘了。文献学就是用标准的法语对这些文献作批评注解……这是一项极花精力的劳动：面对同一本书的三四种手稿，句子内容上有出入，抑或被篡改，有的因抄写中不经意的疏漏、因纸张和羊皮纸的破损残缺而需要作增补；从所有版本中选择一

---

① 译注：《学者期刊》（*Journal des Sçavans*）于1665年1月5日在巴黎创刊，为欧洲最早的一份文学和科学刊物。

个最好的版本——而它往往不是最常见的版本,然后确定最可靠的文本,再将它翻译成法语。这对于已经做了文本鉴定的专家来说是相当轻松的事了。比代对古典作家修昔底德的著作便做了如此漂亮的工作,它需要何等的智慧去理解原作者的语言和句法,并对希腊的历史和文明有深刻的了解。对古代文献的批注需要做评论和注释来说明理由,因此多雷出版了《西塞罗诠注》。早期人文主义者所做的工作与他们的精神态度有关:这就是批判精神,我们取这个词的最好含义,也就是下一世纪正直的人们所称的睿智。

对文献学的杰出研究说明了何以所有的古典著作会被大量地整理、编纂出版。每部古典著作的出版向人们展示了古代文明中新的未知的一面;譬如在塞内克、爱比克泰特和马可·奥勒留的著作中,人们新发现了兵法理论,甚至可以说是军事伦理学。伊拉斯谟和比代这一代人来不及注释出版所有的古典著作,不过比代在1514年还出版了一本题为《论货币》的专著,对罗马帝国的物质文明作了全面论述。他的继承者们以同样的精神继续这方面的工作,荷兰莱顿的著名人文主义者尤斯图斯·利普修斯在16世纪末出版了名为《论军事》的斯多葛派兵法论著,1608年让·德·比荣出版了另一部《兵法要则》。至此,人文主义思想带着百科全书的求知欲已普及到所有领域。早在人文主义兴起之初已有人发表了《愚人颂》(1511),作者就是从西班牙到意大利、到北海各国被所有热爱古典文明的人奉为大师的伊拉斯谟。

不知疲倦的发现从某种意义上说是改造世界、革新古代思想以及重建多样化的生活方式。代表这种好奇心的最有意义的人物不就是拉伯雷本人吗?《卡冈都亚》(1534)和《庞大固埃》(1532)中的拉伯雷式巨人,他们的大脚踩在"昏头昏脑"的芸芸众生之上,在作品虚构的泰莱姆修道院里,"修士们都受到扎实的教育,无论男女没有一个不会读、写、唱，不会熟练地演奏乐器，不会说五六种语言并能用这些语言写诗作文的"；拉伯雷笔下的人物拥有百科全书般的知识，而且乐天风趣，笑声不绝。

改革者还是无神论者？

然而，出版拉伯雷作品的书商在1543年遇上了麻烦：《卡冈都亚》于1534年问世，书中的福音主义者即路德派新教徒常常引起争议，当时加尔文（1536）尚未出现；人文主义者比宗教改革派早几年；他们是同时代人，因为加尔文是比代的学生，他是个各方面都十分优秀的学生，直到有一天他弃师而去，去追寻他的"新目标"。对许多草率的评注家来说，这些不信教的人文主义者把人作为全部研究的对象，他们是宗教改革派的源头，或者甚至是罪魁祸首。

比代和勒费弗尔等曾为圣保罗书简作注释的人、将《圣经》译成法语的人，其实与宗教改革派并非一路人。或许他们曾严厉地批评过罗马教廷的软弱——以宽容做交易抑或其他过失，这是所有人都承认的，而他们的朋友伊拉斯谟也不会不加严斥。他们也确实嘲笑过修道院生活的古怪方式，这种嬉笑如同中世纪讲故事者的搞笑一样单纯无邪。其他还有什么呢？纪尧姆·比代是在他的基督教主义范畴内研究他的古代文化的。他仿效早期教会包容不信教传统，在学校里保留对基督教史前的古典作家作品的研究，并认为这种研究只是好的引导而已。比代在1535年已明白了学生加尔文的志向（加尔文是在前一年离开他的），同年他写了《希腊文化向基督教主义过渡》，文中表达了他相信热爱古代文化有助于更好地理解基督真理。在这位希腊学者身上或许带有一丝神秘主义色彩。而勒费弗尔和伊拉斯谟的态度本质上没有区别：勒费弗尔拒绝站到另一边，伊拉斯谟则与路德进行过争论（《论自由意志》）。这些柏拉图的仰慕者们认同柏拉图的灵魂不死说，相信一个上帝，他不是宙斯，也非奥林匹斯山的诸神，他们满足于阅读《福音书》和《圣经·旧约》的好的文本，不否认教会和教会先圣们的传统。这就是加尔文不能原谅他们并辱骂他们的原因，把他们比作畏首畏尾的法利赛人尼哥底母①。加尔文自己站到了改革派一边（他还在日内瓦指责他们的错误），他要走得更远，认为这些人因害怕而躲藏起来，不敢承担风险，在需要迈出步子时退缩了。

除非——还有人提出另一种假设——不信教的人文主义是更糟糕的无神论。这顶帽子太大了，它用在宗教无所不在的那个世纪有点不合时宜②。作为当时宗教信仰深入人心的表征，一位博学者最近曾在一份书目中耐心地罗列了 16 世纪上半期出版或重版的宗教书籍：书目用我们今天的小字印刷有整整 200 页！③ ……拉伯雷能是不信教者？如此钟情于古代文明魅力的比代能是不信教者？这种可能并不现实。事实上，当人文主义者在搜集基督教史前或史后的古典遗产时，他们"接触"到一些危险的文献，读到在那个纷乱动荡年代的若干文本是十分正常的事，基督教在初创的几个世纪内，受到过来自犹太人以及生活在亚历山大城、拜占庭，或者罗马的希腊文化学者的围攻。譬如俄利根与克理索的争论，俄利根严厉驳斥希腊学者克理索（《反驳克理索》），又如若干年后圣西里尔反对罗马皇帝尤利安（《驳尤利安皇帝》）。或许我们博学的拉丁文学者在有力的驳斥者笔下，读到了对方的一些论据——有些击中了问题的要害，否定耶稣的神圣。学

---

① 译注：尼哥底母（Nicodème），《圣经》中的一个法利赛人，他生怕暴露自己的信仰，只敢在晚上来见耶稣。加尔文以此批评人文主义者赞成宗教改革又不敢公开自己信仰的态度。

② 吕西安·费弗尔：《拉伯雷的宗教，不信教问题》（*La Religion de Rabelais*, *Le Problème de l'Incroyance*），巴黎，1943 年版。

③ J. 达根斯（J. Dagens）：《有关宗教文学及其渊源的编年书目，1501—1610》（*Bibliographie chronologique de la littérature de spiritualité et de ses sources*, *1501—1610*）。

者们最终回避了那些大不敬的疯话。他们中只有一个人敢于在文章中采纳了这类话，但不敢署名，他极其谨慎地匿名发表著作，那就是在 1537 年出版的人文主义著作《世界的警钟》(Cymbalum Mundi)，该书毫无神秘地提出了化身问题，因为它否定耶稣的神化性质①。无论是经常以激进言论令人担忧的多雷（被怀疑为福音主义者，而非不信教者），还是拉伯雷都没走得如此远。毫无疑问博纳旺蒂尔·德·佩里耶是一位先驱者，他是当时唯一或者几乎唯一的人；在世纪末的最后几年，让·博丹这位第二代的人文主义者写了同样性质的另一本书《七人对话录》(l'Heptaplomeres)，该书最初以手稿流传，直到很晚才正式出版。可见 16 世纪 30 年代的人文主义者不是帕斯卡所称的"自由思想者"。

对人文主义者评价的复杂性就在于此，上述只是其中最重要的人和事。以主要人物为中心的这个圈子内产生的其他讽刺小诗和文人诗作长年层出不穷，我们只能把它们搁置一边，但不能不提。这些二行诗和长短格律诗模仿贺拉斯、奥维德和佩特罗纳，随意取个笔名或拉丁化的名字，自比为荷马、维吉尔……譬如斯卡利杰尔、多雷图斯、伏尔图斯或马克里努斯等等，这类作品往往即兴创作，或相互唱和或争论不休。蹩脚诗人事无巨细什么都写，诗兴跟大诗人一样浓厚。他们有的在大学教授科学和巫术（据普林尼和瓦罗称），伊拉斯谟和拉伯雷对他们从不客气，有的在大学艺术部的附设中学教书，但教学并不成功。如果我们相信龙沙，特别是蒙田的话，蒙田曾写道："那是一座禁锢孩子的真正监狱。把孩子逼得筋疲力尽，直到使他们烦躁失常。你若在上课时去，就只听到一片叫声，受刑孩子的尖叫和发怒教

---

① 参阅吕西安·费弗尔：《俄利根和贝利埃，"世界的警钟"之谜》(Origène et des Periers ou l'Énigme du Cymbalum Mundi)，日内瓦，1944 年版。

师的狂吼。"①

科学

在注重古典文化的同时，学者们还研究科学：所有的人文主义者都如此，而不只是拉伯雷一人，他们是一个整体。当初并没有今天我们对文学和科学的区别，人文主义者的求知欲没有在科学面前退却，他们所做的工作首先是收集、积累、观察和描述，仿效普林尼的《自然史》。人文主义者甚至包括研究和发明各种机器的达芬奇——他设计过飞行器、步兵跟在后面不会遇到任何障碍的战车、挖掘壕沟排水或推倒城墙的采掘机等；当然，并非个个都是能推定假设和进行实验，从一个法则推进到另一个法则的现代意义上的科学家。人文主义者尤其是文献编纂家，欣赏奇才和怪兽，记录被教会承认的真理（索邦大学垄断了这一职责）和一切新鲜事物："哥白尼革命"对善于接受一切新事物的人来说不是一场革命，而此后的伽利略却为此付出了代价（哥白尼在1543年发表了伟大的著作《天体运行论》，但是教会对日心说的迫害却加于1633年发表了《日心说对话》的伽利略身上）。人文主义科学可以说是摸索中的科学，它向一切方向探索，没有任何方法亦提不出任何明确的问题，仅开始运用科学的手段，也就是数字和实验。数学尚被看作是和谐、音乐的法则，是在一切领域都适用的极其有效的毕达哥拉斯法则，它还有适用于人类生活的其他隐蔽功效。须知区分人文科学和自然科学在当时还没有意义。当让·博丹在谈到共和国的平衡治理时，他仿佛是个数学家："须遵循和谐的公平，要同时并用四个方面，亦即法律、公正、执法和执政者义务……因为一切全在这四个数字上，4、6、8、12，从4至6的同样

---

① 蒙田：《随笔集》，第一卷二十六节。

理由，亦存在于从 8 至 12 上，包括执法和执政者的义务。"① 16 世纪末，卡当和韦达对数字的研究导向了代数学。

实验尚处于披露古代书籍的水平：安布鲁瓦兹·帕雷甚至包括在 1543 年发表《人体的构造》一书的维萨里，都是从古人盖伦和希波克拉底的理论（他们的著作从 1526 年起已被翻译出版）中得到滋养，同时亦受到泰奥弗拉斯托斯的影响，他的《植物志》很久前已出版了。维萨里根据自己的重大发现纠正了古人所做的无数观察和治疗：这些争议基本上是理论上的争论，从中诞生了一种模糊的自然主义，用我们今天有严格科学含义的语言很难对当时的自然主义下定义……观点是现成的，就是缺乏内容；超自然的观点，精神和魔力的作用，"*virtus dormitiva*"②，一切都错综复杂地混杂在一起。譬如安布鲁瓦兹·帕雷描写动物、怪兽和神奇事物，这是一个各种怪物都可能存在的世界：长着鸟头的龙、葡萄形状的鱼、独角兽等等。这些"神奇动物"的描绘令人想到 20 世纪的"魔术家"所唤起的梦幻，当代科学的进步令他们晕头转向。

事实上，经过如此多文献的编纂和研究，意大利大学尤其是帕多瓦大学因传播卢克莱修和琉善的思想，在理性大胆方面最为出名。通过潜心阅读古代哲学家和学者的著作，人文主义学者终于在零星积累和短暂的突破中，渐渐达到了提出决定论这个命题的地步，这是研究的关键。在科学研究稍纵即逝的年代，当艾蒂安·多雷脱口而出下面这句至理名言时，许多人听而不闻或熟视无睹，不以为这句话含有多大的真理："因果关系的顺序和连续，一个原因带动了另一个原因，

---

① 让·博丹（Bodin）：《共和国六书》（*Les Six Livres de la République*），第四卷。
② 译注："virtus dormitiva"这句话最早出现在莫里哀喜剧《无病呻吟》中，一个剧中人被问"为何鸦片能使人瞌睡？"，他回答说"因为鸦片含有致睡功能"，引语即是剧中人用拉丁语说的这句话。显然这个解释什么也没有解释，本书作者以此说明一种同义反复式的虚假解释。

由此便产生了一切事物。"科学蹒跚学步的时代已经来临。

谨慎

毫无疑问，神学领域学者的思想一定更敏锐。尽管地理相距遥远，尽管当局很快引起警觉，路德教从1530年起在法国已有相当大的发展。按年份看就十分清楚：1534年法国发生了昂布瓦兹揭帖事件，这是一个明目张胆的大胆举动；1536年加尔文发表了《基督教要义》；接着马上是对新教徒的迫害和火刑处死，米歇尔·塞尔韦在日内瓦被火刑处死，多雷被火刑处死。人文主义运动并未因此而被扼杀，但他们变得更加谨慎：有多少类似多雷曾构思的《论信念》的书最终未能出版？希腊依然受人追捧，杜贝莱去了罗马，出版了《罗马古代文化》一书，那是他面对古代废墟和罗马乡村的遐想。委婉的哀歌可以成为某种形式的退却。龙沙在1552年发表了他的早期爱情诗，在1560至1570年间他作为宫廷诗人得宠施展诗才迎合宫廷轻浮之风，不愿相信日后等待他的不幸。在玛格丽特·德·贝里保护下，他度过了最后几年的好日子，这个玛格丽特的勇气不及保护布里索内和勒费弗尔的另一个玛格丽特；从贺拉斯、阿那克里翁、卡桑德勒和海伦处吸取灵感的轻浮艳诗，如同轻柔的宫廷诗歌、爱情诗或追忆马里尼昂辉煌战役的诗歌一起，不久都将销声匿迹。这些诗歌曾由宫廷歌手雅内坎在宫中演唱，他接替了他的著名前任若斯坎·德普雷。圣巴托罗缪日的屠杀开启了残酷无情的宗教战争，使一切都结束了。蒙田躲回了自己的古堡，他认为眼下最好远离动荡的国家，于是在1580至1581年间去了德意志和意大利旅行，并在此前出版了《随笔集》，作者在书中直面一个永恒的问题：我知道些什么？这个问题是在一篇鼓吹正统神学的专著《为雷蒙·德·司邦德辩护》中提出的。而龙沙则写了不少田园诗、宫廷诗，用诗来表达他的"时代的悲哀"。1572

年后是一片寂静，直到奥比涅发表《悲剧》，它是残酷战乱中的一个呼声。所谓寂静并非绝对无声，这是显而易见的：战乱时代的反差比平时更强烈。龙沙受宫廷的青睐，他的诗被谱曲在宫中演唱，受到过分追捧，就在发生圣巴托罗缪惨案的次日，他还在取悦查理九世的宫廷显贵；直到1574年以后朋友们的陆续去世才使他感到了孤独，年迈的龙沙才真正停止了创作。但是在亨利三世治下，战争之余或在城市里逗留时，宫廷内除了惯常的娱乐还有其他的消遣插曲：喜欢朗诵和讲故事的无名诗人的演出，在巴黎有安托万·巴依夫的音乐协会，此外，给圣诗或艳诗配上乐曲弹奏，亦为天才作曲家雅克·莫迪提供了舞台——那是战乱中的一片绿洲，是过去辉煌的幸存见证者。

人文主义的传播

最后要涉及一个重要的问题：波澜起伏的多元化的人文主义在弗朗索瓦一世和亨利二世治下的法国究竟有多深远的影响？大家都看到在大图书馆的书架上排列着成千上万册书籍，它们是科学专著、翻译和注释作品，由此可推想人文主义的巨大影响，特别要注意书籍再版的次数，因为当时的发行量很小，通常一版能印一两千册，发行已经非常成功了，譬如拉伯雷、勒费弗尔、伊拉斯谟、阿米约和普鲁塔克的作品。还要留意这些热忱的博学者的旅行踪迹和聚会，这并不困难，因为他们对此没有任何隐瞒。人文主义者的足迹遍布法国和欧洲，从里昂到巴黎、到莫城以及卢瓦尔河流域。有时他们的行踪还是小心谨慎的，譬如塞尔韦曾去日内瓦避难。16世纪法国人文主义的分布图不能根据城堡的分布来制作，当然城堡是重要的见证；但是出生地没有多大意义，居住地不是很清楚。确实当时人文主义有若干重要的中心：里昂、巴黎，还有宫廷和城堡所在的卢瓦尔河流域，此外就是内拉克，因为那里有玛格丽特·德·纳瓦尔。但是整个中央高原和布列塔尼,甚至洛林地区根本没有人文主义者涉足的痕迹。我们还知道(或猜测)博学的人文主义者曾在里昂的著名印刷商塞巴斯蒂安·格里夫家里长时间聚会,讨论学术问题。格里夫本人是个健谈者,喜欢对新作发表长篇大论,甚至做一些吹捧性的比较,譬如把让·博丹的《共和国六书》比作柏拉图的《共和国》;他还喜欢争论,譬如在1568年前后,他跟马莱斯特瓦、博丹和拉图雷特一起参与了有关艰涩、枯燥的货币问题的辩论。那么人文主义者总共有多少人呢?里昂和巴黎的人文主义学者约有数百人,还有数十名法官和僧侣,以及私立学校的拉丁文教师,他们喜欢用拉丁语来讲述芝麻大的社会新闻,就某一重要著作进行思考。当时大学已开始招收日后不打算当僧侣的世俗学生,私立学校作为现代中学的前身,处于前卫学者和普通文人之间,师生人数不及大学。作为社会统治阶级的尚武贵族为亨利二世喝彩,直到他在比武中意外受伤而死,他们的理想依然是佩剑、武功和狩猎,对文人学者的研究不感兴趣——尽管有龙沙和杜贝莱这样的宫廷诗人。人文主义的激流及其文化理想只是数千文人学者的追求,他们用拉丁文思考和交流,生活在一种精神探索中,无法(往往也不愿)去权衡投身于这场冒险的结果会如何,有价值的东西远未被充分发掘出来;他们顾不上启迪普通民众,民众不追随亦无法追随他们。直到讲拉丁语成为附庸风雅、有别于平民百姓的虚荣:这已是17世纪的现象。人们经常批评那些小作家,指责他们讲拉丁语就是为让别人听不懂。索雷尔对德·巴扎克先生谈到一篇论文的作者时说:"有人指责他用拉丁文写这部著作就是为了不让有关的人读,这些人主要是妇人和一些交际花,她们除了法语听不懂别的语言。"①相反,也有作家刻意让更多人读懂自己的作品,如笛卡尔曾亲自将他

---

① Ch. 索雷尔:《法国图书馆》,第123页。

的《方法论》从拉丁文原作翻译成法文。当时普通民众对人文主义学者所知甚少，他们不阅读，除了口头交流别无其他的文化途径；同时，人文主义学者的影响也无法涉及当时另一些重要的社会成员，即宗教改革派。当然，加尔文以及日内瓦、巴塞尔和斯特拉斯堡的改革派大师另当别论，他们与人文主义者的争论是另一层面的事；这场争论牵涉到全人类：关系到人类的命运，而非苏格拉底之死，尽管他死得如此泰然。

3. 宗教的大胆：从加尔文到罗耀拉

法国的宗教改革，有些人认为它于1530年已在巴黎出现了。当年善良、温和的勒费弗尔·戴塔普勒执教于索邦大学，热心地注释圣保罗的作品；也在同一年，一个外国人退隐来到巴黎城门边的蒙马特尔，他已立志要成就一番事业，这个人就是日后创建耶稣会的依纳爵·德·罗耀拉。事实上，赞成1520年修道院改革的勒费弗尔并不是一个"福音主义者"①，至多是《福音书》的热心读者，被描绘耶稣钉在哥耳哥达山上十字架受难的生动的福音故事所打动；但是他没有走得更远，亦不接受路德多年来所提出的主张，即从圣保罗的一句不谨慎的话而得出"因信称义"的结论。

路德派

在加尔文出现之前，法国就已经知道了路德教（又译"信义宗"）。正当加尔文这位年轻人（生于1509年）还是纪尧姆·比代的学生，他和其他人文主义者一样选择了自己的课题，准备出版他的《论塞内克的宽恕》（1532）时，宗教改革的新思想已传播至这位博学的年轻人周围，当时法雷尔正准备为另一场战斗写一篇关于古典文学的论文。自从1517年路德在德意志的维滕贝格教堂门上张贴"95条论纲"以后，经历了非同寻常的遭遇，他被逐出教门，遭到皇帝下令的追捕，藏身于瓦特堡，他的思想通过斯特拉斯堡和阿尔萨斯等地传到了法国。斯特拉斯堡是一座自由的城市，那里反罗马教会的抗议此

---

① 译注：指新教徒。

起彼伏，城市向各种思想倾向的人开放，如同接纳各路商人一样，它是一个接纳地，两个世界的交汇点。阿尔萨斯通过莱茵河和伊尔河，直通米卢斯和巴塞尔，可达勃艮第境内，再分往巴黎和里昂两地。但是再往北的洛林地区则未受到改革思想的影响：梅斯比南锡更缺乏文化和宗教生活，无论对宗教改革思想还是人文主义都漠不关心。但是通过阿尔萨斯足以与另一边的弗拉芒—皮卡第地区相连接。奥古斯丁教派修士①的感人召唤要使信仰回归本源，清除几世纪来因传统而累积在信仰上的一切赘生物。这个呼声肯定不止感动了少数人，还传到了法国国王弗朗索瓦一世周围的人士，却未能使布里索内或玛格丽特·德·纳瓦尔接受德意志预言家路德的观点，两人坚持对最有争议的条文作更正统的解释。然而他们身边的许多较大胆、顾虑较少的人或许在1520年就已成为路德主义的热情支持者。不过其间发生了戏剧性的转变，正当国王和他的顾问们对路德教的流行感到某种困扰和担忧之际，1534年发生了揭帖事件，宣扬路德教某些"真理"的小招贴竟然出现在国王下榻的城堡内！于是马上开始了镇压，尽管弗朗索瓦一世尚有若干犹豫——国王的犹豫主要来自外交（或其他）因素，即反对神圣罗马帝国皇帝查理五世的外交政策；镇压一直持续到1598年，此后两派的公开斗争很少停息。

加尔文

然而在1534年目光忧郁的年轻人让·加尔文做出了选择，他决定离开危险的法国，经由斯特拉斯堡来到巴塞尔，在那里修改书稿《基督教要义》，并于1536年用拉丁文正式出版，1541年起用法文版再版多次。27岁的人文主义者加尔文也是法学家，他在巴黎和奥尔

---

① 译注：指马丁·路德。

良结识了当时最杰出的大师，从此反对罗马教会，把因国王弗朗索瓦一世的态度转变而感到迷惘并遭受迫害的法国新教徒团结在自己身边——国王似乎直到1534年对新教还几乎抱同情的态度。加尔文不怕冒犯国王，还把《基督教要义》一书题献给国王。他说自己还希望得到国王的理解，于是不仅呼唤国王的良心还呼唤他的良知；他对同伴们的归顺提出抗议，但是在最后一封信中淡定地表示准备接受最坏的情况，这说明他曾对弗朗索瓦一世寄予多大的幻想："相反，如果恶意者的诽谤遮盖了您的视听，而被指控者却没有申辩的机会；另一方面，如果您不加以纠正，这些冲动的怒火会以监禁、鞭挞、拷问、刀割和火刑等酷刑实施残暴：我们确信，当温顺的羔羊面临屠宰也会以死一搏，我们有忍耐我们有灵魂，我们等待上帝的强大之手，他将在时机来临时显示威力，解救不幸者于苦难中，也惩罚眼下如此大胆作恶的蔑视神明者。主啊，王中之王，将重建您正义的王位和公平的统治。"让·加尔文重蹈20年前路德走的路，但不打算重走奥古斯丁修士的老路，尽管路德也曾宣称反基督的教会必倒。加尔文走的是另一条路，人们或许可以粗略地说，加尔文走的是一条较少神秘而更逻辑的路，将加尔文教会（而非路德教）建立在对《福音书》的另一种解释上。1541年他在日内瓦定居下来，在那里建立了加尔文教会，体现出一个建立新罗马的杰出组织者的才能。而路德并不知道这样做。加尔文这位新预言家具有非凡的辩才（我们在前面已提到他对某些人文主义者的批评[①]，把他们比作《圣经》中一个叫尼哥底母的法利赛人，此人表现得犹豫不决，在夜间去拜访耶稣，是个最怕事的胆小鬼），把迷惘中受到启发的法国新教徒团结起来，包括慈运理（瑞士人）、比塞、法雷尔和卡斯特利奥等人；写了《基督教要义》的加

[①] 参阅本章第二节中"改革者还是无神论者？"小节中有关纪尧姆·比代的内容。

尔文在日内瓦建立了一个新的基督教。

《圣经》和称义

或许加尔文的出发点和路德是一致的。回归《圣经》，以《圣经》作为信仰的唯一源泉，反对传统，反对教会早期主教们添加在《福音书》(《马太福音》《马可福音》《路加福音》《约翰福音》) 上的一切"乌七八糟"的东西；所有的评论和注释还不如自己的沉思反省更有价值。改革派的理想仍是早期的教会，至少是"令人难忘的使徒时代"的巴勒斯坦。回归以耶稣为中心的宗教，上帝是天父；中世纪大量产生的圣人不再有任何地位，连圣母亦失去了原来的地位，或者只保留了很普通的地位，被夸大的圣母作用，特别是圣贝尔纳以来宣扬的圣母崇拜在加尔文眼中不过是某种偶像崇拜而已。最后加尔文还主张回归圣保罗和圣奥古斯丁，特别是圣保罗，他的书简成为加尔文思想武库的主要部分。所有这一切意味着对罗马教会的同样蔑视——罗马教会的滥用神权、非法获利和过分仪式——罗马已成为反基督的大本营。这些已由路德教提出的指控在加尔文那里变得更为严厉，因此两派在教义和实践中的结论亦大不相同。

加尔文否认善行（或因善行）可以称义，只主张因信称义。在要求信徒遵循与天主教徒同样的"道德"的同时，他直接提出了灵魂归宿命定论；这种建立在无偿道德行为基础上的"道德"比路德说的"罪孽深重，就更要信仰主"那句名言走得更远。加尔文认为，灵魂得救与否是上帝的自由选择，是神的莫大恩惠。如果说路德在复杂的灵魂归宿问题上仍模糊不清的话，加尔文对此没有任何犹豫，灵魂归宿命定不存在任何预知。同样在领圣体仪式上，加尔文摈弃把面包和葡萄酒作为耶稣身体和血，在这一点上路德教也作了妥协，法国的新教徒把面包和葡萄酒降低为仅仅是一种承诺的可见象征，加尔文根本

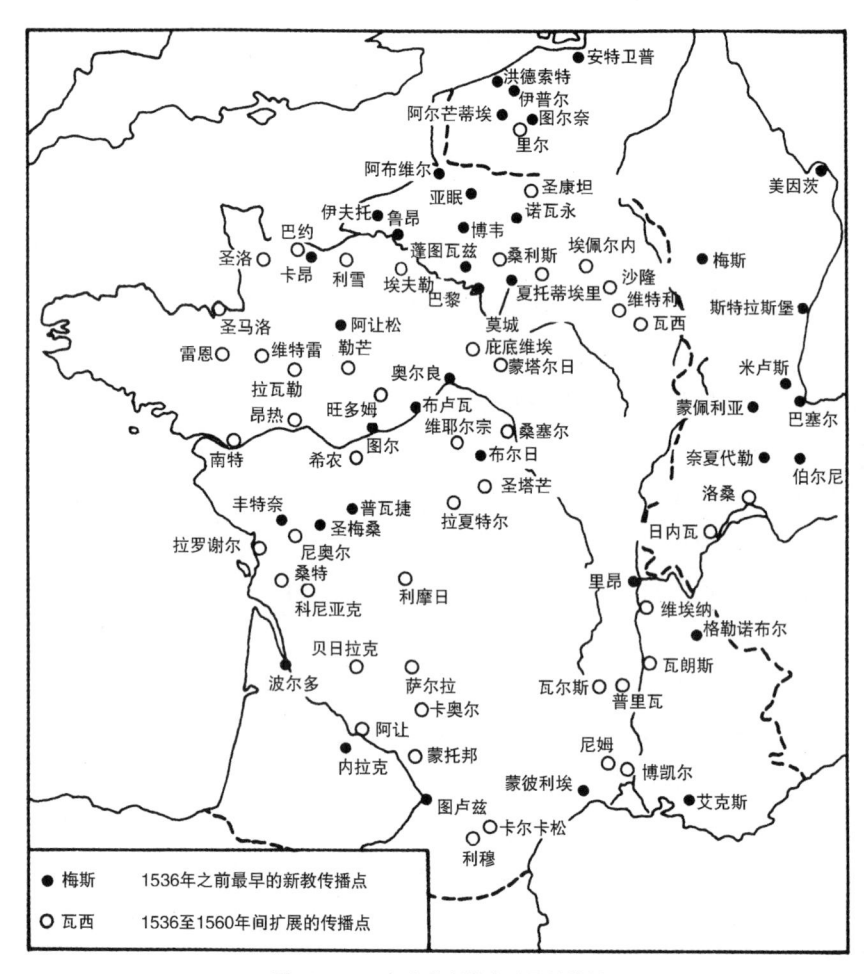

图 19　1560 年之前新教在法国的传播

新教在法国的传播途径大致按两个方向：一个方向是北—南—西方向，即从荷兰向卢瓦尔河以南扩展；另一方向是东—南—东方向，即从莱茵河河谷到里昂和加尔文活动地区。在第二时期（1536—1560）两条扩展线又分别产生许多分支，马恩河河谷的香槟地区成为两条扩展线的交汇点，将莫城和巴黎与斯特拉斯堡相连接。

法国最早的新教传播极少进入山区，如中央高原、浮日山脉和阿尔卑斯山区……当 17 世纪新教徒遭受迫害时，新教才向山区蔓延。

不讨论这些。所以说加尔文思想不是重拾路德主义，而是清醒而热忱的沉思的结果，神秘主义的成分极少。

加尔文使新教的形象尽可能与《圣经》一致，正如他从《福音书》中所读到的那样；和路德教一样，它的本质是信徒本人与上帝的交流，教会的作用就是方便这样的直接交流，帮助信徒的爱主行为。不过人们可以说，加尔文与罗马教会之间的鸿沟更大，决裂更彻底。而且加尔文教在一切领域都有意将逻辑推至极点，在《基督教要义》阐述教会与国家关系这一点上，加尔文与路德明确切割，他拒绝像德意志那样以君权取代教权，主张分离教会与世俗权力（不管是君主还是法官），允许两者之间合作，以尊重基督的箴言——正如他在日内瓦所做的那样——但是保持两个权力的分离。这是大胆的构想，其政治意义十分明显，但没有马上被人领悟，以至于在日内瓦的最初实践中，市政议会过于偏重教会评议会的决定。此外，《基督教要义》中基督徒公民的义务、"基层权力当局"等定义亦相当重要，它们在加尔文设计的牧师、长老会议等教会行政机构中具有举足轻重的意义。牧师和长老会议作为民主的小团体，有可能像"受惊扰的动物"一样影响教会评议会的审议。加尔文在《基督教要义》中每当从哲学上下定义时都非常谨慎小心，因为他面对的是被他称为畏首畏尾的文人，也面对着国家，从他的谨慎可以看出他是一个按部就班、事必躬亲的人。他甚至还重视音乐，和当时人一样十分重视圣乐：在日内瓦曾编写过齐唱曲，但不是多声部重唱曲，如赞美诗宣叙调或净化的大众赞美歌；这类教堂乐曲对加尔文教在不同阶层中的广泛传播发挥了很大作用。

日内瓦和加尔文教信徒

面对新教教义的各种预言家——他们在斯特拉斯堡这座新教实验

的大都市，在维滕贝格、苏黎世等城市里，怀着对上帝的热诚创建各种昙花一现的教会，加尔文在日内瓦将一个贪婪商人居住的追求享乐的平庸城市改造成一个首都和新教圣地：1538年应法雷尔之邀来到日内瓦之后，又和泰奥多尔·德·贝兹等人一起，把日内瓦变为一个庄严质朴的城市，既无装饰也无雕像，长期作为加尔文教的首府。城市由教会评议会和市政议会严格管治，纠正任何越规行为，对一切反叛行径严惩不贷。加尔文领导这个城市直到1564年去世。在这座如此快被一个严厉教会征服的城市里，加尔文开设了一座新教大学——日内瓦学院，培养的牧师将前往所有法语国家传播加尔文的教诲，甚至还包括非法语国家。在此造就的牧师具有教士的献身精神和扎实的文化知识，令人刮目相看。日内瓦学院既是神学院又是修道院，连续几年从瑞士各州、全法国各地以及莱茵河流域招募年轻学子：通过坚实的人文主义基础教育和深入的神学研究——必然是天主教教义和新的信仰相结合——培养出的新罗马的弟子，个个是热忱而博学的善辩者，他们在前去传教的城市马上争取到许多贵族和资产阶级，他们在法国倾注了大量精力，包括在巴黎城内传教，争取到分布于整个巴黎盆地的路德教信徒，而且还深入莱茵河河谷。所到之处他们散发小册子《教会教规》——每个加尔文信徒的必读书。日内瓦学院创建于1559年，然而早在日内瓦学院向各地（最远到波兰和苏格兰）派遣传教团之前，加尔文主义的小册子已广为流传，在1530至1540年间不但影响了许多普通的传教者，还争取到亨利二世治下相当数量的法国贵族和资产阶级商人。亨利二世在位时从未停止准备对加尔文信徒实行镇压：1559年他与菲利普二世签订和平协议就是为了腾出手来实施镇压。

在1560至1570年的十年间，法国人对内战局面已习以为常，加尔文教已传遍了全法国。但传教成功是相对的，内战前可以说没有一座城市和一个地区完全被新教占领。现在越来越多的城市有了新教团体，甚至有了自己的教堂和市民大会——教会评议会之雏形，从里昂到蒙彼利埃，从波城到阿布维尔和亚眠，还包括卢瓦尔河流域城市和巴黎；但是农村的广大民众却毫无反应，除了城市周边地区外加尔文教未能深入乡村。广大农民无动于衷（但并不敌视），原因是日内瓦派遣的教士人数不足以深入乡村传播福音。随着 1547 年起当局的迫害逐步扩大，新教徒纷纷逃离法国和危险较大的城市，前往日内瓦避难。大批法国人的涌入，引起当地居民的不满。不光是日内瓦，法国新教徒还逃往当时神圣罗马帝国统治下的阿尔萨斯和瑞士其他一些州。正如吕西安·费弗尔所说，他们是最初一批"为信仰而离乡背井者"，他们的迁徙成为加尔文教扩大影响的一大有利因素。到 16 世纪下半叶新教徒已形成了欧洲范围的互助网，在圣巴托罗缪惨案发生后，从反抗菲利普二世的荷兰到德意志新教徒的互助进一步加强；他们得面临另一个传统的天主教国家联盟——它以地中海的两个半岛为据点，毫不动摇地忠于天主教信仰（借助宗教裁判所和虔诚的菲利普二世的力量），这两处据点就是意大利和西班牙。

当信仰加尔文主义的贵族再无畏惧，拿起武器来捍卫自己信奉加尔文的上帝的权利时，尽管各方都有人出面呼吁平息冲突——天主教方面有安纳·杜·布尔，新教方面有 S. 卡斯特利奥①——双方却都已摩拳擦掌准备对抗，天主教会集结了所有力量，还组成了一支民间征服队：耶稣会。

罗耀拉和再征服

这是为收复失地（这个战略名词用在这里再恰当不过了）、恢复

---

① S. 卡斯特利奥（S. Castellion）：《论异端》（De haereticis an sint persequendi）（1554）。安纳·杜·布尔（Anne du Bourg）曾是巴黎最高法院法官，他在 1559 年挺身反对迫害"在火刑时呼喊耶稣基督的人"。

天主教在西欧独霸天下——正如在中世纪整整几个世纪——的统一局面而作的极大努力。这种努力亦显示出在"需要信仰的世纪"里宗教的大胆，吕西安·费弗尔的这句精辟的话高度概括了当时的信仰运动。对各国君主而言，王国的宗教统一即意味着政治统一（包括诸亲王的统一：奥格斯堡临时议会期间的德意志也是同样的想法）。1530至1550年间天主教经历了一场信仰危机：一部分人充满宗教虔诚，另一部分人则希望宗教和解与妥协，至1560年持后一种想法的人依然很多。从1526年起撰写《神操》的依纳爵·德·罗耀拉，找到了摆脱精神危机、增强受威胁的信仰的方法。当1530至1534年路德教传入巴黎之际，他发起创立了旨在再征服的宗教团体——耶稣会，在获得罗马教廷的首肯后，耶稣会立即向德意志和法国这两个受路德教影响的国家扩展。罗耀拉曾是一名军人，他创建的这支队伍与日内瓦的加尔文传教团恰好旗鼓相当：十来年的传统和神学培训使为罗马教廷而战的耶稣会教士拥有与加尔文教士同样的知识素质；纪律严明，绝对服从罗马教廷，特别是教士的献身精神，使耶稣会迅速发展，不仅在欧洲，甚至还深入到从巴拉圭到日本的天主教新世界。尽管遭到仍在各地活动的不少修道院组织的阻碍，耶稣会仍在天主教世界取得了极大成功。

耶稣会的首战告捷是在特伦托主教会议上（会议几经中断，断断续续从1542年开至1563年），许多与会主教希望宗教两派能达成和解。而耶稣会坚持并使会议通过决议，重申天主教的传统立场，无论在因信称义的中心问题还是在诸如圣人崇拜等其他细节问题上都坚持天主教传统。耶稣会在重申天主教传统时用词极其谨慎，甚至原文摘引改革派文章并逐字逐句加以评论，逐行地批驳新教的论述。从下面引述的耶稣会阐述"称义"问题的一段文字，可见其辩论风格和思维缜密："当使徒说世人'惟靠信仰才能无偿地'（《使徒保罗致罗马人书》)获得赦罪时,这句话应当理解为,承诺并表达对教会的永远认同;要知道我们说因信仰而被赦罪,因为信仰是灵魂得救的开始,是称义的基础和根本……获得无偿赦罪,因为在称义之前没有任何东西——包括信仰和善行——配得到赦罪的恩惠。"[1] 最后特伦托会议在决议中给僧侣的纪律改革留了相当大的余地。天主教的这一改革从1563年起引入法国,同样引起争议,因为改革对1516年博洛尼亚主教会议承认的王室特权提出了质疑。

1560年以后,耶稣会的巨大成功在于重新征服失地。即使在内战烽火四起的环境中,善于说教的耶稣会教士(他们太精明了,下面还会谈到),个个是老练的心灵导师,他们会根据信徒的不同情况进行诱导,不会把《神操》手册当众发给每个忏悔者,因而迅速在城市内赢得很大声誉,吸引了最好的和不太热心的信徒;同时他们还在教会附近创办学校,城里人已经受到若干年的人文主义熏陶,耶稣会更向他们提供一种新的教育模式。这个模式写在1584年制定的《教育大纲》上:一如既往地采用拉丁语教育,保留部分经过严格筛选的有危险倾向的古典作家和作品(譬如卢克莱修,甚至西塞罗的部分章节),但是向基督教教义方向引导,由此将人文主义的精华纳入其教育体系;耶稣会学校还传授城市生活的良好方式,教授舞蹈、音乐、礼节和举止仪态,这些上流社会的交际知识对扩大学校的知名度肯定起了很大作用。从克莱蒙到巴黎和许多其他城市都出现了耶稣会的著名学校。耶稣会学校从1570年起取得惊人成功,后来在德意志和法国迅速推广。但这还不是其巅峰时期,1603年前后耶稣会迎来了更辉煌的时代:耶稣会教士成为王室的忏悔神父,城市的主宰和大教堂

---

[1] 教谕例子:如果某人说,自从亚当犯罪后,世人便丧失了自由意志,又说这是有名无实之事甚至连名都是虚幻的,是魔鬼的捏造,那么这就违背了教会,应予咒逐……

建造者，耶稣会成了教会的强有力的领导者……那时的耶稣会已经无所不在，拥有数千名教士，至世纪末有许多教士担任王室密使，学校遍布全法国——尽管战争给耶稣会带来不利因素，因为耶稣会参与宗教纷争太深，很快被认为是与主张法国教会自主的古老传统相对立的罗马教廷的代表，而且爱国主义激情特别反对外国势力的介入。至此，我们已进入了一个无论对反改革人士还是新教徒来说都十分重要的另一个时代。

4. 狂热时代

战争

在1560至1598年的将近40年中，法国经历了最为激烈的内战，兄弟相残，英国人和西班牙人干预其中。或许不像好国王亨利身边的人为操控舆论而巧妙地使人相信的，宗教战争已使法国变成一具失血苍白的僵尸那么严重——这一说法确实令人警醒，从而赢得了1598至1610年的最初振兴。但这场难以平息的内战将绝大多数普通的法国人卷入了其中：狂热压倒了理智及和平的愿望；宗教激情夹杂着愤慨和政治盘算，使几个世纪来致力于国家统一、加强边防和国内和平的王室权威受到严重威胁；这一权力危机部分地影响了17世纪的法国和王室的未来。

从弗朗索瓦二世至亨利四世，法国断断续续地发生了八次宗教战争，双方利用交战间息，喘一口气，再寻求新同盟和结聚力量。其间双方不乏主和派出面调停，试图达成临时妥协或和解，以便实现真正的和平。即便卡特琳·德·美第奇在圣巴托罗缪惨案发生之前，也不无犹豫地在异教徒中区分误入信仰歧途、可以"温和方式"使之回头者，与"故意叛乱"而必须"严惩"者[①]。但妥协很快被卷入战争的双方狂热分子所打破。在阿尔克、伊夫里等大战役后，在伊苏瓦尔、蒙布里松和普里瓦等城市经双方占领和反占领的争夺几乎被夷为平地之后，双方在昂布瓦兹、博略和圣日耳曼等地谈判实现休战。无情的战争使爱国的"有政治头脑者"的队伍渐渐壮大，他们摒弃极端主

---

① 卡特琳·德·美第奇的书信，1561年1月31日。

义，既反对神圣联盟派也不赞同最残忍的胡格诺派。爱国者中在1584至1594年间出现了撰写《嬉笑怒骂皆讽刺》的天才作者，在揭发西班牙国王在法国实施阴谋诡计时，他的辛辣讽刺达到了顶点："经过长时期的引诱，才扔给你一些金币和人马，而早该援助我们的数量竟是如此之少；他不会像屠夫对待猪那样把我们喂肥了再出售吧；他是怕我们死得太早，希望我们死得更惨，他给一点甜头让你苟延残喘，正如狱卒给罪犯送食以便施行酷刑。他吹嘘以几百万金币来拯救我们国家，钱在哪儿？民众丝毫不见，绝大部分都在我们的交战方或者你们这帮亲王、督军、长官和教士的手中，被你们锁在保险柜里呢……"

战争何以持续如此久，新教徒和天主教徒何以变得如此疯狂？其实从两派最初冲突至亨利四世治下巴黎和西班牙发生暴动的整整40年间，战争的意义和规模发生过多次变化。1572年的屠杀，1584年以后的所谓爱国战争，瓦卢瓦王朝的最后一位继承者安茹公爵①的病故；然而战争的某些特征并没改变。首先是摒弃容忍的宗教狂热，自以为掌握真理的狂热分子根本蔑视容忍——这是天主教列为第二的美德；其次是政界人物过于谨慎，他们置身于内战之外，鼓吹信仰共存这一根本无法被同时代人接受的理念，常常被当作懦弱者，至少也被当作信仰薄弱者。在"不与我站在一起就是反对我"这句名言挂在所有人嘴边的年代，两大派别各执其词，各方的"真理"只能煽起战争的狂热。

宗教真理掺和了政治理念：对天主教徒而言，要捍卫王国的政治统一，同时亦要保卫天主教会和王室的狭隘统一，王室的正统就体现于国王在兰斯大教堂充满一系列象征意义的隆重加冕礼，以及国王入

---

① 译注：安茹公爵指前国王亨利二世和卡特琳·德·美第奇的第四个儿子、国王亨利三世的弟弟弗朗索瓦。他的死对法国政治有重大影响，使新教徒纳瓦尔亨利成为唯一的王位继承人。亨利继位后成为亨利四世。

城仪式、民众欢呼、放飞鸽子和在加冕次日造访科尔贝尼的圣马固尔教堂。而对新教徒来说，他们不能奢望统领法国，既然无法奇迹般地让国王改变信仰，只能寄望于在天主教法国出现一个信奉新教的国王。当身为新教徒的纳瓦拉王亨利成为唯一王位继承人时，他们的希望来了，但是他们能设想将全法国变成一个新的日内瓦吗？对他们来说，宗教统一至少是一个更遥远的目标；但是当时的这一伟大思想不能解释一切。

政治

战争持续着，在其他因素刺激下，已平息的战争再度爆发甚至变得更为激烈。在20年中，新教和天主教的首领分别都是贵族、公爵和有名望的家族成员：吉斯、罗昂，还有其他名门望族，直到蒙吕克和恐怖的阿德雷男爵。无论他们站在国王一边还是反对国王，都在战争中找到了半个多世纪以来绝无仅有的机会去砍杀，去过露营、埋伏和奋勇追击的戎马生活：这种封建时代贵族叱咤风云的古老传统，在先王弗朗索瓦一世和亨利二世的铁腕下已变为陈旧而虔诚的回忆。

但这并非说科利尼、吉斯、苏利和马耶纳等家族在投入这场战争时没有宗教信念，亦不能说他们有意卖身投靠：有的倒向德意志亲王或英国伊丽莎白一世，有的跟随西班牙国王菲利普二世。当生性好斗的贵族放弃比武、战争演习和其他异想天开的娱乐而投入一场真正的战争时，在他们复杂的心态里除了宗教激情外还夹杂了祖传的封建意识，一种面临王权扩张而丧失地位的恐惧。贵族在战场上和军事会议上可以彰显其军事和政治作用，而长期以来这些贵族特权已被深思熟虑的王室巧妙而逐步地削弱殆尽了。此外，在狂热的贵族背后，还有历来享有各种特权的城市：城市市民包括受到加尔文的激进逻辑影响的法学家，从加尔文主义获得正名的、在本世纪发财致富的金融家和商人，还有城市资产阶级以及更关心灵魂得救、被神圣联盟的说教和新教宣传册子的热情（譬如把马耶纳称作"修士公爵、巫师、洛林佬、反叛者、私生子、口是心非的假天主徒、骗子等等"）煽动起来的平民百姓。城市提供金钱、武器、碉堡和士兵，支撑由贵族发动但不可能由其单独承担费用的战争。享有特权的城市的市民在上述文化人的煽动下，再次被贵族们带上一条不只为宗教信仰的道路。

王国

在这场直到1598年《南特敕令》颁布才结束的战争中，天主教略占上风，但王室权威却遭到了削弱。事实上，亨利三世的统治并非像神圣联盟成员所说的那么糟糕，而亨利四世在1594年皈依天主教亦确实使局势很快平息下来。但是战争虽然平息了，巨大的创伤已经造成，理想君主的形象已被"成千上万"篇檄文和战火中诞生又广为流传的颠覆性理论严重毁坏：下一世纪亨利四世的继承者必须花大力气去修复并巩固王室权威。圣巴托罗缪惨案发生后，新教徒率先对王室权威提出质疑，在这场背叛阴谋中，卡特琳·德·美第奇和查理九世铸下了王室背信弃义的大错。短短几个月内，严厉谴责的许多檄文传遍了全法国，阐述王室权力如何和为何丧失了合法性：日内瓦加尔文学院的理论权威泰奥多尔·德·贝兹的课程《统治者对其臣民的权力》明确提出义务与权力并重的理论；法律顾问霍特曼发表了著名论著《法兰西高卢》（1574），稍后又发表《公诉暴君》（1579），此外还有无数小册子揭露"卡特琳·德·美第奇的荒淫无耻"（《刽子手的钟声》《法国人的警钟》《圣卡特琳一生》等）。从此，一向把服从君王视作天经地义的新教徒认为人民未必要服从一个背信弃义的国王；霍特曼和他的朋友提出一种作为社会秩序的民主基础的契约论。在1572年8月25日的惨案中，新教的绝大多数贵族领袖遇害，这一史实在熟悉罗马史和罗马法的法学家笔下,在多年来参与新教城市教会评议会、对平等社会已习以为常的新教牧师那里被大力渲染。法国的新教徒已不再对天主教王室抱有崇敬之意。

根据王位传男不传女的法律,在1584年后当亨利三世唯一的继承人只剩下信奉新教的纳瓦拉王亨利一人时,当神圣联盟的修士在巴黎和全法国发动甚嚣尘上的反对亨利三世本人的攻势时,狂飙再起,但角色换了:轮到最狂热的"教皇主义者"议论暴君,甚至提出弑暴君合法的理论。他们说:当一个国王不能保护神圣联盟的信徒而变得不再神圣时,杀死他就成为一个臣民的义务。于是,诉诸武器的一切暴力和对国王的诅咒都被容忍了。埃图瓦勒在1593年6月6日如此写道:"这一天方济各会修士费纳唐在圣约翰教堂传道,在对国王进行百般辱骂后,他说终有一天会天打雷劈,或者他(国王)一命呜呼,朋友们!或者他的下体,因你们都知道的原因,已经腐烂。"在《嘻笑怒骂皆讽刺》中被称为"背火枪的耶稣会教士"和激烈反对两位亨利的嘉布遣会狂热修士的猛烈抨击中,肯定已不再是社会契约的问题了,而是干脆对那个曾受过教会祝圣、被敷过圣油的国王动真刀真枪。目击亨利三世和亨利四世遇刺身亡的同时代人不会搞错,1589年当亨利三世被修士雅克·克莱蒙"不可思议地残忍谋杀"之后,巴黎流传的一篇极为精辟的文章这样写道:

被毒匕首刺穿了腹部,
神圣国王倒在奸诈的修士手下,
害怕吧,波旁家的那个!① 怎么!所有的心怀鬼胎者,恐惧

---

① 译注:"波旁家的那个"指亨利四世,不幸被作者言中。21年后,亨利四世也在巴黎遭到刺杀。

吧！同样的命运等待着你，你也一样，看剑！有何不可！

> 所有王国的神秘圣人终于露面了；
> 现在知道了，那些国王都算不得什么，
> 他们不过是自封为神而已。①

面对国王甚至能治愈绝症的神圣权威，神圣联盟成员比新教徒更无法无天，新教徒从不敢正面挑战民众广泛敬重的王权；而在亨利三世治下神圣联盟成员竟敢根本否定国王的权威。尽管如此，亨利四世在于沙特尔大教堂举行的加冕礼后还是"抚摸"涌上前的民众：民众对国王权威的信仰还是在动乱中保存了下来。

《南特敕令》

1598年宗教战争结束了：西班牙人返回了佛兰德和西班牙，菲利普二世不得不在韦尔万放弃了让他女儿继承法国王位的野心；国王颁布《南特敕令》允许新教徒在王国存在，这是国王和成为他对手的昔日战友之间签订的一份真正的和解协议。天主教无疑获得了胜利，这一胜利在1593至1594年亨利四世决定最终放弃新教而皈依天主教时已是既定的事实。但是胜利是不完全的、困难的：国王在《敕令》颁布前就毫不掩饰地指出，暂时的情况已严重危及王国的统一，他将等待更好时机实现国家的真正统一。当国王承认新教徒的权利，新教徒赢得在王国的生存权时，曾经只被当作神话的昔日理想又再次被危险地确认为未来的模式；经历了40年的内战，国王仍无法以一个简单的法律定义让臣民接受新教徒的权利，从这层意义上说，胜利是困难

---

① 埃图瓦勒（L'Estoile）:《日记》，第一卷，第660页，巴黎，1943年翻译版。

的。《敕令》规定：新教徒有权（在城市外）建造自己的教堂，有权举行新教的教务会议，有权在双方发生纷争时与天主教徒共同组成审判机构；亨利四世甚至还允许臣民有权武装反抗他本人（或他的继承者）——允许他们拥有城堡、军队和武器，还答应每年拨给军饷，让少数派新教徒能抵抗天主教的任何挑衅。对国王而言《敕令》的代价十分沉重，尤其他已经斥资向神圣联盟买回了和平，使马耶纳公爵答应撤军，还有其他方面的种种承诺。但是这次妥协，包括此后几年中在圣日耳曼和别处的再妥协功不可没，它毕竟结束了战争，使血腥的法国恢复了平静。法国或许还没学会容忍，不过它已目睹了最狂热的儿子们惨遭无情杀戮的场面。